キリスト教綱要 初版

ジャン・カルヴァン
深井智朗 訳

講談社学術文庫

目次

キリスト教綱要　初版

凡例

・本書は、ジャン・カルヴァン（一五〇九―六四年）『キリスト教綱要（*Christianae religionis Institutio*）』の初版にあたる、一五三六年版の全訳である。翻訳にあたっては、以下を底本として用いた。

Joannis Calvini Opera Selecta, editito Petrus Barth, Volumen I: *Scripta Calvini ab anno 1533 usque ad annum 1541 continens*, München: Chr. Kaiser, 1926, S. 19-280.

・段落や文章の区分も原則として底本のペーター・バルトによる編集に従ったが、日本語題はこれまでの訳書や慣例に倣って『キリスト教綱要 初版』とした。

・訳文中の（ ）は、編者ペーター・バルトが編集上用いたもの。主として欄外に記されていた聖書や他者の著作からの引用個所を示すための注記である。

・訳文中の〔 〕は、訳者による補足・注記。文意を明確にするために言葉を補う場合や、カルヴァンが明記していない個所の引用出典といった必要最低限の情報を示している。

・原文における隔字体（ゲシュペルト）の個所は、訳文では傍点を付した。

・聖書の各編の日本語題は、原則として『新共同訳聖書』（日本聖書協会）に拠った。ただし、原文における聖書からの引用は、当時のラテン語訳であるウルガタからだけではなく、カルヴァン自身によるラテン語訳もあり、『新共同訳聖書』をはじめとする今日の日本語訳聖書とはかなりの異同があるため、引用個所を「　」の形で示すことはしなかった（編者が（　）の形で引用個所を指示しているが、該当する文章が今日の日本語訳聖書に見つからない場合もある）。なお、カルヴァンは引用個所を指示する際に章のみで節を示していないが、同様の理由により節を補足することもしなかった。

・他の著者による著作からの引用についても、カルヴァンによる自由な引用が多いため、日本語訳がある場合でもそれを利用せず、原文から訳出した。

・訳注は＊1、＊2の形で示し、注本体は各章末に配置した。訳注では、用語や人名の簡単な解説のほか、カルヴァンの引用が不正確な場合や曖昧な場合には正確な情報を示す。なお、引用文の出典については、底本の編者注のみならず、英訳 John Calvin, *Institutes of the Christian Religion, 1536 Edition*, translated and annotated by Ford Lewis Battles, Michigan: William Berndardus Eerdmans Publishing Company, 1975 (Paperback edition, 1995) の訳注（pp. 231-338）も参照した。

・原著は一六世紀に書かれたものであり、現代の人権意識からは不適切と判断される表現が散見される。これらについては、訳語に配慮しつつ原文に即して訳した。読者諸賢のご理解を賜りたい。

キリスト教綱要

信仰の概要、救いについての教え、それらを知るために必要な諸々の事柄がまとめられており、信仰を求める人々にとって不可欠の書物として刊行される。

信仰の告白として書かれた本書が献上される
まことのキリスト者であるフランス国王への序文

著者は
ノワイヨン出身の
ジャン・カルヴァン

この書物が扱う主な問題は、

一　律法について、そこには十戒の説明が含まれる、

二　信仰について、そこでは信条（それは使徒信条のことだが）の解説がなされる、

三　祈りについて、そのために主の祈りの講解がなされる、

四　サクラメントについて、すなわちバプテスマと主の晩餐〔＝聖餐〕について、

五　これまで世の人々によってサクラメントと考えられてきた残りの五つのサクラメントはサクラメントではないことを証明し、ならば何であるのかを明らかにすること、

六　キリスト者の自由、教会の権能、国政について、

である。

〔献　辞〕

威厳に満ち、高貴なその名を世界中に知られた王、フランスの最も信仰深いキリスト者であるフランソワ陛下[*1]、私たちの王にして主君である陛下に、下拙、ジャン・カルヴァンは主からの平和を、そして心からの御辞宜を献じ奉る。

威光に輝く国王陛下、私はこの著作を書き始めたとき、陛下に献上できるような書物を準備することなど、まったく考えていませんでした。私が考えていたのは、〔信仰の〕入門書です。それを刊行することで、信仰に熱心な人々が真実な信仰に至ることが狙いでした。この仕事をフランスにいる同胞たちのために始めました。多くの者たちがキリストに飢え渇き、キリストを求めているにもかかわらず、ほんの一粒のキリストについての知識をもつ者さえごくわずかしかいない現状に接したからです。このような経緯と意図を、本書自体が物語っています。〔ご覧のとおり〕本書は、まさにごく簡単で、粗削りなままです。

ところが、〔執筆の最中に〕私は陛下の国で、狂気を帯びた不敬虔な者たちが常道を逸するほどの行為をなし、健全な教えがとどまる場所を見出しえないという状況に接しました。それで、当初計画していた信仰教育のための書物〔institutio〕を、私が教え、伝えたいと考えていた人々に提供するだけではなく、陛下にこの信仰の教理がどのようなものであるかをご理解いただけるように、この信仰を告白するものとして刊行するのが最善だと考えた次第です。なぜなら、事態は切迫しているからです。剣を帯びて陛下の国で傍若無人なふるまいをなす者たちが、この教理に対して狂乱のうちに殺意を抱くような状況にまでなっているからです。陛下に恐れ多くも申し上げます。私がこの書物に書いたことは、そのような者たちが、投獄だ、国外追放だ、禁教だ、火刑をもって処すべきだ、もはや海からも陸からも追放せよ、と叫び続けている、まさにその教理の集成です。私は、あの者たちが陛下に恐ろしい表現で密告し、それによって陛下の御耳と御魂を汚し、この教理があたかも戦慄を覚えるものであるかのように説明しているのを知っています。しかし、ここであえて私たちの側からも告発することをお許しいただければと存じますが、あの者たちの言動や行動には一つの真実も見出せません。どうか、その点について、陛下の寛厚な御心にふさわしくご判断いただきたいのです。

あの者たちは、ここで表明しようとしている教理について、人々の嫌悪感を煽り立てようとし、この教えはどのような立場にある者に聞いてみても有罪であり、すでに昔から何度も法廷で否定されてきた、などと言いふらしています。そのため、私たちのこの教理の一部は〔審理される前にすでに〕反対派の人々や反対派の公的権力によって排除され、また別の部分は虚偽や悪知恵、誹謗中傷によって不正や悪意ある方法で弾圧されてしまっています。ですから、この教理について、何らの弁明の余地も与えられずに、残忍きわまりない判決が下されるのです。これは横暴を越えて、もはや暴虐です。価値あるものが言い争いや偏見に基づいて有罪になるなどというのはあってはならないことです。高貴な国王陛下、私たちがこのような不法な取り扱いについて訴えているのに、誰もそのようには受けとめてくれません。ですから、このような不法な取り扱い、すなわちこの教理があらゆる王国や王政を転覆させようと試みるものであり、平和を乱し、法に基づく支配を破壊し、領地や所有を奪い去り、あらゆるものを転倒させようとしているなどと陛下にも伝えられていることについて、どうか陛下ご自身がご確認くださり、それが完全な偽り、ひどい中傷であることの証人になっていただきたいのです。陛下が耳にしておられるのは、〔これらの偽りの証言の〕ごく一部にすぎません。民衆のあいだには、すでにもっと恐ろしい噂が流布していて、それを聞かされた者たちは、それが事実であれば、この教理は、それを伝えようとする者とともに、火刑か絞首刑がふさわしいと判断してしまうほどの勢いです。

　このような悪意に満ちた中傷があたかも真実であるかのように信頼されてしまえば、この教理に対する大衆の怒りが爆発したとしても不思議ではありません。私たちへの、そしてこの教理への批判があらゆる階層の人たちによってなされるようになったのは、そのためです。法廷で職務にあたる者が、このような感情に捉えられ、家を出る時から持ち続けている先入観を判決として言い渡します。〔これらの裁判官たちは〕自白、あるいは確実な証拠もないのに死刑の判決を下すようなことさえしなければ、自らの職務の正しい遂行と考えているようです[*2]。では、〔私たちとこの教理に〕どのような罪があるというのでしょうか。その人たちは言うのです。有罪とされた教理のゆえだ。では、この教理が有罪である理由は何でしょうか。それは、この教理を弁護する者たちが教理それ自体を撤回せず、真理であると主張したことだ、というのです。でも、私たちは、この点について口を開いて何かを語ることも許されていません。揺るぎなき王よ、それゆえ陛下ご自身がこの件について十分な認識をもっていただきたいと私たちが願うのは、決して不当なことではないはずです。私たちの主張は、混乱の中で、法の秩序に基づく取り扱いをなされていませんし、節度のない感情が先行して、法の厳密な適応も見られません。

私が個人的な弁解を試み、祖国に無事に戻ろうと画策しているなどとお考えにならないようにお願いいたします。もちろん、私にも人間としての本性から来る思いがあり、祖国への郷愁の想いは強いのですが、今それが許されないことを悔やんでいるわけではありません。[*3]私がここで訴えているのは、ただすべての信仰者たちに共通しているものであり、何よりキリスト自身の主張だと考えるものです。ところが、そのような訴えであるにもかかわらず、今日、陛下の治められる王国では、ありとあらゆる方法で引き裂かれ、踏みにじられ、人々はもはやなす術もなく、うなだれています。もちろん、それが陛下の関知することでないのは十分に承知しておりますし、これはファリサイ派[*4]のような人たちの暴虐でありましょう。ですから、今ここでは、なぜこのような事態が生じたのかが問題なのではなく、私たちの訴えが完全に打ちのめされた状況になっていることが問題なのです。不敬虔な者たちが邪知暴虐なことを平気で行い、キリストの真理は地に落ち、粉砕されてしまったとまでは言いませんが、埋没してしまい、もはや誰も見ることができないほど覆い隠されてしまっています。そのため、この世の基準から見れば取るに足らない貧弱な教会は、残虐で冷酷な謀殺の前にあっけなく息の根を止められ、掃き捨てられるように国外追放となり、脅迫や恫喝によって恐怖に怯え、もはや口を開くこともできない状態です。さらに、あの者たちは不敬虔な行動、特に暴力をやめようとしません。もはや不敬虔にも暴力にも慣れてしまい、それを当然のことのように思い込み、すでにぐらつき倒れそうになっている壁に、ますます強い圧力をかけて、完全な破壊を成し遂げようと殺気立っています。しかし、教会をこのような狂気から守ろうとする人は誰もいません。日頃から真理に対して最大級の好意を抱いていると大衆に見られたがっているような人でさえ、〔私たちの置かれた状況を見て〕未熟な者たちの誤謬や思慮のない者たちの行動については寛大に扱ってやってはどうか、などと言い出す始末です。ということは、このような人々でさえ、神の最も確かな真理を誤謬だと主張し、思慮のない行いを生み出すものと言い捨て、キリストが天上の知恵の秘儀を授けようとした人々のことをただの未成熟な者たちと呼び捨てるのです。このように、あらゆる人が福音を恥としています。

ですから、泰平な御心の持ち主である陛下におかれましては、正当になされる弁明に耳を塞いでしまわれ、心を遠ざけたりなさらないでいただきたいのです。ここでなされる弁明は、特に重大なものです。それは、神の栄光はこの不敬虔な世界でいかにして存立しうるのか、という問題です。神の真理がいかにして尊厳を確保しうるのか、という問題です。キリストの支配がいかにして私たちの中に欠けることなく、完全な仕方で存続しうるのか、という問題です。これらの問題こそ、まさに陛下にお聞きいただきたいことであり、陛下のご理解を賜りたいことであり、陛下の法廷でご審理いただきたいことなのです。なぜなら、王国の統治では、自らが神に仕える者であるのを知ることこそが、王を真の王にするからです。そうではなく、真の神の栄光に仕えるための統治をなさない者は、王権を行使しているとは言えず、ただ強奪を繰り返す者にすぎないからです[*5]。神から賜る王笏である聖なる言葉によって統治されていない王国の繁栄が長く続くのを期待する者は、自らをごまかし、欺いています。預言がなければ民衆はわがままになるだけ（『箴言』第二九章）、という天からの託宣が消えることはありません。どうか陛下が、私たちがいかに卑しく弱小な者であるとしても、軽んじられることなく私たちの弁明をお聞きくださり、神にお仕えになることから遠ざかるようなことがありませんように。私たちは、もちろん自分たちがどれほど惨めで、卑俗で、弱小な存在であるかを自覚しています。私たちは神の前では、ただ惨めな一人の罪人、人間の目から見ても最も軽蔑に値するような者です。もしそのように呼ぶことをお望みなら、この世の分泌物や廃棄物のような者であり（『コリントの信徒への手紙一』第四章）、さらにもっと蔑《さげす》むような言葉があるなら、それが似合うような者にすぎません。ですから、私たちが神の前で誇りうるものがあるとすれば、それは神の憐れみ、ただ一つです。私たちは、この憐れみなしに、自らの何らかの功績によって救われた者になったわけではありません。私たちは、人前に立つ時も、人々にそのことを公言するなら恥をかくような、自らの無能さ以外のものをもっていません。しかし、私たちの教理は、この世のあらゆる栄誉を超えてその上にあり、いかなる無敵の権力よりも上に聳《そび》え立つものです。なぜなら、この教理は、私たちのものではなく、生ける神と、子であるキリストのものであり、神はこのキリストを王とされ、海から海まで、川の流れから地の果てまで支配されたからです〈『詩編』第七二編〉。その支配は、鉄と青銅のような強固なものであり、金と銀のような輝きに満ちたものであり、全地をただ神の口である杖をもって打ち叩き、陶器師が器を叩き、砕くような力をもちます。それは預言者が来たるべき王国について預言しているとおりです（『ダニエル書』第二章、『イザヤ書』第一一章、『詩編』第二編）。

敵対する者たちは、何と、私たちが神の言葉を偽りの言葉で語る者であり、神の言葉のおぞましい破壊者だと主張しています。しかし、それがどれほど悪質な中傷であるか、どれほど恥知らずの発言であるかは、私たちのこの信仰の表明をお読みいただければ、陛下ご自身の叡智によってご判断いただけるものと確信している次第です。その上で、陛下にこの書をご繙読いただけるように、何らかのご案内を申し上げるのが適当かと畏れながら判断いたしました。パウロはあらゆる預言は信仰という尺度によってなされるようにと望んでいますが（『ローマの信徒への手紙』第一二章）、それによって彼は聖書の解釈を検証するための最も確かな基準が何であるかを明らかにしています。私たちの教理がこの信仰の基準によって吟味されるなら、勝利は明らかに私たちの手の中にあります。私たちの信仰によれば、私たちがすべての徳を脱がされ、剝ぎとられるのは、すべてを神に着せていただくためです。私たちが何ももたないのは、すべてを神に満たしていただくためです。私たちが罪の奴隷でいるのは、神によって解放していただくためです。私たちが目が見えないままでいるのは、神によって見るべきものを明らかにしていただくためです。私たちが足が不自由であるのは、神にによってしっかりと導いていただくためです。私たちがいかにも弱々しいのは、神に支えていただくためです。私たちのすべての誇りは取り去られ、ただ神ひとりだけに栄光が帰せられ、崇《あが》められるのは、私たちが神においてこそ、自らを誇るべきことを知り、そのことを自覚するためです。これ以上に信仰的な態度はないはずです。ところが、私たちがこのように語り、あるいはこれに準ずることを主張すると、敵対する者たちが話を途中で遮《さえぎ》り、それらの者たちが主張するまったく理解不可能な自然の光とか、[*6]それらの者たちの想像の産物である〔神に近づくための〕備え、自由意志、功績などというものを持ち出して、私たちがそれらを覆《くつがえ》そうとしていると喚《わめ》き立てるのです。ということは、これらの者たちは、あらゆる善、徳、義、知恵への賞讃と栄光がすべて神に帰せられてしまうことに我慢がならないのです。しかし、私たちは、これまでに命の水を泉からあまりにも多く汲み出しすぎたために咎《とが》められた人がいるという話は聞いたことがありません。むしろ、自分のために井戸をせっかく掘ったのに、それが壊れていて、水を保ち続けられないことが厳しく戒《いまし》められているという話を読んでいます（『エレミヤ書』第二章）。さらに、神が憐れみ深い父として、あるいは和解を約束されるかたとして知られ、キリストが兄弟として、あるいは和解者として知られていることこそ、まさに信仰にとってふさわしいことではないでしょうか。すべての喜びと幸せを心静かに神に望むこと以上に、信仰にふさわしいことがあるでしょうか。言葉にできないほどの私たちへの神の愛は、ついに独り子をも惜しまずに賜るほどなのです。救いを、また永遠の生命を思い、そのことへの確かな期待によって平安を得るのは、これらの宝が隠されているキリストが父によって私たちに与えられているという事実を想い起こす時ではないでしょうか。

それに対して、あの者たちは、私たちを拒み、私たちの頑《かたく》なな態度は傲慢であり、独善的な行動だと叫んでいます。しかし、私たちは自らを過大評価するようなことはしませんし、ただ神にすべてを期待し、私たちは自らの虚しい誇りのすべてをすでに剝ぎとられているので、ただ神のみを誇るだけです。これ以上に何か言うべきことがあるでしょうか。その上で、最も偉大なる王、どうか私たちの主張のすべてにお目通しをいただけませんでしょうか。私たちがこのような苦難や侮辱に耐えているのは、活ける神に望みを抱いているからであり、唯一の神と、神がこの世に遣わされたイエス・キリストを知ることこそが永遠の命であると信じているからであることをご確認いただけないということなら、その時は、どうぞ私たちを極悪非道な人間の中でも最も卑劣な者たちと認定してください。私たちが抱くこのような望みのために（『テモテへの手紙一』第四章）、ある者は投獄されました。ある者は鞭打ちの刑を受けました。ある者は引きまわされ、屈辱を受けました。ある者はすべてを奪われ、追放されました。ある者は残酷きわまりない拷問を受けました。ある者は亡命を余儀なくされています。私たちはみな、あらゆることで窮迫しており、恐ろしい呪いの言葉を浴びせられ、侮辱を受け、不当な扱いを受けています。それと同時に、今度は私たちの敵対者をご覧いただきたいのです（ここで私が申し上げているのは聖職者の身分の者たちのことです。多くの敵対者は、この者たちのお墨付きを得て、あるいは自ら忖度して、あのような行動に出るのです）。そして、ご一緒に、この者たちがどれほど熱狂的になり、情熱を傾けてこれらの恥ずべきことを行っているかをお考えいただきたいのです。この者たちは、聖書が教え、すべての人の中に確立されるべき真の信仰について、自ら無知であり、注意を払っていないこと、それどころか軽んじていることを自他ともに認めています。その上で、神とキリストに対してどのような信仰をもっていたとしても、それはほとんど問題ではなく、ただこの者たちの言う含蓄的信仰[*7]をもって教会の判断に従えばそれでよいと考えています。ですから、神の栄光が目を覆いたくなるような冒瀆によって汚されても、何も感じないのです。この者たちは、どうしてあれほどまでに熱狂的になり、激しくミサ[*8]、煉獄[*9]、巡礼、さらにその他まことに馬鹿げたことのために戦うのでしょうか。これらのものはどれ一つ神の言葉によって証明されることはありません。それなのに、なぜあの者たちは、自分たちが主張する最も明瞭な信仰によってそのありがたさを感じるのでなければ、健全な敬虔さは生まれないとまで言いきれるのでしょうか。その答えは、この者たちが自らの腹を神とし（『フィリピの信徒への手紙』第三章）、自らの台所を宗教と呼んでいるからでしょう。また、この者たちは、なぜこれらのものをもたなくなれば、キリスト者でなくなるばかりでなく、人としての生存権もない、などと口から出まかせが言えるのでしょうか。その答えは、この者たちの中のある者は豪華な食事で腹を満たすような生活をし、ある者は実にパンのくずを食べて慎ましく暮らしていますが、結局はみな同じ一つの鍋から食べて生き延びているので、（ミサ、煉獄、巡礼などが生み出す）利益が鍋をあたため続けなければ、冷えきるどころか、最後には完全に凍りついてしまうからです。このようなわけですから、自らの腹のことに究極の関心をもつ者たちは、信仰の最大の敵となって、争いを始めるのです。この者たちは、いずれも自らの権利の安泰を目指すか、自らの腹を満足させることに心を奪われています。真実な信仰をその中に見出せる者など、一人もいません。

ところが、このような者たちが、私たちの教理を攻撃します。この教理が疑わしいものだと思わせるために、汚名を着せ、中傷し、いかがわしいものだと言うのです。この者たちは、私たちの教理を新奇なもの、これからどうなるかも分からないようなものなどと呼び、疑わしい、不可解なものだと嘲《あざけ》るのです。この者たちは、私たちの教理はどのような奇跡によって確かさを証明しうるのか、と問い質《ただ》すのです。また、この者たちは、私たちが数えきれないほどの聖なる教父たちとの見解の一致や最も古い慣習に逆らってまで何かを主張するのは公正なことか、と語気を荒げるのです。さらに、この者たちは、お前たちのなすことは分派活動であり、教会に対する挑発行為であることを自覚し、それを認めよ、と迫るのです。あるいは、このような教理は教会の中で長いあいだ聞かれることがないのだから、その間、教会は死んでいたとでも言うのか、と攻め立てるのです。そして最後には、もうさまざまな議論はいらないのだ、この教理の正しさはその実によって判断できるのだから、と言い捨てるのです。この教理は、無数の分派を生み出し、多くの人々を不安にさせ、とてつもなく放埒な不徳を生じさせたと言うのです。素朴で無知な民衆を前にして、何の支持もなく、見捨てられている私たちの主張をもの笑いにして吐き捨ててみせるのは、たやすいことでしよう。もっとも、私たちにも同じように発言する機会があったなら、おそらく、この者たちが頬をふくらませて次々と投げつけてくる悪辣さは、すぐに消滅させることができたはずです。さて、第一に、この者たちは私たちの教理を新奇なものと呼びますが、それは神への甚だしい不法行為です。神の言葉は、新奇などと言われて批判されるものではありません。しかし、あの者たちにとっては、まさに新奇なものなのでしょう。あの者たちにとっては、キリストも新奇なものなのでしょう。あの者たちにとっては、福音も新奇なものなのでしょう。けれども、パウロがイエス・キリストは私たちの罪のために死に、私たちの義のために甦られた（『ローマの信徒への手紙』第四章）と述べた古い説教を知っている人は、私たちを新奇だなどとはみなさないでしょう。この教理が長いあいだ埋もれたままになって隠されていたことこそが、人間の不信仰による罪です。この教理が長いあいだ埋もれたままになって隠されていたことこそが、人間の不信仰による罪です。しかし、今や、神の慈《いつく》しみによって、この教理は私たちのために取り戻され、元の姿に戻ったのですから、当然、古いものの復権が認められるべきです。それと同じように、この者たちの無知が、この者たちが感じる疑わしさ、不確かさの源泉なのです。そのことは、主なる神が、預言者を通して、牛は自らの飼い主を知り、ロバは自らの主人の飼い葉桶を知る、しかし人々は主を知らない（『イザヤ書』第一章）、と言ったとおりです。この者たちは私たちの教理がいかにも不確かなものだと言いますが、この者たちが自分たちの主張を自らの血と命によってその確かさを証明しなければならなくなった時に自分たちの主張をどのように評価するのか、見物です。私たちの確信はそれとはまったく異なるもので、死の恐れも、さらに言えば神の法廷においてさえ、怯えることなどありません。

　この者たちが私たちに奇跡〔による証明〕を求めるのは不適切なことです。なぜなら、私たちは新しい福音を生み出したわけではなく、キリストと弟子たちが、かの日に行った奇跡によって真実性を証明された福音を、そのまま維持しているからです。ところが、この者たちは、自分たちは今日でも自らの信仰の奇跡による証明を行っているので、それが私たちの信仰よりこの者たちの信仰が優れていることの根拠だと言うのです。しかし、この者たちが持ち出してくる奇跡というのは、そんなものはなくても平静でいられる魂をあえて転倒させてしまうような類いのものばかりで、浅はかで馬鹿らしく、見るからにでたらめで、まがい物の奇跡です。たとえそれがめずらしいものだったとしても、神の真理に敵対してまで存在する価値があるはずはありません。神の名は、この世の至る所で、私たちがそれまで知らなかったしるしによっても、あるいは自然界の秩序によっても、常に崇《あが》められるものです。ところが、この者たちの奇跡は、真実ではなく、むしろ人々の目を翻弄するようなもので、その奇跡はサタンの仕業と同じで、無知な者たちを騙そうとするものです。魔術師や妖術師たちは、これまでにも不思議なことを行うことで名声をほしいままにしてきました。また、民衆を驚かせるような奇跡を行って、偶像崇拝に導く者たちもいました。この者たちの奇跡は、まるで魔術師や偶像崇拝者たちのなすようなものですから、それを認めることはできません。ドナティスト[*10]たちは、魔術に強いという鉄の杖をもっていて、それで純粋な民衆の心を翻弄しました。ですから、私たちはアウグスティヌスがドナティストに反論した言葉で応じたいと思います。すなわち、主は、偽預言者たちが私たちのところにやって来て、しるしや奇跡を行い、選ばれた民をも偽りの中に取り込もうとしている（『マタイによる福音書』第二四章）と教え、（さらに付け加えれば）私たちはこのような奇跡を行う者たちを警戒すべきだと教えてもいるのです。[*11] そして、パウロも、反キリストの支配はあらゆる権力とともにしるしもともない、ひどい虚偽をも引き連れてやって来るものだ、と警告しています（『テサロニケの信徒への手紙二』第二章）。ところが、この者たちは、これらの奇跡は偶像〔崇拝者たち〕や妖術師、あるいは偽預言者たちによってなされたのではなく、聖なる者たちによってこそなされたのだ、と反論します。この者たちは、私たちがサタンの戦略とは自らをあたかも光の天使のように装うものであるのを知らないかのように語るのです。かつてエジプト人は、自らの土地に埋葬されたエレミヤに対して犠牲を献げ、神を礼拝しました。[*12] しかし、そのときエジプト人は、神の聖なる預言者を偶像崇拝のために利用しただけなのではないでしょうか。エジプト人は、エレミヤの墓を崇拝することがヘビに嚙まれた時の治療に有効だと考えました。ですから、私たちは、真理への愛を受け入れない者たちに対しては、強力な幻影を送り、虚偽をもたらし、信じさせたのは、神の正義に基づく審判であった（『テサロニケの信徒への手紙二』第二章）、と言わざるをえません。奇跡がないなどとは言えないのです。この世の中には確実な奇跡があり、人々が嘲弄されないような奇跡が欠けているなどということはないのです。だからこそ、言うのです。この者たちが自らの主張のために提示する奇跡は、民衆を真の礼拝から切り離し、虚しさへと導くものなので、サタンの幻影を明らかにするものにほかなりません。

この者たちは、さらに教父たち（私たちが教父と言う場合は、今よりも古きよき時代の著作家、という意味です）はお前たちに反対していると主張し、あたかも教父たちがこの者たちの不敬虔の味方であるかのように主張しています。しかし、もし教父たちの権威によって、この争いを調停しようとすれば、勝利は明らかに私たちの手の中にあります。教父たちは確かに輝かしい賢明な知恵をもって書いていますが、彼らにも人間であるなら必ずしてしまうことが起こ〔り、誤りを犯しう〕るのです。ところが、今日の敬虔なお歴々は、すなわち、この〔教〕父たちの子らは、彼らの才能、判断力、そして精神の巧みさのすべてを駆使して、父たちの過ち、すなわち失敗や誤謬〔のほう〕を崇めています。それどころか、教父たちが正しいことを述べている時には何の敬意も払わず、黙殺し、台なしにしてしまうのですから、黄金の中から糞尿を拾い集めることに人生を費やしている者とは、まさにこの者たちのことです[*13]。また、この者たちは、私たちが教父たちを軽んじ、楯突こうとしているなどと噂を流し、私たちを貶《おとし》めようとしますが、それはまったく不当な言いがかりです。もしそのことを証明するのが本書の使命だというのであれば、私は迷うことなく私たちの主張の大部分を何らの苦労なく教父たちの主張と合致させることが可能です。私たちは教父たちの書物を熟知しており、すべてのものは私たちのものであり、私たちを支配するためではなく、仕えるためにあり、私たちはただキリストのものであり、一つの例外もなくキリストに服従すべきである（『コリント信徒への手紙一』第三章）という言葉を想い起こすのです。このけじめが理解できない者は、何一つ信仰について確実なことをもつことができないのです。聖なる者たちもまた、多くのことについて無知であったり、仲間同士で衝突したり、自分自身に対しても矛盾したことを言ったりしています。この者たちは、ソロモンが先祖が定めた境界線を移動させてはならない（『箴言』第二二章）と言ったのは深い理由があってのことだと主張します。[*14] しかし、もちろん、ここで言われているのは、家や畑の境界線と信仰の服従が同じだということではありません。なぜなら、信仰の服従のほうは、自分と自分の父の家さえ忘れる（『詩編』第四五編）ほどのものだからです。また、この者たちが ἀλληγορίζειν〔比喩を使って解釈する〕ことにこれほど執着するのであれば、境界線を移動させてはならないと定めた先祖とは、ほかでもない使徒たちだということが、どうして理解できないのでしょうか。あの者たちがカノン法[*15]でその言葉をしばしば引用するヒエロニムス[*16]がそのように解釈しているではないですか。[*17]

この者たちは、この境界線を移動させ、越えないようにと自ら主張しておきながら、なぜ自分たちは勝手気ままに、想いに任せて境界線の越境を繰り返すのでしょうか。教父の中には、こんなことを書いている者がいます。私たちの神は飲み食いをしないので、杯《さかずき》も皿もいらない（『三部史』にあるアカティウスの言葉[*18]）。また、他の教父はこんなふうに書いています。聖なる儀礼には黄金は必要ない。黄金を神が喜ぶことはない（アンブロシウス『義務について』[*19]）。それなのに、この者たちが自ら行う儀礼で金、銀、象牙、大理石、各種の宝石、絹などを惜しみなく使って豪華に飾りつけ、こうしなければ神を正しく礼拝することはできないなどと言うのですから、それは境界線を移動させる行為です。さらに、このように記す教父がいます。他の人たちが肉を食べない期間も、私は肉を食べる。なぜなら、私はキリスト者だから（『三部史』一・一〇にあるスピリディオンの言葉）[*20]。それなのに、この者たちが四旬節[*21]に肉を食べる者の魂を脅し、呪うのですから、それは境界線を移動させる行為です。また、別の教父は、こう記しています。自ら働こうとしない修道士は、ただの強奪を働く者と同じだ（『三部史』五・一）[*22]。さらに別のある教父は、こう書くのです。修道士は、どれほど瞑想、祈禱、勉学に多忙であっても、他人の世話になって生活すべきではない（アウグスティヌス『労働について』[*23]）。それなのに、この者たちは怠惰な生活を送り、自らの腹を贅沢なもので満たし、酒色に耽って淫らな行いをするのですから、それは境界線を移動させる行為です。このように記す教父がいます。キリスト教の聖堂の中に描かれた像があるのを見ることは、恐ろしく、忌まわしい（ヒエロニムスによって翻訳されたエピファニウスの手紙[*24]）。それなのに、この者たちは聖堂の壁のすべてを描かれた像で埋め尽くすのですから、それは境界線を移動させる行為です。他の教父が勧めていることがあります。埋葬し、死者に対して人間としての弔意を示したなら、あとは安置すればよい（アンブロシウス『アブラハム』[*25]）。それなのに、この者たちは死者の慰めを繰り返し執行するのですから、それは境界線を移動させる行為です。教父たちの中には、このように述べている者がいます。サクラメントの中には、そのようにだけ語られているとおり、真の身体はなく、ただ身体の秘儀があるだけだ（クリュソストモス『マタイによる福音書』説教』一一）[*26]。それなのに、この者たちは身体が実在するとか、実体のまま存在すると主張するのですから、それは境界線を移動させる行為です。教父は次のようにも言います。キリストの聖なる晩餐で二種ではなく一種だけ与え、もう一つを与えない人々を完全に排除すべきだ（ゲラシウス『教会法典』「奉献について」一二）[*28]。他のある教父は、より厳しい言葉で述べています。キリスト者はキリストを告白することで自ら血を流せと命じられているのだから、キリストの血をこの者たちに与えることが拒まれてはならない（キプリアヌス『書簡』二・一、キプリアヌス『棄教者について』二二、二五）。それなのに、この者たちは〔ゲラシウスが〕陪餐停止によって罰し、〔キプリアヌスが〕明確な理由を示して禁じたことを自らの不可侵の鉄則としているのですから、それは境界線を移動する行為です。また別の教父は、判断が難しい問題について、聖書の明白で明瞭な証言なしに一方を選ぶのは軽率な行為である、と記しています（アウグスティヌス『新約聖書の恩寵について』、今日では未見）[*31]。それなのに、この者たちは神の言葉なしに、さまざまな制度を定め、カノン法や教理の決定を行うのですから、それは境界線を移動させる行為です。さらに言えば、境界線は完全に忘れ去られてしまっています。ある教父は、さまざまな異端者の中でも、断食の規定を最初につくったモンタヌスを厳しく批判しました（アポロニウス『教会史』五・一八）[*33]。また、それを引用してモンタヌスを批判した者がいますが、それなのに、この者たちが再び断食について厳格に定めているのですから、それは境界線を移動させる行為です。ある教父は、聖職者の結婚禁止を否定し、一人の妻とだけ一緒に住むことこそが貞淑なことだとはっきり記しました（パフニュティオス『三部史』二・一四）[*34]。この見解に賛同する教父たちも多数います。それなのに、この者たちが自ら、司祭たちは独身であるべきだと厳しく定めているのですから、それは境界線を移動させる行為です。ある教父は、聖書はこれに聞けと教えているのですから、それはキリストにのみ聞くべきだということなので、すでに私たちに言われていることやなされたことなどに拘束されずに、万物の創始者であるキリストの命令があることのみを考慮すべきだと言いました（キプリアヌス『書簡』三・二）[*35]。ところが、この者たちはキリスト以外の者を、まさに自分自身を、あるいは他者を教師とみなし、依存しているのですから、それは境界線を移動させる行為です。いや、それどころか、境界線を定めることを放棄し、他者にも同じことを勧めていることになります。すべての教父たちは、神の聖なる言葉がソフィスト[*36]たちの頑迷な理屈によって汚され、哲学者たちの論争に巻き込まれ、それによって歪められてしまうことを忌避し、はっきりと断罪するために、その口を開きました。しかし、この者たちは、生涯をかけて、いつ終わるのか分からないような論争やソフィストたちの愚かな議論にも負けず劣らずのことをなし、聖書の単純さを埋没させ、攪乱させることに費やしているのです。そのような者たちが、はたして境界線を移動させずにとどまっている、などと言うことができるでしょうか。もし教父たちが甦って、この頑迷な理屈（この者たちは、それを思弁神学などと呼んでいます）を聞くことになったら、それを神についての議論だと思うでしょうか。この者たちが（何と、この者たちは教父たちの従順な子だとみなされたがっているのですが）どのようにして自ら進んで、恥ずかしげもなく教父たちの軛《くびき》を脱ぎ捨てたかを説明するには、私はさらにあと何ヵ月、いや何年も必要とするでしょう。それにもかかわらず、この者たちは堕落し、麻痺し、度を越えた厚かましさで、あたかも私たちのほうが境界線を移動させているかのように中傷を繰り返すのです。

この者たちは私たちを慣習という問題の前に引き出しますが、そんなことをしても何の意味もありません。なぜなら、慣習に従うとしたら、それは私たちにとっては最大の不正だからです。もし人間の判断がいつも正しければ、慣習は善人たちによって求められるものだったはずです。ところが、事実はそれとは異なっています。多数の者が行えば、それが慣習となって権利を得てしまうのです。人間のなすことがいつでも正しいなどということはありませんし、多数の者が行っているからといってそれが正しいということもほとんどありえません。ですから、多数の者たちの個人的な過ちが社会全体の誤謬となり、民衆が悪のほうを支持するといったことが起こるのです。そして、何と今や、あのご立派な先生がたは、それを法にまで仕立て上げようとしています。目を開けて見ることができる人であれば、もはや悪によって一つの海が汚染されているというような段階ではなく、危険なペストが地を覆い、すべてが洪水のあとのように破壊されようとしている状況が理解できるはずです。ですから、人々は、このような人間の状況に完全に絶望してしまうのでなければ、この悪と戦うか、あるいは力で鎮圧するかのいずれかをなさねばなりません（『法令集』八、「慣習について」）。[*37] ところが、これらのことは、悪がすでに慣習となってしまっているため、なされずに回避されてしまうのです。しかし、人間の社会を共通の誤謬が支配しているとしても、神の国では、永遠の神の真理だけが聞かれ、求められており、この真理は時間的な長さとか、慣習の古さとか、姑息な共謀などに染まってしまうことはありません。ですから、イザヤは、その昔、神が選んだ民族に、あらゆる民族が陰謀と呼ぶものを陰謀と呼んではならない、と教えたのです（〔『イザヤ書』〕第八章）。別の言い方をすれば、民衆の陰謀に加担するようなことをしたり、それに同意したりするな、と言うのです。民衆が恐れおののくものを同じように恐れてはならない、と言うのです。むしろ、主を聖なるものとし、主を畏れよ、と言うのです。ですから、この者たちが過去から、そして昨今の事例を挙げて私たちに反駁するとしても、私たちが主を聖なるものとしているのなら、何も恐れることはありません。たとえ何世代にもわたって人々が不敬虔なことに同調してきたのだとしても、主である神は、さらに強く、三代、四代に及ぶ復讐で報いてくださるでしょう。神は、全人類が同じ邪悪なことに巻き込まれていたとしても、多数の者とともに悪をなす者たちの末路がどのようなものであるかを、具体的な例を挙げて教えてくださっているではないですか。神は全人類を洪水によって滅亡させせましたが、ただ一筋の信仰によって全世界を裁いたノアとそのわずかな家族だけを救われたとき、神はまさにこのことを教えておられるのです（『創世記』第七章、『ヘブライ人への手紙』第一一章）。つまり、邪悪な慣習とは、まさに国ごと罹患する疾病のことであり、たとえ多数に紛れ、枯木も山の賑わいなどといってそれに加担したとしても、滅びから免れることはないのです。

この者たちは、ジレンマを生み出して、私たちを追い込もうとします。この者たちは、教会はもう久しく死んだままだったと私たちがみなしているのか、それとも私たちが現在の教会に反旗を翻して、教会と争っているのか、いずれかを認めざるをえないように巧妙に仕組んでいます。しかし、それがうまくいくはずはありません。キリストの教会はずっと生きていましたし、キリストの教会は死にません。それに、キリストが父の右に座して統治されるかぎり、教会は生き続けます。教会はキリストの御手に支えられ、キリストの御守りによって堅固に守られ、御力によって安全を保障されるのです。キリストは、かつて世の終わりまで私は私の民とともにいる（『マタイによる福音書』最終章）と約束されたことを守るのです。私は、このように教会に逆らうような、いかなる意味での戦いもしません。代々の敬虔な信徒たちがそうしてきたように、私たちもひとりの神、そしてひとりのキリストを、すべての信仰者たちとともに崇《あが》めます。ところが、この者たちは、今目の前に見えている教会以外には教会を認めようとしませんし、制約できるはずがないのに、この者たちの枠組みの中に教会を閉じ込めようとしているのですから、真理から遠く離れすぎていると言わざるをえません。そこで、私たちの論点は、第一に、この者たちが、いつでも教会とは今現在目にしているものだけだと主張していること、第二に、教会とはただローマの教会の聖座と司教たちの地位のことだと主張していることにあります。それに対して、私たちが主張したいのは、教会というのは目に見える形などなくても存続しうるということです。仮に形があったとしても、それは、この者たちが愚かにも感嘆し、見上げ、崇めている煌《きら》びやかな外形のことではない、ということです。教会は、もっと別のものによって、つまり神の言葉の純粋な説教と正しいサクラメントの執行[*38]によって存続しうる、ということです。この者たちは、教会そのものが、いつでも指をさして示せるものではないと不平を言い出すのです。けれども、ユダヤ人のあいだでは、教会が外形上まったく認められなくなるほど損なわれるということが、しばしば起こったではありませんか。エリヤが私一人しか残らなかったと嘆いたとき（『列王記　上』第一九章）、そこにどのような輝かしい教会の姿を想像できたでしょうか。キリストが来臨したあとも、教会はどれだけ長いあいだ形を損なったままでいたでしょうか。そのあとも、教会は、しばしば戦争や騒乱、異端の誘惑によって、もはやその姿を想い起こせないほど輝きを失ってしまったことがあったではないですか。この者たちが、それらの時代にもし生きていたとしたら、おそらく教会がこの世にあるなどと信じることはできなかったでしょう。しかし、エリヤは、バアルに膝を屈《かが》めない七〇〇〇人が残されているという声を聞いたのです。私たちは、キリスト昇天後、キリストがこの地上を常に統治しておられることを疑ってはならないのです。もし信仰者たちが〔この世の荒廃が続く中で〕何らかの目に見える〔教会の〕形を求めたとしたら、みな失望し、落胆するでしょう。主の民とは誰であるのかを知るのはまさにひとりの主だけなのですが（『テモテへの手紙二』第二章）、その主がしばしば主自身の教会の外形的なしるしを人間に対して隠してしまうことがあるのです。これは神が地上に対してなした恐るべき罰です。これが人間の不敬虔にふさわしい罰として与えられたのだとすれば、私たちの誰が神の審《さば》きに逆らうことができるでしょうか。主はかつて、人間が主の恩寵を忘れてしまった時には、それを罰したではないですか。人間が主の真理に服従せず、それどころか神の光を消してしまい、それによって感覚が麻痺して、愚かしい虚偽の虜《とりこ》になり、迷い出て深い闇の中を彷徨し、そのため真の教会の姿がどこにも見当たらないようになってしまったことがあったではないですか。しかし、同時に神は、迷い、闇の中を行き、散らされた主の民を守ってくださいました。これは決して不思議なことではありません。主は、バビロンが混乱していた時には、まさに炎のあがる炉の中でも主の民を保護する方法をご存じだったではありませんか〔『ダニエル書』第三、四章〕。

ところで、この者たちがなすように空虚な華麗さの有無によって教会の形を判断するのがどれほど愚かなことであるかを、長くならないように、詳細に論じるのではなく手短に説明してみたいと思いますので、お許しください。この者たちの主張は、ローマの教皇は使徒の継承者として着座し、〔その教皇によって任命された〕他の司教たちが教会を代表する、あるいはこの教皇と司教が教会それ自体だと考えているので、これらの人々が誤ることなどない、というものです。その理由は、これらの人々は教会の牧者として主に聖別された者だから、というのです。しかし、アロンとその子たちは、確かに祭司に聖別されましたが、子牛の偶像をつくるという過ちを犯しているのではありませんか〔『出エジプト記』第三一、三二章〕。この者たちの説明が正しいというのであれば、アハブを欺いた四〇〇人の預言者のことは、どのように理解すればよいのでしょうか〔『列王記 上』第二二章〕。このような者たちが、教会を代表するかのようにふるまっていたではないですか。しかし、そのとき教会は、人々からは嘲《あざけ》られていたにもかかわらず、ただ一人立ち続け、その口から真理の言葉を語ったミカヤの側に立っていたのです。また、律法が祭司から、謀《はかりごと》が知恵ある者たちから、〔神の〕言葉が預言者から失われてしまうことはないと述べ、エレミヤを攻撃し、脅し続けた〔偽の〕預言者たちは、自ら教会という名前や看板を掲げていた者たちではなかったでしょうか（『エレミヤ書』第一八章）。しかし、そのとき教会は一人立ち続けたのです。すべての預言者に逆らって、ただ一人立ち続けたのです。この国に遣わされ、律法が祭司から、謀が知恵ある者たちから、〔神の〕言葉が預言者から失われると語ったエレミヤの側に立ち続けたのです。集まってキリストの殺害計画を相談して、立案し、実行に移した祭司長、学者、ファリサイ派たちもまた、同じような空虚な華麗さで身を装っていたではないですか（『ヨハネによる福音書』第一一章）。ですから、もはやこの者たちには出ていっていただきましょう。そして、この者たちを、空虚な華麗さという仮面に固執するあまりに、キリストと生ける神の預言者に対して分派行動をなす者と呼ぼうではないですか。サタンの協力者たちを聖霊の器と呼ぶ者と命名しようではないですか。もしこの者たちが誠実に本心を語れるのであれば、私は答えてもらいたいことがあります。バーゼル公会議*39がエウゲニウスを教皇の座から引きずり下ろし、その代わりにアメデーオを選んで以来、教会はいったいどこに、どの民族のあいだに存続していたというのでしょうか。この者たちがどれほどその事実を消し去ろうとしても、この会議が形式的な手続きにおいては合法的だったこと、さらにはただ一人の教皇によってではなく二人の教皇によって〔公会議が〕招集されたという事実を、なかったことにすることはできません。この会議でエウゲニウスは、一緒になってこの会議の解散を企てた枢機卿[*40]、司教たちとともに分派、反逆、破壊行為をなしたとして断罪されました。ところが、エウゲニウスは諸侯たちの寵愛を取り戻し、何と教皇の座を奪回したのです。こうしてアメデーオを〔教皇フェリクス五世に〕推挙する公会議は、総督と聖なる議会の権威に基づき、荘厳な伝統に支えられて開催されましたが、その権威は煙となって消え去り、アメデーオは、まるで犬がひときれの肉でおとなしく鳴きやむように、枢機卿の帽子をもらうことで口をつぐんだのでした。このような反逆をなした頑迷な異端者たちの中から、その後の教皇、枢機卿、司教、修道院長、司祭たちが生まれてきたのです。この点に、この者たちは答えなければなりませんし、ここで足止めされるべきです。そして、この者たちは、このどちらに教会の名前を与えるのか、答えなければなりません。この者たちは、形式的な手続きにおいて、また厳密さにおいて何の瑕疵もなかった会議が普遍的な会議であることを否定するのでしょうか。この会議は、二重の勅令によって正式に公布され、ローマの教皇座からの正式な特使が議長として聖別され、すべてが秩序正しく行われ、最後まで会議としての威厳が保たれれました。この者たちは、そのようにして選出されたエウゲニウスとその親衛隊の郎党たちはともに分派だった、と告白するのでしょうか。ですから、この者たちは、ここで教会の新しい別の定義をつくり上げて提示するか、そうでなければ、このような事情を十分に知りつつ自覚的に異端者から任職されているのですから、たとえ多数派であっても自分たちは分派だと主張するかのいずれかを選ばなければなりません。もしこの者たちが教会の有無が外形的な華麗さによって決められたなどということはないと主張したとしても、私たちはペストのような者たちが教会という特別な旗をふりかざし、長いあいだ傲慢にも自らを価値ある者であるかのように誇示し続けてきたという確かな証拠を手にしているのです。

あの者たちが品性と呼んでいるもの、また生活の全体が支配されてしまっている不道徳のことを言っているのではありません。あの者たちこそ、それに聞くべきだが見習うべきではない〔『マタイによる福音書』第二三章〕ファリサイ派だということを自ら明らかにしているのです。あの者たちが、これが教会だと呼ぶ教理自体が魂にとっての過酷な処刑場、教会に対する劫火、教会の破壊、教会絶滅のための手段なのです。そのことは、陛下がいくらかの時間を割いてくださり、私たちの申し上げますことをお読みくださるなら、はっきりとご理解いただけるはずです。あの者たちは、私たちの教理が伝えられる時に多くの騒動が起こり、闘争が生じるとか、それによって民衆のあいだにどのような影響が及ぶか〔心配だ〕など、妬みから来るひどい言葉で中傷を続けますが、そこに誠実さは何も見当たりません。これらの禍《わざわい》は私たちの仕業とされていますが、これはサタンたちの悪巧みにほかなりません。神の言葉が前進するとき、サタンたちが部屋の中からそれを黙って見物しているなどということはありえません。それがまさに神の言葉の特徴でしょう。むしろ、この騒動こそが、いとも容易につくり出された誤った教理とは完全に区別される、すべての忠実な耳によって聞かれ、賞讃をもって受け入れられる、確かで信頼すべき信仰の目印なのです。もう何世紀にもわたって、あらゆることが深い闇の中に眠っていました。人間は、この世の君たちに弄《もてあそ》ばれ、いいようにあしらわれ、まさにサルダナパール[41]のように、平和で平凡な日々が続く中で贅沢三昧を続けていたのです。何もなく平和な日々が続くとしたら、王国の統治者は笑いが止まらなかったでしょうし、そもそも何もすることがなかったでしょう。しかし、そこに光が照り輝き、闇がいくらかでも追い払われてしまうと、そして、より強い者たちがその国を襲い、略奪を始めると、この世の君たちは慣れ親しんでいた冬眠生活から目を覚まし、ようやく武具を取り出すのです。その際、この世の君は手始めに人々を唆《そそのか》し、光り輝き始めた真理を激しく弾圧します。それでも効果がないとなると、今度は方法を変えて伏兵を利用するのです。手なずけたカタ・バプテスト[42]、金さえ出せば何でもするような者たちを寄せ集め、異論を主張させ、教理上の論争を生じさせることで、真理を再び覆い隠して見えなくさせ、ついには追放してしまうのです。さらにはサタンが人々の暴力や腕力を使って真理の種を取り除こうとしますし、あるいはサタンは（手許にあるだけの）毒麦の種を蒔き散らし、真理を覆い、成長して実をつけるのを邪魔します。しかし、これらいっさいのことも、私たちが警告者である主に耳を傾けるなら、すべての試みは失敗に終わるでしょう。主は、私たちがサタンの策略に陥らないように、サタンの狡猾さを私たちに教え、その攻撃から身を守るように武装させました。それにもかかわらず不正な者たち、反乱者たちの暴力、詐欺師たちの分派活動を神の言葉のせいにするとは、何という邪悪な行動でしょうか。しかし、これは今に始まったことではありません。エリヤはイスラエルを混乱させる者ではないかと疑われました（『列王記 上』第一八章）。キリストはユダヤ人から反逆者とみなされました（『ルカによる福音書』第二三章、『ヨハネによる福音書』第一九章）。使徒たちは民衆を煽動したという罪状で摘発されました（『使徒言行録』第二四章）。このことと、今日私たちに反対して沸き起こっているあらゆる騒動、混乱、紛糾は私たちのせいだと言うことと、いったいどこが違っているでしょうか。エリヤは、このような場合にどう答えればよいのかを教えてくれています。すなわち、誤謬を広め、騒動を引き起こすのは、自分たちではなく、神の力に逆らう者たちだ（『列王記 上』第一八章）。このただ一つの答えがあれば、この者たちの無謀な行動を抑えるのには十分です。しかし、他の人々は、このようなことに躓《つまず》いて、しばしば動揺し、このような行動の影響を受けてしまうので、私たちに今起こっているようなことを使徒たちもすでに体験していたことを知るべきです。ペトロが言うように（『ペトロの手紙二』最終章）、無教養で心の定まらない人がいて、パウロが神の霊を受けて書いたことを歪めて理解し、自らの破滅を招いていたのです。神を侮《あなど》る者たちは、罪の増すところでは恩寵もまた増したと聞くと、今度はすぐに、罪を犯そうではないか、私たちは律法のもとにあるのではなく恩寵のもとにあるのだから（『ローマの信徒への手紙』第六章）、と言い出したのです。パウロのことを悪の誘惑者と呼ぶ者がいました（『コリントの信徒への手紙二』第一章）。多くの偽使徒たちがやって来て、パウロが建てた教会を破壊し、去っていきました（『コリントの信徒への手紙二』第一一章、『ガラテヤの信徒への手紙』第一章）。ある人が、妬みからでしょうか、闘争心からでしょうか、悪意に満ちて福音を語り、パウロの重い鎖にさらなる重荷を負わせようと企《たくら》んだのでした（『フィリピの信徒への手紙』第一章）。ある場所では、福音は大きな成功を収めることができませんでした。多くの人が自分のことばかり考え、イエス・キリストを求めなかったからです。他の場所では、犬が自分の吐いたものに帰り、豚が泥で身を汚すように、〔悔い改め、救われた者たちがかつての〕自分自身に舞い戻ってしまいました（『フィリピの信徒への手紙』第二章、『ペトロの手紙二』第二章）。多くの者が霊の自由を肉の放縦に変えてしまったのです。多くのにせものの信者が入り込んできて、敬虔な人々が危険にさらされたのです。敬虔な者たちの中でさえ、さまざまな論争が生じるようになったのです。そのとき使徒たちは何をすべきだったのでしょうか。使徒たちは、しばらくは見て見ぬふりをしていればよかったのでしょうか。それとも、福音がさまざまな争いの種であり、破壊の原因であり、躓きの石なので、福音を取り除いて捨ててしまうべきだったのでしょうか。そうではなかったのです。使徒たちは、キリストが妨げの岩、躓きの石、多くの人があるいは倒れ、あるいは立つために、反対を受けるしるしとして置かれたということを、そのとき思い出したのです（『イザヤ書』第八章、『ローマの信徒への手紙』第九章、『ルカによる福音書』第二章、『ペトロの手紙一』第二章）。使徒たちは、この確信に立つことで、どのような混乱にも妨害にも耐え、雄々しく前進できました。私たちもまた、同じ思いを抱くことで力づけられるべきでしょう。パウロは、この福音こそが永遠に続くものであり、滅ぶべき者には死から死に至る香りが、救われる者には命から命に至る香りが特徴だ（『コリントの信徒への手紙二』第二章）、と証言しています。

　しかし、心広く情け深い王よ、私たちの敵対者が陛下に恐怖心を起こさせようとして語る虚構に基づく言いがかりに、どうか心動かされることがありませんよう、お願い申し上げます。この者たちは、新奇な福音が（もちろん、これはこの者たちの言い方ですが）人々を反乱へと駆り立て、図々しくも、自分たちはどのような罪を犯しても罰せられない口実を考え出すことに必死になっている、などと言いふらしているのです。そして、神は分裂を生み出すのではなく平和をつくり出すのであり、神の子は罪に奉仕するのではなくサタンを打ち砕くために来たはずだ（『コリントの信徒への手紙一』第一四章、『ガラテヤの信徒への手紙』第二章、『ヨハネの手紙一』第三章）、と批判めいたことを私たちに向けて言うのです。[*43] 私たちは疑われるようなことは何もしていません。濡れ衣を着せられ、王政の転換を企んでいるとまで告発されていますが、もちろん私たちの側からこのような反逆的な言葉が出たことは一度もありません。陛下、あなたの統治のもとで、私たちの生活は変わることなく平静で、そして純朴なものでした。私たちは今、祖国を追われる身となりましたが、いつも陛下と陛下の王国の繁栄を祈る者です。それなのに、あの者たちは、私たちが好き勝手に罪を犯しているのに罰せられることもなく悪の虜《とりこ》になっている、と言うのです。私たちの道徳に何らかの問題があったとしても、このようなひどい誹謗中傷を受けるようなものだとは思っていません。私たち自身は、私たちを嘲笑するあの者たちに対して、貞潔、寛容、慈悲、節制、忍耐、慎ましくあること、さらにはさまざまな徳において模範とならないような〔あるいは、あの者たちに劣るような〕行動をとるほど、福音において後退してしまっているとは思っていません。私たちは神の恩寵によってそれをなしているのですから。私たちが誠実に神を畏れ、礼拝していることは、私たちが生きるにも死ぬにも神の御名が崇められることを求めていることから明らかです〔『フィリピの信徒への手紙』第一章〕。むしろ、私たちを妬む者たちのあの愚かな言葉が、この者たちによって殺された者たちと私たち自身が市民として誠実だったことを証明しています。このようにして殺された者たちは優れて賞讃されるべきことを行ったために、あの者たちの言葉によって断罪され、殺されたのです。ある者たちが福音を口実に騒乱[*44]を起こそうとするなら（そのような人々が陛下の国の中にいることが確認されたことは、これまでありません）、あるいは、もしあの者たちが自分たちに与えられた神の恩寵である自由を口実に、自分たちには悪を行うことが許されているなどと考えるなら（このような者たちが多いことが知られています）、法があり、法に基づく刑罰がありますから、このような者たちはそれぞれの罪の重さによって厳密に制圧されるべきです。神の福音がこの世で不敬虔な者たちによって冒瀆を受けるようなことになってはなりません。

　大いなる王よ、ここまで、陛下がこの者たちの告げ口に耳を傾け、それを信じてしまわれることがないように、私たちの敵対者たちによる有害で邪悪な不正義について長々と述べてきました。私はあまりにもくどい内容になってしまったのではないかと危惧しているところです。この序文は、すでにこれ自体が一つの完結した弁明書のような分量に近づいています。もちろん、私はこの序文を弁明書に仕立て上げようと企てたわけではなく、私たちの主張をお聞きいただけますように、陛下の御心を和らげたいと願っただけです。陛下、拝察申し上げますところ、あなたの御心は、今は私たちに背を向けておられ、私たちから遠ざかっていて、烈火のごとくお怒りを私たちに向けておられます。しかし、私たちは、私たちのこの訴えを、その意味では陛下への信仰の弁明の書になることを願っているこの信仰の告白の書を、陛下が平静な御心で、順序に従ってお読みいただくことで、陛下の御恩顧を必ずや回復できると確信しています。しかし、逆に悪意をもった人々の中傷が陛下の御耳に満ち、訴えられた私たちには弁明する機会が与えられず、また陛下がこの激しい混乱を放置され、投獄、鞭打ち、拷問、切り刻み、焼き殺すという残虐がこのまま続くなら、私たちは屠り場に引かれていく小羊のように〔『イザヤ書』第五三章〕、逃げ場のない窮地に追い込まれることになります。しかし、それでも私たちは忍耐し、自らの魂を保ち続け〔『ルカによる福音書』第二一章〕、主の強き御手を待ち続けるでしょう。主の御手は、疑う余地なく、時が来れば明らかになり、武具をまとって、いと小さき者たちを困難から救い出し、私たちを侮る者たちを罰するでしょう。この世に冠たる王よ、王の王である主が、陛下の玉座に正義を確立し、陛下の王権が公平によって堅固に保たれますように、心より願い奉る。九月のカレンダエ〔=月の最初の日〕の一〇日前、[*45]バーゼルにて。

訳注

*1　フランソワ一世（一四九四―一五四七年）は、シャルル五世の玄孫。ルイ一二世の従兄にあたるアン

グレーム伯シャルル・ドルレアンを父として、サヴォイア公フィリッポ二世の娘ルイーズ・ド・サヴォワを母として生まれた。ヴァロワ朝第九代のフランス王。スペイン国王・ナポリ国王カルロス一世と神聖ローマ皇帝の座を争い、敗れた。当初プロテスタントに寛容な政策を示すかに見えたが、のちにカトリックの立場を鮮明にした。

＊2　キケロ『クインクティウス弁護』二・六。

＊3　これはカルヴァンが一五三四年以後フランスから亡命せざるをえなくなった状況を指している。

＊4　ファリサイ派は、聖書に登場する、今日で言ういわゆる「ラビ的ユダヤ教」のこと。ファリサイとは「分離した者」で、律法を守らない者たちとの「区別」や「分離」のことだと言われる。イエスと対立し、その主張が形式主義的であること、詭弁的であることを指摘される。ここでは、そのような態度をとる者たちのことを指す。

＊5　アウグスティヌス『神の国』（四一三―四二七年頃）四・四。

＊6　ヨハン・コクレウス『自由意志について――メランヒトンの『ロキ・コンムネス』を論駁す』（一五二五年）一・四。「備え」については同書、二・六、「自由意志」については同書、一・三、「功績」については同書、一・八などを参照。

＊7　信仰者は言葉や概念として明確に自分の信仰を知り、言い表せなくても、教会の信仰に従うなら、含蓄的に信仰を表明していることになる、という教え。ガブリエル・ビール『命題集注解要録』（一四九五年）三・二五、トマス・アクィナス『神学大全』（一二六五年頃以降）第Ⅱ‐2部第二問題第五項などを参照。

＊8　第四章、第五章を参照。聖別されたパンとぶどう酒による聖体のサクラメントが行われる典礼のこと。

＊9　小罪を犯した者が、死後、天国に入る前に火によって浄化されるという場所についての教え。

＊10　三一一年、カルタゴの助祭カエキリアヌスの司教叙階にあたり、叙品した司教の一人フェリックスが過去の教会への迫害時に聖書や聖品を官憲に渡した棄教者だったため、この叙任が承認されず、代わりにドナトゥスがカルタゴ司教とされた。そのため、この立場はドナトゥス派、ドナティストと呼ばれるようになり、聖徒の教会はいつでも聖なるものでなければならないので、棄教者の執行するサクラメントは無効だと主張した。三一三年にカエキリアヌスの地位は回復されたが、ドナティストはそれに従わなかった。のちにアウグスティヌスが、この立場に対する反駁を行った。

＊11　アウグスティヌス『『ヨハネによる福音書』講解説教』（四一六／七年）一三・一七。

＊12　イシドールス『父祖たちのはじめと死』三八・七四。

＊13　カッシオドルス『聖なる文学と世俗的文学綱要』。

＊14　例えば、コクレウス『自由意志について』一・四。

＊15　いわゆる世俗法に対して教会が定めた法で、教会法とも呼ばれるが、カノン法はこの時代のカトリック教会が定めた法のこと。

＊16　ヒエロニムス（三四七頃―四二〇年）は、聖書のラテン語訳として有名なウルガタの翻訳・編集者。

＊17　ヨハンネス・グラティアヌス『矛盾する教会法令の調和』（以下『法令集』と略記）二・二四・三・三三、ヒエロニムス『『ホセア書』注解』（三九一―四〇六年のあいだ）二・五より引用。

＊18　カッシオドルス『三部史』（五五〇年頃）一一・一六。

＊19　アンブロシウス『聖職者の義務について』（三九一年）二・二八・一五八。

＊20　カッシオドルス『三部史』一・一〇。

＊21　復活祭の四六日前の灰の水曜日から復活祭の前日の聖土曜日までの期間のこと。伝統的に食事が制限され、結婚などの祝宴も自粛した。

＊22　正しくは、カッシオドルス『三部史』八・一。

＊23　アウグスティヌス『修道士の労働について』（四〇一年頃）一七。
＊24　「エピファニウスからエルサレムのヨハネへの手紙」で、ヒエロニムスの著作の中にある。ヒエロニムス『書簡』五一・九。
＊25　アンブロシウス『アブラハムについて』（三八七年頃）一・九・八〇。
＊26　クリュソストモスの未完の著作『『マタイによる福音書』説教』一一。
＊27　主の晩餐（＝聖餐式）で、キリストが制定したようにパンとぶどう酒の両方が与えられるのではなく、パンのみのいわゆる一種陪餐が主流となり、今日まで続いている。それに対して、いわゆる宗教改革者たちの多くは、この風習が聖書的な根拠に基づいていないと批判した。
＊28　グラティアヌス『法令集』三・二・一二に引用されている。
＊29　キプリアヌスよりカエキリウス宛『書簡』六三。
＊30　一四一五年のコンスタンツ公会議の「二種の形色のもとに守られる聖餐式の規定」。さらに、マルティヌス五世の勅令「イン・エミネンティス」（一四一八年）。
＊31　アウグスティヌスの『新約聖書の恩寵について』は『書簡』一四〇で言及されているが、失われた著作である。『罪人の受ける報いと赦し、ならびに子どものバプテスマについて』二一・三六。
＊32　小アジアのフリュギアでモンタヌスが始めた聖霊主義運動のこと。その中で、キリストの再臨が近いと主張し、キリストの降臨は新しいエルサレムとフリュギアだと考えた。極端な禁欲的な生活を推奨したことでも知られている。
＊33　エウセビオス『教会史』五・一八に引用されている。
＊34　カッシオドルス『三部史』二・一四。
＊35　キプリアヌスよりカエキリウス宛『書簡』六三。
＊36　前五世紀から前四世紀頃のアテナイで活動した、授業料をとって徳を教えるとされた教育家たちの総

称。その後、論理の力で相手を負かす者、詭弁を弄する者を指すようになった。
＊37　グラティアヌス『法令集』一・八・三、九。
＊38　フィリップ・メランヒトン『アウクスブルク信仰告白』（一五三〇年）一・七。
＊39　一四三一年にバーゼルで開催された公会議で、公会議至上主義者と教皇主義者の争いの場となった。エウゲニウスと教皇主義に批判的な公会議至上主義者のあいだの対立は激しさを増し、一四三七年、教皇主義者が正教会と合同開催するためイタリアへの公会議の移転を発表すると、ついに公会議は分裂し、教皇に従ってフィレンツェ・フェラーラ公会議に移動する者とバーゼル公会議に残留する者に分かれた。バーゼル公会議は、教皇権を超える公会議の権威を主張し、教皇を公会議によって選出するとして、公会議に対抗した教皇エウゲニウス四世の退位を一方的に宣言、バーゼル公会議の後ろ楯を務めていたサヴォア公アメデーオが一四三九年に教皇フェリクス五世となった。しかし、その後、公会議至上主義者の急激な改革は信用を失い、一四四七年二月七日、諸侯たちの介入もあって、この選出は撤回され、エウゲニウスが地位を回復した。
＊40　「枢機卿（Cardinalis）」は、司教、司祭、助祭などの階級とは別に、教皇の顧問として選ばれた者たち。一三世紀には数名だったが、その後増加し、一六世紀には七〇名の定員が定められた。
＊41　伝説的なアッシリア王。アッシュール・バーニ・アプリのことと言われることもあるが、詳細は不明。放蕩の限りを尽くし、王としての職を果たさず、最後には自らの宮殿に火を放ち、家臣や財産とともに焼け死んだとされる。『エズラ記』第四章第一〇節のオスナパルのことと言われることもある。
＊42　アナ・バプテストのこと。
＊43　これはカトリック側からの批判ではなく、いわゆる人文主義者たちの声。ギヨーム・ビュデ『ギリシア主義よりキリスト教への移行』に「新しいもの」、「新奇なもの」という批判がある。
＊44　一五三四年と三五年にドイツのミュンスターで起こった洗礼主義者たちの反乱と、それによる惨事の

こと。

＊45「カレンダエ (kalendae)」は、毎月最初の日のこと。ローマの暦の習慣では逆算式で日にちを記したので、それが分かるように、あえて「九月のカレンダエの一〇日前」と訳す。これは八月二三日のこと。

第一章　律法について、十戒の説明を含む。

聖なる教理の全体は、神を知ること、そして自分自身を知ることの二つの部分で構成されている。私たちが確かな信仰をもって神について知るべきことは、次のとおりだ。第一に、神は永遠の知恵、正義、善、憐れみ、真理、力、生命であり、神の他にはいかなる知恵、正義、善、憐れみ、真理、力、生命もありえない（『バルク書』第三章、『ヤコブの手紙』第一章）ということである。したがって、この世に見出されるあらゆるものは神から生み出されたもの（『箴言』第一六章）である。第二に、天地のすべては神の栄光をあらわすために創造された（『詩編』第一四八編、『ダニエル書』第三章）ということである。そのため、すべての者は、神から与えられた神的本性のゆえに、神に仕え、神の法を守り、神の権威に従い、従順に神を主あるいは王と崇《あが》めることこそが神に対して最もふさわしい（『ローマの信徒への手紙』第一章）。第三に、〔神は〕公平な審判者だということである。したがって、神は神の法から離れる者、誠実な心で神に従おうとしないすべての者、神の栄光が明らかになること以外のことを企《たくら》み、それを宣伝し、実行する者には厳しく対処する（『詩編』第七編、『ローマの信徒への手紙』第二章）。第四に、神は憐れみ深く、広い心をもつかただということである。それゆえに、神は傷つけられた者、貧しさに苦しむ者、神に赦しを求める者、神を信頼する者たちを心から受けとめ、赦しを求める者を憐れみ、顧みるかたであり、助けを求めてくる者には自ら走り寄り、神にすべてを委ねて信頼する者を救う（『詩編』第一〇三編、『イザヤ書』第五五章、『詩編』第二五、八五編）。

私たちが自分自身を確実に知るために、次のことを認めるべきである。私たちすべての先祖であるアダムは、神の形に似せて創造された（『創世記』第一章）。そのため、私たちは知恵も、義も、聖性も与えられ、この恩寵によって、神を信頼し、神から与えられた完全な本性のうちにとどまり続けていれば、神によって生き続けることができた。ところが、アダムの堕罪によって（『創世記』第三章）、神の形、神に似せて創造されたことが崩壊し、消滅し、生命の道に至るために天から与えられたまったき善きものは失われてしまった。それだけではなく、アダムは神から遠く離れ、赤の他人のようにふるまった。その結果、神のうちにとどまり続けなければもつことができなかった知恵、正義、力、生命のすべては、外に出てしまい、剥ぎとられてしまった。そして、残されたのは、ただ無知、不正、死、裁きだけであった（『ローマの信徒への手紙』第五章）。これが、罪の実である。そして、この厄難は、アダム自身だけでなく、アダムの種子から出た者、その子孫である私たちにも持ち込まれた。アダムから生まれた私たちすべては、神を認識せず、知ろうともせず、魂は腐り果て、堕落し、あらゆる善は取り去られてしまった。そのため、私たちの魂は悪を選び、邪悪な欲望をもち、神の前で頑《かたく》なな心を隠しきれずにいる（『エレミヤ書』第一七章）。私たちは、見かけは善良そうに見えたとしても、魂の内側は穢れ、汚れ、邪《よこしま》な想いが支配し、背徳に溺れたままである。そして、最も重要なこと、すべての人に関わること、すなわち神は見かけで判断して目に見える外形的な威厳や威光にごまかされることはなく、心の深層まで見抜くかただということを知るべきである（『サムエル記 上』第一六章、『エレミヤ書』第一七章）。したがって、私たちは常に審《さば》きの座に立たされている。人間は見かけがどれほど聖なる輝きを帯びていたとしても、魂は邪悪で、堕落し、朽ちているので、その輝きの偽善性も不良性も、神の目には正確に見抜かれる。

私たちは、本来、神の被造物なのだから、神に栄光を帰し、神を誉め讃え、神に仕えなければならない。ところが、生まれながらに、神が受け入れてくださるようなことは何一つできず、神の栄光を誉め讃える力もなく、自ら返済することができない負債に疲弊している。[*1]ところで、私たちを捉えて離さないこの負債は、私たち自身のもので、私たちの罪が生み出したものだが、その罪によって私たちは善をなすことも、いや、善を求めることすらできなくなっている（『ヨハネによる福音書』第八章、『ローマの信徒への手紙』第七章）。だから、私たちには〔負債の〕支払い能力がないとか、私たちはもはや支払い能力さえ失っていると途方に暮れた債務者のような言い訳をすることなど許されていない。神は悪人に対しては正当に報復するかただ。だから、私たちは自らがまさに呪われるべき者であり、永遠の審判に処せられて当然の者だということを知るべきである。

そのため、聖書は、私たちを神の怒りの子と呼んで、誰一人残らず死と滅びに向かっていると教えている（『エフェソの信徒への手紙』第二章、『ローマの信徒への手紙』第三章）。人間は自らの罪によって神の前から立ち去り、神と分断されているので（『ホセア書』第一三章）、自ら不幸を経験し、弱さを知り、死、そしてついには地獄を見る。さらには、正義、力、生命、救われる理由は、いずれも神のうちにこそあり、自らのうちにはないことを知らされる。主は、人間がこのことを知らずにいるのを避けるために、すべての人の心に律法を書き記し、刻みつけた（『ローマの信徒への手紙』第二章）。それが、良心だ。良心は、私たちが神に対して負う義務についての私たちの心のうちにある証人である。良心は、私たちに何が善であるか、何が悪であるかを知らせる。良心は、私たちを訴え、そして私たちの罪を明らかにする。私たちは、自ら神への義務を果たすことができないのをよく知っているにもかかわらず、傲慢になり、野望を抱き、自己愛が強くなっているので、本来律法を通して、自らを低くし、謙遜になり、惨憺たる状況を自覚しなければならないのに、自分自身を見つめ、静かに自分の心と向き合うことができなくなっている。そこで、神は私たちに書き記された律法を与えた。それは完全な義が何であり、どのようなものであるかを私たちに教える。そして、それをいかに守るべきかを教える。具体的には、私たちが神を求め続け、神から目を離さず、考える時も、願う時も、行動する時にもただ神にのみ心を向け、神を目指すべきであることを教える。それは義の律法であり、あらゆる約束だけではなく、呪いもまた明らかにして示すことで、私たちが正しい道からどれほど逸れ、遠く離れてしまっているのかを教える。主は、主の命令を完全に、確実に実行しうる人がいるなら、その人は永遠の救いという報酬を得る、と確かに約束している（『レビ記』第一八章）。主は、律法が教える完全な生とは義であると教えている。しかし、この完全さはただ神だけがもつもので、それをなしうる人間がいるとしたら、その人は破格の報いを得るべきだと教えている。それだけでなく、神はさらに、律法のすべての義を例外なく、すべて完全に守らなければ、人は永遠の死という審判を受けることになるということも、すべての人に知らせた（『申命記』第二七章、『ガラテヤの信徒への手紙』第三章）。人間の中で律法の教えを破っていない者などいないので、過去にいた人間、今生きている人間、そしてこれからあとに生まれてくる人間のすべてを、神はこの刑罰規定に基づいて有罪と定めた。律法は、私たちに神の意志を教える。それによって私たちによる律法の履行には多大な負債が生じていることを明らかにし、神が私たちに命じたことを私たちが何一つ的確になしえていない姿をあぶり出す（『ローマの信徒への手紙』第三、七章）。このような意味で、律法は私たちの鏡である。私たちが鏡を見ることで、自分の顔の汚れ、染みを見ざるをえないように、私たちの心のうちにある罪や呪いを律法［という鏡］によって知る。より詳しく説明するなら、この書き記された律法それ自体は、自然法の機能と同じである。律法は、私たちに自らが記憶しているはずのことを想い起こさせ、自然法が教えているのに私たちがそれを履行できずにいたことを告発する。これによって私たちが律法を通して学ぶべきことが明らかにされた。明らかになったこととは、神が創造者であること、私たちの父であり主であること、私たちは神に栄光と栄誉を帰すべきであること、そして神を愛する義務を負っていることだ。それにもかかわらず、私たち人間の中でそれを履行しえた者は誰一人いないということだ。そのため、私たちは誰もが呪いと審《さば》き、永遠の死を受けなければならないということだ。そのために私たちは自分のわざによって義を獲得するのとは違った救いの方法を求めなければならないということだ。それが罪の赦しである。また、明らかになったこととは、律法の不履行という私たちの負債をすべて完済する力や支払い能力を私たち自身はもっていないということだ。そのため、私たちは自らの中に希望を見出すことはできないし、自分の外にある他のものの中に助けを求めるべきだし期待すべきだということだ。私たちがそれを知り、謙遜になり、主に服従するなら、主は私たちに光を照らし、自らに近づく道を示して、寛大に、しかも親切に臨んでくださるということだ。聖書に、神は傲慢な者は抑えつけ、へりくだる者には恩寵をもって臨まれる（『ヤコブの手紙』第四章、『ペトロの手紙一』第五章）、と記されている。私たちが神の怒りから免れることを真剣に祈り求め、恩寵を乞うなら、神がそれを聞き入れないはずはない。神は、私たちに必要なものを与え、私たちの罪がどれほどのものだったとしても赦し、恩寵のうちにそれを受けとめる。

そのとき私たちが神の救済を求め、神の御手に守られることを願うなら、神は自らの正しい意志に基づいて、私たちが神を意志することができるように、私たちの心を新たにする。そして、新しい力を与えることで、神の命令を果たしうるように導く（『エゼキエル書』第三六章）。そのため、私たちは誰もが神の庇護を与えられ、不可能なことは何もないことを知る。すべては私たちの主イエス・キリストによって、溢れんばかりに与えられた。主は、父〔なる神〕とともにおり、ひとりの神であったのに（『ヨハネによる福音書』第一章）、私たちと同じ肉体をもち、私たちと契約し、罪によって神から遠く離れていた私たちを神に再び結びつけた（『イザヤ書』第五三章）。主イエス・キリストは、自らの死という代価を支払って、私たちの神の義に対する負債を完済した。これによって神の怒りを鎮め、私たちを支配していた呪いや審《さば》きから私たちを買い戻し、自ら私たちの罪の罰を引き受けて、私たちを罪から解放した（『エフェソの信徒への手紙』第二章、『コロサイの信徒への手紙』第一章）。そのとき主イエス・キリストは、天にある祝福という富のすべてを携えて地上に降《くだ》ってきて、それを私たちに惜しみなく与えた（『ヨハネによる福音書』第一、七章、『ローマの信徒への手紙』第八章）。その際、与えられたものが、聖霊の賜物である。この聖霊によって、私たちは生まれ変わり、サタンの力や陰府の支配から解放され、何の負担もなく無償で神の子とされ、それによって善きわざをなしうるようにと聖化される。さらには、聖霊は私たちの死すべき身体にとどまり続け、そこに巣くっている邪悪な欲望、肉体が求める思い、私たちが生まれながらにもっている本性のおどおどしい歪み、さまざまな誤謬を生み出す原因も、すべて滅ぼし尽くす。私たちは聖霊によって、日々新たにされ、新しい生を歩み始め、義に生きるようになる。

神は、私たちの主キリストを通して、聖霊が与えるあらゆる賜物や恩恵、具体的には無償の罪の赦し、神との平和な関係もしくは和解を準備し、私たちに与えた。私たちが確かに信仰に基づいて切望し、神の正しい意志を信頼し、すべてを委ねて、私たちに約束された神の言葉が真理であり、また力あるものであることを信じて疑わないなら、これらすべてのものは私たちに与えられる（『ローマの信徒への手紙』第三、五章）。私たちはキリストと心を通わせるなら、キリストの中に天の豊かな宝と聖霊の賜物をもち、それが私たちを生命と救いに導く。これらのことは、生きた真の信仰なしには得ることができない。私たちが知っているのは、私たちのあらゆる善きものはキリストの中にあり、キリストの中にとどまらなければ私たちは何者でもありえず、キリストの中にあってこそ私たちは神の子となり、神の国の相続者になる、ということだ（『ヨハネによる福音書』第一章、『ローマの信徒への手紙』第八章）。ところが、キリストの中に何ももちえない人は、その人がどれほどの人だったとしても、どんなことを成し遂げたとしても、あるいはこれから成し遂げるとしても、神に捨てられ、救いの願いは受け入れられず、滅びと困惑、永遠の死という裁きを下される（『ヨハネによる福音書』第三章、『ヨハネの手紙一』第五章）。私たちが自らを知ること、自らの貧しさ、不幸について自覚することは、自らをへりくだらせ、神の前に立たせ、神の慈愛により頼むべきことを教えるだけでなく（『エレミヤ書』第三一章）、神の善き意志と憐れみへと導く信仰を明らかにする。神は自らの善き意志と憐れみのゆえに、私たちに向かって、あるいは私たちの中に入り込んで働く。救いは私たちの中から生まれ出ることはなく、私たちの能力によって獲得しうるものでもない。だから、神に祈る。私たちの思いが間違いなく悔い改めるように祈る。神の寛大さと善き意志によって確かな信仰の導きが与えられるように祈る。神の寛大さと善き意志は、神が、キリストによって私たちが永遠の祝福へと導かれるように、子であるキリストのうちに明らかにされた。まさに、キリストこそ、父である神に至る唯一の道である（『フィリピの信徒への手紙』第一章、『ヨハネによる福音書』第一四章、『ローマの信徒への手紙』第五章）。

十戒は二枚の板に区分されており（『出エジプト記』第三二、三四章、『申命記』第一〇章）、一つ目の板には最初の四つの戒《いまし》めが収められ、私たちが神のためになすべきことが教えられている。それは、神を唯一の神として知り、それを口で言い表すこと、神をすべてのことに先立って愛し、誉め讃え、畏れるべきこと、神にあらゆる望みを託し、必要な日々の糧《かて》を求めること、いつでも神に助けを求め、祈るべきこと、である。二つ目の板には、残りの六つの戒めが記されている。愛、そして愛のわざ、隣人と神に対して示すべきわざである。さて、主は（福音書に書き記されているように）、この律法全体を二つにまとめ、主たる内容を示している。〔一つは〕心を尽くし、精神を尽くし、力を尽くして神を愛すること、〔もう一つは〕自分自身のように隣人を愛すること（『マタイによる福音書』第二二章）、である。この二つで律法の全体が言い尽くされているが、予想される私たちのさまざまな言い訳に根拠を与えないように、また十戒をより正しく、誤解なく理解するために、神を尊ぶこと、神を畏れること、神を愛すること、そして愛をもってなすべきすべてのことも、ただ神のために隣人になせ、と命じた。これらの戒めの前に主の序言が置かれている（『出エジプト記』第二〇章、『申命記』第五章）。

私はあなたの神、主、あなたをエジプトという地、奴隷の家から導き出した。

神は、このように述べることで、自らが命じる力と権能をもつこと、自分こそが従うべき主であることを告知した。また、イスラエルの人々をファラオとエジプトの人々のもとで奴隷とされている状態から自由へと導き出し、自らの力と権能がどれほど栄光に満ちたものであるかを想起させた。神は、その後も日々、真のイスラエル人として選ばれた人々をエジプトという比喩によって語られている罪の奴隷とされている状態から解放し、自らの欲望のために生きるエジプトの君主、悪魔である霊的なファラオの呪縛から解き放ったご自身の力と権能を明らかにし続けている。そのあとで、主は第一の戒《いまし》めを語った。

第一戒　私の前で、他の何ものも神としてはならない。

この戒めが禁じているのは、神にのみ向けるべき信頼を他の何ものかに向けること、この世のあらゆる善、徳に対する賞讃を神以外の何らかのものに対してなすことである（『イザヤ書』第三〇、三一章、『エレミヤ書』第一二章）。そうではなく、神だけがこの世のあらゆるものにまさって畏れられるべきかた、愛されるべきかたである。だから、私たちはこの神のみを神とし、私たちの希望も信頼もみな、この神にのみある（『テモテへの手紙一』第一章、『申命記』第六、一〇章）。善きことのすべては神から来るのであり、神が崇《あが》められること、また神の名がそれによって崇められるようになること以外は、何も求めない（『コリントの信徒への手紙一』第一〇章)。私たちはそのことを、口で言い表すこと、そのように身体を働かせること、またさまざまに表現されるしるしによって明らかにすることだけでなく、精神を尽くし、心を尽くし、力を尽くして、成し遂げなければならない。なぜなら、私たちの言葉や外形的なわざだけが神の前で明らかにされるわけではなく、私たちの心の最も深い場所に宿るものや魂の内なる思いは、私たちが考えている以上に、神の前でははっきり明らかにされるからだ(『歴代誌上』第二八章)。

第二戒　あなたは自らのために像を創造してはならない。天にあるもの、地にあるもの、地の下の水の中にあるいかなるものをも像としてはならない。それを拝し、崇めてはならない。

この戒めは、あらゆる礼拝は、またすべての崇拝は、ただひとりの神にのみ捧げるべきだ、という意味である。神は、私たちの理解には収まらず、形をもたず、目に見えない。神は、すべてのものを包含するので、何らかの場所に押し込められてしまうかたではない。だから、神を何らかの形で表現したり、何らかの姿で描き出したり、あたかも神に似ているものとして像をつくり、崇めることなどやめるべきだ。そうではなく、私たちは霊である神を、霊と真実をもって礼拝すべきである(『申命記』第六、一〇章、『列王記 上』第八章、『ヨハネによる福音書』第一章、『テモテへの手紙一』第一章、『ヨハネによる福音書』第四章)。第一の戒めは、神はただひとりの神であること、神の他には、どのような神についても想い起こし、崇拝すべきではないことを教えていた。それに続いて、この〔第二の〕戒めは、私たちが神にいかなる肉体も付与してはならないこと、神を私たちの感覚で捉えたり、私たちの愚かな頭で理解できると考えたり、形で表現できると思ったりすることを戒《いまし》めている。それによって、この戒めは、神はどのようなかたなのかを、そして神をどのように礼拝すべきなのかを教える。何世紀も前に真の信仰を駆逐し、崩壊に導いた恐ろしい偶像崇拝を、愚かにも擁護しようとする者たちは、この点を指摘し、自分たちは像を神にしたりしていないと弁解する。だから、こんな説明をする。子牛の像をつくる前のユダヤ人は、自分たちがエジプトから神の御手によって導き出されたことを忘れてしまうほど無思慮ではなかった。また、異教の民族は、神が木や石以外の何ものかであることを理解しないほど愚かではなかった。この民族は、確かに自らの好みに任せて像を取り替えたり入れ替えた。しかし、心の中では常に同じ神々を持ち続けていたので、一つの神に捧げられた像の数は多かったが、偶像の数と同じだけ神を自ら創造していたわけではない。さらに、この民族は、毎日のように新しい像をつくり出し、神聖化していた。しかし、自分たちが新しい神をつくり出しているとは考えなかった。ところで、実際にはどうだったのか。偶像崇拝をする者は、ユダヤ人であろうと、異教の民族であろうと、みな神が自分たちの愚かな精神が思い描いたのと同じものだと確信している点で同類である。そして、この愚かな精神に邪悪な心が付け加わった。この者たちは、心の中で生み出されたものを、そのまま表現した。ユダヤ人たちは、心が偶像を生み、手がそれをつくり出したにもかかわらず、それが永遠の神であり、〔自分たちは」ただひとりの真実の天地の主を礼拝していると考えた。異教の民族たちは、天に住んでいるはずだと妄想した神々を崇拝し、しかも神が現在するには神が何らかの肉体をとらなければ自らをあらわすことができないと考えた。このような妄想に基づく愚かな想いに惑わされてしまった。そのため、異邦人たちは、神が現在するならこの肉の目の前に見えるはずだと考えて、しるしを建てた。そして、神が本当にこのしるしの中にいると考えてしまったので、神をしるしの中に拝んだ。それによって、心も肉体の目も、しるしに釘づけにされたので、ますます愚かになり、心は麻痺し、しるしの中にこそ、あたかも神聖なものがあるかのように崇拝し始めた。このようなことをしたことはないし、記憶にもまったくない、などと言う者は、恥知らずの嘘つきだ。それなら、なぜこの者たちは、しるしの前で首を垂れたり、ひれ伏したりするのか。なぜこの者たちは、あたかも神の耳に向かって語りかけているかのように、しるしのほうに顔を向けるのか。なぜこの者たちは、あたかもそこが埋葬の場所あるいは祭壇であるかのように、しるしのために虐殺や殺戮を繰り返し、激しく戦うのか。この者たちは、まるで偶像よりも、ただひとりの神とのほうが簡単に縁を切れると言っているかのようだ。ところで、人類のもっとひどい誤謬、数限りなく行われ、あらゆる人の心に巣くっている過ちにはまだ触れていない。それは、この者たちが偶像崇拝をする自分たちを正当化しようとして語る言葉のことである。この者たちは言う。私たちは神を呼んではいない。ユダヤ人も異教の民族たちも、神を呼んだのではなく、ただのしるし、あるいは神と似たようなものを呼んだだけだ、と言い訳するのである。しかし、すでに預言者が、また聖書全体がそのことを見抜き、この者たちは木や石を強姦していると糾弾し、批判している。それは〔外形だけ〕キリスト者として認めてもらえればよいと考えている人々が毎日のようにしていることで、木や石の中に肉となった神を崇拝しようとしている（『申命記』第三二章、『イザヤ書』第四〇章、『エレミヤ書』第二章、『エゼキエル書』第六章、『ハバクク書』第二章）。

さらに驚くべき言い逃れは、しばしば耳にするが、〔偶像は〕無知な者たちへの手引書だ、という説明である。（しるしを棚に設置するのは礼拝するためであることがはっきりしているのだから、この言い逃れは空虚なものだが）百歩譲ってこの言い逃れを受け入れるにしても、像が無知な人々に与える効果、特に偶像崇拝をする者たちが神を何とかイメージしようとしている者たちに与える効果は、はっきりしているではないか。それは、無知な人々を神の擬人化へと導くことだ。このような説明をする者たちが聖なるものに捧げているのは、いったい何だろうか。無駄な贅沢や、猥雑な行為にほかならない。だから、これによって教え養われる者がいるとしたら、その行き着くところは鞭打ちの刑だろう。事実、教会の礼拝堂にある聖なる処女の像とみなされているものと比べるなら、売春宿の娼婦たちのほうが、まだ貞淑で慎ましく思えてくる。だから、この者たちには、自分たちがつくり上げた像を〔無知な者たちのための〕聖なる手引書などとどうしても呼びたいのなら、せめてもう少し慎みのある、中庸を得たものにしてもらいたい。それでも私は、これは神の民の手引としてふさわしいものではなく、主はこのような呪術じみたものとはまったく違う方法で教えた、と言わざるをえない。主がすべての人に共通な信仰教育〔institutio〕の方法として提示したのは、主の言葉を宣《の》べ伝え、それによって教えることである。キリストが私たちの呪いを背負い、十字架で死に、私たちの罪を自らの肉体の犠牲によって償い、私たちの罪を洗い清めるために渡された、という聖書の言葉が正しく受けとめられたなら、これほど多くの木や石、銀や金の十字架がつくられることはなかっただろう。この言葉の前では〔偶像など〕何の役にも立たないことは明らかだ。だから、このことが事前に理解されるなら、あの者たちは木や石の十字架より一〇〇〇倍ものことを学びえたはずである。なぜなら、貪欲な精神と心は、神の言葉には関心がなくても、金銀と名のつく話にきわめて敏感なのだから。ところで、この者たちは、いったい誰を指して無知な者などと言っているのだろうか。それは主が神によって教えられる（『ヨハネによる福音書』第六章）と約束された者のことだという。だから、ここには計り知れない類比の力が働くという。しかし、主は、不信仰や偶像崇拝はどのようなものであっても忌み嫌うことを強調するために、この二つの戒《いまし》めにさらに次の言葉を付け加えた。神は、私たちの神、主であって、強く、さらには妬む者で、神の名を憎む者には父の罪を子に報いて、三代四代にまで及ぼす。しかし、神を愛し、その戒めに従う者には、憐れみを千代に至るまで与える〔『出エジプト記』第二〇章〕。こう言いたいのだ。私たちがより頼むべき神は、ただひとりの神であって、他に仲間をもつことはない。神の威厳や栄光を像や他の何かに移しとろうとするなら、神は自らの威厳や栄光を直ちに取り戻そうとする。何度でも。父、子、あるいは孫の代に至るまで、何度でも。同じように、神は、神を愛し、神の律法に従う者には、憐れみと恩寵を絶やされることはない。いつまでも。

第三戒　あなたの神の名をみだりに使うな。

この意味は、神は私たちが畏れ、愛すべきかたであり、その聖なる名は、たとえどのような理由があったとしても、みだりに使うべきではない、ということである。むしろ、神が聖なるかたであるがゆえに、神にはあらゆるものにまさる栄光を帰し、この世の善きものも、この世で悪とみなされるものについても神に栄光を帰し、心を尽くして、すべてが神によって与えられるように祈り、あらゆることについて神に感謝を捧げなければならない、ということだ。そのためにも、私たちは神を嘲《あざけ》ることに繋がるあらゆることを避け、冒瀆に対して注意深くなるべきである。特に、神を別の名で示し、神の類のない権威に誤解を与えるようなことをしないように注意しなければならない。また、神の聖なる名を冒瀆し、汚したりしないように（『レビ記』第二〇章、『申命記』第一八章）、また神が望まれないような使い方をしないように注意すべきだ[*2]。死者との通交、魔術、不敬虔な呪術、人を惑わすようなまじない、エクソシズムなどの不信仰な行為や迷信のために神の聖なる名を用いることが、まさにそれだ。神の聖なる名が契約や誓約において偽証のために使われ、永遠の真理を冒瀆することがないように注意すべきである。それだけでなく、真実の誓約がなされる場合でも、それが神の栄光のため、あるいは兄弟たちの共通の求めでないかぎりは、神の聖なる名を持ち出すことは避けるべきだ。どのような場合でも、神の名をみだりに使う誓約は禁じられている。キリストが律法の説明の冒頭で教えているとおり、私たちは、然りは然り、否は否と語るべきであり（『マタイによる福音書』第五章）、それ以外のことは、すべて悪から出たものだ。また、私たちは、自ら誓約する場合、それがどのような場合であっても、それが自らの無思慮によって個人的な乱用とみなされるようなものであってはならない。裁判官の前に呼び出され、求められてなす宣誓は、この戒《いまし》めに何ら抵触しない。なぜなら〔律法は〕別の個所で、神は裁判で判決のために真実の証言が必要な場合には、その人を呼び出す権限をこの世の為政者に与えているからである（『出エジプト記』第二二章、『ヘブライ人への手紙』第六章）。あらゆる公的な誓約は、この戒めが禁止していることから除外される。また、パウロが福音の権威を守るためになしたすべての誓いも、この戒めからは除外される（『ローマの信徒への手紙』第一、九章）。使徒たちはみな、職務においては、まさに私人ではなく、神に仕える公人である。また、君主が条約を締結する場合、家臣が君主の名によって誓約する場合には、誓うことが可能である。私的で邪悪な欲望によるのではない公的な誓いは可能である。このように、誓約は自らの願望や利益のためになされてはならず、ただ正当な必要がある場合にのみ許される、ということを私たちは何よりも心に留めるべきだ。神の名を用いた誓約は、私たちが語ることを証明するために誓いがなされる場合に、他の名が持ち出されないために、神の名がむしろ呼ばれる場合にだけ許されている。ただ神だけが一つの真実の証言なので、その証言を用いることが神に栄光も栄誉も帰すためである。神が、まさにただひとり、永遠の真理である（『申命記』第六、一〇章、『イザヤ書』第四五、四八章）。終わりに、神はその名のもつ至高の権威を、より詳しく明らかにするために、神の名をみだりに呼ぶ者を罰せずにはおかれない、という言葉を付け加え、それによって神はこの戒《いまし》めを破る者には特別な罰を科すことを知らせた。

第四戒　安息日を記憶せよ。これを聖なるものとせよ。六日のあいだは働き、あなたのすべての生業をなせ。七日目は、あなたの主である神の安息日だ。あなた、あなたの息子、娘、奴隷、下女、家畜、あなたの家の中にいる外国人にも、どのような仕事もさせてはならない。主は、六日で天と地と海を創造し、そこにあるすべてのものをつくり、七日目に休んだ。そのため、主は安息日を祝福したし、聖なるものとした。

安息日を守るという戒めも、最初の板に刻まれ、日を聖なるものとすることなので、敬虔な心と、神を礼拝することの両方に関わる。主はこれを厳格に命じた（『出エジプト記』第三一章、『民数記』第一五章）。主が、預言者を通して、すべての信仰は滅びたと言わせたのは（『エレミヤ書』第一七章）、神の安息日が汚され、冒瀆され、破壊され、遵守されず、聖なるものとされなくなったからである。主は、安息日を遵守することがなくなれば、もはや神を神として崇《あが》める道が何も残されていないのと同じだと言った。一方で、この戒めは影のようなものだ。[*3] この戒めがユダヤ人たちに、儀式に際して外形的な行動を示せば霊的神礼拝をなしたかのようにみなされると思わせてしまったことは疑いえない。[*4] だからこそ、暗黒に対する光、表象に対する実体としてのキリストが来た時には、モーセの戒めのさまざまな残滓のような教えとともに、当然破棄された。そのことを明らかに証言しているのは、パウロである（『ガラテヤの信徒への手紙』第四章、『コロサイの信徒への手紙』第三章）。これによって、律法の教えのもとで実施されていたユダヤ人の信仰である儀式や外形的な儀礼は破棄されたが、私たちは戒めの教える真理は持ち続けなければならない。この真理を持ち続けるべきことを、主はユダヤ人のみならず私たちにも教えた。では、その真理とは何か。真理とは、私たちは神を畏れる者、神を愛する者であるから、私たちは神の中でこそ安息を得る、ということである。私たちが良心に対して偽ったり、良心を混乱させたり、良心をいらだたせたりするのではなく、そのような邪悪な想いを取り除くなら（『イザヤ書』第三五、五八章、『ヘブライ人への手紙』第三、四章）、それを得ることができる。私たちは、私たちの貧しい心が生み出す、あるいは私たちの本性の中にある悪が生み出す肉体の悪行をやめるなら、それを得ることができる。また、私たちは、人間にとっては知恵あることのように見えるが神の霊から出たものではない行動をやめるなら、それを得ることができる。このような行動は、まさに奴隷にされてしまった本性がなすことで、安息日についての律法は、これをやめるよう私たちに命じる。神が私たちの中に住み、神が私たちに対して善いことをなし、神が私たちを聖霊によって導く（『ヨハネによる福音書』第一四章、『エフェソの信徒への手紙』第三章、『コリントの信徒への手紙一』第三章、『ローマの信徒への手紙』第八章）。そして、神の国が私たちの良心に平和を、そして平静な想いをもたらす。神の国こそが真実の安息であり、ユダヤ人の安息日はその予型にすぎず、影のようなものだった。七日目が安息日となったのは、数字の七は聖書では完全を意味するからだ。ここで私たちが教えられているのは、まず、神は私たちに永遠の安息日を命じたのだから安息にはいかなる制約もないことである。さらに、七日目以前に十分かつ適切な安息日が置かれ、聖なるものとされることはないということである（『ヘブライ人への手紙』第四章）。七日目とは、それゆえ目的であり永遠であって、信じる者たちは、その一部を先取りしているが、完全にそこに至ったわけではない。しかし、私たちは今、信仰をもつことで、私たちの真の憩いを神に見出すようになったので、そこへと続く道を日々歩み続けることができる。イザヤが安息日にまさる安息日が約束されていると神の教会に向かって語ったことが成就するその時にこそ（『イザヤ書』第六六章）、それはついに完成に至る。すなわち、まさに神がすべてにおいてすべてとなるその時（『コリントの信徒への手紙一』第一五章）にこそ、それはついに完成に至る。主はこのことを、この世界を六日で創造し続け、七日目にはその行為を休まれたことで明らかにした。これに倣って、私たちは自らのあらゆる行為をやめ、神にある憩い、あの七日目の憩いを熱望する。これが安息である。

このことは私たちのなす主の日〔の礼拝〕にも対応していて、主の日〔日曜日〕はこの日を、私たちが他の日よりも聖なるものとみなし、聖なるものとするために定められたのではない。その日が聖なるものであるかどうかは神が決めることであって、神はあらゆる日をすべて聖とされた（『ガラテヤの信徒への手紙』第四章）。教会にはこの日に、神に祈り、讃美を捧げ、〔神の〕言葉を聞き、サクラメントを執行するために集合する（『コロサイの信徒への手紙』第三章）。私たちは、そのために、すべての行為をやめて休み、機具を動かすことも手仕事もすべてやめる。私たちは、そのために、この世と関わること、この世のためになすあらゆることを中断して、熱心に参集する。主の日以外の祝祭日も同じで、私たちの救いの秘儀がその日には何度でも想起される。私たちが神の言葉を魂のすべてを費やして受け、最も適切な仕方で受けとめ、古き人を脱ぎ捨てるなら、祝祭日だけでなく、すべての日に安息日にふさわしい安息を想起し、その日をいつでも聖なるものとし、主の命令に従うことになる。私たちがこの日と他の日とを区別するのは、信仰の問題というよりは共同体としての問題である。私たちには他にも特に定められた日があるが、それは私たちが仕事をやめて神を崇《あが》めることで神を喜ばせるためだと考えるべきではなく、そのようにして参集することが教会にとって適切だからだ。さらに、定められた日を固定することは、あらゆることが秩序をもって混乱することなくなされるためには重要である（『コリントの信徒への手紙一』第一四章）。ソフィストたちの身勝手な主張は、これで十分退けられるだろう。この者たちはユダヤ的な思考を使って世論の注目を集めた者たちで（この者たちは、これを七日目の定額徴収〔septimae taxationem〕と名づけた）、この戒《いまし》めの儀式的な側面は破壊されたが、道徳的な面、すなわち七日のうち一日を定めて遵守することは残されていると主張する。[*5] これは特定の日を守るという事実だけを残して日にちを変えたことで、ただユダヤ人たちを侮辱したにすぎない。私たちのほうがよく理解しているとおり、ここには日にちを変えても迷信は残っており、これはまことに詭弁で、いい加減なものであり、この者たちは肉的な意味での安息日を守ることにおいてはユダヤ人の三倍も愚かだ。この点で、預言者イザヤが語ったことは、彼の時代よりも今日の人々にこそあてはまる批判だと言ってよい（『イザヤ書』第一、五八章）。

安息日についてユダヤ人たちが定めたもう一つの義務は、信仰に関することではなく、人間社会の公正性に関することで、奴隷や家畜に対して日々の仕事を免除し、非人道的な雇用主が正義を超えた労働を強制し、酷使することがないように、ということである。[*6] 私の考えでは、モーセはこの教えの有効性を述べているのであって、この教えの根拠を述べているわけではない（『出エジプト記』第二三章、『申命記』第五章）。私たちは、この公平な配慮を現在でもなすべきであり、それは奴隷の義務の問題ではなく、愛の勧めに従う行為である。これらが第一の板に刻まれた前半の四つの戒め《いましめ》であり、私たちが神の前でどのようになすべきかを教えている。

私は、理由があって、しかも思いつきではなく、四つの戒めを第一の板に含めることを、一般的に言われているよりも、さらに強調したい。別の分け方をする人がいて、その者たちは、主が明らかに一つの戒めとして立てている第二の戒めを数に入れず、隣人のものを貪《むさぼ》ってはならないという第一〇の戒めを二分する。しかし、これは不適切なことで、一つの戒めにほかならない。このような区分は、より信仰の純粋な時代には存在しなかったはずだし、知られていなかった。なぜなら、オリゲネス[*7]は私たちと同じような区別のほうが当然のこととして受けとめられていたことを伝えているからだ（オリゲネス『出エジプト記』講解』[8]）。また、アウグスティヌス[9]の時代にも、私たちと同じ区分が知られていた。ところで、彼は別のところでは三つの戒めを第一の板に含めているが、彼がこの区分を喜んだ理由はごく単純で、（最初の板に三つの戒めが刻まれていると言える可能性があれば）三という数字が示され、三位一体の秘儀が明らかにされると考えたからである（アウグスティヌス『旧新約聖書の諸問題』第二巻[10]）。それ以外の点では、アウグスティヌスは私たちの区分のほうがよいと考えていたはずだ（『マタイによる福音書』についての未完の著書[11]の著者の考えは私たちと同じである）。偶像崇拝を断固として禁じる戒めが人々の心から次第に意識されなくなったのは、サタンの工作に違いない。この点をあえて指摘したのは、私たちの区分が新奇で、最近になって、にわかにでっち上げられたものであるかのようにみなし、驚愕したと言いふらして歩き、嘲笑《あざわら》う者たちが出てこないようにするためである。第二の板を次に扱いたい。

第五戒　父と母を敬え。

この〔戒めの〕意味は、私たちは神を畏れ、愛さなければならない、しかしそのとき両親への畏れや愛を疎《おろそ》かにしてはならないし、いずれにおいても両親が怒りを感じるようなことをすべきではない、という意味である。むしろ、私たちは両親に誠実に服従し、尊重し、主の意志に基づいて仕え、両親を喜ばせるべきだ。この戒めに従うための努力が、私たちにとって有益なこととなる（『エフェソの信徒への手紙』第六章、『マタイによる福音書』第一五章）。そして、このような行為に祝福がともなう。両親を尊敬し、両親に服従する者は、この世では長寿だ（『エフェソの信徒への手紙』第六章）と教えられているが、これは一方では神の一つの命令によって戒《いまし》めが守られることを神がどれほど喜ばれるかということを説明することで私たちの怠惰や鈍感を刺激しようとしているのであり、他方では両親に対する義務、返すべき謝恩を怠り、忘れてしまう子には必ず呪いが待っているということである。

第六戒　殺すな。

この〔戒めの〕意味は、私たちは神を畏れ、愛さなければならない、だから私たちは神をいかなる意味でも侮辱すべきではないし、神を傷つけるようなことをなすべきではない、ということである。また、神の前で不正をなすべきではないし、神と格闘すべきではないし、神との関係に暴力を持ち込むべきではない、ということだ。また、私たちが神への畏れと愛を少しでも持ち合わせているなら、友だけでなく敵に対してさえ愛を示し、親切を尽くし、困っているなら手を差し伸べ、寛容であれ、ということである（『マタイによる福音書』第五章）。

第七戒　姦淫するな。

この戒めが示そうとしているのは、私たちは神を畏れ、愛するのであるから、私たちが生きていく上で言葉においても行動においても常に貞潔であれ、ということである。そして、童貞性は神からの特別な賜物として与えられているということだ。だからこそ、私たちは自分に与えられたものが何であるか〔すなわち、結婚なのか、童貞性なのか〕を、それぞれが知るように努力すべきである（『マタイによる福音書』第五章、『エフェソの信徒への手紙』第五章、『コリントの信徒への手紙一』第六章、『マタイによる福音書』第一九章、『コリントの信徒への手紙一』第七章）。つまり、これらの言葉を実行できない者にも、神が与える自らの肉体の不純に対する対処法があるのだ。それなのに、これを用いない者は、神と対決し、神の命令に逆らう者とみなされる。このような者たちは、神の意志に反旗を翻し、神の召しから遠ざかっている。だからこそ、ここで、（今日多くの者がそのように言うのだが）神の助けさえあれば何でもできる、という言葉[*12]を思い浮かべるべきではない。神の助けが与えられるのは、神の道を歩む者だけである（『詩編』第九一編）。これらの頑迷な者たちが神の助けを期待することはできない。これらの者たちはむしろ、あなたがたの神を試みてはならない、という言葉を思い浮かべるべきだ（『申命記』第六章、『マタイによる福音書』第四章）。神を試みるとは、神から私たちに与えられた元来の本性に反することをなし、さらに神から与えられている賜物まで捨て去ろうとすることで、まさにこの者たちがしていることだ。それだけでなく、この者たちは、神が制定し、それを喜ばしいものとし、私たちの救い主キリストがその式に出席し、祝福を与え、最初の奇跡までそこで行われた結婚の制度（『創世記』第二章、『ヘブライ人への手紙』第一三章、『ヨハネによる福音書』第二章）を汚れたものと呼ぶ。それだけでなく、この者たちの考える独身生活だけを高く評価し、独身生活だけがただ一つのあるべき道で、それは童貞性とは別ものだと主張する。そして、これらの者たちは、それを天使的な生活と名づけている。しかし、それは神の天使を冒瀆することだ。なぜなら、そうすることで、この者たちは天の使いと、放蕩する者、姦淫する者、邪悪な者、淫乱な行いをする者とを並べてしまっているからである。このことについては、これ以上の説明はもはや不要だ。この者たちがなしていることが、すべてを証明している。主の賜物への傲慢な態度、与えられたものを軽視することに対しては、主がどれほどの罰をもって報いるか、私たちは知っている。また、どんなことも許されている夫などいないのであり、どの夫も妻に対して誠実であり貞淑でなければならない。妻も夫に対して同じだ。そうであるなら、夫も妻も、結婚の誠実さ、慎ましさを無価値なものにせず、むしろそれぞれが主によって結ばれ、結婚したと考えるようになるべきである。

第八戒　盗むな。

この命令〔の意味〕は、私たちは神を畏れ、神を愛するので、誰かのものを騙してとったり、暴力や権力によって奪ったりしてはならない、ということである。また、誰でも、商談や契約に慣れていない者を騙すこと、具体的には、物の値段を正しく知らない人に不当な値段で売りつけたり、不当な低価格で買い取ったり、他者の財産を奪おうと詐欺を働いたり騙したりすべきではない。むしろ、私たちに神への畏れ、神への愛が欠片《かけら》ほどでもあるのなら、可能なかぎりの手立てを尽くし、友人だけでなく、敵であっても助言し、励まし、自らの資産を守る手立てを教え、誰かから奪ってでも得るのではなく、自ら諦め、それどころか誰かが得るものがなく困窮しているのであれば、必要なものを分け与え、自らの財産で助けなければならない（『イザヤ書』第五八章、『ローマの信徒への手紙』第一二章、『コリントの信徒への手紙二』第八章、『エフェソの信徒への手紙』第四章など）。

第九戒　偽りの証言をするな。

この〔戒めの〕意味は、私たちは神を畏れ、神を愛するので、誰に対してでも、嘘の告発をし、誰かの評価を貶《おとし》めるようなことをしてはならない、ということである。また、私たちの舌と耳を悪口や悪意に満ちた戯言の道具にしてはならないし、邪悪な精神に基づく推測や不純な憶測を抱いてはならない、ということだ。私たちに神への畏れ、神への愛が欠片ほどでもあるのなら、私たちは誰に対しても誠実で、敬意をもって接し、相手を想い、言葉をかけ、いつでも可能なかぎり公平な判断をし、最も的確な解釈をし、誰に対してもその人の言葉とわざの最良の面にこそ目を向けるべきである（『マタイによる福音書』第七章、『ローマの信徒への手紙』第一三、一四章）。この戒《いまし》めは、さらに、私たちがどのような場合でも嘘を喜ばず、どれほど魅力的であってもつくり話に心を奪われたりせず、愚かな無駄話に自らのめり込んではならない、と命じている（『詩編』第五編、『マタイによる福音書』第一二章、『エフェソの信徒への手紙』第四、五章）。

第一〇戒　隣人の家を貪るな。隣人の妻、隣人の奴隷、隣人の牛、隣人のロバ、そしてすべて隣人のものを欲しがるな。

この「命令によって」、私たちが畏れ、愛する主は、他者の妻、家族、財産、また神から与えられている他者のもつあらゆる善きものを欲しがることを禁じている。その上で、さらに何らかのもっともらしい理由を述べ、詐欺のような手段、悪質な罠、邪《よこしま》な企《たくら》みによって、妻を夫との親密な関係から引き離すこと、他者の奴隷を拉致することを禁じている。具体的には、私たちが他者の妻や奴隷を甘い言葉で誘惑し、夫や主人から引き離すことを禁じている。それだけでなく、夫が自ら妻と縁を切り、離縁されたその妻が自分のところに来るように策を講じること、あるいは主人が奴隷を追い出し、その後その奴隷が自分のところに来るための策を立てるようなことをしてはならないのであり、私たちが他者のものを自分のものにするためのあらゆる邪な策略を禁じている。人々はこのような策略には手慣れているが、具体的な行動が禁じられるだけでなく、他者のあらゆる財産に対して所有の意志を示すこと、心にそのような欲望や願望をもつこともまた禁じられている。そうではなく、私たちに神への畏れ、神への愛が欠片《かけら》ほどでもあるのなら、他者の妻、他者の財産が安全無事であることをこそ願うべきであり、さらには夫と妻の愛をそれぞれに励まし、奴隷には義務を果たすよう勧め、私たちは自ら力を尽くして、たとえいかなる理由があったとしても、自ら与えられたもので満足し続ける努力をすべきである。

他者のものを貪るな、という戒《いまし》めは、私たちはそれぞれに与えられた召命に応じて自分の責務をまっとうすべきであること、さらに自ら与えられた責務を他者のために使うべきであることを教えている（『エフェソの信徒への手紙』第四章）。つまり、私たちは自らに与えられた責務の中で、他者に捧げるべきものは何かを考えないとき、他者のものを貪《むさぼ》るようになる。それと同じ理由で、民衆は与えられた自分たちの王、国政にあたる者、その他さまざまな上に立つ権威に敬意を払い、その統治権を忍耐をもって受け入れ、法や勅令に従順であるべきだ。これらが神の意志のもとになされるなら、拒むべきではない（『ローマの信徒への手紙』第一三章、『ペトロの手紙一』第二章、『テトスへの手紙』第三章）。同じ理由で、あらゆるこの世の為政者は自ら統治する民衆に配慮し、正義を行使し、社会の平安と平静を維持するように努め、善きものを守り、悪については罰しなければならない（『エフェソの信徒への手紙』第四章）。それによって、すべてのこの世の為政者は、自らを召し、その責務を与えた王の王、審判者の審判者である神に応えるように、あらゆる奉仕をなすべきである（『申命記』第一七章、『歴代誌下』第一九章）。同じ理由で、司教、そしてあらゆる聖職者は、〔神の〕言葉の奉仕に忠実に専念すべきであり、救済についての教理に何かを付け加えたり差し引いたりするのではなく、純粋かつ完全なまま救いについての教理を神の民に届けるべきだ。それだけでなく、司教やあらゆる聖職者は、自らの生活を模範的に営むことを通して教え導かなければならない。さらに、司教やあらゆる聖職者は、羊たちのよき羊飼いでなければならない（『テモテへの手紙一』第三章、『テモテへの手紙二』第二、四章、『テトスへの手紙』第一章、『ペトロの手紙一』第五章)。同じように、神の民も、司教やあらゆる聖職者を神が遣わした者、神の使徒として受けとめ、主がそれらの者たちに与えた賜物にふさわしい敬意を払い、それらの者たちの生活に必要なすべてのものを提供すべきである(『マタイによる福音書』第一〇章、『ローマの信徒への手紙』第一〇、一五章、『コリントの信徒への手紙一』第九章、『ガラテヤの信徒への手紙』第六章、『テサロニケの信徒への手紙一』第五章、『テモテへの手紙一』第五章)。同じ理由で、両親は、神から託された子どもたちを養い、教え、育て、保護しなければならない。両親は子どもの心に対して冷酷に接したり、不適切な思いで傷つけたり、両親を憎むようになることはせず、むしろやさしく寛容に子どもたちをいたわり、愛すべきだ。これこそが、子どもたちの両親とされた者たちに神から与えられた本性にふさわしいことである(『エフェソの信徒への手紙』第六章、『コロサイの信徒への手紙』第三章)。また、すでに述べたとおり、両親は子どもたちが模範にしたいと願うように行動すべきだ。同じ理由で、若者は主が老人を敬うようにと教えたとおり高齢者を敬うべきである。同じように、高齢者も年少者の未熟なところを思慮と熟慮、熟練と豊かな経験で指導し、むやみに大きな声を出して、くどくど若者を叱りつけるのではなく、むしろ厳しさの中でもやさしく寛容になすべきである。同じ理由で、奴隷は自らの義務を熱心になし、主人に忠実に服従し、見た目のふるまいだけでなく、心から、神に従うのと同じように主人に従わなければならない。同じように、主人は奴隷に不条理なことを言ったり、冷酷なことをしたりすべきではなく、無慈悲な行為で苦しめたり、暴力をふるったりしてはならない。それどころか、奴隷を自らの兄弟のように扱い、天の主にともに仕える者とみなすべきである（『エフェソの信徒への手紙』第六章、『コロサイの信徒への手紙』第三章、『テトスへの手紙』第二章、『ペトロの手紙一』第二章、『コロサイの信徒への手紙』第四章、『フィレモンへの手紙』）。このように、それぞれが、自ら与えられた職務や与えられた場所で、他者に対してどのような責務を負っているかを考え、それを他者に対してなすべきである。

十戒のすべてを解説したが、私たちは十戒によって、神が私たち自身について、また他者について何を求めているか、何を禁じているか、そのすべてを十分に知ることができる。十戒が求めていることは誰にでも明らかで、愛を教えている。第一に、私たちは神を畏れ、愛し、敬い、信頼し、祈り、神に憩うことを教えられている。これが第一の板の要点で、とりわけ神を敬うことを教えている（『マタイによる福音書』第七章）。第二に、この神のために、私たちは他者を愛することを意志し、自分がしてほしいと願うことをすべての人に対してなすべきことが教えられている（『ルカによる福音書』第六章）。これが第二の板の主要な視点で、私たちが自らを愛することで終わらないということだ。律法には、どこを読んでも、自分の利益を追求することを命じ、それを正当化するような教えは一字も見出せない。人間は自分自身にとって都合のよいことしかしないし、生まれつき自分自身を愛するので、すでに過剰である自分への愛をさらに要求する律法は必要なかった。戒《いまし》めを守るのは私自身への愛のためではなく神と隣人への愛のためであることは明らかであり、自分のためには必要最低限のことをなす、あるいはそのようにしようと努力することこそが最も善き、清廉な生き方である。自分のためだけに生き、自分のためだけに努力を重ねること、自分のことばかり考え、自分の欲望だけを追求することは最も悪い、不正な生き方である。

見落としてはならないことがある。神の律法が命じていること、禁止していることには、人間の目に見える外形的な行動だけでなく、その人の思いや、心の深いところから出る意志も含まれる。手を動かして実際に実行しなければ律法を守ることができる、などと私たちが考えないためである。また、自分の目、手足、身体のすべての部分において律法を遵守しているが、心は服従せずに、まったく反対のことを思っているような人がいるからである。このような者たちも聞いているはずだ。殺すな、姦淫するな、盗むな。この者たちは、人を殺そうとして剣を抜いたりはしない。娼婦を抱いたりはしない。他者の財産に手をかけたりはしない。それはよいことだ。しかし、この者たちは、魂の深いところで、その人を殺してしまいたいという思いをふつふつと燃やし続けている。情欲がとめどなく湧き出している。神が他者に与えた善きものを邪《よこしま》な目で見つめ、邪悪な心を消し去ろうとはしない。これでは律法の主眼点が欠落してしまう。パウロが強い口調で述べているとおり、律法は霊的なもの(『ローマの信徒への手紙』第七章)であり、心を尽くし、魂を尽くし、思いを尽くして従うべきである。律法の意味を解き明かすとき、私たちは自分に都合のよい新たな解釈を生み出すべきではなく、律法の最大の解釈者であるキリストに従うべきだ。キリストは、ファリサイ派が邪な解釈で民衆を翻弄し、目に見える外形的な行動で律法に反していなければ律法を遵守していると主張した際には、それは愚かで危険な過ちだと指摘した（『マタイによる福音書』第五章）。その上で、女性を淫《みだ》らな目で見ることがすでに猥褻だと述べた。他者に対して腹を立てる者は誰でも殺人を犯していると述べた。他者のことで心に怒りを抱く者は審判を受けることになると述べた。他者のことをつぶやき、脅すことで自分の心の不満を明らかにする者は議会に引き渡されると述べた。他者を罵《ののし》り、呪うことではっきりと自分の怒りを面に表す者は地獄の火に投げ捨てられると述べた。キリストの解釈を理解できず、キリストを福音の律法を与えるもう一人のモーセとみなし、キリストはモーセの律法の欠如を補うために来たと考えるのは大きな間違いである。キリストは古い律法に何かを付け加えたのではない。キリストは、ファリサイ派の虚偽によって見えなくされ、この者たちのパン種によってふくらまされてしまった律法の原型を保存するために、これらを洗い清めた。

復讐ではなく、汝の敵を愛せよ、という教えは、最初はユダヤ人に、そしてついにはすべてのキリスト者に与えられたが、無知のゆえか、あるいは邪な心のためか、この教えは従っても従わなくてもよいものとされてしまった。[*13]そして、この者たちは、この教えへの服従を教えに忠実で一般のキリスト者たちより正しい者だとされる修道士に委ね、この教えはあまりにも重くて耐えきれず、恩寵のもとにあるキリスト者には過酷な教えだと主張する。[*14]この者たちは、隣人を愛せよ、という神の律法を破棄すべきだ、とでも言うのか。キリストは、私たちの〔善きサマリア人の〕喩えを用いて話したとき（『ルカによる福音書』第一〇章）、助けを必要とする者は、自分にとってどれほど異質な他者であっても、私たちの隣人であることを明らかにした。汝の敵を愛せよ、という私たちへの命令は、〔聖書の他の〕さまざまなところで明らかにされている（『箴言』第二五章、『ローマの信徒への手紙』第一二章）。主は、飢えている者たちに食べ物を与え、迷い込んだ牛、ロバを元の道に戻してやり、重荷に苦しむ者に代わって負ってやるべきだと命じているではないか（『出エジプト記』第二三章）。主が言われた、復讐は私がなすべきことで、私がそれをなす（『申命記』第三二章、『ヘブライ人への手紙』第一〇章）、という言葉は永遠である。この者たちは、あなたがたは敵を愛し、あなたがたを憎む者に善を行い、あなたがたを迫害する者のために祈れ、天のあなたがたの父の子となるためだ（『マタイによる福音書』第五章）、という主の言葉をどのように考えているのか。誰が父の子となるのだろうか。修道士だけなのか。私たちは、この者たちが、修道士たちだけが神を父と呼べるのだと主張しても、まったく気にしてはいない。神の子としての軛《くびき》をいとも簡単にかなぐり捨ててしまうような者たちは、それによって自らがサタンの子であることを明らかにしている。キリスト者にはこの荷は重すぎるとは、何というでたらめな議論だろう。まるで心を尽くし、精神を尽くし、力を尽くして神を愛することと以上の重い荷があるかのような言い方だ。これに比べれば、敵を愛することも、自分の魂の中から復讐の念を取り除くことも簡単なことである。もちろん、私たちの弱さゆえに、律法の一字一句に至るまで、すべてが困難であり、厳しい課題だ。しかし、主はまさにそのような中にある私たちに力を与える。主が自ら命じるものを与え、望まれることを命じてくださるように私たちは祈りたい。キリスト者が恵みの律法のもとにあるということは、私たちが律法から逃げ出し、彷徨を始めることを意味しているのではなく、恵みによって律法の呪縛から解放され、キリストの霊によって律法を心に刻みつけられ、生きる、ということである。パウロは、この恵みを律法と呼んだが、それは本来の意味で律法と言ったのではなく、神の律法を暗示することで、恵みと律法を対比するためだ。律法という名詞について哲学的議論をしてみたところで、何の意味もない。[15]

あなたがたは、神の律法をたった一つでも破ってしまう場合、あるいは律法を完全に遵守することができなかった場合に、その人に与えられる神の重大な、背筋の凍るような判決について聞いているはずだ。すべての人は律法を犯した者であるから、律法によって罪人と定められて呪いのうちにあるのは、私たちの中の一部の数人ではなく、すべての者のことであり、私たちそれぞれの首がかかっている問題である。そのため、私たちが律法だけを見ようとすれば、途方に暮れ、生きる力を失い、絶望してしまうだろう。なぜなら、律法によればすべての人は断罪され、呪われるべきだからだ（『ガラテヤの信徒への手紙』第三章）。パウロが言っているではないか。律法のもとにある者は、みな呪いのもとにもある。さらに律法にできることは、すべての人を一人も残すことなく糾弾し、批判し、それによって説得し、強制的に理解させ、最終的には神のみが正義を行い、すべての肉体は神の前にただ黙するしかなくなる（『ローマの信徒への手紙』第三章）、という神の審判に定めることだけだ。

今日どれほど多くの人々がこのことに怯えているか、説明は不要だろう。わざの功績によって完全な義に至ることなど誰にもできない。なぜなら、私たちは律法を守ることができないのだから。誰もがそのことに、そのように自ら告白せざるをえない状況に追い込まれて、ようやく気がつき、言い訳を始める。そのとき、すべての栄光あるものはもはや失われ、神の前に屈服する以外に道がないと見抜かれるのを避けようとして、部分的には律法に従っていると弁明したり、別の部分については自らの正義を主張したりする。そして、従えなかった別の部分については、罪の賠償や迷信的なもので補塡できるので、自らの律法遵守の欠如についても何とか補えていると考えている。この者たちは、なぜこんな過ちに陥ったのだろう。それは自分自身を見失い、神の義を疎《おろそ》かにし、自らの罪を知らないからだ。自分は聖書に記されているアダムの子孫とは違っていると主張する者は、自らを知らない者である。聖書はアダムの子孫の強情さを、さまざまな言葉で説明している。アダムの子孫は、邪悪で頑《かたく》なな心をもち、子どもの頃から心の底で思い描くのは悪いことばかりで、心にある思いは空虚で、光というよりは闇で、羊のように迷い出で、自分に与えられた道から逸脱し、善を行う者など誰もなく、誰一人神を知る者はなく、神を求める者さえなく、神への畏れをもたない(『エレミヤ書』第一七章、『創世記』第八章、『詩編』第九四編、『マタイによる福音書』第六章、『イザヤ書』第五三章、『詩編』第一四編、『創世記』第六章)。つまり、アダムの子孫とは肉であり(『創世記』第六章)、その意味はパウロが挙げている(『ガラテヤの信徒への手紙』第五章)あらゆる肉のわざのことだ。つまり、姦淫、猥褻、好色、偶像崇拝、呪術、憎しみ、譲れない心、嫉《そね》み、怒り、利己心、不和、分派、妬《ねた》み、殺人、そしてその他、考えられうるすべての邪悪で唾棄すべきことである。私たちは何という愚かな価値観を大切にして、神への抵抗を続けているのだろうか。私たちは、このような価値観を普遍的な原則だと考えてしまっていて、神を誇るのではなく、自分を誇っている。しかし、パウロは、この世に向かって、人間からは誇るべきものはみな失われているのだから神に服従すべきだと訴えている（『ローマの信徒への手紙』第三章）。あらゆる過去の不名誉ゆえに神に断罪されている人間に、自らの中に何か見出しうるようなものが残されているとでも言うのだろうか。自分がまだ何らかのものを誇りうる人間だと考えているのだろうか。ここまで来てもなお、自ら進んで跪《ひざまず》き、ひれ伏し、神にすべてを委ね、自らを低くし、神を高くすべきであることを学べないのか。自らの中にはまだ何ものかが残されていると考え、探しているうちは、それを謙遜とは言わない。私たちは神の前で謙遜でなければならないと言いつつも、私たちは何らかの功績をいくつかはもっているはずだと考え、数え上げ、謙遜と功績を結びつける者たちは、大きな偽善を行っている。私たちが自分について素直に感じているはずのことは違ったことを神に報告するなら、私たちは神の前に偽りを告白することになる。私たちが自分の中には何もないことを知り、この事実を真剣に受けとめることができたら、私たちは功績などというものを信頼することはできなくなるし、そのような考え方自体が私たちの中から消滅するはずだ。私たち人間が生まれながらに与えられたものだけで審査されるのであれば、頭の上から足の先まで、どこにも善の欠片《かけら》さえ見出すことはできない。人間の中に賞讃されるべきものが見出されるとしたら、それは神〔から与えられた〕恩恵以外の何ものでもない。私たちの邪《よこしま》な心は、私たちの愚かさや醜さについての言い訳を続けるだけではなく、神からの恩物さえ自分たちの栄誉とすり替えようとする。

神が受け取るのは純粋、完全、汚れや染みのないものであることを認識しない者は、神の義を軽んじることになる。しかし、私たちにそのようなものを神に差し出すことができたとしても、私たちのなすこと、もつものは、神の価値観からすれば、腐敗し、汚れたもの以外の何ものでもない。神の価値観からすれば、私たちの義は不正義であり、純粋さとは汚れのことであり、栄光とは恥辱のことである。私たちの中から出る最も善きものでさえ、私たちの肉の不純さゆえに、どこか必ず壊れ、汚されており、何らかの不純物と混ざり合っている。私たちが完全に純粋で、正しいわざをなすことが可能になったとしても、私たちの中にある、なお残された小さな罪の欠片《かけら》一つで、その義を完全に消し去り、すべてを無に帰することができる。預言者がそう述べており（『エゼキエル書』第一八章）、ヤコブもそれに賛成しているが、誰でも一点において過ちを犯すなら、すべてについて有罪とされる（『ヤコブの手紙』第二章）。私たちのこの死すべき生命は罪に対して潔癖であるなどとは誰も言えない（『箴言』第二四章、『ヨハネの手紙一』第一章）。私たちがどのような意味で義を得たとしても、私たちがなす罪によってその義は破壊され、押し潰され、消し去られてしまう。だから、そのような義が神の目にとどまることはないし、私たち自身もそれを義と認めることはできない。だからこそ、神の律法において注目すべきは、私たちの何らかのわざではなく、むしろ命令である。律法からの要求がさまざまなわざではなく義であるとすれば、律法への服従だけが義を生じさせる。罪は神にとって忌まわしいもので、神の目に私たちの罪は重く、人間の義をすべてここに積み上げたとしても、私たち自身の小さな罪の欠片を償うことにさえ不十分だ。私たちは、人間が一つの過ちによって神から棄てられ、追放されたこと（『創世記』第三章）、そのとき救われる理由も、改めて救いを得るための理由も喪失したことを知っているはずである。

その際、償う力も人間から取り去られた。自信過剰な人間の姿を神は喜ばない。神は自らに敵対する者たちからもたらされるものを喜ばないし、受けとめることもないし、そもそも神に対して罪を犯す者はみな神の敵である。だからこそ、私たちのわざに主が目を向ける前に、罪は覆われ、赦されていなければならない。このことから明らかなように、罪の赦しは神による無償の行為であり、自力の償いはありえず、それをなそうとすることは神のわざを覆い隠し、冒瀆することになる。そのため、私たちは使徒がそうしたとおり（『フィリピの信徒への手紙』第三章）、過去のものを忘れ、前にあるものを求め、上からの召しという賞与を求めて、自らの走るべき行程を走る。〔そうであるなら、命じられたこと以上のことをせよと言われ、それをなしえたことを誇る〕余分な支払い[*16]と、命じられたことが何であれ、それを成し遂げた際に、自分は無力な奴隷であって、自分に命じられたことをなしたまでであり、それ以上のことをなしえたわけではないと言うべきだと教えられていること（『ルカによる福音書』第一七章）は、どうすれば矛盾なく受けとめられるのか。神の前で、私たちは偽装工作をし、嘘をつくのではなく、確かなことだけを、これは真実だと確かに思えることだけを語らなければならない。主が私たちに命じていることは、私たちが主に対して、なすべき必要のないことを強要されているのではなく、神の前で当然なすべきこと、すなわち私たちの債務の返済をしているのだということを真剣に考えなければならない。だからこそ、私たちは、主が、命じられたことが何であれ、それを成し遂げた際に、と言ったのは、私たちの思いのすべてを尽くし、また私たちの身体のすべてを捧げてなした律法の遵守が、いわば全人類の義のすべてを合計したもの以上だったのか、という意味であることを知らなければならない。このように、律法の遵守から最も遠い行いをしている者しかいないのであるから、義の尺度にそれを超える義を加えたなどと恥ずかしげもなく自慢することがどうしてできるだろうか。[*17] もちろん、このことを木陰の下で椅子に座って議論するだけなら何の苦労もないし、簡単で、そんなことなら誰にでもできる。しかし、究極の審判者が法廷に立つ時には、どの口も言葉を失い、自慢話を終えなければならなくなる。私たちが求めるべきは、教室や道端で気軽に語る世間話ではなく、神の法廷でどのような弁護が信頼できるかということだ。ところで、人間が神の前で誇ろうとする、命じられたこと以上のこととは何だろうか。結局、それは神が命じたわけではなく、認めてもおらず、その請求書を神の前に差し出したところで受け取られるはずのない戯言にすぎない。だから、命じられたこと以上のことをするというのは、預言者が、誰がこのことをあなたがたの手から望んだのか（『イザヤ書』第一章）と述べた時の意味と同じである。

残された問題がある。それは、律法によって全人類は神の呪いと怒りの下に服従していることが証明されたのであるから、この状態からの解放のためには、律法の力に抑えつけられている状態から脱出し、奴隷状態から自由に向かわなければならないということだ。ここで言う自由とは、律法の遵守を疎《おろそ》かにし、放縦へと向かい、あらゆる束縛の手段から解放された途端、欲望のままにふるまうことではなく、霊的な自由のことである。律法は神の呪いと断罪によって私たちの心を縛り、脅迫していたが、霊的な自由は、希望を失い、地を這うように生きている私たちを自由にする。信仰をもつことで神の憐れみをキリストを通して理解するとき、これまで律法が罪の意識や感覚によって私たちを痛めつけていたが、ついに私たちはまさに律法の奴隷状態から解放され、罪の赦しを保証され、それを確信する。だから、神が一度だけ罪の赦しを与え、私たちの過去の人生の出来事への赦しを与えたあとは、今度は私たちが律法を行うことによって義を求めるべきだというのは、愚かしい者たちの考えである。私たちは誤った望みへと誘導され、嘲《あざけ》られ、笑いものにされてしまうだろう。私たちが肉体をもつ存在であるかぎり、私たちが完全であるなどということはない。また、律法が完全に義をなしえない者は死と審《さば》きを迎えることになると宣告していることからして、主の憐れみが明らかにされ、何度でも罪の赦しによって私たちが解放されるのでなければ、私たちは律法に自らを告発する証拠を絶えず握られ、攻撃され続けるだけだ。すでに述べたとおり、もし私たちが自らの価値によって測られるなら、何をなし、何をなそうとしても、すべての力を注いで努力し、何かを試みたとしても、私たちは死と錯乱によって苦しめられるだけである。同じように、律法が私たちに提示した約束も意味をもたず、空虚なものとなる。

約束は律法に基づいており、律法によってこそ成就するはずだが、私たちが律法を完全に遵守することは、どこまでいっても、いつまで待っても実現しえない。

使徒は、この問題をさらに展開し（『ローマの信徒への手紙』第四章）、〔アブラハムの子孫にこの世界を〕相続させる約束が律法に基づいてなされるなら信仰はもはや無意味なものになること、また約束の廃止もありうることを論じている。二つのことが議論されている。第一に、この約束の成就のために考慮されるのが私たちのわざの功績であり律法の遵守であるなら、信仰は無意味なものとなる。自分自身で律法を完全に守ったと自信をもって言える者などおらず、完全に律法を行いえた者もこれまで誰もいない。約束に信頼し、約束があるからと安心できる者も誰もいない。この点について、外部の物的証拠を求めたりせずとも、自分自身を正しく見つめることができる人なら、自分自身を証人として問題を理解することができるはずだ。そして、それによって、自分の負債がどれほど重大か、自分が約束からどれほどかけ離れた行動をしているかを知れば、誰でも自らの心に失望が生じ、最後には絶望に至るだろう。信仰をもつということは、動揺したり、変転したり、高揚したり、沈滞したりするのではなく、ためらったり、とまどったりするのでもなく、絶望せずに、いつでも強く確信と信頼をもってより頼む場所をもつこと（『コリントの信徒への手紙二』第一章、『コリントの信徒への手紙二』第一三章）であるから、自分の信仰が押し潰され、風前の灯火となってしまったことを感じざるをえないだろう。しかし、第二の問題がここから生まれる。約束それ自体も破棄される。確かに、約束の完成は、これが必ず成就すると固く確信している者、つまりそのような信仰をもつ者にしか与えられない。だから、確信や信仰がなくなれば、約束も力を失うことになる。そのため、何らかの救いの望みが明らかになるには、その救いが私たちに保証されているという新しい約束が必要となる。これが福音の約束である。これは憐れみ深い主が私たちに無償で与えてくださるもので、もちろん私たちの価値や私たちの何らかの善いわざなどによって獲得されうるものではない。ただ父の善き意志によってのみ与えられる（『ローマの信徒への手紙』第一〇章）。父は、心を尽くして崇《あが》めること以外に、自らの善き意志を与える条件を求めない。そのためパウロは、救いを受け継ぐことは信仰によってこそ私たちにもたらされると述べ、その約束が確かなもの（『ローマの信徒への手紙』第四章）であることをはっきり表明した。ただ神の憐れみにのみ頼み、憐れみと真実が一つになるということ（『詩編』第八五編）、別の言葉で言えば、神はその憐れみゆえに約束したことには忠実だということを知る信仰こそが、確かな信仰だと言いうる。確かな信仰には、堅固な約束がともなう。約束は信じる者たちには必ず実現される。

私たちは、今やまさに、私たちの救いは、ただ神の憐れみによるもので、私たち自身にどれほどの価値があるかとか、私たちに由来する何らかのもののためではないことを知るべきである。私たちは、ここにこそ私たちのあらゆる希望を見出し、ここに土台となる杭を打つべきだ。私たちのわざを重視し、何らかのわざをなすことに救いの根拠を見出すべきではない。信仰の本質は、耳をすまし、眼を閉じることである。約束を待ち望み、私たちの思いを人間の価値とか人間のわざや功績から切り離すことである。私たちは、自らがまったく価値のない者であると知らなければ、神にまったく信頼することはできない。私たちは、心が私たちの中で完全に打ちのめされ、倒されていなければ、神によって完全に起き上がらせていただくことはできない。私たちは、自らに完全に絶望していなければ、神に十分に慰めていただくことはできない。私たちは、自らがもついかなる栄誉も捨てていなければ、ただ神だけを十分に誇ることはできない。私たちが自らにより頼もうとする思いを完全に拭い去り、ただ神の善き意志により頼もうとすることによってこそ、神の恩寵を理解しうるし、得ることができる。アウグスティヌスが言うように(「使徒の言葉についての説教」第一一章)[*18]、真実の信仰とは、私たちの功績を捨て去り、キリストからの恩物を誇ることである。もちろん、誰でも、キリストによるのでなければ、この確信を真実に得ることはできない。私たちすべてにすでに布告されている律法の呪いは、ただキリストの祝福によってのみ、そこから逃れることができる。私たちは、自分の義を自分のわざによって得るように要求されても、私たちの先祖であるアダムから遺伝する弱さのために、そのとおりにはなしえない。もちろん自らのわざで律法を遵守することなどできない。私たちはキリストの義によって義とみなされ、律法を遵守する者とされる。私たちは、それによってキリストの義をあたかも自分たちのもののようにまとい、確かにこの義を私たちのものとして神に受け入れていただき、聖なる純粋な者として認められる。このようにして、パウロが述べたことは、そのとおりに成就する。すなわち、キリストは、私たちのために、義として、聖として、贖《あがな》いとして与えられた(『コリントの信徒への手紙一』第一章)。憐れみ深い主は、善き意志、すなわち代価を求めない意志によって、私たちに寛容であり、私たちに恵みを与え、神の怒りゆえに永遠の死がふさわしい私たちの罪を赦し、債務を帳消しにしてくださった（『ローマの信徒への手紙』第五、六章）。そして、聖霊の恵みによって、神は私たちの中に生き、私たちの邪悪な肉体は日に日に滅ぼされ、私たちは聖化され、完全に清くなり、心は新たに律法に服従し、主に自らを捧げる生活を始める。私たちは、ただ神の意志に仕え、ただ神の栄光がさらに明らかにされることに自らの思いを集中することで、私たちの肉体の中に住むあらゆる厭わしいものを憎むようになる。私たちが聖霊の導きによって主の道を歩いているにもかかわらず、自分自身を忘れ、驕り高ぶることがないように、私たちの中には最後まで未完成なものが残されており、そのことのゆえに、いつでも私たちは謙遜にならなければならないことを知る。こうして私たちは、自らの口を神の前で完全に閉じ、私たちが自らにより頼むのではなく、完全に神に信頼すべきであることを学ぶ（『ローマの信徒への手紙』第七章）。私たちは、いつでも罪の赦しを必要としている。私たちが主の道を走り続ける行程でなすわざであっても、あるいはそれが信仰によってなされたことのために神に喜んでいただけたことだったとしても、このわざによって私たちが神に受け入れられる者となり、このわざによって私たち自身を神に喜ばれる者とすることなどできない。それとは逆に、ただキリストの義だけが唯一完全で、神のまなざしに耐えることができるので、この義が私たちの保証として審《さば》きの法廷に私たちとともに出廷してくださることが必要である（『ヘブライ人への手紙』第一一章、『ローマの信徒への手紙』第八章）。この義だけが神に受け入れられる。この義が私たちにもたらされる。それだけでなく、この義があたかも私たちの義であるかのように取り扱われる。このように、信仰によって、私たちは引き続き、確実に罪の赦しを得る。すなわち、私たちの汚れや不道徳な過ちを私たちの責任として負わされることはない。私たちのうちの古い人は完全に、誰の目にも明らかであるように滅ぼされ、神の善き意志によって新しいアダムであるキリストとともにある祝福に満ちた憩いに迎え入れられる日が来るまでは、キリストの純粋と完全によって覆われ、守られる（『コリントの信徒への手紙二』第一五章）。このようにして、私たちは主の日を待ち望みたい。その日には、私たちは決して朽ちることのない身体を与えられ、天国の栄光に迎え入れられる。[19]

ここから導き出される結論は、律法の機能と効用である。[20] それは三つある。[21] 第一は、神の義、すなわち神が私たちに求めておられる神の義を指し示し、自らの不義を想起させ、自らの罪を確かに知ることである。人間は一人残らず、主によって自らは何ももちえないことを示されないかぎり、自らの力への誤った自信や過信が増すばかりだ。このような自らの力への愚かな誤認を捨て去ることができたとき、初めて人は主の手が私たちを救い上げてくださり、支えてくださっていることを知る。それでもなお人間は自らの行為による義を求め、神の恩寵に抵抗しようとするので、このような傲慢さは完全に破壊されて考え方を変えなければならない。すなわち、私たちは何らかのもので身を覆うのではなく、何もなく素手で神の憐れみに助けを求め、すがることで、神の憐れみに身を覆っていただかなければならない。これこそが義であり、価値あるものだと知る。この神の憐れみは、真の信仰をもち、キリストを熱望し、ただキリストに期待する者には、キリストを通して明らかにされる。第二に、律法は神が復讐すると述べ、さらに律法を犯す者を罰に定めると述べ、死と審判で脅し、罰への恐れを生み出し、私たちを制御しているのだから、強いられ、打ちのめされなければ正義や公正を求めるようにならない者たちに対しては役に立つ。しかし、このような者たちは、それを聞いても内なる心が動かされるとか、強い影響を受けるということはない。それは、ちょうど手を縛られて制御されているような状態である。確かに目に見える行動は制御されるが、そのままにしておけば再び溢れ出してしまうような心の内側の倒錯は制御されてはいない。だから、これらの者たちは、神の前で何が優れているのか、義にかなっているのか、などということを考えたりはしない。また、これらの者たちは、恐怖を感じたり、防衛本能を働かせたりする場合でも心の中で思い描いたようなことを何も考えずに行動に移したり情欲に身を任せたりするようなことはしないが、神を畏れ、服従することもしない。しかし、制御されればされるほど、内側に燃えたぎるものがふつふつと起こり、律法への恐怖心によって制御されないかぎり、何をし始めるか分からないし、どこに行ってしまうかも分からない。結局のところ、この者たちは神に正しく従うことができず、神を軽んじる者たちを神が罰することを受け入れられない。さらに、この者たちは、愚かにも、まだずる賢く律法それ自体を激しく憎み、立法者である神を呪い、できれば神をなきものにしてしまいたいとさえ考えている。それでも、無理やりにでも、強制的にでも与えられる正義は、人間の社会の安寧のためには、どうしても必要だ。主は、このようにして人間の平和を保持しようとし、あらゆることが人間に許されているとなれば生じる社会の混乱を回避しようとしている。第三に、心に神の霊が宿り、神の霊で心が満たされている信仰者にとっても、もちろん律法は効用があり、そのような人は律法によって、神の前で何が正しく、何が喜ばれることなのかをさらに熱心に考えるようになる。このような人々は、心に神の指で律法を刻まれており（『エレミヤ書』第三一章、『ヘブライ人への手紙』第一〇章）、神の意志に従いうるように心を動かされ、励まされているが、律法を通して、さらに堅実に、より正しく神の意志がどこにあるのかを学ぶ。その姿は、奴隷が主人に自分の仕事を認めてもらおうと懸命になればなるほど、主人の習慣を知り、それに自らを適応させ、自らもその習慣を守ろうとする姿に似ている。また、このような人々は、自分ではどれほど霊において神に従おうと熱心な努力を重ねても、結局は肉体においては怠惰であり、神に仕えようとしながらも罪に奉仕してしまうという経験をしてきている。だからこそ、このような肉体にとって律法は役立たずで、怠惰なロバに叱咤激励を与えるための鞭であることを知る。その点で、律法は信仰者を励ますものであって、信仰者の良心を呪いで拘束するものではなく、信仰者の怠惰に警告を与えることでそれを心から追い出し、欠陥を取り除く。信仰者の多くが、このようにして律法の呪縛からの解放を言い表そうとして、律法は破棄されたと主張する。[*22] しかし、正しくは、律法は信仰者に正しいことをするように命じなくなったわけではなく、信仰者にとっての律法はかつてのように死を宣告することで良心を翻弄し、圧迫し、断罪し、破滅させるようなものではなくなったということだ。善いわざと義が分離されたのは、善いことをしなくてよいとか、善いわざが否定されたということではない。それは、善いわざをすることに望みを見出したり、善いわざを誇ったり、それを救いの根拠にしたりしないためである。私たちが信じているのは、神の子キリストは私たちのものとなり、私たちに与えられたが、それはキリストご自身によって私たちもまた神の子となり、天国の相続者となるためだった（『イザヤ書』第九章、『テサロニケの信徒への手紙二』第四章）ということだ。また、私たちが信じているのは、自らのわざ、あるいは善きわざによってではなく、神の善き意志によって永遠の救いの希望へと招かれたということだ。私たちが信じているのは、私たちが召されたのは汚れや不正を行うためではなく、愛を行うことにおいて神の目に清く、汚れのない者になるということだ（『エフェソの信徒への手紙』第一章）。

これらのことが以前から正しい順序で整理されていたなら、昨今の騒動やこれほど複雑な意見の食い違いも生じなかったはずである。パウロは、キリスト教の教理という構築物の土台はパウロが自ら据えたとおりイエス・キリストであり、それが保持されるべきで、この土台以外に別のものが置かれることはない（『コリントの信徒への手紙一』第三章）、と語っている。では、この土台とは何か。イエス・キリストが私たちの救いへの入口となり、私たちのために最初の機会を与えただけだったということなのか。そうではない。私たちは世界が創造される前に、永遠において、イエス・キリストのゆえに選び出されたこと、そのため、その選びは私たちの何らかの功績によるのではなく、ただ神の意志に基づいてなされ、神の目的のためだったということである。また、キリストの死によって、私たちが死という罰から贖《あがな》い出され、破滅の道から救い出されたということである。そして、私たちが父〔なる神〕によって、子あるいは相続者として受け入れられたということだ。キリストご自身の流す血によって、神と和解させられたこと、父〔なる神〕によって私たちはキリストの保護のもとに置かれ、破滅や堕落を免れたということだ。こうして、私たちがキリストのうちに根を下ろし、永遠の命にすでに与《あずか》る者とされて、神の国への希望をもち、そこに向かって歩み続けるということだ（『エフェソの信徒への手紙』第一章、『ローマの信徒への手紙』第九章、『テモテへの手紙二』第一章、『ヨハネによる福音書』第一章、『エフェソの信徒への手紙』第一、三章、『ローマの信徒への手紙』第五、八章、『コリントの信徒への手紙二』第五章、『ヨハネによる福音書』第一〇、一七章）。これだけでは十分とは言えない。キリストがここまでしてくださったのに、私たちは依然として愚かなので、キリストご自身が神の前で私たちの知恵となってくださるということだ。私たちが罪人であるのに、キリストが私たちのために義となってくださるということだ。私たちはこれほど汚れているのに、キリストが私たちの清さとなってくださるということだ。私たちは実に弱く、サタンに対して無防備だが、天でもこの世でもキリストは力があり、私たちのためにサタンに打ち勝ち、地獄の扉を破壊してしまったということだ。私たちがいまだに死をこの身にまとっているにもかかわらず、キリストはすでに私たちの生命となってくださっているということだ（『コリントの信徒への手紙一』第一章、『マタイによる福音書』最終章、『コロサイの信徒への手紙』第一、三章、『ローマの信徒への手紙』第八章、『エフェソの信徒への手紙』第二、四章）。このように、キリストのものが私たちのものとなり、私たちはすべてのものをキリストの中にもっているのであって、私たちの中にもっているのではない。だから、私たちが主の聖なる宮にまで成長することを望むなら、この土台の上に私たちは建築しなければならない。賢明な建築家は、すでに基礎が据えられると、その上に建物を正確に立ち上げる。そして、私たちに教えること、勧めることが必要であるのを知っていて、次のような教示を与える。すなわち、神の子〔イエス・キリスト〕は、サタンの仕業に打ち勝ち、神のものとされた者たちが再び罪を犯すことがないために現れ出た。また、過ぎ去ったこれまでの時間は、異邦人たちの願いを実現するには十分な時間だった。さらに、選ばれた者たちは、憐れみの器として神の栄光のために選ばれたのであるから、汚れを清められる（『ヨハネの手紙一』第三章、『ペトロの手紙一』第四章、『テモテへの手紙二』第二章）。

キリストが弟子に、自分を捨て、自分の十字架を負ってキリストに従うように望んだとき、あらゆることがすべてそこで説明されている（『マタイによる福音書』第一六章）。自分自身を捨てる者は、あらゆる悪とその根源を断ち切り、もはや自分自身のために何らかのものを求めたりはしない。自分の十字架を負う者は、あらゆる忍耐と柔和さを身に帯びる。キリストが示した模範には、このような義務と、さらに敬虔さと聖性についての義務も含まれている。キリストは死に至るまで父〔なる神〕に従順だったし、キリストは神のわざを遂行するために身体のすべてを使い尽くした（『フィリピの信徒への手紙』第二章、『ルカによる福音書』第二章、『ヨハネによる福音書』第四、七、八、一〇、一五、一七章）。キリストは父〔なる神〕の栄光のために心のすべてを使い尽くし、自らの生命を人々のために投げ出して、敵に善をなし、敵のために祈った（『ルカによる福音書』第二三章）。その効用を考えるなら、計り知れない慰めを与えてくれる言葉がある。すなわち、次のとおりだ。私たちは艱難と出会っても窮せず、困窮しても見捨てられることはなく、辱められても恐れることはなく、倒されても滅びない。イエス・キリストの死を、いつもこの身に負っている。それは、イエスの生命が私たちのうちにあらわれるためだ。そして、もし私たちがイエスとともに死んだなら、イエスとともに生きるだろう。ともに苦しみを受けたなら、ともに支配するだろう（『フィリピの信徒への手紙』第二章、『コリントの信徒への手紙二』第四章、『テモテへの手紙二』第二章）。こうも言われている。私たちはイエスの苦しみに合わせられるだろう、というのも父は神のもとに選んだ者を子の形に似るものとして予定されたからである。それは、子を多くの兄弟の中の長子とするためだった（『フィリピの信徒への手紙』第三章、『ローマの信徒への手紙』第八章）。そうなのだ。だから、死も生も、現在も将来も、キリストの中にある神の愛から私たちを切り離すことはできない。見よ、私たちは神の前でそのわざによって義とされると言われているのではなく、神から出た者はみな再生を経験し、新しく創造される者となり、罪の支配から脱出して、義の支配に迎えられる。この証言によって、私たちはちょうど木がその実によって知られるように、自らの召しを確認する（『ペトロの手紙二』第一章）。

不敬虔な人々が口にするまったく破廉恥な言葉は、これらの言葉がひと欠片《かけら》あれば、排除できる。この者たちは、私たちが人間のあらゆる熱心なわざを断罪したので、人間の善きわざを無意味なものにしてしまったと騒ぎ立てる。[*23] また、この者たちは、私たちが罪の無償の赦しを主張しているので、罪の安価な赦しを言いふらしていると中傷し、[*24] それは誘惑で元来罪に傾きやすい者たちを陥れようとしていると言ってのける。また、この者たちは、私たちがわざによって義とされることもないし、私たちのわざが救いにふさわしいものになりうることもないと説教すると、それは人々が善きわざのために熱心になることを阻害することだと批判する。これらの破廉恥な言葉は、すでに述べた聖書の言葉のひと欠片があれば、完全に排除できる。それにもかかわらず、私はここでは、それぞれの批判について一つずつ簡単に応答しておきたい。私たちは、善きわざを否定しているのではなく、すべての善きものは神から出たものであり、神が喜ばれるものになるべきだと言っているのだ。パウロがすべてのわざを神の霊の実と呼び（『ガラテヤの信徒への手紙』第五章）、誇る者は主を誇れ（『コリントの信徒への手紙一』第一章）と述べているのは、そのためである。私たちは、不敬虔な者たちのように、善きわざに基づく栄誉を神と人間のあいだで按分したりせず、それにはまったく手をつけずに、すべて主に献げる。善きわざについて人間の手の側に残るのは、人間にはそれが善きわざであったとしても、自らの不浄さゆえにそれを汚してしまう、という現実だけだ。たとえそれがどれほど完全なものに見えたとしても、人間からは汚れていないものが出ることはない。つまり、神が人間のわざの中で善いわざと言われているものを取り出し、審《さば》きにかけるなら、それは神自身の義と人間の無思慮に分別される。このような理由で、私たちは、人間がわざを追い求めることの誤りを指摘し、人間が何をもっていたとしても、何ができたとしても、それは呪われている、と宣言する。そのため、信じる者たちは、善きわざが神から与えられ、人間のものになるという私たちの教えによって、心を深く慰められている。善きわざが神から与えられただけではなく、私たちのわざが神に受け入れられ、信仰者たちは神から与えられた善きわざによって神に喜ばれる者となる、と私たちは教える。これは、もちろん信仰者自身が神に喜ばれる者としてふさわしいからではなく、神の善き意志が信仰者の中に価値を見出してくださったからである。だからこそ、私たちが善きわざだと主張してなすどのようなわざであっても、信仰なしで行ったり、行おうと試してみたりすべきではないし、神の喜びになると確信できることでないかぎり、なすべきではないと教える。ところが、不敬虔な者たちはどうだろうか。この者たちは、口では善いわざをしていると言っているが、実際には自分の良心を自分で手なずけ、飼い慣らすことで、神がこの者たちのわざに寛容であり、柔和な思いをもって見逃していることを理解しようともしない。誤解すべきではない。私たちが罪の無償の赦しと言う時には、罪を犯したらいいと人々を唆《そそのか》しているのではなく、罪の赦しは私たちの善いわざによって相殺できるようなものではなく、とてつもない高い代価を支払わなければできないものなので、無償でなければ不可能だと言っているのだ。そして、この赦しは私たちに対しては無償でなされたが、キリストにとってはそうではなかったのであり、キリストご自身の聖なる血という、まさに高い代価によってしか支払えなかった。この血以外に、神の審《さば》きに対して支払えるような代価はどこにもなかった。人間は、このように教えられるとき、私たちが罪を犯すごとにキリストの高価な、聖なる血が流されていることを知らされる。それだけではなく、私たちの悪に溺れた姿は、この純粋な血の泉が流れ出ること以外の方法では清められることはなかった、と私たちは教えている。それを聞く者たちが欠片《かけら》でも神から出たものをもっていたなら、泥の中で汚れた自らの身がこの純粋な血の泉を驚くほど汚してしまう姿を見て、戦慄を感じずにはいられないはずだ。ソロモンと同じ言葉を、信じる者たちの魂も言わざるをえないのではないか。すなわち、私は足を洗った、それなのにどうしてもう一度これを汚すことができようか（『雅歌』第五章）。

どちらのほうが罪の赦しを安価に考えているかは明らかではないか。この者たちは、自らつくり出した罪の賠償の方法によって、すなわち糞土のようなものによって神を喜ばせることができると主張する。私たちは、人間の罪の重さはそのような軽微な代価で支払うことはできないと主張する。さらに私たちは、神の怒りはこのようなまがい物による賠償で赦されるほど小さなものではないと主張する。そして、赦しはただキリストの血のみが独占的になしうると考える。私たちは人間が自らのわざで何らかの功績を得ようとすることを否定するが、それによって人間が善いわざを意志することを排除しているわけではない。だから、この者たちが、人間はそもそも何らかの報いを得ることが期待できないのに、どうして自らの生活を改善するだろうか、と主張しているのは誤りである。[*25] 人間が神に仕えているのに、何らかの報いを望んで、神に自らのわざを貸しつけたり売りつけたりするのだとしたら、それ自体は無意味なことだ。神は何の報いを得ることもなしに崇《あが》められ、愛されることを求めている。神が礼拝する者と認めるのは、報いを受けなくても、その望みが絶たれる時にも、なお神を崇め続ける者のことである。人間が善きわざをなすことについて、パウロの言葉以上に、この者たちに痛手を加えるものはないだろう。パウロは、私たちがキリストとともに甦らされたのは義のうちに生きるためであり(『ローマの信徒への手紙』第六章)、だから私たちの身体を神に喜ばれる生きた聖なる犠牲として献げよ(『ローマの信徒への手紙』第一二章)と勧め、私たちがキリストと合一したのちは、互いに仕え合い、キリストの肢体の一つになったことを実証するよう勧めている(『エフェソの信徒への手紙』第四章)。そして、パウロは、私たちの身体は聖霊の宮であって(『コリントの信徒への手紙二』第六章)、キリストとベリアルのあいだには、また光と闇のあいだには何の関わりもない、と教えている。また、パウロは、神が意志するのは私たちの聖化であり、邪悪な欲望から私たちを引き離すことだと述べている(『テサロニケの信徒への手紙一』第四章)。さらにパウロは、私たちが罪の奴隷となっている状態から解放されたのは義に従うためだと明言している(『ローマの信徒への手紙』第六章)。さらに、ヨハネの生き生きとした証言は、神が私たちを愛してくださったように私たちは互いに愛し合うのであり、神の子とサタンの子、光の子と闇の子はこの点で違っていて、神の子は愛の中に住んでいる(『ヨハネの手紙一』第四章)と語る。この言葉以上に私たちを愛に導くものが他にあるだろうか。あるいは、ヨハネは次のようにも述べている。すなわち、この望みをもつ者はみな自らを聖なるものとされるが、それはこの望みをもつ者たちの神が聖であるからだ（『ヨハネの手紙一』第三章）。この言葉以上に私たちを聖なる者になるよう導くものがあるだろうか。また、ヨハネが伝えているように、キリストご自身が〔私があなたがたを愛したように、互いに愛し合いなさい。これが私の掟である。友のために自分の命を捨てること、これ以上に大きな愛はない、と教えて〕、自らのなしたことに私たちが従ってくるようにと模範を提示されたこと（『ヨハネによる福音書』第一五章）以上に力強い導きがあるだろうか。私は私たちの主張を味見してもらうために、いくつかの聖書の言葉を挙げてみたが、そのすべてを記そうとしたら、規格外の大きさの書物を書かなければならないだろう。使徒たちの言葉は教え、勧め、戒《いまし》め、そして慰めに満ちており、それが神の人を善きわざへと導いているが、そこには功績については一言も述べられていない。神の栄光を受けるには、これで十分であり、もしこれに心を動かされない人がいたとしても、その人が神の恩寵を想い起こすなら、善いわざへと動かされるはずだ（『マタイによる福音書』第五章）。この者たちは、功績を強調するあまり、律法への隷従、誤った服従を人々に勧めている。さらに、私たちがそれに同調しないことを取り上げて、私たちが善きわざを推奨したことが一度もないなどという嘘を言いふらしている。*26 この者たちの言い分は、まるでこのような服従を神が喜ばれると言わんばかりだ。しかし、神が喜ばれるのは、喜んで与える人であり、しぶしぶと強制されてなす人ではない（『コリントの信徒への手紙二』第九章）。

聖書にはあらゆる勧告が過不足なく述べられており、神はそれぞれに、それぞれのわざに応じて報いると勧告しているが、そのことから、私たちのわざが報いの根拠になると考えるべきではない。天国は奴隷たちが受け取る報酬ではなく、子が受ける相続財産（『エフェソの信徒への手紙』第一章）なので、主の子として選ばれた者だけが得るものである。子とされたこと、それ以外に理由はない。だから、聖霊が私たちにそのことを約束しているとか、私たちのわざがこのような報いを受けるに値すると証言するなどと考えるべきではない。聖書は、神の目の前で誇りうるものについて私たちに何も書き残していない。それどころか、聖書全体が私たちに示しているのは、私たちの傲慢を砕き、謙遜へと導くためのさまざまな教えである。そのため、子とされる期待に支えられることなしには、あるいはそのことの慰めによって平安を得ることなしには瞬時にすべてが崩れ去るような私たちの弱さのために、〔二つの〕対応がとられた。〔一つは〕自分の持ち物だけでなく自分自身を捨てることがどれほど難しいかを知ることである。自分のこととして考えるなら、よく理解できるはずだ。キリストは、弟子たち、そしてすべての信仰者にそのことをあえて教えることで、訓練を始めた（『マタイによる福音書』第一六章）。〔二つ目に〕キリストは、十字架のもとでの鍛錬を通して、弟子たちに心、欲望、信頼をこの世の何らかの利益と結びつけないように教えた。キリストは、この世が広く、果てしなく見えたとしても、そこには絶望しかないことを教えている。それは、パウロが、もし私たちがこの世にだけ望みを置くなら私たちは何と惨めだろう、と語っているとおりだ（『コリントの信徒への手紙一』第一五章）。しかし、主は、人間がこのような状況の中で誤ったことをしないように、常に臨在し、頭を高く上げ、はるか遠くにまで視線を向けるように促し、この世では得ることのできない幸福を指し示す。主はそれを報償、報酬、賞与などと呼ぶが、これは何らかのわざを算定しての報酬ではなく、信仰者の重荷、労苦、受けた屈辱を主が償うということである。私たちは、この聖書の用法に倣って、永遠の生命を賞与と呼ぶことができる〔『コリントの信徒への手紙二』第六章、『ヘブライ人への手紙』第一〇章以下など〕。主は、永遠の生命の中で、自らの民を苦労から平安へ、苦難から慰めへ、悲しみから喜びへ、屈辱から栄光へと導き、信仰者が苦しみ続けてきたさまざまな災いを善きものへと交換してくださる。だから、私たちが人生の聖さを道と考えるのは間違いではない。もちろん、私たちの人生の聖さが〔天の国への〕道を生み出すわけではないが、神が聖なる者とされた者だけが栄光に入ることが神の善き意志であるのだから、神に選ばれた者は、この道を通って神の栄光へと導かれる。そのために、戒《いまし》めを守ることが主の義と呼ばれることがあるが、その意味は、主は戒めを守る者を義とするということ、あるいは人々を義人とし、認めるということではなく、主は自らの恩寵によって義とされた神の民を戒めによって訓練するということである。聖書はただ神の善き意志だけを讃美しているのだから、私たちがもし私たちの救いの理由を少しでも私たちのわざに求めるなら、それは聖書全体を破壊することになる。また、神の恩寵と、わざによる功績が釣り合うなどということはないので、功績という言葉をみだりに用いる者は、神の恩寵を冒瀆している。それは神への傲慢で不遜な考えに基づく主張である。確かに、神は私たちに報酬も賞与も約束されたが、私たちがなすべきことは神の偉大なる恩寵に感謝することだ。そして、この恩寵によって私たちが知るべきことは、私たちが受けたものは与えられるはずのなかったものであり、だからこそ決して傲慢になるべきではなく、与えられる以上のものを求めるべきではないということだ。誰かが領地の用益権を贈与してもらったのに所有権まで主張するなら、その人は恩知らずゆえに与えられていた用益権まで剝奪されるだろう。それと同じで、私たちが神のこのような恩寵への感謝を忘れるなら、神は私たちを罰せずにはおかないだろう。

訳注

*1　キリスト教の救済論では、罪の赦しを経済的なメタファーを使って説明することがある。
*2　エクソシスムとは「誓い」あるいは「厳命」のことで、エクソシストはそれを行う者のこと。当時のカトリック教会の叙階では、守門、読師、侍祭とともに下級聖職位とされた。「祓魔師」と訳されることもある。いわゆる悪魔祓いと悪霊の拒否を誓約させることで、教会の聖職者の位階制度に位置づけられた。カルヴァンは第五章で改めてこの問題を取り上げている。
*3　これは『コロサイの信徒への手紙』第二章第一七節に由来する言い方で、「本体」であるキリストに対しての「影」という意味。
*4　アウグスティヌス『書簡』五五・一二。
*5　トマス・アクィナス『神学大全』第Ⅱ-1部第一〇〇問題。
*6　カッシオドルス『三部史』九・三八。
*7　オリゲネス（一八五頃―二五四年頃）は、いわゆるギリシア教父で、アレクサンドリア学派の一人として知られている。『諸原理について』などの著作がある。

＊8　オリゲネス『『出エジプト記』講解』（二四四／五年頃）八・三。
＊9　アウグスティヌス（三五四―四三〇年）は、ラテン教父の一人。キリスト教的古代最大の神学者と呼ばれ、『神の国』や『告白』をはじめ、多くの著作、説教、聖書講解を残した。カルヴァンは、しばしばアウグスティヌスを引用する。
＊10　偽アウグスティヌス（アウグスティヌス（これは従来アウグスティヌスの名で刊行された他の著者の著作）『旧新約聖書の諸問題』（アンブロシアステル（これは従来アンブロシウスの著作とされていたが、デジデリウス・エラスムス（一四六六―一五三六年）がそれに疑いをはさみ、以後、不明の著者を「アンブロシアステル」と呼ぶようになった）の著作とされるもの）第七巻。確かに、この著者はカルヴァンと同じ意見で、そのことは『書簡』五五から明らかである。アウグスティヌスの見解は、カルヴァンとは違っている（アウグスティヌス『書簡』五五・一一）。
＊11　未完の『『マタイによる福音書』注解』、著者は定かではないが、クリュソストモスの著作とともに扱われている、いわゆる『パリ版全集』六。
＊12　これは当時のカトリック教会が宗教改革者たちを批判するためにしばしば使った言葉。ヨハン・マイヤー・フォン・エック『ルター反駁のための提要』（一五三二年）（以下『提要』と略記）一九。
＊13　トマス・アクィナス『神学大全』第Ⅱ-1部第一〇八問題。
＊14　同書、第Ⅱ-2部第一八問題。
＊15　アウグスティヌス『堅忍の賜物について』（四二八／九年）二〇。『告白』にもしばしば見られる。
＊16　伝統的に「余分の功績のわざ」あるいは「余分のわざの功績」などと呼ばれてきた問題のこと。
＊17　トマス・アクィナス『神学大全』第Ⅱ-1部第一〇九問題に関する議論。
＊18　アウグスティヌス『説教』一五八、「使徒の言葉についての説教」（『ローマの信徒への手紙』第八章第三〇、三一節）。また、『説教』一六〇、同（『コリントの信徒への手紙一』第一章第三一節）。

＊19　カルヴァンは、このような考えを、一五三四年に書かれ、一五四二年に刊行されたアナ・バプテストへの論駁書『魂の眠り』で詳細に論じている。

＊20　「機能」と訳したが、officium なので「与えられた任務」と訳すこともできる。ここでは、従来の訳語に従った。

＊21　三つに分けるという考えは、フィリップ・メランヒトン『ロキ・コンムネス』（一五三五年版）に基づくもの。

＊22　例えば、メランヒトン『ロキ・コンムネス』（一五二一年版）、フルドリヒ・ツヴィングリ『真の宗教と偽りの宗教』（一五二五年）など。

＊23　エック『提要』五。

＊24　ヨハン・コクレウス『メランヒトン論駁』（一五三四年）三・二一。

＊25　ヨハネス・ファルベ『信仰とわざについて』（一五三七年の論集に含まれているが、執筆年は不明）二三。

＊26　同所。

第二章　信仰について、使徒信条の解説を含む。

これまで論じてきたことは、主は律法によって私たちに何をすべきかを命じている、ということである。だから、もし私たちが律法のどれか一つでもとりこぼすようなことがあれば、律法は怒りと、永遠の死という恐るべき審《さば》きを私たちに示すことになる。しかし、繰り返し言うが、律法が要求することをそのとおり行うのは難しく、私たちの力を超えていて、私たちのもつ力のすべてを用いても及びえない。そのため、私たちは自分自身を見つめ、私の価値はいったい何であるのかと考えたところで、望みある何かを見出すことはできない。むしろ、神から捨て去られた私たちに確かなこととして残されるのは、死と困惑だけだ。しかし、このような災難を回避する方法が一つだけあり、私たちはそれによって正しい状態を取り戻すことができるということについても、すでに説明した。それが主の憐れみである。私たちが確かな信仰をもち、主の憐れみを受けとめ、これに身を委ねるなら、私たちは確かに正しい状態を取り戻す経験をする。だからこそ、この信仰がどのようなものであるかを知るべきだ。これは使徒信条と呼ばれる信仰箇条によって適切に学ぶことができる。これは公同の教会が同意する信仰の小さな集成であり、短い概要である。

しかし、ここで、さらに先に進む前に、信仰には二つの形があることをまず思い出すべきである。[*1] 一つ目の信仰の形は、神が在《いま》すことを信じる者の信仰で、キリストについて物語られている歴史は真実だと考える。過去に起こった出来事として語られていること、私たち自身が今ここで目にしている事柄を私たちが真実だと判断することである。しかし、これは重要だが、これ自体、信仰に訴えるほどのことではない。だから、この点について自慢する者がいるなら、その人はサタンと信仰についての取引をした者とみなすべきだ（『ヤコブの手紙』第二章）。サタンと共有する信仰から生み出されるものとは、心にひどい恐れを抱くようになるもの、あるいはひどく衝撃を受けるようなもの、そのような類のものである。もう一つの信仰の形は、神とキリストが在すことを信じることを超えて、その神が私たちの神であること、キリストが私たちの救い主であることを知り、神とキリストを信じる信仰である。この信仰は、神とキリストについて書かれていること、物語られたことをただ真実だと受けとめるだけでなく、希望と信頼のすべてを自分自身にではなく、ただひとりの神とキリストに見出し、この事実の確かさに基づいて、神の私たちへの善き意志を決して疑わない。この信仰が私たちに求めているのは、私たちの心のためのものも身体のためのものも、すべては神から与えられると確信し、疑わないことだ。また、聖書が証言する神が私たちに約束したことはすべて与えられると固く信じ、イエスがキリストであることを決して疑わないことだ。私たちは、キリストによって罪の赦し、そして聖化を得、その上、救いをも与えられた。それは終わりの日に明らかになる神の国へと私たちが導き入れられるためである。これが、主が聖なる言葉によって私たちに示し、約束したことの重要な部分であり、ほぼすべての概略だ。これが、主がご自身の書物の中で私たちのために設定し、提案した目標だ。

だから、神の言葉が私たちの対象であり、目標である。神の言葉は、信仰がそれによって成立し、支えられる土台であり、それなしに信仰は存続しえない。これが、究極的にはキリスト教信仰と呼ぶことができる真の信仰だ。この信仰は、神は真実で、神が神の聖なる言葉によって約束したことは必ず成就する、と心から確信する（『ローマの信徒への手紙』第一〇章）。パウロの定義によれば（『ヘブライ人への手紙』第一一章）、信仰は希望の本体〔substantia〕であり、見えないもののあらわれである。本体とか（ギリシア語で言えばhypostasis[*2]〔ヒュポスタシス〕という言葉が意味しているのは私たちがそれによって頼むもの、私たちがそれによって支えられているもののことなので、パウロは信仰とは神が私たちに約束したことを確実に安全に所有することだと言っている。同時に、神が私たちに約束したことは、いくつもの書物が開かれるとされている終局の日までは（『ダニエル書』第七章）[*3]、この約束は私たちの感覚によって認知するもの、この目で見ることができるもの、手でさわってみることができるものよりもさらに気高く、私たちのあらゆる能力を超えている、と言っている。そのため、この約束は、この世のすべてのものを超えたところに私たちの眼を向け、私たちが自らを超えていかないかぎりは手にすることができない、とも言っている。信仰とは望んではいるが、まだ見ていないことを所有するという事実を確信することだとパウロはさらに述べている。しかし、他の個所で彼自身が言っているように（『ローマの信徒への手紙』第八章)、望みが目に見えているのなら、それは望みではないし、目に見えているのに望む人はいない。パウロがここで目に見えていないことを確信するとか証明すると(ギリシア語のelenchus〔エレンコス〕という言葉で)言っているのは、現れていないものの出現、見えないものの造影化、曖昧なことをはっきりさせること、今までなかったものの出現、隠されていたものの提示と同じ意味である。私たちを救いへと導く神の秘儀は、それ自体としては、あるいはその本性としては識別することはできない。ただ神の言葉を通してのみ直視することができる。私たちは、神の言葉の真実に信頼し、語られたことはすべて事実であり、成就すると確信すべきだ。

このような信仰の形は、すでに述べた一つ目の形とは違っている。このような信仰をもつ者は神に受け入れられるし、逆にこのような信仰なしには誰も神を喜ばせることはできない(『ヘブライ人への手紙』第一一章)。私たちは、この形の信仰をもつことで、神に願い求めるものについて、神が私たちの利益になると判断する場合には何でも得ることができると知るるようになる。この信仰は、邪悪で腐敗した偽りの心には宿らない。この信仰は神の恩寵しには始まらないし、この信仰を持ち続けることはできない。まさにこれが、神が第一の戒めで私たちに求めたことである。すなわち、神はまず神自らが私たちのただひとりの主なる神であると宣言し、その上で私たちが主の前で他の神々をもつことを禁じるとさらに述べた。このことが意味しているのは、ただ神からのみ与えられる望み、信頼を神以外のものに向けないように、ということである。また、神は、私たちの望み、信頼が他の何かに向かうなら、私たちは他の神をもつことになる、とも述べている。私たちはこの信仰について議論を続けるが、すでに述べたとおり、使徒信条がこの教理を要約していると言ってよい。それは四つの部分に分けられている。最初の三つの部分は、聖なる三位一体の三つの位格を扱う。父と子と聖霊の三位一体で、永遠であり全能であるただひとりの私たちの神のことであり、私たちはこの神を信じている。四つ目は、神へのこのような信仰から私たちに何が与えられるのか、また何を私たちは期待すべきなのかを説明している。

しかし、一部の不敬虔な者たちが、私たちの信仰を根底から覆《くつがえ》そうとして罵倒し、使徒信条の最初の部分で、私たちが三つの位格のひとりの神を信じ、告白していると嘲笑《あざわら》うとき、使徒信条のこの三つの項は、その者たちの冒瀆を制圧せよ、と要求している。もちろん、本書の目的は、教える者たちの手引きであり、激しい反対を続ける者たちに力ずくで抵抗することではない。だから、今のところは剣で武装した者たちと戦おうとは思わない。しかし、私は、この問題について何に従い、何を遠ざけるべきか、その概要を論じ、真実に対して誠実に耳を傾けようとする者たちが立ち続けることができる場所を確保したい。聖書は私たちに、いくつもの神ではなく、ただひとりの神を教えており、イスラエルよ、あなたの神、主は唯一の神である（『申命記』第六章）と教えている。その同じ聖書が神を父と呼び、子と呼び、聖霊と呼ぶことは、決して曖昧な主張ではない。

ここに紹介する議論[*4]は一つだけだが、それは一〇〇〇の議論に相当する。パウロは、神と信仰とバプテスマという三つの事柄を相互に結びつけて、一つが他の論拠となるように議論している(『エフェソの信徒への手紙』第四章)。パウロは、信仰は一つであるから神はひとりだと証明し、バプテスマは一つであるから信仰は一つであると述べている。信仰は、あちこち探しまわり、走りまわって求めるものではなく、ひとりの神を仰ぎ、神と結ばれ、神にとどまることである。ここから分かるのは、信仰が多くあると神も多くなる、ということだ。バプテスマは信仰のサクラメントなので、バプテスマが一つであることが私たちの信仰の一致を確かなものにする。誰でも、ただひとりの神にでなければ、信仰を告白することなどできない。だからこそ、私たちは一つの信仰によってバプテスマを受けたように、私たちの信仰はひとりの神を信じる。バプテスマが一つであるように、信仰も一つである。なぜなら、バプテスマも信仰も、ただひとりの神から出たものだからだ。このことからすれば、私たちはその名によってバプテスマを受けたかたへの信仰によってバプテスマを受けたのだから、ただひとりの神への信仰でなければバプテスマを受けるべきではないことも明らかである。聖書は私たちに、父と子と聖霊の名によってバプテスマを受けよ(『マタイによる福音書』第二八章)と命じているだけでなく、すべての人間は父と子と聖霊への一つの信仰によって信ぜよと命じている。聖書は、そのことを通して、父と子と聖霊がひとりの神であることをはっきりと証明している。私たちが父と子と聖霊の名によってバプテスマを受けるのは、父と子と聖霊への信仰においてバプテスマを受けることである。父と子と聖霊は、一つの信仰によって礼拝されるのだから、ひとりの神である。他にもはっきりとした証言があり、例えば三つの位格〔persona〕の一つの神性〔divinitate〕や三つの位格の区別が明らかに述べられている。ユダヤ人が言い表しようのない者の名と表現したその名で、エレミヤは〔神の独り〕子を指さしている（『エレミヤ書』第二三、三三章）。

このように、神は永遠で、ひとりの神であり、神の栄光が他の場所で他者に帰せられることを受け入れない（『イザヤ書』第四三章）。それと同時に、〔聖書が〕子ははじめから神とともにあった、父は子によって世界を創造したと語り、さらに子は世が創造される前から父とともにその栄光をもっていたと述べている場合には、父と子の区別が明らかにされ、それを通して、父が来て私たちと同じように肉をまとったのではなく、子が父から出て私たちのところに降り、人となられたことを説明している（『ヨハネによる福音書』第一章、『ヘブライ人への手紙』第一章、『ヨハネによる福音書』第一七、一六章やその他の個所、『ゼカリヤ書』第一三章）。他の預言者は、父が子を共同所有者と呼んでいること、また相続指定者とも呼んでいることを示し、同時に二つの呼び方を示している。その場合でも、子が神でないなら、子は神の共同所有者でも相続指定者でもないことになる。また、子が共同所有者であり相続指定者であるなら、そこには区別が生じることになる。共同とは、二人のあいだで成立するものだ。ペトロは『使徒言行録』で、聖霊を明確に神と呼んだ（『使徒言行録』第五章）。『ヨハネによる福音書』は、聖霊とキリストを別のものとして一〇回以上表現している（『ヨハネによる福音書』第一四、一五章）。そのような中で、パウロはこの秘儀のすべてを誰よりも明瞭に説明している（『ローマの信徒への手紙』第八章）。パウロは、キリストの霊と、イエスを死から甦らせたかたの霊を区別していない。父と子の聖霊がまことに一つであるなら、父と子は一つでなければならない。また、この霊と異質な者は誰もいないのだから、霊それ自体もまた、父とも子とも一体であることに同意すべきだ。神が霊であると言うと、嘲笑《あざわら》う者がいる。この者たちは、霊という言葉で父なる神以外のものは思い浮かばないと主張する。しかし、この者たちは、神が霊であると聞く時には、聖霊こそが神の霊であると聞いているのだ。ということは、神の本質全体が霊的であることと、その本質の中に父と子と聖霊があることとは矛盾しない。ある人たちは、神がこの時は父、この時は子、またある時は聖霊と呼ばれるのは、神が力強いかたであり、善であるかたであり、栄光に満ちたかたであり、憐れみ深いかただからだ、と主張する。しかし、このような主張は簡単に論駁できる。この形容詞は神がどんなかたであるのかを示しているし、名詞のほうは神が誰であるかを明らかにしている。父と子と聖霊がひとりの神であることは、頑《かたく》なな心の者、偏狭な考えをもつ者でなければ、誰でも理解できる。神が父なる神であり、子なる神であり、聖霊なる神であることは、この神がひとりの神でなければ、ありえないことだ。しかし、同時に、三という名称がつけられ、三が説明され、三が区別されている。一である神、そして一という本質〔essentia〕は、一であり三である。なぜ三なのか。三であるというのは、三つの神ということでも、三つの本質ということでもない。一であり三であるという両方を説明しようとして、〔ギリシア語を使う〕古代の正統的な信仰をもつ者たちは、οὐσία〔本質〕は一つ、ὑπόστασις〔位格〕は三つ、と言った。言い換えると、実体〔substantia〕は一つで、一つの実体の中に三つの存在方式〔subsistentia〕がある、と言ったのだ。ラテン語を使う者たちは、意味内容ではギリシア語を使う者たちと同じ考えだが、一方には名詞を対応させ、もう一方には別のことを表現させた。つまり、ラテン語を使う者たちは、一方では一つの本質〔essentia〕と言った。この名詞は、ギリシア語の名詞である οὐσία〔本質〕に対応している。しかし、もう一方では〔ギリシア語で位格を表す ὑπόστασις はラテン語に直訳すると subsistentia になるのに〕三つの位格〔persona〕と言った。こちらのほうでは、それによって何らかの関係性を説明しようとしたのである。

異端者たちは、οὐσία〔本質〕と ὑπόστασις〔位格〕、つまり本質と位格などというのは人間が恣意的に生み出したもので、聖書の中にはその言葉を読むことも見出すこともできない、と恥ずかしげもなく主張する。しかし、異端者たちは、私たちから、ただひとりの神が三であると語ることを取り上げることはできない。聖書に証言され、書き記されていて、まさにひとりの神が三であると語っている言葉に反駁するとは、何という不心得者だろう。この者たちは、不一致や論争の原因となりかねない異邦からの外来の言葉をばらまいたりするのではなく、私たちの思いも、そしてこの言葉も聖書の範囲の中に閉じ込めてしまうほうがまだましだと主張する。このような仕方で言葉の争いに疲れ果て、争いの中で真理は失われ、愛が消えていくというのだ。この者たちが一字一句聖書にそのとおり記されていない場合にはそれを異邦の外来の言葉と呼ぶのであれば、それは私たちに不適切な法を強要することであり、もしそんなことをするなら、聖書の文脈から外れるような言葉はすべて断罪され、排除されることになる。確かに、個人的な興味から生み出された言葉がある。さまざまな迷信を擁護するための言葉がある。建徳的な教えに導くのではなく、かえって分派を生み出すような言葉がある。妥当性もなく内容もない言葉がある。難解すぎて信者たちから聞き耳を奪うような言葉がある。神の言葉の単純さを失わせてしまう言葉がある。このような言葉を異邦の外来の言葉と呼ぶのであれば、私は心からそれに賛同したい。私は、神を表現するからには、人の想いを超えて、敬虔になすべきだと考える。私たちが神について自ら勝手に想像するのは愚かしいことだし、それを言葉として語っても不完全である。私たちが神について考えたり語ったりする場合に守るべき原則がある。それは考えたり語ったりすることを聖書に求めるべきであり、心に想い描くこと、口が語る言葉はすべて聖書という基準に照らして考えるということだ。それでも、もし聖書の中に私たちの理解力を超えた不可解なこと、あるいは躓《つまず》きとなるようなことがある場合、それを平易で適切な言葉で説明することに何らかの問題があるだろうか。むしろ、そのような言葉は、敬虔で誠実であるなら、聖書それ自体の真理に役立つはずだし、有益であるはずだ。しばしば見られる事例を挙げて説明しよう。人々は信仰による義について論じる。しかし、私たちが信仰によって、いかにして義とされるのかを理解している人は、ほとんどいない。だから、その場合には、これはキリストの義であって私たちの義ではないことを付け加えなければならない。この義は、キリストご自身のうちにあり、私たちのうちにはない。しかし、この義が私たちに受け入れられ、私たちのものとみなされ、私たちにもたらされる。私たちが義であるのではなく、義とみなされるのだ。義を得ているのではなく、義とみなされることを得ている。信仰による義とは、キリストの義を信仰によって所有することだということが明らかになり、そのように説明される。また、神は不信仰な者の中でも働くと言われ、神はその者がなすことを断罪もされると言われる。ここから難しい問いが生じる。神は罪の創造者なのか。悪は神に遡るのか。人間の不正は神の仕業と考えられるべきなのか。このような問いに対しては、私たちは一つの同じ事柄の中で、人間の邪悪な想いがなすわざと神の義のわざを識別しなければならないのだと答えたい。呪われた者は、自らの中に悪の根をもち、自ら悪を考え、自ら進んで悪を意志し、何度も企て、そしてついに実行に移す。人間の行う悪、または罪は、人間自身に帰属する。そのような人間は、意志においても、わざにおいても、神に反することをしている。一方で、神は、ご自身の望まれるままに、悪しき思いや邪《よこしま》な計画を制止したり、思いとどまらせたり、さらには正しい結末へと導いて力を与えたりする。その際、神はすべてのことを正義をもってなす。ファラオ、ネブカドネツァル、センナケリブは、生ける神に戦いを挑み、神の力をみくびって、民を自らの支配下に置き、そのようなことをなす権利はないのに迫害し、自らの権力を行使して、他者の所有を奪った。しかし、同時に神は、この者たちを立ち上がらせ、これらのことをこの者たちを通してなした、とも聖書は証言している（『出エジプト記』第九章、『エレミヤ書』第五章）。神は、この者たちに悪しきことを意志させ、計画させただけでなく、それをイスラエルへと向けさせた。それによって、ある場合には神の民の不信仰に報復を与えようとしたし、ある場合には壮大な解放の出来事のために利用した。ヨブの苦難は神とサタンがなしたことだが、サタンの不正と神の義は識別されるべきである。サタンは亡ぼすためにそれをなしたが、神は修練のためになした（『ヨブ記』第一、二章）。アッシリアは主の怒りの鞭だ。センナケリブは神が手にした斧だ（『イザヤ書』第一〇章）。このとき、アッシリアもセンナケリブも神に召し出され、立ち上がらせられ、促されて、神の僕《しもべ》となった。どういうことか。この者たちは、自分たちの欲望に従って蛮行をなしていたが、自ら意識することなく神の義に仕えていた（『エレミヤ書』第二七章）。そこには神がおり、同じわざをなしている者たちがいるが、その中で神の義が輝き、この者たちの不法が暴かれる。このような識別ができるようになるとき、この難しい縄目は解かれる。それでも誰かが横槍を入れて、自分勝手にこのような識別をしたところで事柄の証明にはならないのではないか、あるいはソフィストたちだって自分たちの論争を厳密な区別という詭弁で粉飾しているではないか、と言い出すかもしれない。しかし、それは誰の目から見ても、強引な押しつけとみなされるべきだ。もしある者が言葉の新奇さゆえにこれを批判するのだとしたら、その人は真理の光を伝えるには不適切な人物である。なぜなら、その者がしていることは、真理を新たに単純かつ明確に表現しようとする試みを否定することになるのだから。そうではなく、（あえてそう呼ばなければならないのだとしたら、だが）言葉の新しさは、真理を、歪曲し、揶揄するような者たちから守るためには大変有効だ。これは私たちが昨今の真理に敵対する者たちを追い払う戦いの中で十分に経験してきたことである。真理に敵対する蛇どもは、徹底的に打ち破られ、捕えられ、押し潰されないかぎりは、体をくねらせ、するすると動きまわり、荒唐無稽で偽りの蛇行を繰り返しながら、いつのまにか逃げ去ってしまう。そのため、歪曲された教理についてのさまざまな議論に立ち向かった過去の人々たちも、邪な隠蔽が過ちを覆い隠してしまわないように、自らが感じたこと、獲得したことを明確に表現しなければならなかった。

　アリウス[*5]は、聖書に決定的な抵抗をすることはさすがにできなかったので、キリストは神であり神の子であると告白し、それによって自分は正しいことを主張しているかのように、また他の者たちとも一致しているかのように装っていた。しかし、その間も、アリウスはキリストが創造されたものであり、他の被造物と同じように始まりをもつと主張し続けていた。古代の人々は、人間的で邪悪な言い逃れを隠れ蓑にしている者たちをそこから引きずり出すために、さらにキリストは父の永遠の子であり、子と本性をともにする、と告白した。このことによってアリウス主義の不信仰が暴露され、この者たちは ὁμοούσιος「同一本質（ホモウシオス）」という言葉に憎悪を感じるようになり、不遜なことに攻撃を始めた。アリウス主義が、キリストは神であるとはじめから誠実に心から告白していたなら、キリストが父と同一本質であることを否定したりすることはなかったはずだ。この古代の賢者たちのことを、一つの言葉の問題でむきになり、教会の平和を攪乱させた議論好き、細かいことにこだわる変人であるかのようにみなすだけでよいのか。そうではないだろう。まさにあの一つの言葉が、正しい信仰をもつキリスト者と神を冒瀆するアリウス主義を識別している。そのあとには、サベリウス主義[*6]が登場した。[*7]この者たちは、父と子と聖霊という名は虚しく、これが神の区分の根拠になるなどということはない、と主張した。そうではなく、父と子と聖霊は神のさまざまな属性のことで、このような属性は他にもたくさんあるのだと主張した。論争が始まると、この者たちは、父を神として、子を神として、聖霊を神として信じていると主張しながら、しばらくすると、自分たちが主張したことは単に神を力、正義、知恵と呼んだだけだと詭弁を弄して逃げ去ろうとした。そして、もう一つの古い歌を歌って聞かせたのだ。父は子であり、聖霊は父で、そこには何らの順序も区別もない。心に正しい信仰をもった人々は、この人間的で邪《よこしま》な考えを打ち砕こうと、ひとりの神の中に三つの固有性〔proprietas〕が真実に認められなければならないと主張した。そして、教父たちは、サベリウス主義の歪曲された邪な主張とは別に、明瞭な真理を自らの身に鎧として着け、堅固な主張をなすために、ひとりの神の中に三つの位格が、あるいは（同じことだが）神の一性の中に位格の三一性があることを確認した。このように、用語が根拠なしに、無作為に考え出されたのではないから、それを取り除き、退けることはできない、というわけではない。何らかの名称がすでに用いられていたとしても、要するにすべての人々がそれによって、父と子と聖霊はひとりの神であり、子は父ではなく、聖霊は子ではなく、それぞれの固有性によって区別されるという信仰が保持されていればよいのだ。それでも、アリウス主義に反対し、サベリウス主義を論駁しなければならない時にも、はっきりと関連を断ち切れず、相手を怒らせ、アリウス、あるいはサベリウスの弟子の一人ではないかと疑いをかけられないように注意すべきだ。[*8] アリウスは、キリストは神であると言ったが、他方で創造されたものなので、はじめがあるともささやく。また、サベリウスは、キリストと父は一つであると言いながら、一つのというのは確かに類いなき特権だが、それは他の信仰者が父と一つであることと同じだともつぶやく。その時には、私たちは、本質をともにする〔consubstantia〕と言えばよい。そうすれば、この変幻自在の怪物の仮面を剝がすことができるし、聖書にそれ以上何らかのものを付け加えたりしないで済むだろう。サベリウスは、父と子と聖霊は神に何らかの区別をつけたものではないと言う。その時には、神は三つに在《いま》す、と言ってみればよい。すると、サベリウスは、あなたが三つの神に名を与えたと騒ぎ立てるだろう。その時には、さらに、神の一つの本質の中に位格の三一性がある、と言ってみればよい。その一言で、聖書が語ることを言い表し、空虚な戯言を止めることができる。これらの用語が使われていない場合でも、少なくとも一という言葉を私たちが聞く場合には実体の一致のことを指しており、三という言葉を聞く場合には一つの本質の中に三つの固有性の区別があることを指していると理解すべきである。そして、あの者たちがどれほど騒ぎ立てても、これを否定することはできないことを知っていてほしい。聖書は、この三について、わざの原理と万物の始原を父に帰し、わざの知恵と計画を子に帰し、わざの効用や効果を聖霊に帰すことで区別した。子が父の言葉と呼ばれるのも、そのためである。その場合でも、言葉は、人間が考え、話すもののことではなく、天的なもので、変わることのない、類いなき言葉のことだ。それは父から出る。それは、ちょうど霊が力、指、権能と呼ばれるのと同じである。それでは、ここで真理についての簡潔な告白から聞くことにしよう。

〔使徒信条の〕第一項　われは全能の父なる神、天地の創造者である主を信ず。

この告白によって、私たちは、父なる神にあらゆる信頼を確かに置き、父なる神こそが私たちの、そしてあらゆる被造物の創造主であることを知る。父なる神は、これらすべてのものを、神の言葉と永遠の知恵（これは子のことだ）、神の力（これは聖霊のことだ）によって創造した（『詩編』第三三、一〇四編、『使徒言行録』第一七章、『ヘブライ人への手紙』第一章）。父なる神は、創造しただけでなく、善き意志と力によって支え続け、愛をもって育て上げ、創造したもののために働き、保持する。この神なしには、あらゆる被造物はすぐにでも滅び、無とされるだろう。父なる神を真実に全能者、すべての被造物の創造者と私たちが呼ぶ際に私たちが考えなければならないのは、神にはできないことはないという全能性だ。神はそのことのゆえにすべてを治めているという摂理だ（『コリントの信徒への手紙一』第一二章、『哀歌』第三章）。ソフィストたちが言うような空虚で眠っている、あるいは無関心な神のことではない。むしろ、私たちは、信仰のゆえに私たちの身の上に起こるあらゆること、つまり喜びも悲しみも、平穏な日々も苦境の時も、肉体のことでも魂のことでも、あらゆることが神から私たちにもたらされたことを確信する（もちろん、その場合、罪は別である。罪は私たちの邪悪な想いに帰せられる）。また、神の守りによって私たちは確かに庇護を与えられ、ひとときも見放されることはなく、すべての敵の力から守られる（『ホセア書』第一三章）ことを確信する。それは、神から私たちに与えられることは（私たちはすべてのものを神から授けられているのだから）、ある時はうれしいこと、またある時は悲しいことだと思えたとしても、すべては私たちの益となり、私たちのために働くと確信することでもある（『ローマの信徒への手紙』第八章）。これらすべてのことは、神が私たちのためになしたこと、なすことである。しかし、なぜ神はそのようにしたのか。それは、私たちがそれに値する者だからではない。私たちが何らかのそれに値する功績をもっているからでもない。私たちがこのような神の善処と交換できるような何らかのものをもっているからでもない。そうではなく、ただ父としての慈愛と寛容さによってである。私たちを捉えて見捨てることのない神の善き意志のゆえである（『ローマの信徒への手紙』第一一章）。私たちは、それゆえに神の驚くべき善き意志に、心を尽くして感謝しなければならない。心のすべてを捧げて神のこの善き意志をいつも想い起こし、言葉ではっきりと言い表し、この身のすべてを捧げて仕えることを通して父を崇《あが》めるべきだ。私たちが不幸だと感じる時も、これを神の手から受け取るものとして平静に、穏やかな心で受け入れるべきだ。父の私たちへの意志は、私たちに悩み、苦しみを与えているその時でも私たちを見捨てたわけではないし、私たちの救いからひとときも目を離すはずがないことを想い起こすべきだ。だからこそ、私たちは、どのようなことが起ころうと、父なる神が私たちに慈悲深く、愛に満ちていることを疑うべきではない。また、この父にこそ期待すべき救いを疑うべきではない。そして、このことへの信仰を失うべきではない。使徒信条の第一項が私たち一人一人にもつべきだと教えるこの信仰が正しいものであることは、確かであり、真実である。

〔使徒信条の〕第二項　われはその独り子、われらの主イエス・キリストを信じる。主は聖霊によって宿り、処女マリアより生まれ、ポンティウス・ピラトゥスの下で苦しみを受け、十字架につけられ、死に葬られ、陰府に降下し、三日目に死人の中から甦り、天に昇り、父の右に座したまえり。かしこより来たりて、生ける者と死ねる者を審きたまわん。

ここで私たちが告白しているのは、父なる神の独り子としてのイエス・キリストを確かに信じる、ということである。キリストは、信仰者が子とみなされたこと、恩寵によって父の子となったこととは違って、本性から父なる神の独り子であり、永遠の昔、父から生まれた。私たちがキリストを独り子と呼ぶ場合、私たちはキリストを他のすべてのものから区別する。キリストは神であるから、父とひとつの神であり、父の本性と実体、あるいは本質が同じで、位格で違いがあるだけだ。位格は子に固有のもので、父からは区別される。人間の知恵に属するものは、ここではすべて抑制されるべきだし、封印されるべきだ。人間の感覚や能力をはるかに超える秘儀を、重箱の隅をつつくような議論をし、堂々めぐりの議論を続けることで崇《あが》めることなどできない。私たちは聖書が教えること以外に心を奪われたり、考察をめぐらしたり、それを言い広めたりしないように、異端者たちが自らの理解力を頼りに突き進んだ挙げ句に破綻してしまった事例を心に留めるべきである。子である神はひとりで、父と同一の神であるから、私たちは子が真の天地の創造主である神だと知る（『ヘブライ人への手紙』第一章）。神はひとりであるから、私たちはすべての信頼を父である神に抱くように、子である神にも抱く。父が特別に天地の創造主と呼ばれるのは、すでに述べた固有性に基づく区別である。この区別のために、創造の始まりは父に帰せられる。父自身が働かれたと言われているが、それは父自身の言葉と知恵によって働くということ、また自らの力によって働くということであるから、世界の創造には三つの位格の共同の働きがあった。このことは父なる神の言葉（『創世記』第一章）、すなわち人を私たちの像に似せて創造しよう、という言葉からも明らかだ。父なる神は、天使たちのあいだで相談しているのではなく、自問しているわけでもなく、神自身の知恵と力に語りかけている。

次に私たちが告白しているのは、キリストは私たちのために、私たちがその下に置かれていた悪魔の恐ろしい支配から解放し、私たちを強い力で拘束していた罪の縄目から解き放ち、私たちの身体と魂を死の淵から救い出した、ということである。そして、キリストは、神が私たち自身ではとうてい支払うことができないほど高価な保釈金を支払い、私たちの永遠の刑罰から釈放するために、憐れみと恩寵を携え、父から派遣され、私たちのところに降《くだ》り、人間と同じ肉をまとい、この肉を自らの神性に合わせたことを信じる、ということだ。これは、私たちにとっての仲保者が真に神、真に人であることが私たちのためであった、ということである。神とのあらゆる関係が破壊され、罪という暗雲が私たちと神のあいだに垂れ込めている。そんな中で、誰が自ら神のもとにたどりつけるというのか（『イザヤ書』第五九章）。人間にそんなことができるはずがない。すべての人間は、人類の父祖アダムとともに、主の前で畏れおののくばかりだ（『創世記』第三章）。天使はどうだったのか。天使でさえ、天使を支配する天使長がおり、そのもとでのみ神と結びつく（『エフェソの信徒への手紙』第一章、『コロサイの信徒への手紙』第一章）。そうであるなら、どうすればよいのか。このような状態だったので、ただ神の威光それ自体が私たちのもとに低く降《くだ》らなければならなかった。そうでなければ、人間は絶望するしかなかった。私たちのほうで〔神へと〕昇り行くことはできない。神の子が私たちのためにインマヌエル、ともにいます神となった（『イザヤ書』第七章）。神の威厳ある姿と取るに足らない私たちとでは大きく違っているので、神が卑しき私たちに近づき、私たちとともに住むために私たちのところに来られたのだとしても、誰がそれを信じることができるだろうか。そのためにキリストが自らの神性を私たちに合わせた。さらに私たちの人間性をキリストの神性に合わせたのでなければ、ここに十分な親近性があるとか、確かな〔親族関係としての〕家族性があるなどとも言えないはずである。だからこそ、パウロは、キリストが私たちの仲保者であることを明らかにするために、キリストを人である、と呼んだ。神と人間の仲保者、人であるイエス・キリスト（『テモテへの手紙一』第二章）と言うのだ。パウロは神と呼んでもよかったはずだ。さらに言えば、神という言葉を省略したのだから、人という言葉も省略できたはずだ。おそらくパウロは人間の心の不安を知っていた。私たち人間がどこに仲保者を求めるべきなのか、どのようにして近づけるのかと悩むことがないように、キリストが人である、という言葉を加えた。これによってパウロは、キリストはあなたがたの近くにおり、直接触れ、あなたがたの肉の中に宿る、と説明した。だから、パウロは、私たちの大祭司は私たちの弱さに同情できないようなかたではなく、罪はなかったが、あらゆる点で私たちと同じように試練にあった（『ヘブライ人への手紙』第四章）と述べた。仲保者において成就したのは想定外のことだった。人間の子から神の子をつくり出した。ゲヘナ[*9]の相続人たちから天国の相続人をつくり出した。これは、神の子が人の子となり、神の子が私たちに属するものを引き受けて、逆にご自身のものを私たちに譲渡することで、ご自身のものを恩寵によって私たちのものにしてくださったということなしには、なしえなかった。私たちが神の子となるという願いが、まさに私たちの中で起こった。それは、神の子であるかたが私たちの身体で身体をつくり、私たちの肉で肉をつくり、私たちの骨で骨をつくることで、私たちと同一になることで起こった。キリストは、私たちのものだったものを自らのものとし、自らもっていたものを私たちのものとすることで、自らを私たちと共通にし、神の子であり、人の子となった。これによって、私たちが天にある相続財産を受けるという願いが与えられた。神の独り子は神の確かな相続人だったはずだが、この独り子が私たちを兄弟と呼んだ。兄弟であれば、キリストとともに相続人になれるからだ（『ローマの信徒への手紙』第八章）。また、贖罪者が真の神、真の人と呼ばれているのは、私たちの利益となることだった。贖罪のわざとは、死を呑み込んでしまうことだった。命でなければ、どうして死を呑み込むことができるだろうか。贖罪のわざとは、罪を破壊してしまうことだった。義であるかたでなければ、どうして罪を破壊することができるだろうか。神の他に、誰がこのような命、義でありえたか。憐れみ深い私たちの主が、私たちを贖《あがな》うために、ご自身を私たちの贖罪者とされた。私たちの贖罪者について、さらに示されていることがある。自らの神への不従順によって破滅へと陥った人間は、この神との関係の破壊状態を改めて従順になることで回復し、神の義を充足させ、この罪の代価を弁済しなければならなかった（『ローマの信徒への手紙』第五章）。そのために、主は真の人間となった。主はアダムの位格を自ら引き受け、その名義を受け取った。そうすることで、私たちの身代わりとして、私たち人間に、父への服従とはどのようなものであるかを自ら示した。それだけでなく、私たちの肉を神の義の充足へと向かわせ、自らは同じ肉によって罪の代価を弁済した。だから、キリストから神性を、あるいは人性を取り去る人がいるなら、その人はキリストの尊厳と威光を冒瀆し、キリストの善き意志を覆い隠してしまう。それどころか、この者たちは、キリストという土台なしには立ちえない私たちの信仰を取り除こうとするのだから、私たち自身を崩壊へと導く。主は、このようにして肉となった。神だったが、人間と等しくなられた。それは実体の混同ではなく、位格の統一である。

人間の場合を考えてみても、人間は二つの部分からできているが、それぞれはそれぞれが本来もっている固有の性質が失われてしまうほどには混同されない。魂は身体ではないし、身体は魂ではない。そのため、魂について語ればそれは身体には合わない話になるし、身体について語ればそれは魂には合わないことになる。また、人間について語ろうとして、ただ魂のことだけを語るなら、あるいは身体のことだけを語るなら、人間を正確に語ったことにはならない。その場合、魂の固有性が身体に移されてしまい、身体の固有性が魂に移されてしまっている。魂と身体からできている人間は、一つであって複数ではない。ということは、この二つの人間を構成する要素が結びついているのが人間であり、同時に一人の人間を構成する二つの異なる本性がある、ということだ。聖書は、キリストについて語るとき、人間にのみ属することをキリストに帰し、同じように神性にのみ属することをキリストに帰しているが、時には、どちらの本性にも関わることだが、どちらか一方には適用されないことをキリストに帰しており、さらには、固有性の相互交流[*10]によって、もっぱら人性に属していたものをキリストの神性に帰し、もっぱら神性に属していたものを人性に帰している。これは聖書の証言であって、私の考えではない。キリストが自らについて、アブラハムがつくられる前から私は在る（『ヨハネによる福音書』第八章）、と言っているのは、キリストの人性とはまったく違う事実である。キリストが人となったのは、アブラハムから何世紀もあとのことではないか。これはもっぱらキリストの神性に関することだ。また、キリストは父の僕《しもべ》と呼ばれており、神と人の前で年齢と知恵を増し加えられ、ご自身の栄光を求めることはなかった（『イザヤ書』第四二、五三章、『ルカによる福音書』第二章、『ヨハネによる福音書』第八章）という聖書の記載は、もっぱらキリストの人性に属することだ。キリストは神であるから、父と等しいものであり、成長はないし、すべてのことを自ら、自らのためになす（『フィリピの信徒への手紙』第二章）。キリストが罪を赦し、死人を甦らせる力を父から与えられたこと、さらには生者と死者の審判者とされたことは、ただ神性に関わること、ただ人性に関わることではなく、両方に同時に関わることである（『ルカによる福音書』第五章、『ヨハネによる福音書』第五、六章、『使徒言行録』第一〇章）。神の子が肉の姿をとって、この世に出現した際には、このような特別な権威をそなえていたが、しかしそれらは世が創造される前からキリストが父とともに所有していたものであり、人間でしかない他の人間に与えられるはずのないものだった。また、『ヨハネによる福音書』を読むと、ただ神性にだけ関わるのでも、ただ人性にだけ関わるのでもない、両方に同時に関わるキリストという位格〔persona〕にこそふさわしい表現がいくつも見出される。パウロが書いたものの中に、キリストは審判を終え、王権を父に返す（『コリントの信徒への手紙一』第一五章）、とあるのがそれである。神の子の支配には始まりも終わりもないが、キリストは肉をとり、低くされたあと、どのようにして栄光と栄誉の冠を受け、すべての者の上に立つようになったのか。また、キリストは自らのすべてを放棄して父に従い、死に至るまで従順であったあと、どのようにして天に昇り、万物がその前に跪《ひざまず》く名を与えられたのか。キリストは、そのとき、与えられた名も、父から受け取るはずのすべてのものも父に委ね、神がすべてにおいてすべてであるように服従した（『フィリピの信徒への手紙』第二章）。固有性の相互交流についていては、パウロが神はその血によって教会を贖ったと言い、栄光の主が十字架にかけられる（『使徒言行録』第二〇章、『コリントの信徒への手紙二』第二章）と書いているとおりだ。確かに、神は血をもつことはなく、苦しむこともない。しかし、真に神であり、人間であるキリストが十字架で自らの血を私たちのために流すことで、キリストの人性において果たされたことが神性に移された。また、キリストが、天から降《くだ》った者、すなわち人の子以外には天に昇った者はいない（『ヨハネによる福音書』第三章）と言ったとき、キリストはそのときまとっていた肉の身体のまま天に昇ったのではないが、キリスト自身が神であり人であったのだから、二重の本性のゆえに、人性に属していたものを神性に与え、神性に属していたものを人性に与えた。さて、ひとりのキリストの位格の中に二つの本性の固有性があるということに納得がいかない者たちのために、さらに説明を続けたい。この者たちも、キリストを神であり人であると告白し、神の子だとも告白する。しかし、さらに詳細にこの者たちの主張を聞くなら、なぜキリストを神、そして神の子と呼ぶのかといえば、それはキリストが聖霊によって処女の体内に宿ったからだ、と説明する。さらには、かつてのマニ教[*11]の信者たちが人間は魂を神からの転移によって得たと奇妙な説を唱えていたが、この者たちは同じように神が人間に生命の息を吹き込んでいるのだから、と主張する。さらには、自らの誤りを弁護し、それに固執して、神が自ら子を惜しまなかった〔『ローマの信徒への手紙』第八章〕と書かれているではないかとか、処女から生まれるべきかたはいと高き者と呼ばれると天使が預言した〔『ルカによる福音書』第一章〕などと主張する。私たちは、二人のキリストをつくるのではなく、キリストは神の永遠の子であったが、私たちと同じ肉をまとった、と告白している。同じひとりのキリストが神または人となったのであり、本性が混合したのではなく、結合したのだ、と告白している。この者たちの虚しい議論、それに基づく攻撃、すなわちキリストはただ人性においてのみ神の子であり、その証拠に、人として処女から生まれ、苦しみを受けたのであって、このかたこそ神の子だというこの者たちの主張に議論の余地を残さないように、預言者の言葉を聖書から引き出して確認しよう。聖書に、こう書いてある。すなわち、主はこう言われた。エフラタのベツレヘムよ、あなたはユダの多くの者の中で最も小さい者の一つだが、あなたがたの中から私の民イスラエルを治める指導者が生まれる（『ミカ書』第五章）。この者たちは、ベツレヘムで生まれたキリストについて、それが昔、永遠の日の出来事だったことを聞いていないのか。確かに、永遠の日という言葉を厳密に用いるなら、キリストはいまだ存在していなかったことになり、それが正しいのだとしても、のちにキリストとなる神の子は、すでにそこに存在していた。だから、『ヘブライ人への手紙』は、定められた時になって、神は子によって私たちに語りかけ、神は子を万物の相続者と定め、子によってすべての世界を創造した（『ヘブライ人への手紙』第一章）、と説明した。それにもかかわらず、世がキリストによってつくられ、だからこそ神の言葉とは神の子であるという結論に至れないというのであれば、キリストは人になる前に、まず子とならなければならないことになってしまう。しかし、ヨハネが、すべてのものはこの言葉によって創造された（『ヨハネによる福音書』第一章）と言ったとき、使徒〔ヨハネ〕は子によって、と言っている。パウロもまた、神の子と人の子という二つの称号を厳密に区別している。それにもかかわらず納得できないというのであれば、それはその人が認識不足か頑迷固陋であるかのいずれかが理由だろう。パウロは、私は神の福音のために選ばれたが、この福音は神が子について預言者たちを通してあらかじめ約束したものであり、子は肉によればダビデの子孫からつくられたが、力をもち、神の子と定められた（『ローマの信徒への手紙』第一章）、と言っているではないか。パウロがキリストを肉によればダビデの子だとはっきり呼んでいるのは、キリストが肉によらない神の子であることを明確にしようとしたからではないのか。また、パウロは別の個所でも、キリストは肉によればイスラエルの民から出たのであり、その同じキリストは永遠に誉め讃えられるべき神だ（『ローマの信徒への手紙』第九章）と述べているではないか。キリストは肉によればアブラハムの子孫と呼ばれ、しかし肉にまさって永遠に誉め讃えるべき神であると述べられていること以上に、どんな根拠が必要なのか。私は、さらに、この告白がひとりのキリストが真の神、真の人であることを否定しているのではないこと、これによってキリストの神性を人性から分離しようとしているのではなく区別していることについても説明しておきたい。このことは、この秘儀にふさわしい信仰をもって誠実に取り扱い、解釈するなら、何の問題もなく、適正なものとして受けとめられる。しかし、驕り高ぶり、熱狂的になった精神の持ち主が取り扱うや否や、すべてが混乱の中に置かれることになる。このような者たちは、キリストの人性を利用して神性を破壊し、神性を使って人性を破壊する。あるいはまた、二つの本性がどちらか一つにだけ適合しているかのように主張されないように、完全に結びつけられている個所を捉えて、その両者を破壊しようとする。[*12]これは、キリストは神であるから人ではないと主張することも、同じように人であるから神ではないと主張することも、人であり神であるのだから人でも神でもないと主張することもできると言っているようなものだ。だからこそ、そんな主張がなされないためにも、キリストは神であり、真の肉を身にまとって人となった。

私たちは、イエスがまことに天の父の声を聞き、天からの告知によって呼び出されたかた

（『ルカによる福音書』第一章）だと信じる。イエスという名が人間に与えられ、この名によって人間は救われた者となること（『使徒言行録』第四章）を信じる。私たちはキリスト自身が聖霊の徳に満ちていると信じる。これは、油が注がれること、と呼ばれる（『詩編』第四五、八九編）。この聖霊の徳なしには、私たちは乾き、枯れ果て、消滅してしまう。聖霊がキリストに下り、キリストのうちに充足したのは、信仰によってキリストの友、キリストとともに働く者たちが、キリストに満ち溢れている聖霊の徳の中から、それを受けるためである（『イザヤ書』第一一、六一章、『ヨハネによる福音書』第一章）。また、私たちは、キリストは油が注がれることによって父に王として立てられたことを信じる。この王は天と地のすべての力を自らの支配下に置き、従わせること（『詩編』第二編）を信じる。そして、キリストにある私たちもまた王となり、悪魔、罪、死、陰府に対する権能を与えられることを信じる（『ペトロの手紙一』第二章）。私たちはキリストが祭司であることを信じる。キリストは祭司としての職務ゆえに、自らを犠牲にすることで神を宥《なだ》め、私たちを神と和解させ、キリストにある私たちも祭司となる。私たちは、キリストをとりなし役、あるいは仲保者として、父に祈る。そして、父に感謝ゆえのわざ、すなわち私たち自身を、そして私たちのもつすべてのものを捧げる（『ヨハネの黙示録』第一章、『詩編』第一一〇編、『ヘブライ人への手紙』第五、一三章）。このことを通して、私たちはキリストをひとりの主として知る。キリストが父によって私たちの頭《かしら》に定められた。私たちは、キリストが秘儀、あるいは説明しがたい聖霊の力によって、聖なる処女の胎内に人間として宿ったことを信じる（『ルカによる福音書』第一、二章)。キリストは、私たちの救いを成就するためにこの世に来られ、そのために聖なる処女から死すべき人間として生まれ、自らの身体をあの無残な死に渡し、その血を贖《あがな》いの代価として支払うために流した。キリストは、ポンティウス・ピラトゥスの下で苦しみを受け、司法による裁判を受け、罪人あるいは呪われた者と断罪された。それは、キリストが断罪されることで、私たちがいと高き〔天の〕法廷で無罪放免となるためだった。キリストは十字架につけられた。キリストが、神の律法によれば呪われた者が釘づけにされる十字架につけられることで、私たちの罪が受けなければならない呪いを自ら引き受け、清算した(『申命記』第二一章、『ガラテヤの信徒への手紙』第三章)。キリストは死んだ。キリストが死ぬことで、私たちを脅かす死を克服し、私たちを呑み込んでしまうはずだった死を呑み込んだ(『ホセア書』第一三章、『コリントの信徒への手紙一』第一五章)。キリストは葬られた。キリストが葬られることで、私たちの罪が葬られ、悪魔から、そして死から解放された(『ヘブライ人への手紙』第二章、『ローマの信徒への手紙』第六章)。

キリストが陰府に降《くだ》るというのは、神に打たれ、神の審判の恐ろしさ、峻厳さをその身にまさに感じた、という意味である。それはキリストが私たちに対する神の怒りをとりなし、私たちの名において神の義を償うためだ(『詩編』第二一編、『イザヤ書』第五三章)。キリストは、このような仕方で私たちの負債を清算し、罰を受けた。しかし、それはもちろん自らの罪過のためではない。キリストには罪過など何もなかった。そうではなく、私たちの罪過のためだった。もちろん、このことは父がキリストに怒りを向けたと理解されてはならないし、そのようなことは一度もなかった。神の御心にかなった者である（『マタイによる福音書』第三章）、神の愛する子に父が怒るということなどありえない。神がキリストを敵とみなしていたら、キリストが神と私たちをとりなすことを神が喜ぶはずはない。これはキリストが神の厳格さという重荷を背負ったということである。すなわち、キリストは神の手によって打たれ、苦しめられ、怒り、復讐する神のしるしを経験し、苦悩の中から、わが父、わが父、なぜ私を見捨てるのか、と叫ぶまでに追いつめられた（『マタイによる福音書』第二七章）。キリストが陰府に降《くだ》ったと言われているが、それはどこかにあるのか。そのためにリンブス〔＝辺獄〕という言葉が生み出された。[*13] 古い契約のもとに生きていた父祖たちが牢獄に閉じ込められ、縄目が解かれる日を、あるいは奴隷状態から解放されることを待ち望んでいる場所や、その場所の扉を壊してそこから逃げ出したくなるような場所である。しかし、それは陰府ではない。リンブスは捏造され、偉大な著述家たちによって説明され、[*14] 今日に至るまで多くの人々によって真剣に、あたかも真理であるかのように擁護され続けている。しかし、それは捏造だ。ペトロが、こう述べている。聖霊に導かれてここに来たキリストは、牢獄に繋がれていた霊たちに宣《の》べ伝えた（『ペトロの手紙一』第三章）。リンブスを擁護する者たちによって、この言葉はしばしば引用され、自らの主張の楯とされているが、それはリンブスを説明してはいない。ここでペトロが言いたかったのは、キリストによって得られた贖《あがな》いの力は、その時以前に死んだ者たちの霊に対しても明らかになり、効力があることが示された、ということだけだ。キリストからの救いを待ち望んでいた信仰者たちは、そのとき明瞭に、顔と顔を合わせて、キリストの到来を見た。断罪された者たちはキリストが自らの唯一の救いであることをようやく遅れて認めようとしたわけだが、この者たちはキリストの救いから除外され、何の望みももはや残されていないことを、そのときはっきり知らされる。ところで、ペトロがここで信仰者と不信仰者を区別せずに、同じく牢獄の中にいると書いているのは、信仰者が縛られ、苦しみ、この場所に閉じ込められているという意味だと理解すべきではなく、いまだはっきりとは出現しない真のキリストを、はるか遠くから、ぼんやりと、薄雲がかかった状態のように仰ぎ見ている私たちの姿として理解されるべきである。信仰者が待つ、すなわちこの忍耐と苦しみの時期を、ペトロは豊かな言葉の彩を用いて牢獄と呼んだ。しかし、聖書は、信仰者は今も、そしてあの時もアブラハムの懐《ふところ》で信仰者が得る至福である憩いと平安のうちにいた、と証言している（『ルカによる福音書』第一六章、『ヨハネの黙示録』第六章）。それは、信仰者が、自らが神のうちに生きること、そして分かちがたい仕方で神とともにあることを知っているからである。これによって、信仰者は復活の恩寵の時を待ち望み、この望みによって他では得ることのできない慰めを得る。ところで、この陰府に降り〔という使徒信条の言葉〕を〔使徒信条から〕取り除く者たちが何人もいる。[*15] しかし、これは最も重大なことについて最も大きな秘儀を述べているのだから、除外できる余分な言葉ではない。

　私たちは、三日目に死人の中から甦られたこと、すなわちキリストは自然の法則によって他の人間と同じように死んだこと、しかしその死から甦り、生命に、真の人間に甦ったことを信じる。キリストは、もはや死も滅びもない、栄光に満ちた身体と魂に甦った。また、私たちは、復活の力とは、この力によって私たちが義とされ、罪の死から起こされ、新しい義の生命へと迎えられることだと信じる（『ローマの信徒への手紙』第六章）。また、キリストの甦りは人間の甦りについての確かな信仰、あるいはその確かさの保証であるから、かつてこの同じ死を死んだ人間は、このとき同時に起き上がらされることを確信できる*16（『コリントの信徒への手紙一』第一五章、『使徒言行録』第一章）。

私たちはキリストが天に昇ったことを信じる。キリストが天に昇ることで、アダムのために閉ざされてしまった天の国の入口の扉が、私たちのために開かれた（『ヨハネによる福音書』第一四章）。キリストは、私たちの肉をまとったまま、つまり私たちの名において、天に入った。それは、キリストによって、私たちが天の国の希望を確かにもつことができ、かの日には私たちが天の人々のあいだに座を得ることができるようになるためだ（『ヘブライ人への手紙』第二章、『エフェソの信徒への手紙』第二章）。私たちは、キリストが父の右に、肉をまとったのと同じ姿で座していることを信じる。それは、キリストがすべての者の王、審判者、主と定められたということだ。被造物は一つ残らず、キリストが自らの権威によって私たちに霊的な恩物を賜るゆえに、キリストの主権に従う（『コリントの信徒への手紙一』第一五章、『ヘブライ人への手紙』第二章、『エフェソの信徒への手紙』第四章）。それによってキリストは、私たちを聖なるものとし、罪の汚れを清め、私たちの日々を治め、導き、死を経て、キリスト自身にまで至らせる。死は、私たちの不完全さの終わりであり、キリストにおいて私たちが受ける祝福の始まりである。天の国とその栄光が、私たちを支え、私たちに力を与え、陰府に抵抗するための讃美の力となる。そして、キリストが今や父のもとにいることこそが、私たちにとって大いなる恵みである。これによって、私たちが神に近づくことが可能となり、まさに道が整備される。これによって、キリストは私たちを神の前へと導き、神からの恩寵を私たちのために獲得し、引き続き私たちと神のあいだに立つ弁護者、仲保者としての役割を果たす。これによって、キリストは私たちの罪を神の前でとりなし、神との和解のためのわざをなし続ける（『ヘブライ人への手紙』第七、九章、『ローマの信徒への手紙』第八章、『ヨハネの手紙一』第二章）。キリストは、高挙によって、私たちの目から見れば身体をあちらに移したわけだが、信仰者を助け、力を与え、ともにいて自らの臨在の力を明らかにすることを拒否したわけではない。キリストは、確かに、見よ、世の終わりまで私はあなたがたとともにいる（『マタイによる福音書』最終章）、と約束した。最後に、私たちは、キリストが天に昇った時と同じように、私たちの目に見える姿で降下することを信じる（『使徒言行録』第一章、『マタイによる福音書』第二四章）。それが終わりの日である。そのとき、キリストは言葉では表現できない支配の威厳をもち、すべての者たちの前にあらわれ、生ける者と死ねる者、すなわちその日まで生き残っていた者と、すでに死によってこの世から取り除かれた者を審判にかける（『テサロニケの信徒への手紙一』第四章、『マタイによる福音書』第一六章）。キリストは、それぞれの者たちが自らのこれまでなしたことについて信仰あるいは不信仰を証言するのを聞く。そして、それに基づいて、すべての者に報いを与える。

私たちは、このような仕方で私たちの救いのすべてが、また救いに関するすべてのものがキリストに含まれているのを見た。だから、私たちは救いに関するどの部分もキリスト以外に置かれているとは考えない。キリストにのみ、天の宝のすべてが隠されている。すべての望みをキリストに置く者だけが、私たちが期待しうるすべての善きものを溢れんばかりに得る。第二項について述べてきたことが、確かにキリストから私たちにもたらされる。私たちが確かな信仰をもってこのすべてのことをキリストの言葉に期待するなら、私たちには善きものが一つの欠けもなく与えられるだろう。

〔使徒信条の〕第三項　われは聖霊を信ず。

私たちは、聖霊が父と子とともにあり、至高の三位一体の第三の位格であり、父と子と実体をともにし、同じように永遠であり、全能であり、すべてのものの創造者であることを信じ、告白する。三つの区別された位格だが、本質は一つであることは、これまで述べたとおりである。これは深遠で隠された秘儀なので、研究する事柄であるよりは讃美するものだ。私たちが元来もつ能力によって、あるいは言語上の理論や知力によって、この秘儀を論証すべきではないし、またなしうるものでもない。私たちは、私たちの信頼のすべてを父なる神、その独り子に置くように、聖霊にも同じように置く。まことに〔聖霊は〕父と子と一つの、私たちの神だ。私たちは、キリストの他に道がないのと同じで、聖霊以外に神へと導くものはないことを知っている。聖霊によらず、神から恩寵がもたらされることがないことも知っている。恩寵自体が力であり、神のわざであり、霊である。父なる神は、キリストのうちに恩寵によって、すべて善であることを成し遂げる。父なる神は、恩寵によって万物を導き、保持し、前進させ、生きる力を与える。父なる神は、恩寵によって、私たちを義とし、聖なる者とし、清め、自らへと導き、救いを得させる（『ローマの信徒への手紙』第八章、『エフェソの信徒への手紙』第二章、『コリントの信徒への手紙一』第一二章）。これによって、聖霊は私たちのうちに住み、光をもって私たちを照らし、キリストのうちにどれほど大きな天の豊かな賜物がそなえられているかを私たちに教え、確信させる（『コリントの信徒への手紙一』第二章、『コリントの信徒への手紙二』第一三章）。聖霊は、神への愛、そして隣人への愛という炉で私たちの心を燃え立たせると同時に、日々、私たちの邪悪な心を焼き尽くし、取り除く（『ローマの信徒への手紙』第八章）。私たちの中に生じるすべての善きわざとは、聖霊の実、あるいは聖霊の力である。私たちに与えられた賜物も、この恩寵なしには、心の闇、心の歪みによって枉《ま》げられてしまう（『ガラテヤの信徒への手紙』第五章）。もちろん、この賜物は、私たちのわざや功績ゆえに与えられるものではなく、神の寛容によって神が自由に、何の支払いも求められることなく私たちに与えた。私たちは聖なる福音の言葉を聞き、信仰をもってその言葉を受け入れ、今やその信仰に堅く立っているので、父と子、それとともに聖霊を一つの神と認め、さらにわざも力も聖霊のものであることを確かに、また永久に認め、信じる。私は明確に述べておきたい。聖霊のわざは、無償で、何も求めない。それは、私たちが聖霊のわざの中に私たちの何らかの功績があるかのように主張することがないためである。これはすべての信仰者に等しく起こることであり、それがすべての人の信仰であるべきだ。

〔信徒信条の〕第四項　われは聖なる公同の教会、聖徒の交わり、罪の赦し、身体の甦り、永遠の生命を信ず。

私たちは、第一に、聖なる公同の教会、すなわち天使であっても人間であっても選ばれた者たちの総数である聖なる公同の教会を信じる（『エフェソの信徒への手紙』第一章、『コロサイの信徒への手紙』第一章）。その場合の人間には、すでに死んだ者、今生きている者が含まれる。そして、今生きている者は、どの国の領土に住んでいても、どの民族に属していても、一つの教会、共同体であり、神の一つの民とされている。私たちの主であるキリストは、この教会の長であり、君主であり、一つの身体に見立てるなら頭《かしら》である。これらの者たちは、神の国で集められるために、神の善き意志によって、世がつくられる前から、神によって選ばれた者（『エフェソの信徒への手紙』第一章）である。この共同体は、公同で、すべてを含むという意味で、普遍である。二つも三つも教会がある、ということはない。神に選ばれた者は、キリストにおいて一つに結び合わされ、一つの頭によってまとめられ、身体のさまざまな肢体のように相互に組み合わされ、結合し、一つの体へとつくり上げられる。この共同体は、一つの信仰、一つの希望、一つの愛をもち、同じ神の霊によってともに生きる者として一つにされ、同じ永遠の生命を受け継ぐ者として招集されている（『ローマの信徒への手紙』第一二章、『コリントの信徒への手紙二』第一〇、一二章、『エフェソの信徒への手紙』第四章）。また、この共同体は、聖なるものである。神の永遠の意志によって、神の一つの肢体となるべく選ばれた者はみな、主によって聖なる者とされている（『ヨハネによる福音書』第一七章、『エフェソの信徒への手紙』第五章）。

パウロは、この神の憐れみによる共同体について、神は人々の中から選び出した者たちを招集し、招集された者たちを義とし、義とした者たちに栄光を与える（『ローマの信徒への手紙』第八章）、と述べている。神がこの人々を招集したのは、神の民を自らに近づけ、自らが神として、父としてこれらの者たちに知らせるためだった。そのために自らを、自らのほうから私たちに示した。神がこの人々を義としたのは、神の民をキリストの義で包み、それによってこれらの者たちがあたかも完全であるかのように飾られ、自らの不完全さを覆われるためである。神がこの者たちを日々、肉体の腐敗から清め、新しい命へと甦らせるのは、それによってこれらの者たちを聖霊の祝福で満たし、その目に自らが聖なるもの、清められたものとされたことがはっきりと映るためである。神がこの人々に栄光を与えるのは、神の国の威光がすべての者の中で、すべての者を通してあらわれるためである。主がこのようにして自らの民を招集し、義とし、栄光を与えるのは、ほかでもない、そのことを通して自らの永遠の選びを宣言しているからである。この選びは、招集された者たちが生まれる前から、神がこの者たちに定めていたものだ。このようにして選ばれ、義とされた者でなければば、神の国に入ることはできない。主は、ただ一つの例外もなく、このことを選ばれた者にだけ実現し、明らかにする。聖書は、私たちそれぞれの状況に合わせて、召しと義がすでに明白になっている場合にだけ、神の選びと呼んでいる。なぜなら、神は、選ばれた者ではないにもかかわらず、その人を用いて神の力を働かせる者たちも神の民の一人として数えているし、逆に本当は神に選ばれた人であるのに、まだ明確に宣言されていないために神の民として数えていないことがあるからだ（『ホセア書』第二章、『ローマの信徒への手紙』第九、一〇、一一章）。パウロがここで述べようとしているのは、神の唯一不変の意志のことではなく、神の子について私たちが理解できるための説明である。それは、まさに神の霊によって行動する者のことだ（『ローマの信徒への手紙』第八章）。教会は、神に選ばれた民である。だから、真の教会の構成員が最後になって結局は滅びへと至る、あるいは悪の門口に捨て置かれることはない。真の教会の構成員の救いは確かで堅固な土台の上に置かれているので、たとえこの世のあらゆる制度が崩壊するようなことがあったとしても、この土台が崩れ去ることはない。この救いは神の選びによるものなので、永遠の知恵による以外に変更や破棄はない。選ばれた民は、時にはよろめいたり躓《つまず》いたりすることがあったとしても、倒れて起き上がれなくなることはない。主は選ばれた民の手を支える。パウロは、このことを指して、神の賜物と神の召しが取り消されることはない（『ローマの信徒への手紙』第一一章）、と述べている。主は、選ばれた者たちを、子であるキリストによる助けと守りに導く。選ばれた者たちが一人も失われることなく、終わりの日にすべての者が甦るためだ（『ヨハネによる福音書』第六章)。よき守り手のもとでは、選ばれた者が迷うことがあったとしても、滅ぼされることはない。さらに、この世のはじめから、主がこの世に教会をもたなかったことは一度もなかったし、これから世の終わりまで、主が自ら約束したとおり、この世に主の教会をもたない時代などない(『ヨエル書』第三章、『詩編』第八九、一三二編)。人類は、確かにアダムの罪によって、はじめから堕落し、腐敗していたが、この汚れた魂の中からでも、主はいくつもの器を聖なるものとして選び、栄誉を与えたので、神の憐れみを知らない時代など一度もなかった。最後に、私たちは教会について、神の善き意志への信頼の上で、私たちがこの教会の構成員であることは確かだと信じる。そして、神に選ばれた残された者たちとともに、私たちはすでに召され、一部分はすでに義とされているが、完全に義とされ、栄光を与えられることを確信する。私たちは神の計り知れぬ知恵のすべてを理解することなどできないし、当然のことだが、私たちの中の誰が神の永遠の計画によって選ばれた者で、誰が捨てられた者なのかとあれこれ詮索するのは私たちのなすべきことではない(『ローマの信徒への手紙』第一一章)。それは私たちの信仰にとって知る必要のないことだ。神は神の愛する独り子を受け入れた者を子として認める(『ヨハネによる福音書』第一章)という約束が、私たちに十分な保証を与えてくれる。私たちは神の子であることだけでは満足できず、愚かな欲望ゆえに、それ以上のものをさらに求める愚かな者になっていないだろうか。

ただキリストというひとりのおかたの中に、父なる神の善き意志と救い、すなわち天の国それ自体を私たちが認識するなら、それで十分だ。いや、十分すぎる。私たちが覚えていなければならないのは、私たちがキリストを所有するなら、私たちの救いや幸福のために何かが不足するなどということはない、ということである。私たちが信仰に固く立ち、キリストにすべてにおいてより頼み、キリストにおいてこそ憩いを得、キリストに私たちの救いも生命も、つまり私たちのすべてを委ね、キリストは私たちを見捨てることは決してないと確かに期待するなら、キリストのすべてのものが真実に私たちの所有となる。キリストは両手を広げ、私たちが信仰によってこの事実を受け入れるために、自らを私たちに渡される。キリストに満足しない者は、よりはっきりとした確信を得ようと自ら神の威厳に奥深く侵入しようとし、自らへの神の怒りを引き起こしてしまって、神の栄光を受けることができなくなり、代わりに抑圧を受けるようになる(『箴言』第二五章)。私たちの主であるキリストとは、神がまさにこのかたにおいてこそ、永遠の昔に、神が望まれる者をその民として選んだかたである。キリストとは、このかたにおいてこそ、この民を教会という群れに導かれたかたである。だからこそ、私たちはキリストと繋がっているなら、まさにそのことによって、神に選ばれた者たちの数に入れられていることを確信できる。さらに、教会という共同体の一人であることの確かで十分な証明を手にする。私たちは、キリストが父なる神の確かで揺らぐことのない真理であるから、キリストの言葉は父なる神の意志をはじめから、今も、そして変わることなく私たちに解き明かすものだと確信する(『ヨハネによる福音書』第一、一四章)。私たちがキリストと、キリストがもつすべてのものを所有するなら、私たちはキリストが天の国の相続者であり、父なる神の愛する子であるように、私たちもキリストによって神の子とされ、キリストの兄弟、または友として同じ遺産の相続者であることを確信する。それによって、私たちは、主が永遠の昔に選び、ひとときも欠くことなく保持し、滅ぼすことのない者の数に入れられたことを確信する（『ローマの信徒への手紙』第八章）。

私たち一人一人が教会という共同体の一人であることを信じないなら、公同の教会というものがあると信じるのは虚しいことだし、何の実りももたらさない。また、この人が確実に教会に属しているのか、選ばれた人なのか、滅びに定められた人なのかを区別するのは、私たちのなすことではない。パウロが言うとおり、誰が神の子であるかを認識するのは、神のみがもつ特権である（『テモテへの手紙二』第二章）。人間の勝手気ままなわざが神を追い越してしまわないように、私たちは日々、主の審判は私たちの認知を超えるものだと警告されている。完全に滅びの道を歩んでいるように見えて、明らかに打ち捨てられてしまったと自らも思っているような人が、主の善き意志によって道に呼び戻され、逆に人々の模範となっているように見えていた人が、しばしば崩れ落ちることがある。ただ神の眼だけが、終わりまで耐え忍ぶ者を見（『マタイによる福音書』第二四章）、ただキリストだけが救いでは私たちの頭《かしら》である（『マタイによる福音書』第一六章）。もちろん、キリストは、地上で神の言葉の奉仕者たちが解き、繋ぐことが、天でも解き、繋がれる、と断言しているが、私たちは誰が教会に属する者なのか、誰が教会の外にいる者なのかを見分けることはできない。キリストのこの約束は、キリストに繋がれた者と解かれた者が誰なのかを私たちに教え、目に見えるようにするために何らかの外形的指標を与えるものではない。この約束は、キリストがこの世を贖《あがな》い、あるいは解放するために遣わされる、という福音の約束の証言である。この世で人間を通して知らされたことを聞いた者たちのうち、この福音の約束を信仰によって受け入れた者たちにとっては、天において、まさに神の前での裁きにおいて罪から解き放たれた者だという証言であり、この福音の約束を拒否し、軽んじた者にとっては、天において、まさに神の前で繋がれ、断罪され」罪の中にとどまる者だ、という証言である。

私たちは、自分が選ばれた者かどうかを信仰の確かさによって見分けることはできない。しかし、すでに述べたとおり、聖書は確かにしるしについて語っている。私たちは、それに基づいて、神に選ばれた者、すなわち神の子と、見捨てられた者、すなわち外に捨て置かれた者を区別する。神が私たちにこの識別を求めている。私たちとともに同じ信仰を告白し、それに基づく生活を実践し、同じサクラメントに与《あずか》り、神とキリストを告白する者は、誰でも愛の定めによって選ばれた者として、教会という共同体の構成員とみなされる。この者たちは、もし道徳的な欠落があると自覚していても(もちろん、誰一人、道徳的に完全だとみなされる者などいないのだから)、この欠落に安住しようとしたり、道徳的欠落に自ら進んで身を委ねたりしていないなら、選ばれた者とみなされる。そして、この者たちは神の導きによって常によい道へと導かれ、最終的にはすべての道徳的不完全さを取り除かれ、選ばれた者として永遠の祝福に至ると期待してよい。聖書は、私たちが識別できるように、これらのしるしや指標によって、神に選ばれた者、神の子、神の民、教会とは何かを教えている。

私たちとともに同じ信仰をもたず、一致を求めない者、口で告白しても、わざにおいては、今、口で告白した神を否定している者（このような者たちは、生涯、穢らわしいことから抜け出せず、破滅の中に沈みゆき、罪深い欲望を制御できず、自らの邪悪な心を見て見ぬふりをしている）、それに類することをなす者は、自らがなすことを根拠に、現在の教会の共同体の構成員でないことを明らかにしている。主の食卓への陪餐停止[*17]〔excommunicatio〕が制定されたのは、怠惰な生活を送り、そこから抜け出す努力もせず、罪の誘惑に身を任せているのに、キリストへの信仰を偽装している、教会にとって躓《つまず》きとなるような者、キリストの名を誇るべきではない者を、信仰者の共同体から取り除き、追い払うためだ（『コリントの信徒への手紙一』第五章、『マタイによる福音書』第一八章、『テモテへの手紙一』第一章）。何よりも神の教会が悪人や隠れなき不信仰者の陰謀に陥り、神を冒瀆するこの者たちがキリスト者として数えられてしまわないためだ。さらに、この者たちの悪習をしばしば見せられることで、邪悪な生活へと他の人々が堕落してしまわないためだ。しかし、最終的には、この者たちが自らを恥じ、恥じることで後悔が生み出され、悔い改め、回心を学ぶためだ。

私たちは、このような者たちに、当面、教会から遠ざかるように言い渡すことができる。その場合、可能なかぎりの識別をするが、それはこれまで述べてきたような知見に基づいて判断される。私たちは、その場合でも、この者たちが神の手から捨てられた者であるかのように軽蔑すべきではない。あるいは、この者たちが選ばれた人からは除外され、もうすでに滅んでしまったかのような非道な扱いをすべきではない。もちろん、すでに断罪されていることが神の言葉によって明らかな者たちは別である。意図的に、明確な敵意をもって真理を攻撃する者、福音を破壊しようとする者、神の名を隠滅させようとする者、聖霊に逆らう者たちは別である。この者たちについては、聖霊に逆らう者の罪は、この時代においても将来においても決して許されない、と神の口が直接語っているとおりだ。しかし、私たちがそれを感知できることはほとんどない（そのようなことが私たちにできるとも思えない）ので、私たちは啓示される日を待ち望むべきであり、私たち自身の判断が神の審判を越えて先になされるような不遜な真似はしないことだ。それが正しい判断である（『マタイによる福音書』第一二章、『ヘブライ人への手紙』第六、一〇章、『ヨハネによる福音書』第五章、『コリントの信徒への手紙一』第四章）。私たちは、ここで、この者たちへの寛大な審判を願い、求めたりすべきではない。それは神の力や神の憐れみの法に私たちの側で制限をかけることだ。神は、自ら望まれるなら、いつでもひどい悪人を最も素晴らしい善人に変えることができるし、切り倒された木に接ぎ木をすることができるし、異邦人を教会に迎えることもできる。神は、このようにして人間の意見を押し返し、不遜な行為を退け、神が審《さば》く権利や神の規範を人間が追い越して自分のものであるかのように取り扱うことを阻止する。むしろ、私たちは他者についてはできるかぎり誠実に評価し、お互いになしたことや、お互いに話したことについては可能なかぎりよく理解するよう心がけ、心の曲がった者たちがするように事柄を歪め、悪意をもって受けとめるべきではない（『マタイによる福音書』第七章、

『ローマの信徒への手紙』第一二、一四章、『テサロニケの信徒への手紙一』第五章、『ヘブライ人への手紙』第一二章）。ひねくれた者がいて、例えば自分のことをよく評価されることさえ拒むなら、その時には神の御手に委ね、神の善き意志にすべてを任せて、さらに善いものがこの者から生じるように願えばよい。私たちがお互いに公平さと忍耐をもって接し、平和と愛をお互いに育《はぐく》むことができるならそれでよいのであって、あえて神のなす審《さば》きの奥深くにまで私たちが入り込んで、愚かなことをなし、誤った判断をし、私たち自身が暗黒に足をすくわれることがないようにすべきである。このように要約すればよいのではないだろうか。神の御手の中にある者、神の意志の中にある者自身に対して、私たちが勝手に死刑を宣告すべきではない。むしろ、お互いのわざについて、それがどんなことであっても、神の律法に基づいて判断すべきだ。神の律法は、私たちに何が善であり、何が悪であるかを教える基準である。

陪餐停止は、このようなものとして理解されるべきである。陪餐停止とは、教会という集団から取り除かれた者たちを人々の前で断罪することではない。ただ、この者たちがこれまでの汚れた人生の道から正しい道に戻ることができるまでのあいだ、罰を与えているだけである。パウロが書いているとおり（『コリントの信徒への手紙一』第五章）、神は人間をサタンに、すなわち肉体の死に委ねたが、それは主の日に魂が救われるためだ（これは私の解釈ではあるが）。パウロは、神は人間を一時的に断罪したが、それは人間が永遠に救われるためだった、と言っている（『コリントの信徒への手紙一』第五章、『テサロニケの信徒への手紙二』最終章)。教会規則では、陪餐停止とされた者と親しく交わること、親切に接することは許されていないが、私たちはさまざまな手段や機会を得て、陪餐停止となった者に勧告し、教え、寛容とやさしさをもって接し、祈りによって、この者たちが正しい、善き人生へと立ち返り、教会の交わりにももう一度戻され、一致できるように努力すべきである。陪餐停止とされた者たちだけではない。トルコ人の場合も、サラセン人[*18]の場合でも、あるいは真の宗教の敵である他の宗教の信者たちについても、同じように接するべきである。これまで多くの人が他の宗教の者たちを私たちの信仰に改宗させるために強制してきたさまざまな手段、つまり、これらの人々を水や火で脅迫したり、言葉や弁明を禁じたり、人間として与えられるべき保護を無視して剣や武器で迫害したりしてきたが、それはみな容認できない。

私たちには神の審判がまだはっきりとは見えていないので、誰が教会に属する者なのかを個々に識別することはできない。それでも、神の言葉が真に語られ、聞かれるところでは、またサクラメントがキリストの制定によって執行されるところでは、そこに教会が存在することを疑うことはできない[*19]。主が、私の名において、二人、三人で集まるところでは私もその中にいる(『マタイによる福音書』第一八章)と約束されたことが破棄されることはない。この世で神の教会に誰が属し、誰が属さないのかについて、これ以上何か他の知識が与えられているということはない。私たちは、このことについては、信仰によらなければ何一つ理解することなどできない。これこそが、私たちは教会を信じる、ということの意味である。信仰によって、私たちが今はこの目でははっきり見ることのできないことも信じることができる。この問題は、私たちの認識になど依存していないし、特定の場所や特定の立場に規定された肉的なものに支配されてもいない。

聖徒の交わりを信じる。この告白の意味は、公同の教会では、真実の信仰をもって、ともに神を礼拝するすべての選ばれた者たちによって、すべての善きものが相互に交換され、分配されるということである。もちろん、これによってそれぞれの賜物が多様性をもつことは否定されない（これはパウロが、霊の賜物はそれぞれに分けられ、多様性をもって配分されている、と述べているとおりだ）（『コリントの信徒への手紙一』第一二章）。また、それぞれが得ている自らの正当な資産や、それを可能にしている政治的秩序が存在するのは当然のこと（人間が共同体の中で、それぞれが配分された財産を得るのは必要なことだ）である。だから、ここで言う交わりが目指すのは、すべての霊的、身体的な賜物を可能なかぎり公平に、またそれぞれが必要に応じて、誰でも惜しむことなく、正しい愛の行いとして相互に分け合うことである。神から与えられた賜物がどのようなものであっても、また、神の配分によって、ある人には他の人にはない賜物が特別に与えられているのだとしても、その賜物を進んで分かち合わなければならない（『ローマの信徒への手紙』第一二章、『コリントの信徒への手紙一』第一二章）。ここで言う交わりとは、まさに一つの身体のように、交わりが生じることで相互にもてるものを分かち合うが、もちろん、それぞれは自らの固有の賜物をもち、それぞれに特別な役割が与えられている、というものである。すでに引用したが、教会は一つの身体として集められ、組み合わされている。これがキリストの身体によって象徴される公同の教会である（『エフェソの信徒への手紙』第一章）。私たちは、これまでの議論で、教会を信じるということをこのように説明し、確証した。私は、それによって、私たちが教会をどのように、どのようなものとして信じているかを明らかにした。それは、この個所のこのような意味が見落とされたり、別の意味で教会が解釈されたりしているので、私は可能なかぎり忠実な解釈を提示したいと願ったからである。

罪の赦しを信ず。これは、神の寛容とキリストのとりなしの力によって、罪の赦しと恩寵が教会という身体に接ぎ木された私たちにもたらされる、ということである。罪の赦しは、これ以外の場所で、これ以外の理由で、これ以外の人に与えられることはない（『使徒言行録』第一〇章、『ヨハネの手紙一』第二章、『イザヤ書』第三三章）。教会と聖徒の交わりの外に、いかなる救いもない。教会それ自体は、この罪の赦しによって建てられ、建ち続ける。だから、罪の赦しは、まさに土台のように教会を支える（『ホセア書』第二章）。罪の赦しは、神に近づく道である。罪の赦しは、神と私たちを和解させるための手段である。罪の赦しだけが、私たちのために教会の入口の扉を開き（ここで言う教会とは神の国あるいは幕屋のことであり、いと高きかたが自ら住まうために聖別した場所のことだ）、私たちを教会にとどめ、私たちを守る（『詩編』第四六、八七編、『テモテへの手紙一』第三章）。信仰者は、罪の自責の意識に苛《さいな》まれ、悩まされ、心が乱れ、神の審《さば》きに自分でも心当たりがあるので、茫然自失となり、自らに絶望し、その重荷を負いながら、呻き声をあげるような中で、罪の赦しを与えられる。そして、罪の赦しが、信仰者の肉の働き、肉に由来するすべてのものを死へと葬り去る。信仰者は、肉という牢獄の中にいるかぎり、このような悔い改めを何度でも決して諦めることなく（そうなすべきことだから）求めることで、何度でも赦しを得る。それは信仰者のこのような悔い改めに報いが与えられるということではなく、神がこのような仕方で人間に自らを示すことを選ばれたからである。人間は自らの弱さを認識し、それによって人間があらゆる驕り高ぶりを捨て、自らを低くして、自らが価値のないものであることを認めるなら、そのとき初めてキリストによって示された憐れみがどれほど甘美なものであるかを知る。そのことを確かに知るとき、信仰者は生きる力を新たに得、罪の赦しによって、救いの恩寵によって、自らがキリストのうちにあることを確かに自覚し、慰められる。しかし、このような道を登り行き、神に向かおうとしない者たちは、救いの土台としての罪の赦しに至ることはない（『ルカによる福音書』第一六章）。この者たちが驚くほどに煌《きら》めくわざをどれほどなそうと、奇跡さえ起こしたとしても、その言葉、わざ、考えはいずれも神には受け入れられず、忌避される。人間の目は、意外にも、このような空虚だが光り輝くわざに眩《くら》まされ、見せかけだけの聖性に欺かれる。

身体の甦りを信ず。これは、すべての人間の身体が朽ちるものから朽ちないものへと、死ぬべき者が死ぬことのない者へと瞬く間に甦る、という意味である（『コリントの信徒への手紙一』第一五章、『テサロニケの信徒への手紙一』第四章、『使徒言行録』第二三章）。すでに死んだ者たちも、たとえすでに虫に食い荒らされ、土に返り、灰になっていたとしても、あるいは他の何らかの理由で消滅してしまっていても、身体を受ける。その時まで生き長らえている者たちは、朽ちる身体を脱ぎ捨て、瞬く間に不死の本性に変化し、あちら側に移る。信仰者は栄光に満ちた生命を得、神に捨てられた者は死の劫罰を受ける（『マタイによる福音書』第二五章）。

永遠の生命を信ず。これは、神はその時には身体も魂も栄光を受けた子らを祝福へと迎え入れる、ということである。この祝福は、この世で見られる変化し、腐敗するような運命を超えて、終わることなく続く。私たちが主ともはや決して切り離されることなく結びついたその時には、生命、光、義を完成させ、真に堅固なものとなる。主は、ご自身の中に、尽きることのない泉のように、この祝福を貯蔵し、それが溢れ出す（『コリントの信徒への手紙一』第一五章）。輝き、喜び、力、幸福に満ちた神の国でこそ、この祝福を受ける。この祝福は、人間の感覚を超えるもので、パウロが言うように、耳で聞くことなどできず、目に見ることもできず、心によっても捉えきれない（『コリントの信徒への手紙一』第二章）。これとは違って、真実な信仰をもって神を求めず、神を崇《あが》めなかった者、すなわち不信仰な者たち、神に捨てられた者たちは、神のもとにも神の国にも居場所はなく、悪魔とともに永遠の死へと追いやられる。喜び、力、その他の神の国の恩寵からは除外され、永遠の暗黒と永遠の苦行に断罪され、蛆虫、しかも何度殺しても死なない蛆虫に食い荒らされ、何度消しても消えない炎で焼き尽くされる（『マタイによる福音書』第二二章、『イザヤ書』最終章、『マルコによる福音書』第九章）。

私たちは、聖徒の交わり、罪の赦し、身体の甦り、永遠の生命を信じるべきだ。主の善き意志に信頼し、これらすべてのことが、他の聖徒たちとともに、私たち一人一人に起こることを確信すべきだ。これらすべてのことが確実であり、永遠に変わることのない真実であることを確信し、それぞれの人が主を自らの神だと確信し、キリストが自らの救い主だと確信し、自らの身体の甦り、永遠の生命を確かに望み、信仰によって強められるために、〈使徒信条と名づけられたこの〉信仰告白は、すべての確かさが実証されたことのしるしとして、アーメンという言葉で結ばれている。

この生ける信仰、すなわちひとりの神、キリストを信じる信仰が存在するところでは、いつでも同じく希望と愛がこれにともなう。このことを忘れてはならない。逆に希望と愛が欠けているなら、信仰についてどれほど雄弁に、また美しい言葉を並べ立てて語ろうとも、そこに信仰を見出すことはできない。信仰が希望や愛によって私たちの中から生まれることはないが、希望や愛なしに信仰を追い求めることはできない。希望についてまず述べてみたい。信仰が私たちにとって偽りであったり、私たちを欺いたり、困惑させたりすることはない。私たちがこれまで聞いてきたように、信仰が神の真理についての明確な確信であるなら、この確信をもつ者は、同時に神が約束してくださったことを必ず成就するという期待をもつはずだ。約束は真実でなければならない。だから、希望は、信仰によって神が真実に約束したと信じている事柄が時に至って現れ出るのを待つ。信仰は神が私たちの父であると信じることだが、希望は神が私たちに対して常に父としてふるまわれることへの期待である。

信仰は私たちに永遠の生命が与えられることを信じるが、希望は永遠の生命があることが明らかに示されることへの期待である。信仰はその上に希望が乗る土台であり、希望が信仰を育てる。確かに、神の約束をまず信じることなしに神に何らかのことを期待することはできないが、私たちの信仰が弱くなり、絶望の淵にまで追いやられることがないように、どんな時でも支えられ、守られることを期待すべきである。愛について、ここではさらに明瞭に論じることができる。信仰はキリストを、父が私たちに賜ったかただと理解する。信仰は、キリストを、私たちを赦し、義とし、平和を与え、そして父なる神と和解させるかただと理解する。信仰は、キリストを、私たちを聖化へと導くかた、つまり私たちの生命の泉の源として理解する。そのため、私たちの信仰は、キリストの中に必然的に愛を見出す。この愛は、聖霊の賜物であり、聖霊の実である。また、この愛は、聖化のなすわざである（『ガラテヤの信徒への手紙』第五章）。希望と愛は、どちらも信仰から生まれたものであり、信仰に由来する。そして、どちらも切り離しがたい仕方で信仰と結び合わされている。しかし、希望について述べたこと、すなわち信仰が希望によって育てられ、保持され、堅く守られるということを愛に適用することはできない。これは希望にのみ固有なことである。希望が沈黙の中で忍耐をもって主を待ち望むとき、希望が信仰に対してなしているのは、信仰が急ぎすぎないように信仰を制御し、それによって神の約束への信頼を揺るがしたり失ったりしないように信仰を守ることである（『イザヤ書』第二八章）。しかし、愛はこれとはまったく異なっており、そこには類似性の欠片《かけら》もない。パウロが、たとえ誰かが山を移動させるほどの信仰を完全にもっていたとしても、愛がなければ、その人は無に等しい（『コリントの信徒への手紙一』第一三章）と言っているので、この言葉を楯にして、愛と切り離された信仰があり、それを形相のない信仰と呼ぶべきだと主張する者たちがいる。[*20] しかし、このような主張をする者は、この個所で使徒が語ろうとした信仰に正しく注意を払ったとは言えない。使徒パウロは、このことについて述べた前の章（『コリントの信徒への手紙一』第一二章）で、力、すなわち異言を語る力、預言する力を含むさまざまな霊の賜物について説明し、その上で、さらによい賜物を得るように、そしてそれによって神の教会により多くの実りがもたらされるようにコリントの教会の人々に勧めている。だから、パウロはここで、さらに素晴らしい道を示そうとして付け加えて述べた。このようにパウロが述べたことは、これらの賜物はそれ自体、素晴らしいものだが、愛のために役立たないなら無に等しい、ということである。これらの賜物は教会を教会として建ち上げるために与えられたものだが、そのために用いられることがなければ、それがもつ徳を失う。このことをさらに明らかにするために、パウロはすでに挙げた賜物について、今度は〔第一二章の後半で〕別の名称でもう一度説明して、その区別を行っている。パウロはここで力とか信仰という言葉を使っているが、それは奇跡を行う賜物のことである。奇跡を行う力、信仰は神からの特別な賜物であり、異言を語る賜物、預言する賜物、あるいは他の賜物と同じで、もしこれを誤って用いるなら、真の信仰からは遠く離れたものとなってしまう。例えば、その例が〔イスカリオテの〕ユダである。ユダは、この賜物を与えられ、もっていたが、信仰をもつ者ではなかった（『ルカによる福音書』第一〇章）。〔形相のない信仰を主張する〕あの者たちは、これらの〔『コリントの信徒への手紙一』第一三章〕章句から、パウロが愛は希望や信仰にまさるものだと説明している、と主張する。だから、人間は信仰によってではなく、むしろ愛によって、人間のなすわざの力によって、あるいは、この者たちの言う、より大きな力によって義とされる、と主張する。しかし、このような説明を論破するのは簡単である。なぜなら、私たちは、この者たちが最初に述べたことが真の信仰とは無関係であるのを知っているからだ。それに続いて述べていることも、真の信仰によって解釈するなら、同じ結論に至る。パウロは確かに愛は〔信仰より〕大きいと言っており、その理由は愛がより多くの実を結び、より広範囲に広がり、より多くのことに役立ち、いつまでもその力を失うことがないのに対して、信仰の効力は一時的だから、と述べている。しかし、健康な判断力と健全な頭脳をもつ者は、ここから愛が〔信仰より〕より多く私たちを義とするという推論を試みたりはしないだろう。なぜなら、義とする力は、何らかの価値あるわざを行ったことの中には見出されないからだ。私たちが義とされるのは、ただ神の憐れみによる。信仰がそのことを知った時に、これが信仰によって義とされることだと言える。だが、喧嘩好きな反論者が登場して、どうして私が、この説明の中で、こんなに短い〔聖書の語句（『コリントの信徒への手紙一』第一三章）の〕説明の中で、信仰について別々の説明をするのか、といやらしい指摘をするかもしれない。しかし、私はそれに答えることができる。もっとも、その理由は決して軽いものではない。パウロがここで挙げている賜物が神についての知識に関するものだからだ。パウロは、これらすべての賜物は神認識に関することで、信仰と希望という言葉に包括される、と言った。つまり、これらすべてを〔ひとまとまりにして〕κατ᾽ ἀνακεφαλαίωσιν と記すことで、信仰と希望という語に含めた。だから、パウロは、ここでこう言っているのではないか。確かに、ここで言われている預言、異言を語り、それを解釈する賜物、知識、これらすべては私たちを神認識へと導くものだが、私たちはこの世では、ただ信仰と希望によってのみ神を知る。逆に、私たちが信仰と希望と言う場合には、これらのすべてのものが含まれている。だからこそ、信仰と希望と愛、これら三つのものは永続する、というパウロの言葉の意味は、賜物がどれほど多様であろうと、すべてはこの三つにまとまる、ということだ。それらのうち、主要なものは愛である。私たちは、まさに信仰、希望、愛は聖霊の賜物であること、これらはどれも神の憐れみなしには始まりもしないし、もちろん存続もしえない（『コリントの信徒への手紙一』第四章）ことを知らなければならない。私たちがここで学ばなければならないのは、私たちは信仰も希望も愛も私たち自身の中で探すのではなく神に求める、ということである。もし私たちが自らの中に少しでも希望や愛や信仰を感じることがあれば、その時は感謝の祈りを捧げ、それが神からの賜物であることを確認すべきだ。そして、心と口から出る言葉をもって（特に心から、そして継続して）、神が私たちの中に希望や信仰や愛を保持してくださるように、日に日に私たちを善き方向に導いてくださるようにと祈るべきだ。私たちは、この世に生き長らえるかぎりは、希望や信仰や愛が増し加わることを願うべきだ。そのようにして、私たちはこの世にあるかぎりは、絶えず成長すべきである。しかし、それは完全に神のもとに到達するその時までの途上での出来事にすぎない。神のもとにこそ、私たちにとってのすべての完成がある。

訳注

*1　ここでカルヴァンが考えているのは、おそらくスコラ神学における「形相的信仰」と「非形相的信仰」の区別のことだろう。アリストテレスの『形而上学』九・八に基づいて、信仰を形相と質料に分ける議論。

*2　聖書の該当個所のギリシア語が「ヒュポスタシス」。

*3　『ダニエル書』第七章第一〇節に「裁き主は席に着き、巻物が繰り広げられた」とある。

*4　キリスト教のサクラメントの一つ。カルヴァンは、キリスト教のサクラメントは主の晩餐（＝聖餐）とバプテスマの二つだとした。これについては、第四章を参照。

*5　アリウス（二五〇頃―三三六年頃）は、アレクサンドリアの司祭だったが、キリストが被造物であると主張した。ニカイア公会議は、これを否定し、三二五年に同一本質（ホモウシオス）を採用した。

*6　北アフリカのキュレナイカ出身のサベリウスは、三世紀にローマに登場し、神は一で、三つの様態があると主張した。

*7　この書き方だと、アリウスとサベリウスの活動の年代が前後してしまう。

*8　ここでカルヴァンは、一五三一年に匿名で刊行されたミシェル・セルヴェ（セルヴェト）の『七つの書物における三位一体説の誤謬』が主張するカトリック教会の立場だけでなく、福音主義の陣営の三位一体論への批判の影響を踏まえて、このように述べている。

*9　ゲヘナは、ヘブライ語でヒンノムの谷の意味。『ヨシュア記』第一五章第八節を参照。深い谷底、あ

るいはごみ捨て場のこと。

＊10　アレクサンドリアのキュリロス（三七六―四四四年）が主張したもので、本性は混合されないが、本性の固有性、つまり属性あるいは表現は交流し、交換することができる、という考え。『独り子の受肉について』（四三一年頃）を参照。

＊11　サーサーン朝ペルシアのマニを開祖とする混合宗教の総称。徹底した二元論がその教義の特徴で、宇宙は光と闇、善と悪、精神と物質という対立する二つの原理からできていると考えた。

＊12　エウテュケス（三七八―四五四年）は、ネストリウスに対する急進的な批判者で、キリストの両性の区別を認めなかった。

＊13　「リンブス」は縁や周辺の意味。「辺獄」と訳されることもあるが、地獄や煉獄とは異なる。キリスト以前に神との交わりがあるが、小さな罪を犯した者、あるいはバプテスマを受けずに死んだ幼児がとどまる場所とされる。トマス・アクィナス『神学大全』第Ⅲ部第六九問題第四項以下を参照。

＊14　エイレナイオス『異端反駁』四・二、五・三一（カルヴァンの時代はギリシア語版は知られておらず、一五二六年にバーゼルでエラスムスによって刊行されたラテン語版で読まれていた。そのため、カルヴァンは「リンブス」とそのまま記した）、テルトゥッリアヌス『魂について』（二〇二／三年）七・五五。

＊15　エラスムスが『使徒信条解説』（一五三三年）で古い時代の使徒信条には「陰府に降り」がないことを指摘している。実際、アウグスティヌスも言及していない。

＊16　甦る、復活する、起き上がる、これらはすべて同じ言葉である。

＊17　excommunicatio は教会共同体の交わりから排除することだが、ここでは具体的に主の晩餐に与ることから排除する教会規律。「破門」や「除名」と訳されることもある。

＊18　イスラームの信者のこと。

＊19　フィリップ・メランヒトン『アウクスブルク信仰告白』七。
＊20　ペトルス・ロンバルドゥス『四巻の命題集』（以下『命題集』と略記）三・二三・四。「信仰は、愛を欠くとき、形相を欠く」ということ。

第三章　祈りについて、主の祈りの講解を含む。

　人間の善の欠如がどのようなものであるか、それによって人間がいかに虚しく生きているか、そしてそのために救いに至るためのどのような助けももちえていないことは、これまでの議論で明らかになったはずである。そのため、人間がこの欠如の助けを真実に求めるなら、自らの外に、まったく別の場所に求めなければならない。また、主が、子であるキリストにおいて、自ら進んで、自由に、ご自身を私たちに現された、ということも明らかになったはずである。主は、キリストを通して、私たちの悲劇的な状況には溢れ出る祝福を与え、私たちの困窮した状況にはありあまるほどの富を与え、そして主は、キリストを通して、天の宝を開示し、私たちの信仰を救い上げた。そうであるからには、私たちは信仰のすべてを集中し、神の愛する子を直視すべきだ。また、私たちの希望のすべてを、ただキリストに委ね、キリストがその希望をしっかり受けとめてくださることに平安を見出さなければならない。これは秘儀である。深いところに隠された知であり、形式的な理論やお決まりの方法で解明することはできない。ただ神によって目が開かれた者だけが、これを究め、神の光を与えられ、それを見る。私たちは、私たちに欠如していて、私たちが必要としているもののすべてを神のうちに見出し、それが私たちの主イエス・キリストのうちにあることを知ったのだから、私たちはそのとおりにキリストのうちにあるものをキリストのうちに求め、キリストに祈り、キリストに願うべきである。また、父はキリストのうちに自らの満ち溢れる恩寵を宿らせ、溢れ出る泉から汲むことができるようにし、実際に私たちが汲み出すことができるのを知ったのだから、私たちはそのとおりにキリストのうちにあるものをキリストのうちに求め、キリストに祈り、キリストに願うべきである（『コロサイの信徒への手紙』第一章、『ヨハネによる福音書』第一章）。私たちが神がすべての善きものの主であるだけでなく、それを私たちに求めるように招き、与えるかただと知ったにもかかわらず、神のもとに近づこうともせず、願うこともしないとしたら、私たちはちょうど宝を与えられたのに地中に埋め隠しておいた者のようであり〔『マタイによる福音書』第二五章〕、役に立たない者のようである。この最後の点は、これまで触れていないわけではないが、ここで詳しく述べるのが適当だろう。

私たちは、自らの誇りや願望を捨て、私たちは何らかの価値がある存在だなどと考えるのもやめ、自信過剰にならず、それどころか自らを捨て、謙遜に私たちの主に栄光を帰すこと、これを正しい祈りの第一の規則と呼びたい。それは預言者が教えているとおりだ。聖書にこう書かれている。私たちがあなたの前に祈りを捧げるのは、私たちの義によるのではなく、あなたの大いなる憐れみによるのです。主よ、お聞きください。主よ、私たちを深く憐れんでください。私たちの祈りを聞き、私たちが希《こいねが》うことをあなたご自身のために行ってください。あなたの名はあなたの民の中で呼び求められ、あなたの聖所でその名を呼ばれているのですから（『ダニエル書』第九章）。また別の預言者が言うとおりだ。こう書かれている。罪の大きさに悲しみ嘆く魂は、身をかがめ、弱り果て、飢えた魂、昏くなった目は、主よ、あなたに栄光を帰すのです。私たちの主である神よ、あなたに向かって私たちが祈りを捧げ、あなたの御顔の前に憐れみを乞うのは、父祖たちの義によるものではなく、あなたが憐れみ深いかただからです。私たちを憐れんでください。私たちは御前に罪を犯したのですから（『バルク書』第二章）。私たちが無力であることを真剣に受けとめ、私たちが私たち自身のために、また私たちの利益のために神に願い求めるものが私たちにとって真実に必要なものであるかどうかを深く考え、その上で神からそれを得ることができるように求めること、これを正しい祈りの第二の規則と呼びたい。私たちがこれとは違った思いや意図を抱くなら、私たちの祈りは偽りであり、不純なもので汚されてしまう。神に自らの罪の赦しを求めていながら、自分が罪ある人間だということを真剣に受けとめないとしたら、その人は自分の虚言によって神を汚すことになる。だからこそ、私たちはただ神の栄光のために、情熱と熱望によって私たちの願いを求めるべきである。御名が聖なるものとされるように〔＝崇められますように〕願う時には、そのことのために、熱心に、あるいは飢え渇いている者のように求めなければならない。私たちが神に近づこうとして自らの罪を知り、その重さに耐えきれずに苦しむなら、あるいは神の前で私たちが恵みを得る理由が私たち自身には何もないことを知るなら、その思いに絶望してしまうのではなく、その時にこそ自分自身を神に捧げるのだ（『ルカによる福音書』第一七章）。祈りが制定されたのは、私たちが神の前で自らを誇るためでも、自らもつものを自慢するためでもない。子どもが親の前で自分の苦しみを恥ずかしげもなく吐き出すように、私たちの不幸を言い表し、神の前でそれを嘆くためだ。このような思いが、私たちを祈りへと駆り立て、私たちを励ます鞭や鼓舞するように加えられる堅い拳となる。

完全である私たちの父は、私たちが自分自身は無に等しいことを知るだけでなく、私たちが熱心に祈るようにと、さらに二つのことを付け加えて教えた。一つは、私たちが祈り続けるようにという命令であり、もう一つは、私たちが願うことは何でもかなえられるという確かな約束である。私たちは何度もその命令を受けている。命令については、私に求めよ、私のところに来なさい、私に尋ねるがよい、私のもとに立ち帰れ、あなたの困難の日には私に呼び求めなさい、と言われているとおりだ。さらには、神の御名をみだりに唱えてはならない、という禁止命令である律法の三つ目の戒《いまし》めでも、このことが命じられている（『ルカによる福音書』第一一章、『ヨハネによる福音書』第一六章、『マタイによる福音書』第七、一一章、『ゼカリヤ書』第一章、『詩編』第五〇編、『出エジプト記』第二〇章）。どういうことかといえば、この戒めは、神の御名をみだりに唱えることを禁じるだけでなく、そのように祈る時に命じられているのは、神の力、神から受ける善きもの、神の助け、神の守りに信頼し、神に全幅の信頼をもってすべてを委ねよ、ということである。そして、これらすべてのものが与えられるように願い、期待するなら、その時には、ただ栄光に満ちた神の名だけを唱えるべきだ、ということである。つまり、私たちに何らかの困難が迫るとき、神のもとに退避しないなら、また、そのとき神を求め、神の助けを願わないなら、私たちは他の神々を自分たちに都合のよいようにつくり上げている時と同じように、あるいは偶像を生み出した時のように神の怒りを招く、ということである。どれ一つでも神の律法を軽んじるなら、それは神の意志を軽視することだ。それとは逆に、どんな時でも神を呼び、神を求め、神の名を崇める者は、大きな慰めを得る。そうすることで、この者たちは、神に受け入れられる喜び、神の意志に奉仕できる喜びを知る。確かな約束については、そうすればかなえられる、あなたがたのためになされる、あなたがたに応えよう、あなたがたを慰めよう、あなたがたを見出す、あなたがたを癒す、あなたがたを守る、あなたがたを豊かに養う、あなたがたは怖じ惑うことはない（『マタイによる福音書』第七章、『ルカによる福音書』第一一章、『ヨハネによる福音書』第一六章、『マルコによる福音書』第一一章）、と言われている。

これらすべてのことは、確かな信仰に基づいて希望をもってなされるなら、神が私たちに約束されたとおりに成就する。間違いはない。祈ること自体が願ったことを得るための功績になるとか、祈ること自体に価値があるということではない。私たちの願い求めることが成就するのは、ただ神の約束に基づくのであり、またすべてはそれにかかっている（『イザヤ書』第六五章、『エレミヤ書』第二九章、『詩編』第五〇、九一編、『マタイによる福音書』第一一章）。だからこそ、私たちが確信しなければならないことがある。ペトロやパウロ、あるいは他の聖人たちも願いを聞き入れられた。もちろん、これらの人々が私たちより聖なる生活をしたことは確かだ。それでも、私たちもまた、この聖人たちと同じように確かな信仰をもって神に呼び求めるなら、私たちもそれによって同じように祈りの命令を受け、同じように確かな約束を身に帯び、この命令と約束という鎧をまとっているのだから、私たちの願いも同じように聞き入れられることを確信すべきである。神が祈る者の価値を算段することはないし、その祈りの価値を判断することもない。神は、ただ祈る者が信仰によって神の戒《いまし》めに従い、神の約束に信頼しているかどうかで祈りを判断する。神の約束にまったく信頼を置かず、神の真実を疑い、そのため祈りが聞き届けられるはずがないと疑心暗鬼になり、疑いながら神に助けを求めるような者たちがいるとしたら、その者たちは何も得ることがない。ヤコブは、そのような者たちを風の吹くままに揺れ動く波（『ヤコブの手紙』第一章）に喩えている。主はこれらすべてのことは信仰に従ってなされるだろうと確かに述べているのだから、私たちは信仰なしには何も求めることはできない（『マタイによる福音書』第八、九章、『マルコによる福音書』第一一章）。私たち人間の誰かが神の前に自ら進み出たとしても、神の眼にかない、神が価値を見出すようなことをなす者など一人もいないので、天の父なる神は自ら乗り出し、私たちの心を絶望と悩みの淵から救い出すために、御子イエス・キリストを私たちの主とした。御子イエス・キリストが私たちの弁護人であり、仲保者となり、このかたの導きによって私たちは安心して神のもとに近づける（『テモテへの手紙一』第二章、『ヨハネの手紙一』第二章、『ヘブライ人への手紙』第八、九章）。この仲保者に真に信頼するなら、私たちが神の名によって願うことが拒まれることなどない。父が御子を拒むことなどないからである（『ヘブライ人への手紙』第四章）。この仲保者に真に信頼するなら、神の玉座も、威厳に満ち、畏れ多い座であるだけでなく、恵みの座となる。私たちはキリストの名によって、キリストの名への完全な信頼に基づいて、この玉座に進み出て、憐れみを受け取り、その時にこそ必要な慰めを賜る。

神への祈りの法則が示され、このように祈る者の祈りは聞き届けられるという約束が確かに与えられていることが明らかになった。私たちには、さらにキリストの名によって祈ることが命じられており、キリストの名によって願うことは何でもかなえられるという約束が与えられている（『ヨハネによる福音書』第一四、一六章）。だから、キリストの名以外のものによって神に祈り求める者がいるなら、その人は神の命令を傲慢な思いゆえに無視し、神の意志を素通りしてしまっている。そのため、何もかなえられることはないし、神の約束を得ることもない。間違いはない。パウロが言うように、すべての神の約束はキリストにおいて、然りとなり、アーメン〔＝そのとおりです〕となる（『コリントの信徒への手紙二』第一章）。それは、神の約束はキリストにおいて認識され、成就する、ということだ。キリストは、私たちがそこを通って神に近づくことができるただ一つの道、通行路である。だから、この道を逸脱する者、この道を否定する者がいるなら、その人には神に至る通行路はどこにも残されていない（『ヨハネによる福音書』第一四章）。神の御前でその人に残されているのは、ただ怒り、審判、恐怖のみだ。父はキリストを私たちの頭《かしら》、あるいは君主と定めた（『ヨハネによる福音書』第六章）。だから、どのような形であれ、キリストから逸脱し、横に逸れてしまった者がいるなら、その者は自らがもつ神が捺した刻印（『エフェソの信徒への手紙』第一章、『ヨハネの黙示録』第七章）を自ら消し去り、歪めることになる。

聖人と呼ばれる人とは、（肉体としては）死に、しかし今キリストにおいて生きている人々のことだが、聖人たちがキリスト以外の道によって祈ることがあったのかとか、キリスト以外の名によって祈った場合に神はその祈りを受け入れるのか、というような愚問はやめよう。聖書には、私たちをあらゆるものの中からただキリストへと呼び戻し、また天の父がすべての者たちをキリストのもとに集めた（『コロサイの信徒への手紙』第一章、『エフェソの信徒への手紙』第一章）とある。それゆえ、聖人たちによって別の（神への）通行路が増設されたなどと考えるのは愚かなことだ。聖人たちは、自分たちのためにも、そのような愚かなことをするはずがない。聖人たちは自らの願いのすべてを神の意志に委ねており、そこにすべてを集中し、信頼している。だから、聖人たちが神の国の到来の待望以外のことを祈ったと考えるとしたら、これもまた愚かで、肉的な思いから出た侮辱的な考えである。神の国の到来とは、信じる者たちが救われることであり、棄てられた者たちにとっては滅びの執行である。私たちはキリストのうちに神の国の遺産をもつが、神の国の相続者とされる以外の方法で神の国に入ることはできない。だから、聖人たちがそのために何らかのことができるのだとしても、聖人たちの祈りによって助けられることを期待すべきではない。私たちがキリストによってすべてを与《あずか》る者になるというのは、すべてのことは何であれ神から来るのであり、それが私たちに現れ出ることを確実に信じることである。また、聖人たちもその共同体の一人であるすべての教会は主の国が来ますようにと祈り、教会が私たちのために祈っていることを確かに信じることである。教会が聖人たちを通してこのように祈るのだとしても、私たちは聖人たちに祈ってはならない。この世に住むすべての人はお互いに祈りにおいて信頼し合うべきだと教えられているが（『テモテへの手紙二』第二章、『ヤコブの手紙』第五章）、そこから聖人たちのために祈らなければならないという結論を引き出すことはできない。このように相互に祈るのは、互いの愛を育て、それぞれに必要なものを分け合い、支え合うためである。だから、このような祈りの効用は、主が私たちの共同体から取り去った死者には適用されない。確かに私たちのすでに死んだ者への愛はいつまでも生き、残り、一つの同じ信仰によってキリストのうちにとどまっている。しかし、私たちは、すでに死んだ者と話したり、聞いたりといった交流はもはやなしえない（『コリントの信徒への手紙一』第一三章）。このように説明するのはどうだろうか。私たちが酔っ払って頭が働かなくなり、夢見心地にでもならないかぎりは、神の隠された審《さば》きについて、神の言葉を飛び越して知ろうとしたり、暴いてみせようと試みたり、聖書を蔑ろにしようとしても、いずれも不可能で、失敗に終わる。聖書は繰り返し、私たちの肉の思いは神の知恵の敵である、と宣言している。だから、聖書は、私たちの心の虚しい試みのすべてを断罪し、私たちの理性を愚かにし、ただ神の意志のみを見よ、と命じる（『申命記』第一二章）。聖書は繰り返し、私たちにただキリストを示す。そして、キリストのうちへと私たちを誘い、キリストのうちに私たちを住まわせる。アンブロシウスが教えている[*1]。キリストは私たちの口であって、キリストを通して私たちは父に語りかける。また、キリストは私たちの目であって、キリストを通して私たちは父を見る。キリストは私たちの右の手であって、キリストを通して私たちは自分自身を神に献げる。キリストのとりなしがなければ、私たちにとっても、すべての聖人にとっても、神との交流は完全に不可能である。

自分のために聖人の中から一人を守護として選ぶ者は、その聖人からの特別な庇護や推挙を期待しているわけだが、これは聖人への侮辱である。この者たちは、キリストではだめだとか、キリストでは厳しすぎるなどと思い込み、聖人たちを特定の礼拝者にのみ便宜を払う者にするため、何らかの肉的な思いを醸し出そうとする。そのことによって、聖人たちが神の前で堅持している祈り、（すでに述べたとおり）ただ神の国の到来を祈ることから離脱させ、自分たちにとって使い勝手のよい仲保者に仕立て上げようとしている。その結果、これらの者たちはキリストを卑しめ、ただ一人の仲保者という称号をキリストから奪う。この称号は父がキリストに特別な権限とともに与えたもので、他の者に明け渡すことなどできない。さらには、これらの者たちは、キリストこそがただひとりの仲保者であり、まさにそのようにみなされる根拠であるキリストの誕生によってもたらされた光に暗雲をもたらし、十字架を虚しい出来事とし、キリストが私たちのためになした救い、私たちのために耐え忍んだことのすべてをキリストの栄誉ある称号から取り除き、剝奪しようとする。さらに、この者たちがキリストを自分たちの兄弟と認めないなら、神はもはやこの者たちの父ではないのだから、父として自らを私たちにあらわす神の善き意志を否定することになる。この者たちがキリストが兄弟としての愛情を自らに注いでいるとは思えないと言うのであれば、この者たちは神が父であることを完全に否定している。ところで、この者たちに尋ねたいのだが、このキリストの愛情にまさるものが、この世のどこかにあるのか。さて、聖人たちの祈りは聞き遂げられるとしばしば聞かされているので、それに心を動かされる者たちがいる。しかし、なぜ聖人たちの祈りは聞き届けられるのか。それは、もちろん聖人たちが祈ったからである。聖人は神を待ち望んだ、と預言者は言う。そして、救われた。聖人たちは叫んだ。そして、裏切られることはなかった（『詩編』第二二編）。だから、私たちも聖人の模範に従って祈ろう。聖人たちのように、祈りが聞き届けられるように願おう。私たちは、一度でも祈りを聞き届けられた経験のある者の祈りでなければ、祈りが聞き届けられる可能性はない、などというおかしな議論をする者にははっきりと抗議すべきだ。ヤコブが証言している。エリヤは私たちと同じ人間だったが、雨が降らないようにと祈ると三年六ヵ月ものあいだ地上には雨がなかったが、それからまた祈ると、今度は天が雨を降らせ、地はその実を得た（『ヤコブの手紙』第五章）。ここでヤコブが私たちに教えているのは、エリヤが祈りにおいてもっていた特権ではない。ヤコブは祈りの力を教えている。そして、私たちも同じように祈れと勧めている。

祈りには（ここで祈りという言葉で理解されるとおり）二つの部分がある。それは願いと感謝だ。願う、ということで、私たちは心の中にある望みを神の前で注ぎ出し、神の善き意志が行われることを求め、まず神自身の栄光がますます明らかになるように祈る。そして、それに続いて私たちの利益になることを求める（『テモテへの手紙一』第二章）。感謝、ということで、私たちは神から私たちに与えられた善き意志を確認し、讃美をもってそれを具体的に表現し、すべての善きものが神の善き意志によることを誉め讃え、栄光を神に帰する。この二つは、いずれも、ダビデが神に用いられ、神に代わって書いた言葉、すなわち、私を呼び求めよ、私はあなたを助け、あなたは私を崇《あが》める（『詩編』第五〇編）、という言葉の中に確認される。だから、私たちは、この二つのいずれをも常になすべきである（『ルカによる福音書』第一八、二一章、『エフェソの信徒への手紙』第五章）。〔人生の〕さまざまな場面で私たちを困窮が襲い、苦悩が私たちを四方から取り囲み、がんじがらめにする。だから、すべての人が、たとえこの世で最も聖なる人であっても、必然的に、神の前に何度も窮状を嘆き、訴える実にしつこい嘆願者とならざるをえない。しかし、溢れんばかりの神の恩寵が、また誰の目にも明らかな力ある奇跡が何度も私たちを圧倒するように起こるので、私たちがこの恩寵に対する讃美と感謝を怠る理由はどこにもない。もう少し説明したい。（すでに十分に証明されているとおり）私たちの希望や幸福は、みな神のうちにあるので、私たち自身、そして私たちの所有するすべてのものも、神の祝福なしに繁栄を得ることはない。だからこそ、私たちはいつでも神に信頼し、私たちのすべてを神に委ねる（『ヤコブの手紙』第四章）。だからこそ、私たちは何かを考え、語り、行う場合には、神の御手、そして神の意志のもとで、神の助けがあることを確信して、考え、語り、行動すべきである。自分自身の都合に基づいて、あるいは何か別のものに依存して、計画を立て、それを実行に移す者、また神の意志を無視し、神に祈ることなしに何かを計画し、それに着手してしまう者は神に呪われると言われている（『イザヤ書』第三〇、三一章）。それに対して、神はあらゆる善の創造者とみなされるべきだと言われているとおり、神の御手によってなされるすべてのことは感謝の祈りをもって受け入れられるべきである。神の慈しみゆえに、私たちに絶えることなく降り注ぎ、どこにいても届けられる恩寵に私たちがすべてを委ねて何かをなそうとするなら、私たちは当然のこととして神を高らかに讃美し、絶えず感謝の祈りを捧げつつ、それをなすべきである。それこそが正しい道だ。パウロは、これらの恩寵は言葉と祈りによって清められる（『テモテへの手紙一』第四章）と述べたが、同時に言葉と祈りによってでなければ清められることはないとも述べている。ここでパウロが言葉によって、と述べているのは、信仰の換喩的表現である。[*2] パウロは、他にも、絶えず休むことなく祈ることを命じ（『テサロニケの信徒への手紙一』第五章、『テモテへの手紙一』第二章）、暦上のどの日でも、一日のうちのどの時間でも、どのような内容についても制限なく、すべての願いは神に向かって捧げられ、すべてのことを神に期待し、すべての讃美を神に帰するように、と述べている。その理由は明らかで、私たちにはいつでも讃美し、祈る理由が目の前に明らかにされているからである。しかし、ここで、絶えず休むことなく祈れというのは、私たちの個人的な祈りのことであって、教会の公の祈りのことではない。公の祈りは絶えず休むことなく行うことはできない。また、祈りはすべての者の同意と一致に基づく定めによってなされるべきだ。それが時刻を定めた祈りの意味で、これは神とは関わりなく、人間の都合のことを言っているのであり、すべての人がそれに都合を合わせ、(パウロの言葉で言えば）教会のすべてのことがその時々にかなって、適切に秩序に基づいて行われるためである（『コリントの信徒への手紙一』第一四章)。そのために、私たちが礼拝堂と呼ぶ公の場が定められた。これは秘儀が行われる閉ざされた場所ではない。また、その場所の神聖さによって祈りを神に捧げられるように転換し、浄化するための場所でもない。礼拝堂は、祈るための場であり、神の言葉の説教が行われ、それを聞く場所であり、サクラメントを執行するために信仰者たちが集まる時に適切な方法で人々を受け入れる場所である。さらに言えば、パウロが言うように（『コリントの信徒への手紙二』第三、六章、『コリントの信徒への手紙二』第六章)、私たち自身が神の真の宮なのだ。だから、神の宮で祈ろうとする者は、まず私たち自身の中で祈るべきである。神の耳は宮という私たち自身ではない他の場所でのほうがより私たちに近づいてくださり、祈りは祈る場所の神聖さの度合いによってより聖化され、神に聞かれるようになると考える人がいるなら、その人はユダヤ人や異邦人と同じ愚行をなしている。この者たちは、肉体的な条件に基づいて神を礼拝するのだから、場所のことなどで思い煩うことなく、霊とまことをもって礼拝するようにという主の命令に反している（『ヨハネによる福音書』第四章)。

神に向かって心を高く上げ、讃美を唱え、神の助けを求めるという祈りの目的から理解できるのは、本来、祈る時に重要なものは心と魂にある、ということだ。それどころか、祈ること自体は、心の内的な動きで、私たちの心を顧みられる神の前に、すべてを注ぎ出し、そのすべてをさらけ出す、ということだ。だからこそ、私たちの主キリストは、祈りの最も正しい方法を示し、私たちが寝室に行き、戸を閉じて、そこで隠れたところにおられる父なる神が私たちの祈りを聞いてくださるように、隠れて密かに父に祈れと命じた（『マタイによる福音書』第六章）。それによって、キリストは虚栄心に満ちた、人々に見せるための祈りによって、人間的な栄誉を得ようとする偽善者たちの祈りから私たちを遠ざけた。これが寝室の中で戸を閉じて祈ることの意味である。この言葉は、（私が理解するかぎりだが）キリストは降《くだ》ってきて、キリストがすべての想いを傾け、私たちの中に入ってこられる、と私たちに教えている。そして、神はこのような心の中の動きによって、私たちの近くにいると約束している。私たちの身体（のちの正誤表では「心」）は、神の宮でなければならない。もちろん、キリストは、他の場所が祈りの場所としてはふさわしくないと述べたのではなく、祈りはある種の秘儀なので、魂の問題として、魂があらゆる思い煩いから解き放たれて平静であることを求めた。だから、祈りの中に声や歌が入ってくることがあったとしても、それが心の中の深い思いから出たのでなければ何の意味もないし、神の前では無に等しい。それどころか、声や歌がただ喉と口先だけの唇の動きとして祈りの中に入っているのであれば、神の怒りを引き起こすことになる。神自身が預言者の口を通して指摘しているとおりである。すなわち、これは神の聖なる名を冒瀆し、神の栄光を嘲笑《あざわら》うことだ。聖書に次のように書かれている。この民は、その口をもって私（＝神）に近づき、その唇をもって私を敬うが、心は私から遠く離れている。この民は、人間の戒《いまし》めと教えによって私を恐れたのだ。そこで見よ、私はこの民に大きく、また驚くべき奇跡を行う。彼らの知者と知恵は滅び、長老たちの思慮は消え果てるだろう（『イザヤ書』第二九章、『マタイによる福音書』第一五章）。

もちろん、私たちは声や歌を断罪しているのではない。心の動きがともなっており、心の動きを邪魔するものでなければよいのだ。私たちの精神は脆く、歪められ、別の道の誘惑に陥りやすいので、それが避けられ、ただ神を知るために用いられ、注意深くなるのであればよいのだ。また、神の栄光が私たちの身体のいずれにおいても輝きわたることが適切なのだから、私たちの舌がそのために用いられ、そのために捧げられるのは、まったくふさわしいことだ。ある時は歌うために、ある時は語るために舌は用いられる。舌は神への讃美を語り、あるいは証言するためにつくられた。この舌の働きとして最も重要なのが、公の祈りである。公の祈りは、信仰者の集まりで捧げられる。この祈りによって、私たちは一つの霊と、同じ信仰によって、一つの声で、まさに同じ口で、ともに神を礼拝する。このことが公の場所で行われる。それはそこにいる者たちが相互に相手から信仰の告白を聞き、その模範に倣うためである。

さらに、ここで明らかにされなければならないことは、公の祈りはラテン語を用いる人々のあいだではギリシア語であってはならず、フランス人やイギリス人のあいだでは今までのようにラテン語であってはならず、すべての人々に理解されるように、その地の民衆の言葉でなければならない。公の祈りは、教会全体を教え、導くためになされるべきである。しかし、何の意味も理解できないただの音なら、何の実りももたらさない。やさしい配慮に無関心な人であっても、パウロの言いたいことは理解できるはずだ。パウロは言う。あなたがたが霊で祝福しても、初心者の席にいる者は、あなたの祝福に対して、どうしてアーメンと言えようか、あなたが言っていることが彼には分からないのだから。あなたに感謝することはあるかもしれないが、他の者の徳は高めない威厳ある言葉には心動かされない（『コリントの信徒への手紙一』第一四章）。パウロがここで言いたいことは明らかだ。誰もがこのことを心にとめなければならない。公の祈りだけでなく、個人の祈りでも、魂のない言葉が神に受け入れられることは決してない。心が思うことは、その力においても、情熱においても、言葉によって表現されることをはるかに超えている。究極的には、個人の祈りでは言葉さえ必要ない。心の内なる想いが溢れるように注ぎ出されるなら、最も優れた祈りは声さえもたない。それはモーセやハンナの祈りが教えてくれているとおりである（『出エジプト記』第一四章、『サムエル記上』第一章）。

私たちは、ここで祈りの確かな原理を学ぶだけでなく、祈りの形式を学ばなければならない。天の父が愛する子を通して私たちに教えた祈りで、この祈りによって私たちは神の限りない善き意志と慈しみを知る（『マタイによる福音書』第六章、『ルカによる福音書』第一一章）。この祈りの中で、天の父は、私たちに、子どもが親のもとで守られ、そこに逃れの場所を見出すように、どんな困難な時でも父に求めるように勧め、また励ます。また、天の父は、私たちが自分たちの困難がどれほどのものであるのか、何を求めるのが正しいことで、何が私たちの利益であるかさえ十分に認識しえない姿を見て、私たちのこのような無知無能に備えた。私たちの力ではなしえないことを、天の父自身が補い、それどころか満たす。神は、私たちのために形式をつくり、その中で項目のように、神に懇願してよいことのすべてを、また私たちにとって利益となり、私たちが願うべきことを示した。このような神自身の配慮によって、私たちにとって、私たちは大きな慰めの実を得た。それによって、私たちは祈る時に不誠実なことをしたり、おかしなことをしてしまったり、不適切なことをしたりするのではなく、また神に受け入れられないような願いをしているのではないことを知って、その上で祈ることができる。私たちは神の言葉によって願うことができる。この祈りの形式、あるいは祈りの法則は、六つの願いからできている。それが七つだという見方を私が採用しないのは、ルカの区分では六つと読み取れるからだ。[*3] マタイが七つ目を付け加えているのは、ルカが祈りを未完成のままでよいと考えたとは思えない。六番目の祈りの強調として置かれているということだろう。これらの願いのすべてには神の栄光という原則が優先的に刻まれており、また同時にそのすべてが私たちと関わり、それらは私たちがこの形式に従って祈ったように成就しなければならない。しかし、はじめの三つは、特に神の栄光のための祈りである。だから、ここでは私たちはただ神の栄光のみを求めるべきであり、人々が指摘するように、私たちの利益を考慮すべきではない。次の三つは私たち自身についての配慮で、いずれも私たちの利益になることを願う。私たちが神の名が聖とされるように〔＝御名が崇められるように〕と祈る時には、私たちの得る何らかのことを考えるべきではなく、ただ神の栄光が私たちの前に明らかになることだけを望み、ただこの一つのことだけに集中すべきだ。この祈りをなす時には、これ以外のことに心が動かされてはならない。そのとき、そのように祈ることと自体が私たちに大きな利益をもたらすことになる。私たちが神の名が聖とされるようにと祈るとき、私たちの聖化もまた起こる。しかし、私たちは、このような利益にばかり目をとめるべきではなく、むしろ自分自身のことには目を向けないようにしなければならない。たとえ私たちの個人的な幸福の望みが断ち切られるような時でも、神の御名を聖とする祈り、神の栄光に関わる祈りを私たちが自らの祈りの中で願い続け、やめるべきではない。モーセやパウロは、心と目を自分自身から切り離し、自らを消し去り、自らを失ったとしても、燃えるような心と情熱をもって神の栄光と神の国の到来を願った（『出エジプト記』第三二章、『ローマの信徒への手紙』第九章）。また、私たちが日々の糧が与えられますようにと祈るとき、私たちは自分たちが得ることを祈るのだが、その時でも神の栄光を私たちは求めねばならない。このように、すべてにおいて神の栄光のためにのみ祈る。

天にまします、私たちの父よ。

はじめに、すでに述べたことであるが、あらゆる祈りはキリストの名によって神に捧げられるべきであり、他の名による祈りが神に認められることはないことが明らかにされている。私たちは、神を父と呼ぶことで、キリストの名によって祈ることを表明している。私たちが恩寵によってキリストに子として受け入れられたのでないなら、誰が確信をもって神を父と呼べるだろうか。そのことなしに、誰が本来不遜なことであるのに、自らを神の子などと呼び、栄誉を帰することができるだろうか。キリストは、神の子であるのに、私たちに兄弟として与えられた。これはキリスト自身の本性が恩寵によって子とみなされることで私たちのものとなるためだ。私たちがこの恩寵を堅固な信仰をもって確信するなら、このことが現実になる。『ヨハネによる福音書』によれば、神の独り子の名によって信じる者は、神の子となる力を得る（『ヨハネによる福音書』第一章）。神が自ら進んで、自らを父と呼んだのであり、私たちにそのように呼ばれることを望んだ。父に見る愛以上に大きな愛情はこの世のどこにも見出せない。また私たちに対する神の愛は私たちの肉の親のすべての愛にまさるものであるから、この名の大いなる抱擁性が、あらゆる不信頼から私たちを救う。この世に父としての憐れみを欠くような多くの人間がいるとしても、その父でさえ自分の子を裏切ることはないように、神が自らを裏切ることは決してない。だから、神が私たちに応えないなどということはない。次のようなキリストの約束を知っているはずだ。すなわち、私たちは、あなたがたが悪い者であっても、あなたがたの子にはよいものを与える術を知っているなら、まして天にいますあなたがたの父はさらに優れたものを与えるではないか（『マタイによる福音書』第七章）。このような意味で私たちが神の子とされているのに、それでも神以外のものから助けを得ようとするのか。その場合には、おそらく、子が他の家の者や見知らぬ人に保護を求める時と同じことをしている。つまり、父の冷酷さを告発し、父の貧しさを訴えるのと同じように、神が貧しいとか、無力だ、責任を放棄している、厳しすぎるなどと言って神を非難し、自分の立場の正しさを認めてもらおうとしているのだろう。また、私たちの罪が、父の善き意志や慈しみにもかかわらず、私たちと父を敵対関係に押しやったのだから、このような罪の意識が私たちの良心を父に対して臆病にさせたなどと苦しい言い訳をすべきでもない。人間の世界であれば、失われてしまった父の恩寵を取り戻すには、自ら身を低くして父の前に懇願し、自らの罪を認め、父の憐れみを乞うことが、どんな擁護者や仲保者の助けよりも有効である。そうすれば、父は自分を抑えきれずに、この願いに心を動かされる。そうであるなら、どうして憐れみ深い父、慰めに満ちた神が、このような父と同じように、いや、それ以上に心を動かされることがないなどということがありえようか（『コリントの信徒への手紙二』第一章）。神は、この世のどのような弁護者にもまさって、子らが自らのことを祈るその言葉を聞き、子らの流す涙や嘆きの意味を知っているかたではないだろうか。神は、そのようにして私たちを自らへと導き、勧めているではないか。自分の父のやさしさ、父の慈しみ深さを疑ったら、あとは誰を信頼できるというのか。神は、この父としてのやさしさがどれほど大きなものであるかを明らかにするために、一つの喩えを用いて私たちに語った（『ルカによる福音書』第一五章）。その喩えの中で、神から離れ、父から受けた財産を放蕩に身を崩すことで使いきり、父に対してひどい過ちを犯した息子であるにもかかわらず、その息子を父は腕を大きく広げて抱きしめた。父は息子が赦しを願い出るのも待てずに自ら出ていくのだ。息子の帰ってくる姿を遠くから見つめていたが、待ちきれず、自ら駆け寄り、慰め、喜んで迎え入れた。人間に見られるこのようなやさしさを例示して神が教えたのは、自らにさらに大きな寛容を期待してよい、ということだ。神は父であるが、この父はすべての父の中で最も完全で、最も慈しみ深い。私たちがどれほど恩知らずで、反抗的で、性質の悪い子であったとしても、父に憐れみを乞うなら、神は私たちの父でいてくださる。

私たちキリスト教を信じる者たちが、神がこのような父であることを強く確信するために、神は私たちに、父よ、と呼ぶだけでなく、私たちの父よ、と呼ぶように求めた。だから、私たちはこう答えたくなる。神よ、あなたはあなたの子らに善き意志を豊かに注がれるかた、直ちにお赦しくださるかたです。しかし、私たちあなたの子らは、そのようなあなたにふさわしい者ではありません。それなのに、あなたが私たちに父としての愛情を注いでくださることは明らかなのです。だから、私たちはそのことを確信して、あなたを呼び、あなたに願うことができるのです。しかし、私たちはよく考えてみなければならない。私たちがそう願う時でも、個人的に私の父などと呼ぶことができるほどには鍛錬ができている者など一人もいないのだから、むしろ公の祈りとして、私たちの父よ、と呼ぶ。そのことによって、私たちは同時に、父の子である私たちが大きな兄弟愛という感情によって結びつけられていなければならないことを教えられる。このひとりのおかたが私たちすべての者の共通の父であり、私たちのあいだで起こるすべての善いことはこの父によってもたらされる。そうであるなら、これらすべての善きものは、当然、必要な時に相互に分かち合うことができないものなど何一つない。そして、私たちがそのようにして適切に、相互に手を差し伸べ、助け合う場合でも、他者への最も適切な奉仕とは他者を全能の神による配慮や摂理に委ねることである。父が受けとめてくださること、父が配慮してくださること以外に、何の望みもない。いや、厳密に言えば、委ねるということ自体も、私たちは私たちの父に負っている。ある家の父を真実に愛する家族が、同時にその家の他の家族をも愛とまことをもって受け入れるのと同じで、私たちは神の民たちに、天の父への情熱と愛と同じ思いを、その家族に、いや、その子孫に至るまで、同じように注ぐべきである。神はこのことを重視し、この姿を、すべてにおいて独り子に満ちている姿、とあえて呼んだほどだ（『エフェソの信徒への手紙』第一章）。それゆえ、キリスト者の祈りに、このような共通の原則が要求された。それはキリストによって兄弟となったすべての者たちを含む共通の祈りを常に捧げるためである。ここですべての者を含むと言う場合には、今ここで兄弟と認識する者や目の前にいる人々のことを指しているだけでなく、この地上に住むすべての人のことを指している。主がこの者たちのために決定されていることは私たちの知識や認識を超えることなので、私たちにできるのは、ただこの者たちの最善を祈り、この者たちが最善であるように願うことである。その中でも、とりわけ信仰の家族に対しては特別な愛情を注ぐし、愛情をもって具体的に接するべきである。使徒たちは、すべての人に対して、信仰の家族に対して、すべての面で、そのようにすべきだと勧めている（『ガラテヤの信徒への手紙』第六章）。あらゆる祈りには、神の国において主がつくられた、あるいは主の家族のうちにつくられた共同体への配慮が常に含まれていなければならない。もちろん、そのことで、私たちが自らのために祈ること、あるいはある人のために特別に祈ることが禁じられているわけではない。しかし、その上で注意すべきは、そのように祈る際に、私たちの心がこの共同体から引き離されたり、目を逸らしたりすることがないように、ということである。むしろ、すべてのことをこの共同体のこととして祈らなければならない。祈りは当然個々人の思いが注ぎ出されるものだが、この点への配慮から、常に公の祈りでなければならない。この点は、直喩的に語れば[*4]、理解してもらえるだろう。すべての貧しい者たちの困窮への配慮は神の命令であり、それは普遍的な命令である。だから、人々は目の前にいる困窮に苦しむ人、知り合いのために、この命令に従う。しかし、実際には、同じように苦しむ他の大勢の人を救うことはできないまま だ。それは私たちがすべての人を知ることはできないし、すべての人に与えることができないからだ。しかし、実際には、これで神の命令に従いえているのだ。それと同じで、教会共同体のことを思い、配慮する人々が心を一つにし、それぞれの言葉で、しかし自分自身についてて、あるいは困窮に苦しんでいることを具体的に神から知らされた人について祈ることは、神の意志に背くことにはならない。確かに、貧しい人への具体的な施しの効力と祈りの効力は同じではない。施しを自発的になしうるのは、その人の困窮状態が私たちの目に明らかな人に対してだけである。しかし、祈りによる助けは、具体的には知らない他国の人々や、一度も会ったことのない人、あるいはこの地上での距離が大きな隔たりとなるような間柄の人にも及ぶ。このことが可能になるのは、すべての神の子への普遍的な祈りの形式があるからで、これらの者たちすべてが神の子らの中に数えられ、祈られるからである。

天にまします、と祈られている。だからといって、神は天という自らの領域で、檻に囲まれ、閉じ込められ、繋がれている、などという飛躍した議論を展開すべきではない。ソロモン王は天の上にある天も神を入れることはできない（『列王記 上』第八章）と述べているし、神ご自身が預言者の口を通して（『イザヤ書』第六六章）、天は私の座、地は私の足台である（『使徒言行録』第七、一七章）と語られた。それによって明らかなとおり、神はどのような特定の場所にもとどまらず、万物のすべてを統御する。私たちの精神が粗暴で、神の言葉では説明できないような栄光を他の方法では表現し、理解できなかったので、また、私たちはこれ以上に尊く、威厳に満ちたものを知らないので、天という言葉で表しただけだ。天にまします、と祈るのは、別の言い方をすれば、神は力あるかた、至高にして類いなきかた、他と並べられ、比較されることを拒否するかた、ということである。私たちが真実をもってこの言葉を聞く時には、また神について語ろうとする時には、私たちの知識よりはるかに高次のものが、すなわちこの言葉を超えることが示されている。それは、私たちが神のことについて、何らかの地上的なもの、肉体的なものからの連続で理解したり、神を私たちの基準で量ったり、神の意志を私たちの感情によって勝手に操ったりしないためである。

第一の祈り　御名が聖なるものとされるように〔＝御名が崇められるように〕。

ここで神の名ということで示されているのは、神の力である。それには神の権能、知恵、正義、憐れみ、真実など、神の卓越した力のすべてが含まれる。神は偉大であり、私たちを超えた驚くべきかただが、この神の卓越性は神の知恵、憐れみ、権能、真実として私たちに示される。そのため、私たちは神の聖性が神自身の中でだけ崇《あが》められるのではなく、この示された卓越性によっても崇められるようにと願う。神には何も付け加えることも、何もそこから取り去ることもできないが、神が真実に認識され、真実に尊敬されることで、すべての人によって崇められるようにと願う。神がどのようなことをするのだとしても、そのわざがそのわざのまま栄光ある神のわざとしてこの目で見て認識できるように祈る。そのとき私たちは、神が罰するのであればそれは正義である、と言わなければならない。神が赦すのであればそれは憐れみである、と言わなければならない。神が約束したことを実行に移すのであればそれは真実だ、と言わなければならない。神の栄光が見出されず、輝き出さないようなものはこの世には何もないし、起こらないのだから、すべての人の心に、すべての人の舌に神への讃美が響きわたることを願う。それだけではなく、聖なる神の名を汚したり冒瀆したりする不信仰、神の聖性を誉め讃えることを曖昧にしたり、そこから何かを差し引いて低く見積もったりするような不信仰が消え去り、滅ぶことを願う。もちろん、このような不信仰な行為が起こったとしても、その出来事の中でさえ神の聖性はますます光り輝く。この祈りの言葉には、感謝することも含まれている。私たちがどこにおいても神の名が聖なるものとされるように〔＝神の名が崇められるように〕と祈る時には、あらゆる善きことを神に帰し、神を讃美し、神から与えられたあらゆるものを神に返し、神が私たちになしたことを数え上げ、神の恵みを知る。

第二の祈り　御国を来たらせたまえ。

神の国とは、神が聖なる霊によって働き、神の民を統治することである。それによって、神の善き意志の豊かさと神の憐れみが万物を通して明らかになる。また、それによって、自分が神あるいは主のために存在していることを知ろうとせず、神の戒《いまし》めに従うことを拒否する神に捨てられた者たちが滅ぼされ、二度と立ち上がれなくなる。また、それによって、この者たちの冒瀆や不遜な行為が完全に消え去り、神の権能に逆らうあらゆる勢力がこの世には存在しえないことが明らかになる。これらすべてのことが、日々、私たちの目の前で実現する。神の聖なる言葉が、王笏のように権威をもち、十字架のもとでも、この世のさまざまな侮辱のもとにあっても、強い力をもたらし、力に満ちて実を結ぶ。そのため、神の国は地上の世界ではないが、この地上にももたらされると考えるべきである（『コリントの信徒への手紙一』第一章、『ヨハネによる福音書』第一七、一八章、『ローマの信徒への手紙』第一四章）。なぜなら、第一に、神の国は霊的なものであり、霊的なものによって成り立っているからだ。第二に、神の国は朽ちることのないものであり、永遠だからだ（『ルカによる福音書』第一章、『ダニエル書』第七章）。

私たちが御国が来ますようにと祈るのは、主が日々新たに信仰者を神の民に加え、その数が増し、主の栄光をさまざまな方法で崇めるためである。また、私たちが御国が来ますようにと祈るのは、主が信仰者たちに主の豊かな恩寵を日々注ぎ、それによって主が日々、私たちの中に豊かに宿り、満ちて、信仰者と主の完全な一致が実現するためである。さらに、私たちが御国が来ますようにと祈るのは、主の光と主の真実が日々新たに増し加わることで、さらに私たちを照らし、それによってサタンとこの世の国の闇、虚偽がすべて消滅し、追い散らされ、無となり、滅亡してしまうためである。このようにして、私たちが御国が来ますようにと祈るとき、私たちは同時に神の国の完成を願っている。それは神の審判が明らかになる時で、その日には、主ひとりが高く上げられ、神がすべてにおいてすべてとされ、神の民は集められ、栄光に入れられ、サタンの国は完全に打倒され、低くされる（『コリントの信徒への手紙一』第一五章）。

第三の祈り　御心の天になるごとく、地にもなさせたまえ。

私たちは、この祈りによって、天においても、地においても、すなわちあらゆる場所において、あらゆることを神が御心のままに計画し、すべての出来事を支配し、すべての被造物をその意志によって用い、自らに従わせるようにと祈っている。ある者たちは神の民として心からそう祈るし、ある者たちはサタンの民、捨てられた者で、神の戒めを拒否し、遠ざけ、服従せずに逃げ出しているが、抵抗しながら、本心ではないが同じように神の御心に従うと祈る。私たちはこのように祈るとき、自らのあらゆる欲望を捨て去り、私たちの心の中にあるあらゆる思いを主の前に正直に注ぎ出し、主に委ね、私たちの願いではなく、神自身が見たとおりに、神自身が決定したとおりに、あらゆることが成就するようにと祈っている。そのとき私たちは、私たちの心の中にある御心に逆らう動きを取り除き、無力化してくださいと神に祈っている。さらに、それだけではなく、私たちの心を取り除き、神が私たちのうちに新しい心と新しい魂を創造してくださいと祈っている（『エゼキエル書』第三六章）。さらには、私たち自身が神の御心にだけ同意する純粋な願い以外のものは何も追い求めないようにと願っている。それによって、私たちの心が神の霊によって教えられ、神がよしとされたことだけを愛し、神の意志に沿わないことについては憎むことを学ぶ。

これが最初の三つの祈りである。このように祈るとき、私たちはただ神の栄光のために祈り、私たち自身のことなど計算には入れず、私たちの利益のことなど考えるべきではない。もちろん、この祈りを通して私たちは多くの利益を与えられるが、私たちはここでそれを私たちの側から求めるべきではない。（神に関するこれらのことは）実は私たちが考えたり、願ったり、祈ったりすることがなくても、その時が来ればすべては実現するが、それでも私たちは望み、願うべきだ。このように祈ることは価値のあることで、父である主に私たちが帰すべき栄光のために、私たちが力を尽くし、奉仕することによって、私たちが神の子であり、神の僕《しもべ》であることを証明し、告白することになる。神の栄光がさらに明らかになることを願わず、また神の御名が崇められること、御国が来ること、御心が成就することを心から熱心に祈らない者は、神の子、神の僕には数えられない。これらすべてはこの者たちの願っていることとまったく逆に成就するから、むしろこの者たちの破滅と審《さば》きが明らかになる。

が助けてくださることを願う。

第四の祈り。

これは残り三つの祈りのうち最初の祈りで、私たち自身に関わること、私たちの必要を神が助けてくださることを願う。

私たちの日用の糧を今日も与えたまえ。

私たちが祈っているのは、具体的には、この世の自然の力の法則のもとで、私たちの身体が必要とするすべてのことについて神に祈ることである。食事、衣服だけでなく、神自身が私たちの役に立つようにと配慮し、整えたすべてについて祈り、パンを平安のうちに食べることができるようにと祈っている。これによって、私たちは自らを神の庇護に委ね、摂理を信頼し、具体的に神が私たちに食事を与え、私たちを養い、私たちを育てるかたであると信じる。このようにして、まさに心やさしい父である神が私たちの肉体のことまで守り、保護するために心を砕いていることを知る。私たちは、パンのひとかけや水の一滴まで神から期待することで、この小さなものを通してでも信仰を教えられる。なぜなら、私たちは自らの弱く邪《よこしま》な心ゆえに、魂よりも肉体の問題にしばしば煩わされ、心が揺らぎ、悩まされるからだ。心から神に信頼しているという人であっても、肉体の問題に煩わされ、何を食べることができるのか、何を着るべきか悩み、十分な葡萄酒、小麦、それに油を手に入れ続けることができるのかと不安になる。このような生への不安の影が、あの決して朽ちることのない生よりも私たちにとっては大きな問題に見えてしまう。神に真実の信頼を置き、肉についての思い煩いを完全に捨て去った人は、そのとき、救いと永遠の生命という、より大きなことを直ちに神に期待するようになる。神への信頼が揺らぐと、このように祈ること自体が私たちにとって思い煩いとなるが、これを神に願い、望むことが、まさに信仰の修練である。だから、私たちすべての人間の、骨の髄まで染み込んでいるこの不信仰を追い払うことができれば、私たちは大きな利益を得る（『マタイによる福音書』第六章）。このような意味で、私たちは父なる神に私たちのパンを願っている。

私たちの日ごとの、あるいは今日のパンと言っているのだから、ここでは、この世にある朽ちるものを桁外れの欲望をもって願い求めるべきではないことが教えられている。なぜなら、これらのものを強欲に欲しがることが、快楽や浪費を生み出し、豪華な生活への誘惑を引き出すからだ。だから、私たちは今日必要なぶんだけ、その日一日にとって十分であるぶんだけを願うべきである。私たちの父が、今日、私たちを養ってくださる。その父は明日も私たちを見捨てることはない、という信頼を私たちは確かにもつべきだ。私たちは、どれほどこの世に物が氾濫していたとしても、納屋や倉庫が溢れていても、いつでも日々の糧《かて》を願う。神が祝福を与え、その祝福で私たちを豊かに富ませるのでなければ、どれほど物が豊富にあったとしても、それは無に等しい。私たちが手にしたどのようなものでも、それは神がその時々に必要なものを必要なぶんだけ与え、私たちがそれを用いることを許してくださったのでなければ、それは私たちにふさわしいものとは言えない。日々の糧に満足せず、計り知れない欲望のもとに生き、使いきれないほど熱心に得ようとする者、自分たちが豊かであることに満足し、自分で蓄積したもので安心を得たと思っている者たちが、それを隠蔽して、心からの思いではなくこの祈りを捧げるなら、それは神を侮辱することになる。前者の日々与えられた糧に満足しない者は、自分たちの願っているものではなく、そんなものは求めていないと考えている日々の糧を結果的には求めていることになるし、自分たちの際限のない欲望を神の前では隠して祈っていることになる。しかし、真の祈りとは、自分の心のすべてを、心の内に隠されていることのすべてを神の前に注ぎ出すことである。後者の自分たちのもつもので満足する者は、神から実は何も期待していないし、自分で何とかできると思っているのに祈り、願っているだけだ。私たちの、と祈っているが、ここにこそ神の慈しみ深さが示されている。このように祈ることで、私たちには与えられる理由も受ける権利もないものをも神は私たちに与えてくださる(『申命記』第八章)。与えたまえ、と祈るのは、どこから与えられるものが来るにしても、それが私たちのわざや努力によってではないことが明らかになるためである。あるいは、私たちが探したり求めたりして獲得されたものではないことが明らかになるためである。ついには、これが神からの変わらぬ無償の恩寵であることが明らかになるためである。

第五の祈り　私たちに負債のある者を私たちが赦すように、私たちの負債も赦したまえ。

私たちは、このように祈ることで、すべての人に必要な罪の赦しが私たちに与えられることを祈る(『ローマの信徒への手紙』第三章)。罪を負債と呼ぶのは、罪のための罰、あるいは罪ゆえの身代金の支払いを私たちが神に負っていて、赦しによって解放されないなら、私たちにはそれを自ら償うことができないからである。この赦しが神の無償の憐れみから来る。神自身が威厳をもって負債を免除し、私たちを解放した。神は、私たちからは何の代償も受け取らず、ただ神の憐れみゆえに、キリストを代価として、ご自身で清算を済ませた。キリストは、ただ一度だけ、ご自身を身代金として父に引き渡した。だから、自らの功績や他者の功績に与《あずか》ることで神への負債の支払いができると考え、そのようにすれば罪は償われ、赦しを得られると考えるなら、神の無償の赦しに与ることはできない。このように考える者たちが、この祈りの形式で神に祈ったところで、それは自分自身の罪の負債を自ら告発し、自らの言葉で負債金額を確定しているにすぎない。恩寵による赦しによって解放されるのでなければ、私たちはこのように祈ることで自分たちが負債者だと告白しているにすぎない。自分たちの功績を確信し、神への罪の清算がそれで可能だと考えた結果、罪の赦しを受けられないだけでなく、罪の赦しを神の前で拒絶していることになる。この者たちは、このように祈ることで、神の憐れみを乞うのではなく、神の義の前に立たされてしまう。

私たちは、私たちに負債のある者を私たちが赦すように、私たちが赦されることを願うが、これは私たちが、不正な行いや不正義な取り扱い、言葉による侮辱、あるいは他の方法による屈辱を私たちに加える者たちを、ていねいに扱い、赦すように、という祈りである。しかし、それは私たちがこの者たちの過ち、侮辱の罪を赦すことができるという意味ではない。それは、ただ神だけがなしうることである（『イザヤ書』第四三章）。私たちは、むしろ私たちの罪の赦しのために、私たちの心の中から怒り、憎しみ、復讐への熱情を追い出し、今まで受けた不正の記憶を心から喜んで忘れるべきだ。私たちは、私たちに悪を行う者を、あるいはすでに起こったすべての人々のあの侮辱を赦すのでなければ、神に罪の赦しを求めるべきではない。私たちが憎しみの想いを心の中に持ち続け、復讐の計画を練って、その人に危害を加えようと企《たくら》んでいるなら、何度この祈りをしても、赦されることはない。あるいは敵と和解し、もう一度友好関係を回復し、また敵だった者たちにも仕えることを願わないなら、何度この祈りをしても、私たちは神に、私たちの罪を赦さないように、と祈っているようなものである。私たちは、私たちが他者を赦すように、私たちが神に赦されるように、と祈る。それは、私たち自身が赦さなければ、私たちも神に赦されないように祈ることだ。他者を赦さずに自分の赦しを祈る者は、その祈りによって、さらに重い審《さば》きを結果として受ける。私たちに負債のある者を私たちが赦すように、私たちの負債も赦したまえ、という条件がこの祈りに加えられているのは、他者を私たちが赦すことで私たちが神の赦しに値する者になるということではない。主は、このように祈ることで、私たちの信仰の弱さを慰めた。主は、この言葉を私たちの信仰の確信のしるしとして加えた。主による私たちの罪の赦しが確実であることを知っているように、私たちの心があらゆる憎しみ、妬み、復讐心を放棄して、それを自ら追い出しているなら、他者の負債を赦すことも確実であるはずだ。主は、さらにこのしるしを加えることで、復讐の計画には熱心だが、赦そうとはせず、敵意に執拗に油を注ぎ、神に対しても自分に敵対する者に応報するようにと熱情をもって祈る者たちを神の子の数から除外する。神はこのような者たちから父と呼ばれたくはないのだ。

第六の祈り　私たちを試みに会わせず、悪より救い出したまえ。

誘惑の形態は多種多様である。私たちに律法を破ってもよいのだと迫る邪悪な想いや迷いは、私たちの邪《よこしま》な欲望から生まれるものであれ、あるいはサタンの誘惑に乗ってしまう場合であれ、いずれも試みである（『ヤコブの手紙』第一章）。このような邪悪な想いや迷いは、本来的には、それ自体、悪とは言えないが、サタンの策略によって試みとなる。私たちの前に邪悪な想いや迷いがあると、私たちの心はそれに邪魔されて、神を避け、神から逃れようと考えてしまう（『マタイによる福音書』第四章、『テサロニケの信徒への手紙一』第三章）。そして、このような試みが私たちの右からも左からもやって来る。右から来るのは、富、権力、名誉などである。これらの試みは、光り輝いて見せ、外形を装って人間の目を狂わせ、甘美な言葉で誘惑する。このような策略にまんまとはまり、誘惑の言葉に心を奪われた者たちは、自らの神を忘れ去る。左から来るのは、貧しさ、不名誉なこと、侮辱、不条理な出来事などである。このような出来事の過酷さ、困難な状況に躓《つまず》き、意気消沈した者たちは、自ら希望も信仰も捨て、最終的には神から完全に離れてしまう。私たちは、私たちの邪悪な想いから生じたものであれ、あるいはサタンの巧みな策略によってであれ、私たちが私たちを誘うこれらの試みに負けることがないようにと神に祈る。私たちは、敵がどのような想いを私たちの心の中に投入し、暗躍させようとも、神の手によって守られ、励まされ、その力が私たちを強くし、これらの邪悪な敵の攻撃に対しては悠然と立ち上がれるようにと祈る。敵がどちらから来ようとも、敵から何が投入されようとも、よい方向に目を向けることができるようにと祈る。すなわち、順調であっても驕り高ぶることなく、逆境にあってもそれに負けて諦めてしまうことがないようにと祈る。しかし、私たちがここで祈っているのは、どんな試みにも出会わないように、ということではない。そうではなく、私たちはむしろ、さまざまな試みによって奮い立たされ、刺激を受け、怠惰な眠りから目覚めさせられることが必要である（『ヤコブの手紙』第一章）。だから、ダビデがむしろ試みに会うことを望んだのは、的外れでも不合理なことでもなかった（『詩編』第二六編）。また、主が自ら選んだ者たちを不名誉、貧しさ、苦痛、あるいはさまざまな災難な出来事によって懲らしめ、試みることがある（『創世記』第二二章、『申命記』第八、一三章）。しかし、主のこのような試みは、サタンの試みとは異なるものだ。神は、神の子たちを鍛え、訓練するために、あるいは人間の肉は懲らしめを経験しなければ、勝手に思わぬほうに走り出し、制御できないほど驕り高ぶるので、神の子たちの肉を苦しめる火によって清め、焼き尽くすために試みる。しかし、サタンの試みは破壊し、断罪し、混乱させ、転覆させてしまうだけで、それはサタン自身のためになされる。さらに、サタンは、無思慮にふるまう者たちを押し潰そうとし、無防備な者、判断に迷うような者たちを狙って襲う。しかし、神が試練を与える場合は、神の子がこの試練に強い忍耐をもって堅く耐え忍ぶことができるように結末を用意している（『コリントの信徒への手紙一』第一〇章、『ペトロの手紙二』第二章）。

このような意味での試みの中で、私たちは神に訴える。私たちがどのような試みにも打ち負かされることがないように訴える。滅ぼされることがないように訴える。主の力を与えられ、私たちに対するどのような攻撃にも対抗できる雄々しい力をもって立ち上がれるように訴える。試みに屈服することがないように訴える。神の守りと神への信頼に支えられ、神の庇護のもとにあることで平安を得られるように訴える。罪にも、死にも、地獄の門にも、サタンのあらゆる支配にも負けることなく立つことができるように訴える。これこそが悪からの解放である。しかし、注意しなければならないのは、武装した兵士のようなサタンと戦い、サタンの武力や攻撃を自らの力で耐え忍ぶことはできない、ということだ。その戦いを自分の力で克服できたと思い込んで、そういう思いで神の前にこの祈りを願うなら、それは空虚な行為であるばかりでなく、神を侮ることである。だから、私たちは怒り、暴れるライオンの大きく開いた口から逃れるように〔『ペトロの手紙一』第五章〕サタンの支配の力から逃れることを願わなければならない。神が私たちを死のただなかから引き出してくださらないなら、私たちはサタンの爪と牙によってたちまち引き裂かれ、食い尽くされてしまうだろう。しかし、主が私たちとともにいてくださり、私たちが何もせずとも神が戦ってくださるなら、私たちは神の力によって、力あるわざをなすことができる。それでも人々が自らの自由意志や自らもつ力により頼むというのであれば、仕方がない、放っておくしかない。しかし、私たちは神の力によってこそ立ち上がり、強くあればよいのだ。

これらの三つの祈りが、私たち自身を、そして私たちの財産を神に委ねる祈りであることが、これで明らかになった。それによって、キリスト者の祈りはいつでも公の祈りでなければならず、教会を公に建ち上げ、信仰者の交わりを求め、目指すべきである。それぞれの信仰者が自分のために、あるいは個人的に与えられた何らかのことのために祈るのではなく、すべての者たちが私たちのパンのために祈り、罪の赦しのために祈り、試みに陥らないように祈り、悪から救い出してくださいと祈る。そして、最後に、さらに私たちがなぜこのように大胆に信頼して願うことができるのか、その理由が付け加えられている。

国と力と栄光は、限りなくあなたのものです。

これこそが、私たちの信仰に確かさを与え、私たちの信仰に平安な憩いを与える。私たちの祈りが私たちの価値や尊厳ゆえに神の前に受け入れられるというのであれば、神の前で一言でも何かを述べ、祈れる者などいるはずがない。しかし、私たちがどれほど惨めで無価値な者であったとしても、どれほど神の前でふさわしくない者であったとしても、私たちはそれでもなお祈ることができるし、その確信を失う必要はない。父なる神の国も、父の権威も、栄光も、私たちの父から取り去られることは決してない。最後に、アーメン、と言う。これによって、私たちが神に祈ったことを真実に得たいという願いの情熱を言い表し、すべてのことはすでに成就し、確かに私たちに与えられることとして、私たちの希望は確かなものとなる。これは決して私たちを欺いたりしない神によって約束されたことである。

私たちは、神に祈るべきすべてのことを、また神に祈ることができるすべてのことを、この形式で、私たちの最高の教師であるキリストから教えられた祈りの法則としてもっている。父はキリストを私たちの教師として遣わした。そして、キリストのみに従い、キリストにのみ願うように、と命じている（『マタイによる福音書』第一七章）。キリストは常に神の永遠の知恵であったが、人となり、最高の叡智をもつ神からの使者として私たちに与えられた（『イザヤ書』第九章）。キリストから教えられた祈りは、どの面から見ても完全である。そのため、この祈りに関係のない何かを外から持ち込んで、不適切なものを付け加えることは不信仰な行為であり、そのようなことをすれば、この祈りが神から与えられたとは言えなくなる。[*5] この祈りの中に、何が神自身に最もふさわしいことなのか、何が神自身に受け入れられることなのかがすべて言い表されている。さらに、何が私たちに必要なことで、神自身が私たちに与えようとしたことなのかのすべてが言い表されている。だからこそ、ここで言われていることを超えて何かを行い、逆にここから離れて何かをなそうとして神に願う者たちは、神の知恵に自らのもつ何かを付け加えてしまうことになる。それは不信仰な行為であり、神への冒瀆である。このようなことをする者は、神の意志に自らを委ねることをせず、神の意志を軽視し、自らの邪《よこしま》な欲望の中で悶絶する。信仰なしに祈っているのだから、何も得ることがない。このような祈りに欠けているのは、神の言葉である。このような祈りは、信仰とはまったく関係がない。信仰が神の言葉以外のものによって成立するなどということはありえない。ところが、このような者たちは、神の言葉を欠いているだけでなく、さらには神の言葉に敵対する。しかし、このように考えることで、私たちがこの祈りについては一点一画、一字一句も変えてはいけないというような形式主義に陥っていると理解されては困る。聖書のさまざまな個所には言葉遣いは違うが同じ精神で書かれているとすぐに理解できる祈りがあり、それを唱えることは私たちにとって大きな利益となる。私たちがここで教えられているのは、私たちはこのように要点をまとめられた祈りに含まれること以外のことを求めたり、神に期待したりすべきではない、ということである。また、言葉を変えることは許されるが、意味を変えてはならない、ということである。そう理解すれば、聖書の中に見出されるすべての祈りがこの祈りと確かに結びついていることも理解できる。この祈りの完全性と比べることができるような祈りはどこにもない。この祈りには、神への讃美として私たちが考えるべきこと、人間自身が必要とすることで私たちが考えうることのすべてが、何一つ欠けていない。その的確さゆえに、これ以上の祈りをなす可能性を人類はもたない。この祈りは神の知恵の教えであって、神が命じたことを教えていることを知るべきである。さらに、この祈りでは人間にとって必要なすべてのことが命じられていることを知るべきである。

すでに述べたが、私たちはいつでも神へと心を高く上げ、いつでも祈らなければならない。しかし、私たちは弱く、常に多くの助けや支えが必要である。私たちの怠惰は、常に杖で刺激を与えられなければならないほどだ。だからこそ、私たちは自分の修練の時間をもつべきだ。そのような時間には、必ず祈りを捧げ、あらゆる心の動きを祈りに集中すべきだ。どのような時間かといえば、朝起きて日々の仕事を始める前、食卓について食事を始める前、神の恩寵によって食事を終えた時、そして一日の仕事を終え、眠りにつく前である。もっとも、この祈りの時間が迷信などと結びつくべきではない。例えば、この祈りの時間を、他の時間に負った神からの借財を返済する時間と考えるべきではない。そうではなく、私たちは、自分の弱さへの教育の時間、自分自身が鍛えられる時間、多くの刺激を与えられる時間と考えるべきだ。また、私たちは、何か困難に直面した時、苦しみに出会った時、他の人が苦しんでいるのを見た時には、直ちに神のもとに向かうべきだ。そのとき、足で駆けつけるのではなく、心が神へと向かうべきだ。さらに、私たちは喜びの時にも、また他者の成功にも心をとめるべきである。そのことゆえに神を讃美し、感謝の祈りを捧げることで、そこに神の御手が働いていたことを証言しなければならない。

さて、最後に、どのような祈りの機会においても気をつけなければならないことがある。神を特定の状況に拘束し、神に対して、いつ、どこで、何をしてほしい、という言い方をすべきではない。私たちは、祈るとき、神に対して何らかのこちら側からの原則や条件を提示すべきではなく、神がなさることについては神の意志に従い、神がいつ、どこで、何をなさりたいかに任せ、すべて神の御心に委ねるべきであることを教えられている。私たちは、自らの祈りの言葉を考える前に、まず神の意志が実現するようにと祈っているのだから、すでに私たちの意志を神の意志に服従させている。このように祈りの言葉を発することで、私たちの意志をまず馬の手綱を引くように思いとどまらせ、神に命令するようなこともやめ、神が御心にかなうことを自ら決裁し、指導できるようにする。このように私たちの心を整え、服従し、神の律法によって支配されることを受け入れるなら、私たちは祈ることを通して、さらに忍耐を知る。それだけではなく、たとえ希望が絶たれるようなことがあっても忍耐をもって主を待ち望むことを学ぶ。そうすることで、私たちは主が私たちの目の前に立っていないと感じてしまうような時でも、いつでも私たちとともにいることを確信する。また、祈りが他の人の目には受け入れられていないように見えるような時でも、主の時が来れば、主が実は私たちの祈りに耳を傾けていたことを明らかにするのだと確信する。だから、神が私たちの祈りに応えないと思えるようなことがあるかもしれないが、私たちは落胆し、失望する必要はない。これ以上の慰めがあるだろうか。私たちは自らの願いの実現のことばかり考えるので、神に祈り、神がすぐに動き出し、私たちに助けを与えてくれないと、神は自分に対して怒りや敵意をもっているのではないかと考えてしまう。必ず聞き届けられるはずなのに、希望を捨て、祈りをやめ、落胆し、くずおれてしまう。それどころか、神を試み、不遜な想いを神に対して抱いたりする。このようなことをしてしまって、神の怒りが私たちに向けられることがないようにしたい。多くの者たちが、条件を付して神との契約を結ぼうとし、まるで神が自分の僕《しもべ》であるかのように神を自らの条件や秩序で拘束しようとする。そして、神がこの秩序や法則に従わないと、すぐに憤慨し、嘆き、文句を言い、ため息をつき、ついには反抗を始める。神は、このような者たちに対しては怒りを向ける。それは、神を喜ぶ者たちには、神が憐れみゆえにそれを差し控えてきた怒りである。その一つの実例が、イスラエルの子らである（『民数記』第一一章）。イスラエルの人々にとっては、願いが神に聞き届けられないほうが、与えられた肉などの食べ物を主の怒りと合わせて食べることよりましだったのではないか。長いあいだ祈ったことについて待ち続けても、私たちの感覚では祈りの利益を見出せず、何の成果も得られないと思えても、私たちは私たちの感覚では捉えられないものを望んでいたものとして得た、と確信できる。このようにして、神は私たちに貧しさの中で富を、災いの中で慰めを得るようにしてくださる。神は、この世のすべてが滅びようとも、私たちを見捨てることはない。神は、自らの民の期待を、あるいは忍耐を無にされるようなかたではない。私たちにとって、ただ神ひとりだけが、すべてのものにまさるかたである。すべての善きものは神のうちにあり、この神は、やがて御国がはっきりと目の前に実現するあの審判の日に、私たちにすべてのことを啓示する。すべての信仰者の忍耐は、このことに支えられている。この忍耐が大切である。この忍耐なしに立ち続けることはできない。主が自らの民を検証するための試練は決して軽いものではなく、主の修練は決して軟弱ではない。むしろ、自らの民を限界にまで連れ出し、その者たちを長いあいだ窮地に追い込んで苦しみを与え、その上で神の慈しみを味わわせる。（ハンナが言ったように）殺されて、生かされ、陰府に捨て置かれ、引き戻される〔『サムエル記 上』第二章〕。この事実の前で、主の民は、苦しみや絶望、あるいはもはや死も同然と思えるような時でも、神が自らを顧みておられることを、今この時も過ぎ去らぬ不幸に必ず終わりをもたらすかただと確信する。それによって励まされることがないなら、私たちの心はただ沈黙するしかなく、ついには絶望に向かって突き進むという選択しかなくなってしまう。

訳注

＊1　アンブロシウス『イサク、あるいは魂について』（三八八年頃）八・七五。

＊2　換喩、あるいは換喩的表現とは、修辞学における修辞技法の一種。語句の意味を拡張して用いる技法で、例えばカルヴァンが「主の食卓」と言った場合には、主イエスが食事をした家具としての机やテーブルを指すが、他方で弟子たちと食卓を囲んでなした食事会や食卓に載せられた具体的な料理などをも指す。

＊3　カルヴァンが根拠としているのはエラスムスの校訂による新約聖書のテクストで、それによれば『ルカによる福音書』第一一章第二―四節は、カルヴァンが言うとおり、六つの祈りになっている。しかし、ウルガタやその他の版では最後の祈りは除かれている。

＊4　直喩は、比喩的表現の一つで、「……のようだ」あるいは「……に似て」などの説明とともに、ある事柄を他のものに喩える方法。「盆のような月」という直喩は、月は盆ではないが、丸い月であることを説明するための修辞技法である。

＊5　アウグスティヌス『書簡』一三〇・一二以下。

第四章　サクラメントについて。

サクラメントの定義について語るべき時が来た。[*1] 重要なのは、サクラメントについての明瞭な教えが語られ、示されることである。私たちは、それを通して、サクラメントがどのような目的で制定されたのか、サクラメントの具体的な効用が何であるかを学ぶ。まずなさなければならないのは、サクラメントとは何かを明らかにすることだ。サクラメントとは、外形的しるし〔signum〕である。主は、サクラメントを通して、自らの善き意志を私たちに明らかにし、証明する。それによって、私たちの信仰の弱さを支える。別の定義も可能だ。サクラメントとは、外形的象徴〔symbol〕によって私たちに明らかにされる神の恩寵の証言である。サクラメントは、神が過去の約束を決して無効にすることなどなく、それどころかそれに新たに付け加えることで補い、約束を確信し、証印し、私たちとの約束をさらに保証するものであることを明らかにする。神自身は、私たちに確認しなければならないほど自分の約束に確証がなかったわけではないし、神の真理はそれ自体で十分に堅固なもので、それ自体が最善の確かさを保証しているが、サクラメントによって、私たちの心の無知、そして私たちの肉体の弱さに配慮しているのだ。私たちの信仰は、驚くほど弱く、四方からの支えを必要とし、あらゆる励ましを得られなければ、すぐにでも崩壊し、押し流されて、倒れてしまうようなものである。サクラメントは、主は憐れみ深いので、この世で這いつくばるように生き、肉に固執するために霊のことを顧みない被造物である私たちのために、神自ら私たちの能力に適応し、肉的なものによっても私たちを自らへと導き、肉を通しても霊それ自体にほかならないものを具体的に明らかにし、見せることである。これは、私たちにサクラメントによって差し出される物体には物の性質としてこのような賜物が内蔵されているということではなく、そのような意味を示すものとして神が証印したということだ。こんなことを主張する者たちがいる。私たち人間はサクラメントに先立つ神の言葉を真の神の意志だと認めるか認めないかのどちらかで、認める者は神の言葉に続くサクラメントから何も新しいことを学ばないし、認めない者は、あらゆる力もエネルギーも神の言葉から来るのだから、サクラメントは何も教えてくれないはずだ。[*2] このような者たちの言葉に耳を傾ける必要は何もない。このような者たちには、ごく簡単に答えたい。公的外交文書、あるいは他の公的契約文書に付される証印は、用紙に何も書かれていなかったら、何の意味もなく、虚しく、何の効力もそこから受け取ることはない。用紙に何かが書かれているなら、書かれた内容を必ず確認し、証印するはずだ。それでも、あの者たちはさらに、証印という類比は私たちが勝手に、ごく最近つくり出したものだと言うかもしれないが、それは間違いである。パウロ自身が、確かにこの類比を用いて、割礼のことを σφραγίδα〔証印〕と呼んでいるではないか（『ローマの信徒への手紙』第四章）。主自身が、この約束を契約と呼び、サクラメントを契約の象徴と呼んだ。この類比は人間との契約から採用された〔『創世記』第六、九、一七章〕。〔古代の人々がなした自らの契約のしるしとして〕雌の豚を屠るという行為は、もし約束の言葉がそこで同時に語られるか、それに先立って語られなければ、何の効力ももちえない。雌の豚を屠ること自体は、通常、内的な秘儀、あるいは崇高な秘儀とは別ものである。〔契約の儀式で〕右の手で握手をするために差し出しても、右の手は敵と戦うために使われるのだから、右の手を差し出すこと自体は何の役にも立たない。しかし、言葉がそれに先立つなら、まずこの言葉によって契約が理解され、準備が進められ、検討されるが、最終的にはこの象徴を通して契約の意志を十分に確かめることができる。

　サクラメントは、神の言葉への信頼を確かなものとするための訓練である。この訓練は、私たちが肉に属するので、肉にも理解できるように行われる。それは鈍感な私たちの能力に適応するためで、教師が子どもを教える時のように、ていねいに導く。アウグスティヌスは、サクラメントを目に見える言葉と呼んだ。[*3] サクラメントが神の約束を絵に描くように表現し、具象化し、εἰκότως〔イメージ〕で表現するからである。さらに、サクラメントは、さまざまな比喩で、より明快に説明することができる。サクラメントは私たちの信仰の柱と呼ぶことができる。建造物は、それぞれの土台の上に建ち、土台によって支えられているが、その上に柱が建てられることで、より堅固にされる。信仰も、神の言葉の上に、建物が土台の上に建てられるように立つ。信仰は、サクラメントが加えられることによって、建物が柱によってより堅固になるように、より確かなものとなる。私たちはサクラメントを鏡と呼ぶこともできる。私たちはサクラメントに、神が私たちに与える恩寵を見るからである。主は、(すでに述べたとおり) 私たちの愚かさにもかかわらず、私たちが知覚できるようにサクラメントを与えたのであり、自らをそこであらわし、私たちに対する神の善き意志を示す。サクラメントは神の恩寵の証拠にはならない、という主張は正しくない。しかし、この者たちは、サクラメントを受ける者の中には、神の慈《いつく》しみを自分たちが受けていることをまったく感じず、それによってむしろ重い罰を自らに引き寄せることになる不敬虔な者たちも含まれていると述べて、それを根拠に自説を主張する。*4 これが正しいとすれば、福音もまた多くの人々に与えられているが、多くの場合、軽んじられているので、福音も神の恩寵の証拠にはならない、ということになってしまう。さらには、キリストも、多くの人々がキリストと出会い、キリストを知ったにもかかわらず、キリストを受け入れるのはごく少数なのだから、神の恩寵の証拠にはならない、ということになってしまう。神の言葉とサクラメントを通して主が私たちに憐れみと、善き意志に基づく恩寵を与えたということは確かだが、この恩寵を理解できるのは神の言葉とサクラメントを堅固な信仰をもって受け入れた者だけだ。これは、キリストが父によってすべての人のために与えられ、この世に来たにもかかわらず、すべての人に受け入れられたわけではないのと同じである。アウグスティヌスは、このことについて、サクラメントに神の言葉の効力があるのは、それが宣言されたからではなく、信じられたからだ、と述べている。*5 私たちの結論は、サクラメントは神によって、私たちの信仰のために、まさに信仰を養い、信仰を鍛え、信仰が深まるように制定された、というものである。

それに対して、このような考えへの批判者たちの根拠はきわめて弱く、脆弱である。こんなことを主張する人がいる。神の憐れみに迷うことなく、確かに、他のものには目もくれずに信頼することこそが信仰であり、私たちの信仰がそのようなものなら、それがさらによくなる必要などないはずだ。[*6] しかし、この者たちは、自分たちが人の子らのうちの誰もこの世で到達したことのない、いや、他の者では到達できないような信仰の境地を得たなどと愚かなことをほざくのではなく、使徒たちとともに、主に自らの信仰を増し加えたまえと祈るべきなのではないか。この者たちには、主よ、信じます、信仰なき私を助けたまえ（『マルコによる福音書』第九章）、と願い出た人の信仰についてどのように考えたらよいか、説明してもらいたい。この人の信仰は、確かに初心者の段階にあるが、よき信仰である。それだけではなく、そこに残る不信仰が取り除かれれば、さらによりよきものとなる。あの批判者たちは、自分自身の良心に鑑みて自らを責めることになるはずだ。これより確かな反論のための論拠はない。なぜなら、この者たちが自分を罪人と告白する時に自らそう考えるか考えないかということは問題ではなく、この事実を否定することはできずに、自らの信仰の不完全さを認めざるをえないはずだからだ。ところが、この者たちは、さらに反論する。フィリポは宦官に、心を尽くして信じるならバプテスマを受けることが許される（『使徒言行録』第八章）と言ったではないか、と言う。つまり、これは信仰が心のすべてを支配しているのに、さらにバプテスマによる確認が必要なのかと尋ねているのだ、と主張する。[*7] それなら、私は逆にこの者たちに尋ねてみたい。あなたがた自身は本当にそうなのか。むしろ私たちは心の至る所がまだ信仰に支配されていないのではないか。だから、私たちは日々信仰が増すという経験をしていないだろうか。年齢を重ねるごとに学びが深まったことを誇った人がいたではないか。[*8] キリスト者の信仰は、年々成長し、完成に向かって成長し続けなければならない（『エフェソの信徒への手紙』第四章）のに、何の利益も得ずに年齢を重ね、年老いているのだとしたら、これほど惨めなことがあるだろうか。さらに言えば、フィリポが心を尽くして信じると言っているのは、キリストを完全に信じているという意味ではなく、キリストを心から、真実な精神をもって信じるということである。キリストに満足してしまったということではなく、キリストを求めて飢え渇くこと、あるいはキリストを熱望するということである。誠実に、心からそれをなすことを、聖書の語り方では、心を尽くして、と言うのだ。例えば、心を尽くしてあなたを訪ね求めた、とか、私は心を尽くしてあなたに感謝します、などと言われている（『詩編』第一一九、一一一、一三八編）。

こんなことを書いた人がいる。[*9] 信仰がサクラメントによって成長するのであれば、聖霊が与えられたことが虚しいことになる。聖霊の力とその働きは、まさに信仰を奮い立たせ、支え、完成させるものだ、というのである。私はこう答えたい。確かに、信仰は聖霊に固有の事柄で、聖霊によって完成するのであり、聖霊に照らされてこそ神と神の恩寵の豊かさを知ることができる。さらに、聖霊の光なしには、私たちの精神は何もはっきりと見つめることはできないし、精神の愚かさゆえに霊的な事柄を理解することもできない。しかし、この者たちが神の恵みはただ一つだと考えていることには反対だ。私たちは三つの恵みを考える。第一に、主は御言葉によって私たちを教え、導く。第二に、主はサクラメントによって私たちを力づける。第三に、主は聖霊の光によって私たちの精神を照らし、私たちの心に神の言葉とサクラメントへの入口を切り開く。聖霊なしには、神の言葉はただ私たちの耳を通過するだけで、サクラメントも目に映るにすぎず、心を動かすことはない。サクラメントは私たちの信仰の確認なので、主はサクラメントにおいて約束された保証を取り去る時には、サクラメント自体も取り去る。例えば、主はアダムから不死の賜物を取り上げ、破棄した時には、生命の実に手を伸ばして食べてはならない、お前を永遠に生きる者にしないためだ（『創世記』第三章）と言った。この言葉は、どのような意味をもつのか。この果実はアダムがすでに失ってしまった不死をもう一度取り戻すことができる、ということか。そうではない。主は、ここで、アダムが私の約束したしるしに寄りすがり、虚しい保証を求めないように、不死への期待を少しでも起こさせるものはすべて彼から取り上げよ、と言ったのだ。同じように、使徒パウロが、エフェソの教会の人々に勧告し、あなたがたは契約から外れた無関係者であり、イスラエルの共同体とも何らの繋がりもなく、神をもたず、キリストも知らない者だったことを記憶すべきだ（『エフェソの信徒への手紙』第二章）、と言ったとき、エフェソの人々のことを割礼を受けた者ではなかった、と語ったのもそのためだ。パウロは、ここで提喩[*10]によってエフェソの人々に、約束のメロー[*11]を受け取っていない人は約束自体から外されている、と説明したのである。また、この者たちは別の反対意見も述べている。神の栄光が被造物に移されるなら、その力が被造物のものとなり、神の栄光が減少することにならないか、と言うのだ[*12]。この意見への反論はたやすい。私たちは被造物に神の何らかの力を移したりはしていない。私たちが言ったのは、神は万物の主であり、また審《さば》き主であるから、その栄光に万物が従うように、神が最も適当と考える手段や道具を用いる、ということである。神は、もちろん、パンや食物によって私たちの肉体を養うし、太陽によって世界を照らすし、火によって私たちを暖めてくださる。しかし、神が、パン、太陽、火という道具によって神の恩寵を私たちに与えるということでないなら、そのもの自体は何の意味ももたない。それと同じように、神はサクラメントによって信仰を霊的に養うが、サクラメントに与えられているただ一つの役割は、神の約束を私たちの目の前ではっきり描き出すことである。私たちは他の被造物（それは神の善き意志によって私たちが用いるために定められたもので、その働きによって神は私たちに神の善き意志を与えた）に何らかの信頼を置いているわけではないし、何らかの被造物を私たちの幸福の源として崇《あが》め、讃美することはない。それと同じように、サクラメントに私たちの信頼を置き、神の栄光をサクラメントに移すべきではない。信仰と信仰の告白は、これらのものを超えて、サクラメントや万物を創造したかたへと向かわなければならない。

　サクラメントという名称自体に誤った説明を施すことほど愚かなことはない。この者たちは言う。サクラメントという言葉は、多くのよく知られた書物の著者たちが使い、いろいろな意味で用いられているが、この言葉に適当な意味は一つしかない。それは、入隊する兵士が上官に忠誠を尽くすことを誓約する〔sacramentum〕ことで、軍人としての責務を果たす意志を表明することである。それと同じで、私たちは私たちのしるしによって、キリストを私たちの上官だと告白し、このしるしによって、私たちがキリストに仕えることを確認する。[*13]また、この者たちは、さらに直喩を使って次のように説明する。ローマ人たちが〔トゥニカと呼ばれる下着の上に羽織る〕トーガによってパリア〔と呼ばれる外套〕を着るギリシア人から区別されるように、あるいは、ローマでは元老院の議員は紫の衣服と半月型の靴を身に着けることで騎士から区別されるし、騎士は指輪をつけることで平民から区別されるように、すなわち、それぞれの階層や階級がしるしによって分かるようになっていたのと同じように、私たちは異教徒と区別されるしるしをもつ。しかし、これに対しては、はっきりと言おう。昔の人々は、サクラメントという語をしるしという意味にあてたが、ラテン語の著作家たちの用法を十分に知らなかったので、単に自分たちの考えを示すために勝手な用法をつくり出してしまった。それが、聖なるしるし、というものである。

さらに、この点について詳細に検討するなら、この者たちがサクラメントという名詞をこのような意味に移し替えたのは、この者たちが信仰という名詞を今使われているような意味に移し替えたのと同じやり方であることが分かる。この者たちが信仰を表すために選んだ信仰〔fides〕という言葉は、約束を誠実に守ることを意味しているが、この者たちはそれを確かさとか、人間が考える真実への確信のことだと説明する。これと同じ移し替えによって、サクラメントは元来、兵士がサクラメントすることで上官に忠誠を誓うものだから兵士のなすことだったのに、いつのまにか上官が兵士を軍隊に受け入れるためのもの、つまり上官のものにしてしまった。そうして、この者たちは、サクラメントによって主は私たちの神となることを約束し、私たちも神の民となることを約束する、と主張する。私たちは、本書の意図に反して、このような重箱の隅をつつくような議論に深入りすることをこれ以上は避けたい。しかし、それでもあえて言っておかなければならない。昔の人々が考えていたのは、サクラメントに聖なる、霊的なものとしてのしるしを与えることだけだった。そのことは、さまざまな根拠を挙げて説明できる。この者たちが引き合いに出す直喩は理解できる。しかし、この者たちによってサクラメントにおける二義性が一面的なものに、それどころか一方的なものにされてしまっていることは受け入れがたい。第一のこととは、サクラメントが神に対する私たちの信仰に役立つということである。第二のこととは、信仰の告白を人々の前に証明することである。サクラメントのこの二義性を根拠とするのであれば、この者たちの提示した直喩のほうは受け入れられる。

私たちは、さらに、この者たちがサクラメントの力を弱め、その効力をまったく無意味なものにしてしまっていることについても考えてみるべきである。また、その裏側には、サクラメントに何らかの別の秘儀の力をもたせようとしている者たちが、それとは別にいることも知るべきである。しかし、このような秘儀の力がサクラメントに与えられているとはどこにも書かれていないので、その証拠を聖書に読むことはできない。だから、素朴に考える人たち、知識のない人たちは、これに騙される。それは、神の恵みをそこに見出すことなどできない場所に神の恵みを探すように教えるようなもので、それに従えば従うほど、神から離れることになり、ついには虚しいものを追い求めることになる。この種の教えが二つある。一つは、新しい律法によるサクラメント、すなわち教会で用いられている現在のサクラメントは、私たちに死に至る大罪がないかぎり、それ自体が人を義とし、恩寵を与えるものだと教える。[*14]このような教えがどれほど危険で有害であるかは、言葉を失うほどだ。教会にとっては大きな損失だが、このような教えが何世紀にもわたって多くの人々に受け入れられてきた。これはサタンの意見である。これが正しいなら、信仰なしの義を約束することになるし、このようにして魂を混乱させ、結局は人々を恐るべき審《さば》きに誘導することになる。この者たちがしていることは、昔の人々の著作に見出されるサクラメントに対する賞讃の言葉への誤解である。アウグスティヌスは、古い律法のサクラメントはただ救いを約束したが、私たちのサクラメントは約束するだけでなく、実際に与える、と述べている（『詩編』注解』第七三編）。[*15]この言葉、あるいはこれと類似した言葉は、文章の彩と言うべきか、いわゆる誇張法[*16]であることに気づいていない。だから、この者たちは、まったく意図が逆の主張をするためにこれを用いて、昔の人々とはまったく違う意味を示すことになった。アウグスティヌスがここで言いたかったことは、他の場所で、モーセの律法によるサクラメントはキリストを予告し、私たちのサクラメントはキリストを真に告知する（『書簡』五）[*17]と言っていることと同じである。これは、言い換えるなら、モーセのサクラメントはキリストがまだ待望されていた時にキリストを予型する[*18]ものだったが、私たちのサクラメントはすでに与えられたかたを現在するものとして示す、ということである。あるいは、この言葉は、前後関係を見ても、アウグスティヌスが、ユダヤ人のサクラメントはしるしにおいて異なるが、意味されたものにおいては同じだと述べていること、また、目に見える外形は異なるが、霊の力においては同じだと講解の中で説明していることと一致している（『ヨハネによる福音書注解』二六）[*19]。このように、サクラメントの役割は、神の言葉がもつ役割と別のものではない。そのことを確実に覚えておきたい。サクラメントの役割は、キリスト、そしてキリストにおける天の恵みという宝を私たちにもたらし、そしてそれを明瞭に指し示すことである。しかし、このことは、信仰をもって受け入れるのでなければ、何の役にも立たず、もちろん何の利益にもならない。別の者たちは、これほどまではひどくないが、やはり誤った教えを語っている[*20]。この者たちは、隠された力が自ずからサクラメントに加えられ、とどまり、ぶどう酒が杯に注がれるように、サクラメントそのものの中に聖霊の恵みが配分され、そこにとどまる、と主張して、そう信じている。ところが、事実はそうではない。確かに、聖霊が下り、私たちの悟性や心を開き、はっきりと証明してもらわなければ、何の利益も得ることはない。しかし、ここでのサクラメントの役割は、ただ私たちに対する神の善き意志を示し、私たちに対して証明することである。サクラメントで、さまざまな神の恵みが明らかになる。サクラメントは使者のようだ。神の慈しみによって私たちに与えられるものを、与えるのではなく、知らせ、示す。サクラメントによって聖霊が誰にでも無差別にもたらされるのではなく、主は特別にこの民にこそ与えた。この聖霊は、神の恵みをともなって私たちに来る。そして、私たちの中にサクラメントの場所を設ける。それによって、サクラメントを実りあるものにする。

サクラメントという名称には、すでに述べたとおり、神が自らの約束の真実について、人間により堅固な確信をもたせるために、これまで人間に命じてきたすべてのしるしが含まれる。神はこれまで、そのしるしを自然の中で明らかにし、奇跡を通して示した。自然の中で明らかにされたことのいくつかの例を示そう。神はアダムとエバに、その実をとって食べれば死ぬことを教え、この二人が不死の約束を確信できるようにしたとき、不死の保証としての生命の木を与えた（『創世記』第二、三、九章）。神は、ノアとその子孫のために、地をこれ以後、洪水で亡ぼすことがないことの約束のしるしとして、虹を示した。アダムとノアは、これをサクラメントとみなした。木自体が二人に不死を与えることはできないのだから、木が二人に不死を与えたのではない。また、虹自体は太陽の光が雲に反射しているだけなのだから、水を押し戻す力があるわけではない。しかし、木も虹も、神の言葉が刻印されたしるしをもつことで、神の契約の証拠、あるいは証印となった。それ以前は、木は木であり、虹は虹だった。ところが、神の言葉が刻印されると、新しい形相が与えられ、以前はそうではなかったものとなった。これは空虚なお話にすぎない、などという理解が起こらないように、虹は今日に至るまで確かに神が私たちと結んだ契約の証言であり続ける。だからこそ、私たちはこれを見上げるたびに、神がこの地上を洪水で亡ぼすことはない、という神の約束を読み取る。もし哲学者の仮面をかぶった者が、虹が生み出す色彩の多様性は太陽の光が向かい側の雲に反射したもので、自然に生じたのだと説明し、私たちの信仰は愚かだと嘲《あざけ》るなら、私たちはその事実は認めるが、そのように言うこの者の考えを笑い飛ばすことになる。この者は、神が自然の主であり、自らの意志で自然を自らの栄光のために用い、自らに仕えさせることさえ知らないのだ。神が太陽や星にも、大地や石にも、このような約束のしるしを刻印すれば、そのすべては私たちにとってはサクラメントとなる。天然のままの銀も、その後鋳造された銀も、どちらも同じ銀だが、なぜ同じ価値ではないのか。それは、天然のままの銀は掘り出されたままの状態以上のものではないが、鋳造された銀は加工され、公印を捺され、通貨となることで新しい価値を与えられているからだ。神がそれまではただの自然であったものに神の言葉を証印することでそれをサクラメントにすることはできない、などという主張が正しいはずはない。奇跡を通して示された例も示そう。神はギデオンに勝利を約束するために、大地は乾いていたが羊の毛は露で濡らし、逆に羊の毛は乾いているのに大地を露で濡らした。ヒゼキヤとの約束を確かに保証するために、日時計の日影を一〇度動かした（『士師記』第六章、『列王記 下』第二〇章、『イザヤ書』第三八章）。神はこれを通して人間の信仰の弱さを支えたのだから、これはサクラメントである。

さて、私たちがなさなければならないのは、主が一つの信仰、一つの信仰告白によって神の民を養うために教会の中に秩序づけられたサクラメントについて論じることである。神はサクラメントをしるしの中に置いただけでなく、儀式の中にも置いた。いや、与えられたしるしが儀式なのだ。そこで、サクラメントは主がそれによって神の民の信仰を鍛え、強めようとするものである、と定義できる。サクラメント自体は、時間の経過の中で多様だった。神がさまざまな方法で自らを人間にあらわそうとしたからである。アブラハムとその子孫には割礼が命じられた（『創世記』第一七章）。その後、清めと犠牲がモーセの律法によって付け加えられた。キリストの到来まで、ユダヤ人にとってはこれがサクラメントだった。しかし、キリストによってこれらは破棄され、二つのサクラメントが制定された。これが今日のキリストの教会で用いられているバプテスマと主の晩餐である（『マタイによる福音書』最終章、第二六章）。もちろん、昔のサクラメントも私たちと同じものを目指していた。キリストへと導くこと、それどころか手をとってキリストへと導き、さらには絵に描くようにキリストを示し、キリストを親しく知らせる。すでに述べたとおり、サクラメントは神の約束を確認するための証印のようなものだ（『コリントの信徒への手紙二』第一章）。神の約束は、どのようなものであっても、キリストを通してのみなされる。だから、神の約束を人間に教えるために、サクラメントはキリストを指し示すものでなければならない。昔のサクラメントと今のサクラメントのあいだに違いがあるとしたら、昔のサクラメントのほうは、人々がキリストを待望していたとき、キリストを約束されたかたとしておぼろげに描き出していたが、今のサクラメントのほうは、キリストがすでに与えられていること、すなわちキリストによって示されたことを証言している。このことは、それぞれ個別に、具体的に解明したほうが分かりやすいだろう。割礼だが、これはユダヤ人にとって、人間の種から生じるすべての本性[*21]は腐敗しており、切り取られるべきものであることを警告するための象徴である。この割礼は、アブラハムに対してなされた種族への祝福の約束の確かさを知るための目印だ。この約束によって、さらにこの地上のすべての民族は祝福され、ついにはこの地上のすべての者たちが自らへの祝福を期待することになった（『創世記』第二二章）。その場合、救いに至る種とはパウロが教えたとおりキリストであり（『ガラテヤの信徒への手紙』第三章）、キリストのうちでのみアダムが失ったものを回復できると人々は期待した。だからこそ、パウロが言うとおり、割礼とは、アブラハムにとってそうだったように、信仰の義の標識（『ローマの信徒への手紙』第四章）である。子孫を待ち望んだ信仰が、神によって義と認められることを確証するための証拠だった。洗うこと、そして清めることは、人間の本性がそれに染まってしまった不浄、邪悪、穢れを人々に示すだけでなく、それを洗い、清めることを約束し、すべての汚れが拭い去られ、洗い流されることを明らかにした（『ヘブライ人への手紙』第九章、『ヨハネの手紙一』第一章、『ヨハネの黙示録』第一章）。キリストが洗い清めた。私たちはキリストの血によって洗われ、キリストの傷によって癒された（『イザヤ書』第五三章、『ペトロの手紙一』第二章）。この犠牲は、人々に自らの過ちを認識させ、それだけではなく、神の審《さば》きに何らかの償罪が支払われなければならないことを教えた。人々はまた、この犠牲のために、大祭司を立てなければならないことを、また神と人間のあいだに仲保者が必要であることを教えられた。この大祭司こそ、キリストである。キリストは、自らの血を流し、自らを犠牲として捧げた（『ヘブライ人への手紙』第四、五、九章）。キリストは、死に至るまで父への従順を示し、それによって、神への不従順によって神の怒りを引き起こしたほどの人間の不従順を帳消しにした（『フィリピの信徒への手紙』第二章、『ローマの信徒への手紙』第五章）。

今の私たちのサクラメントは、キリストが約束どおり到来したあと、人々により身近な仕方で表されているので、サクラメントはキリストをより鮮明に示す。約束どおり、父はキリストをさらにはっきりと示した。バプテスマは私たちが確かに洗い清められたことを私たちに証明し、主の晩餐は私たちが贖《あがな》われた者であることを明らかに示す。水によって表されているのが清めである。血によって表されているのが賠償である。両方ともキリストの中にある。キリストは、ヨハネが言うように（『ヨハネの手紙一』最終章）、水と血によって来た。それは、清め、償うために来た、ということだ。このことを証明するのが聖霊である。いや、この三つが一つになって、この事実を証明する。私たちは水と血によって私たち自身の清めと償いの証明を得るが、この証明が確かだと私たちに教えてくれるのが聖霊という根源的な証人である。この崇高な秘儀は、十字架のキリストの貴き脇腹から流れ出た水と血によって、はっきりと示された（『ヨハネによる福音書』第一九章）。だから、アウグスティヌスがキリストの身体をサクラメントの源泉と呼んだのは（アウグスティヌスの著作の中で何度か見かける表現だ[*22]）、適切なことである。さらに詳しく考えてみたい。

バプテスマについて

バプテスマは、神から私たちに与えられたものである。第一に私たちの神への信仰の利益となり、第二に会衆への信仰の告白のために役立つ。制定の理由を、両者を踏まえて、順を追って考えてみたい。バプテスマは私たちに三つのものをもたらすが、それぞれについて説明したい。

まず、主が私たちに与えた第一のことは、バプテスマが私たちの清めのしるしとなり、さらに旗印となるということである。さらに言えば、バプテスマは神から遣わされた使者である。この使者は、私たちすべての罪が完全に破棄され、覆われ、消し去られるので、もはや神のまなざしに私たちの罪が映し出されることはなく、私たちの罪が神に覚えられることも、私たちが罪に対する責任を問われることもないことを確かに伝えてくれる。神は、すべての信じる者たちが罪の赦しのバプテスマを受けることを望んだ（『マタイによる福音書』最終章、『使徒言行録』第二章）。

この点で、バプテスマは、兵士が自らの忠誠を言い表すしるしとして自分の上官の紋章を身に着けているのと同じで、人々の前で私たちが信仰の告白をする神と私たちがそれぞれにもつ割符のようなもの、あるいは認証のためのしるしのようなものにすぎない、と言った人は、バプテスマの主要な要素を誤解している。[*23] バプテスマの主要な要素とは、私たちがバプテスマを信じて受けるなら救われるという約束を想い起こしつつ受けるということだ（『マルコによる福音書』最終章）。パウロが、教会は花婿であるキリストによって、水による清めによって、また生命の言葉によって聖別されると書いているのは、まさにこのことである（『エフェソの信徒への手紙』第五章）。さらに、私たちはキリストの憐れみによって、再生の洗いと聖霊による刷新によって救われる者とされた（『テトスへの手紙』第三章）と書いている。これは、まさにこのことである。さらに、ペトロも、バプテスマは私たちを救われる者とした（『ペトロの手紙一』第三章）と書いているのは、まさにこのことである。パウロが言っているのは、私たちの清めと救いは水の媒介によって完成されたということではないし、水は清めや再生、あるいは刷新の手段になったということでもない。ペトロも水が救いの理由だと言っているのではない。二人が言いたかったのは、サクラメントにおいて、このような恩寵の知識と確信が得られるということだけだ。この点は、両者の言葉がさらにはっきりと説明してくれている。パウロが生命の言葉と水のバプテスマを結びつけたとき、彼は福音によって私たちの洗い、そして聖化についての使信がもたらされ、バプテスマによってこの使信が証印されたと言ったのだ。ペトロも、先ほどの言葉に続いて、バプテスマは肉の汚れを取り除くためではなく、神の前に正しい良心、信仰から生み出される良心をもつことだ、と述べている。

私たちはバプテスマを過去に犯した罪に関わることと理解し、私たちがその後犯す罪については新しい別の方法を考える必要があると言うべきではない。[*24] 事実、このような誤解から、多くの人が、人生の終わりに息を引き取る間際でなければバプテスマを受けなくなった。そのとき、この人たちが考えていたのは、バプテスマによって生涯のすべての〔罪の〕赦しを受けるということだ。私たちは、それに対して言いたい。バプテスマはいつ受けても、私たちは生涯でただ一度だけ、洗われ、清められる、ということを確認すべきである。

私たちは、罪を犯すたびに、バプテスマの記憶を想い起こし、心を強くし、罪の赦しへの信頼をますます確かなものにすべきである。一度だけ執行されたバプテスマは過去のものに思えてくるが、その後、罪によってバプテスマが破棄されることはない。バプテスマにおいてキリストの純真が私たちに与えられ、それが働くので、どのような汚れにも侵されることなく、私たちの汚れのすべては破棄され、清められる。しかし、私たちは、このことのゆえに、将来において罪を犯してよいと考えるべきではない。このことは、そのような大胆な発想を許しているわけではない。そうではなく、この教えは、罪を犯してしまったあと、自らの罪の重荷のもとで打ちひしがれ、嘆く人にだけ与えられる。このような者たちが、迷い、苦しみ、絶望するのではなく、慰められて、立ち上がるためである。パウロは、キリストは私たちのために以前犯した罪の赦しの仲保者となった（『ローマの信徒への手紙』第三章）と語っている。パウロはここで、もちろん決してなくなってしまうことのない罪の赦しを死に至るまでキリストによって得ることができることを否定したのではない。むしろ、良心の呵責に傷つけられ、医者を求める惨めな罪人に罪の赦しが父から与えられると言いたいのだ。神の憐れみは、まさにこのような者たちに注がれる。罰せられることはもはやなくなったと考え、この罪の赦しを自覚的に罪を犯す口実に使い、罪を犯すことが許されているなどと考える人は、神の怒りと審《さば》きを自ら招くことになる。

バプテスマは、キリストのうちに死に、キリストのうちに新しく生き始めることである。それによって、私たちにもう一つの慰めをもたらす。使徒は、キリストの死によって私たちはバプテスマを受け、キリストとともに死に葬られたのは新しい生命を歩むためだ（『ローマの信徒への手紙』第六章）、と述べている。使徒は、このように語ることで、キリストに倣うことを勧めている。私たちがバプテスマによって、まさにキリストの死に倣って、私たちの邪悪な想いに死に、キリストの復活に倣って義へと立ち上がるように勧めている。さらに、使徒はより深く考え、キリストは私たちをキリストの死に与《あずか》る者とし、キリストの死に接ぎ木されたと主張している。挿し木の枝が中身だけでなく養分も挿し木された樹木の根から受け取るように、バプテスマを正しい信仰をもって受ける者は、自分たちの肉の死によって、キリストの死の効力を真実に感じ取る。同じように、そのような信仰をもつ者たちを活かす霊によって、復活の効力をも感知する。私たちがキリスト者であるなら、私たちは罪に死に、義に生きなければならないと勧告されており、別の個所では、同じ論法で、私たちはバプテスマによってキリストのうちに葬られたからには、キリストの割礼を受け、古い人を脱ぎ捨てる（『コロサイの信徒への手紙』第二章）と言われている。先ほど引用した個所では（『テトスへの手紙』第三章）、使徒はこれと同じ意味でバプテスマを再生と更新と呼んだ。最初は〔洗礼者〕ヨハネが、その後は使徒たちが、罪の赦しとしての悔い改めのバプテスマを授けた（『マタイによる福音書』第三章、『ルカによる福音書』第三章、『ヨハネによる福音書』第三、四章、『使徒言行録』第二章）。悔い改めという言葉によって再生が、罪の赦しという言葉によって洗い清めが指し示されている。そして、〔バプテスマの〕ヨハネの職務はのちに使徒たちに与えられたものと同じであることが理解できる。別の異なる手で施されるので施されたバプテスマはそれぞれ個別なものであるというのではなく、教理が一つであればバプテスマは同じであることも確認できる。[*25]〔洗礼者〕ヨハネと使徒たちは、悔い改めと罪の赦しのために、悔い改めも罪の赦しもそこから来るキリストの名によってバプテスマを授ける、という同じ教えで一致している。〔洗礼者〕ヨハネは、キリストを世の罪を除く小羊と呼んだが（『ヨハネによる福音書』第一章）、それによって、キリストが父に喜ばれる犠牲、仲保者、救い主であることを明らかにした。この告白に使徒たちは何も付け加える必要はなかった。ところで、〔洗礼者〕ヨハネが、私は水でバプテスマを施すが、キリストが来て聖霊と火でバプテスマを授ける（『マタイによる福音書』第三章、『ルカによる福音書』第三章）と言ったのは、どのような意味か。この問いには簡単に答えることができる。〔洗礼者〕ヨハネは、自分のバプテスマとキリストのバプテスマを区別しようとしたのではなく、むしろ自分とキリストの違いを比較によって説明したのだ。〔洗礼者〕ヨハネは、水でバプテスマを施す者、キリストは聖霊を与える者で、キリストの力は炎の舌によって、使徒たちに聖霊を与えた日に、目に見える形で、奇跡として証明された。使徒たちは、何をさらに語る必要があっただろうか。また、今日バプテスマを施す者たちは、これに何かを付け加える必要があるとでもいうのか。もちろん、その必要はない。この者たちは、外形的しるしの執行者にすぎない。キリストは内的恩寵を与える者である。さて、死ぬことと洗い清められることは、イスラエル民族にも予型として与えられていた。そのため、使徒パウロは、イスラエル民族は雲と海によってバプテスマを授けられた（『コリントの信徒への手紙一』

第一〇章)、と言った。死によって象徴されているのは、主がファラオの手と悲惨な奴隷状態からイスラエル民族を救い出して、紅海に道を切り開き、背後に敵であるファラオ自身とエジプト人を海に沈めた時のことである(『出エジプト記』第一四章)。同じように、主は与えられたしるしを通して、主が私たちをエジプトでの捕囚から、まさに罪の奴隷になっている状態から主の力によって導き出し、解放することを約束し、明らかに示している。それによって、今日でも私たちを攻め、追って、力を失わせようとするファラオ、すなわち悪魔を海の底に沈める。しかし、エジプト人は海の底に沈められたあと河畔に放り出されたので、イスラエル民族はその変わり果てた姿を見て恐れたが、もちろんもう害を加えられることはなかった。それと同じように、敵は今日でも私たちを脅し、武器をとり、威嚇するが、決して敵が勝利することはない。雲が象徴するのは、洗い清めである(『民数記』第九章)。主は、雲の柱を立ててイスラエル民族を覆い、灼熱の太陽で疲れ果て、倒れてしまわないように涼を与えた。それと同じようにバプテスマによって、過酷な炎である神の厳しさが私たちに降りかからないように、キリストの血によって私たちは覆われ、保護されていることを知る。

これによって、また別の者たちの教えがどれほど偽りに満ちたものであるかが明らかになったはずである。*26 その教えとは、バプテスマによって私たちは原罪から、すなわちアダムからすべての子孫へと遺伝した腐敗から解放され、逃れることができた、というものだ。また、バプテスマによって、アダムが罪を犯さず、創造されたままの完全さにとどまっていたら持ち続けていたはずの本性の義と純粋さへと回復される、というものだ。このような主張をする教師たちは、原罪が何であるのか、原初の義とは何であったのか、バプテスマの恩寵が何であるのかを何も理解していない。原罪は、私たちの本性の堕落、そうでないなら腐敗である。それによって、私たちは当然神の怒りを受けるべき罪責ある者となり、聖書が肉のわざと呼ぶこと（『ローマの信徒への手紙』第五、六、七章）が引き起こされる。これがまさに聖書が罪と呼ぶものである。これに起因する姦淫、放蕩、謀略、憎悪、敵意、殺人、宴楽などは罪の実と呼ぶべきだが、聖書の中では、これもしばしば罪と呼ばれている。

そこで、私たちは二つのことを区別して考えなければならない。まず考えなければならない第一のことは、私たちの本性はすべて邪悪なものとなり、堕落しているので、この腐敗によって私たちは断罪されて当然であるし、神の前に有罪となる、ということである。神に受け入れられるものは、義、無垢、純潔以外にはない。子どももまた、母の胎からすでに不義を負って生まれる〔『詩編』第五一編〕。子どもは、不義の果実をまだ実らせていないとしても、自らのうちに罪の種子をもつ。人間の本性のすべてが罪の種子であり、これは神の憎むべきもの、忌み嫌うものだ。信じる者たちは、バプテスマによって、この断罪から除外され、遠ざけられたことを確信する。すでに述べたとおり、主のこのしるしは、私たちの罪過、そしてこの罪過ゆえの私たちの刑罰も赦されたことを、十分に、完全な仕方で約束する。また、信じる者たちは義を受けるが、それは神の民がこの世で受けることができる義で、つまりただ加算される〔imputatio〕義である。主は、その憐れみによって、信じる者たちを義であると言い、罪なき者と見てくださる。第二に考えてみなければならないことは、腐敗は私たちのうちで終わってしまったのではなく、絶えず新しい果実を生み出すわざだ。これは炉が炎や火花を絶えず飛ばし続けるようなもの、あるいは絶えず水が湧き出る泉のようなものである。原罪を原初の義の欠如と考えたあの者たちは、原罪の力も勢いも十分に説明できていない。私たちの本性は、単に善を欠いているだけでも、善を奪われているだけでもない。私たちの本性はあらゆる悪に満ちており、その果実を生み出し続けるもので、それはとどまる気配もない。罪を邪悪な欲と呼んだ者たちは言葉足らずだ。[*28] この者たちが、人間の中にあるものは、知性も意志も、魂も肉体もこの邪悪な欲に汚れ、満ちており、(別の言い方をすれば)人間自体はこの邪悪な欲以外の何ものでもないことを付け加えて説明するなら、それほど見当違いとは言えない。しかし、この者たちは、おそらくそのような譲歩をすることはないだろう。これは、人間の中で邪悪な欲が完全に消え去るなどということはないので、死によって、この死すべき身体から解放され、自分自身を完全に脱ぎ捨てる時まで続く。バプテスマは私たちのファラオが沈められ(『出エジプト記』第一四章)、罪が死ぬことを約束するが、だからといって、それによって私たちの煩いがなくなるわけではない。しかし、罪が私たちを負かすことはもはやない。だが、私たちが肉体という牢の中に閉じ込められ、生きているかぎり、罪の残滓が残る。バプテスマによって、神から与えられる約束を信じて生きるなら、罪の残滓がもはや私たちを支配したり、私たちに命令したりすることはない。

しかし、罪の残滓が残ると聞いて、〔思い違いをして〕この悪の残滓に媚びへつらうべきではない。このような説明をしたのは、罪人たちが自らの罪にもかかわらず安心して眠れるようになるためではなく、むしろ自らの罪に誘惑され、試みを与えられて悩んでいる者が弱り果て、絶望しないためである。このような者たちは、戦いの途上にある。ごくわずかでも自らの邪悪な欲が減少していると感じられるなら、それは大きな前進だ。この前進は、人生の終わりまで、すなわち死すべき肉体の終わりに完成される自らの肉体の最終的な滅びの時まで続く。私たちは、このことのゆえに、肉を葬るためにバプテスマを受ける。肉の死は、バプテスマによって始まる。そして、日々私たちはそれを追求し、生の終わりに、この世の生から主へと移される時に完成する。

最後だが、私たちの信仰は、バプテスマによって、私たちはキリストの死と生によって証印された者であるだけでなく、キリストのあらゆる善に与《あずか》る者としてキリスト自身と一つにされている（『マタイによる福音書』第三章）ことが証明され、それによって慰めを与えられる。キリストが自らの身体でバプテスマを受け、これを聖別したのは、それによってバプテスマを私たちとの堅固な一致と交わりの絆にするためであり、バプテスマの共有によって、私たちと一つになることを受け入れたからである。パウロは、これに基づいて、私たちがバプテスマを受けることを、キリストを着る、と表現したが（『ガラテヤの信徒への手紙』第三章）、それは私たちがそれによって神の子となることを証明するためだった。

バプテスマは、人々の面前で私たちが信仰の告白をするために役立つ。それは、私たちの神の民に加わりたいという願いを公に表明するしるしである。私たちは、それによって、同じ神への礼拝を捧げ、すべてのキリスト者とともに一つの信仰によって結びつけられていることを証言し、最終的には自らが信じていることを公に認める。その時には、私たちが心から神への讃美に満たされるだけでなく、私たちの舌が、そして肢体のすべてが可能なかぎり神への讃美を表現し、それを〔身体の外に〕響き出させるべきだ。神の栄光には何らの欠けもないのだから、私たちに与えられた賜物のすべてが神の栄光を讃えるための道具にならなければならない。他の人が私たちの姿を見て、それに倣い、同じような情熱へと導かれるべきである。パウロがコリントの人々に、あなたがたはキリストの名によるバプテスマを受けたのではなかったか（『コリントの信徒への手紙一』第一章）と問うたのは、そのためだ。だから、パウロは、そのとき、あなたがたはキリストの名によってバプテスマを受けたのだから、自らをキリストに捧げたのであり、キリストの名によって誓約を果たしたのだから、キリストへの忠誠を人々の前で公に表明した、と言ったのだ。また、あなたがたは、〔今後〕バプテスマで自ら表明した告白を否定しないかぎりはキリスト以外の別の誰かに告白することはできない、と言ったのだ。

ここまで、主がバプテスマを制定した時に目指したことを説明した。次に、どのようにバプテスマを準備し〔institutio〕、どのようにバプテスマを受けるべきかについて考えてみたい。それは難しいことではない。バプテスマは私たちの信仰を強め、堅固なものとするために与えられたのだから、それは神の手から授けられたこととして受け入れられるべきだ。私たちは、このしるしを通して語りかけているのが神自身であることを確信すべきだし、理解すべきだ。また、私たちを洗い清め、罪の記憶を取り去るのが神自身であることを確信すべきだし、理解すべきだ。私たちを御子の死に与《あずか》る者としたのは神自身であることを確信すべきだし、理解すべきだ。サタンのみならず私たちの邪悪な欲を衰えさせたのも神自身であることを確信すべきだし、理解すべきだ。それによって私たちを子として受け入れてくださったのが神自身であることを確信すべきだし、理解すべきだ。私が強調したいのは、主はこれらすべてのことを、私たちの外形である身体が洗われ、沈められ、水によって包まれるのを見るように、私たちの内面である魂にも同じようになす、ということである。私たちは、物質の事象を通して、霊的な事象を見ることができるし、また考えることができる。そのため、このような類比や直喩こそが、サクラメントの最も確かな尺度である。主は、このようにして、これらの事象を表象することを望んだ。サクラメントの中にこのような恩寵が結びつけられて持ち込まれる、あるいは含まれているということではないし、サクラメントがこれらのことを私たちに伝える何らかの器官、あるいは道具であるというわけでもない。神が、メローによって、神の意志を私たちに確かに保証する。主の意志とは、神がこれらすべてのものを私たちに惜しみなく与えることを望まれた、ということだ。百人隊長コルネリウスが、その実例である（『使徒言行録』第一〇章）。コルネリウスは、自らの罪の赦し、目に見える聖霊の恵みをすでに与えられていたのに、バプテスマを受けた。彼は、バプテスマからさらに大きな赦しを得ようとしたのではなく、信仰のためのより確かな修練を求めた。バプテスマによって罪が洗い清められないなら、どうしてアナニアはパウロに、あなたの罪をバプテスマによって洗い流しなさいと言ったのか（『使徒言行録』第二二章）、と問う者がいるかもしれない。私はそれについては、こう答える。私たちは、神から与えられたものは、そのときそれを初めて知ったのだとしても、あるいはすでに知っていてそれをさらに確かに信じるようになったのだとしても、いずれであっても信仰をもって受け入れ、それを獲得し、身に着けるようにと言われている、と。アナニアが言おうとしたことは、パウロよ、あなたの罪が赦されたことを確認するためにバプテスマを受け入れよ、主がバプテスマによって罪の赦しを約束したのだから、これを受け入れ、確信せよ、ということである。また、私たちがこのサクラメントから得ることは、信仰をもって受け入れる時にだけ可能となる。私たちに信仰が欠けているとしたら、バプテスマに与えられた約束は信じないということであるから、バプテスマが神の前で私たちの断罪の根拠となる。バプテスマは私たちの告白のしるしであるから、私たちの信頼は神の憐れみによって可能になること、私たちが洗い清められるのはイエス・キリストによる罪の赦しによることを、バプテスマにおいて表明すべきだ。さらに、私たちが一つの信仰と一つの愛に結ばれ、すべての信仰者たちと心を一つにして生きるために、神の教会への入会の意志を表明すべきだ。パウロが、私たちはみな一つの霊によって、一つの身体となるようにバプテスマを受けた（『コリントの信徒への手紙一』第一二章）と言ったのは、このことである。

サクラメントはそれを執行する者の手からではなく、サクラメントを確かにもたらした神自身の手から受けるものとして授けられるべきだという私たちの制定が真実なら、サクラメントの執行に際して、執行する者の価値によって何かが付け加えられ、あるいは欠如してしまうということなど起こりえない。人間がなす書簡のやり取りで筆跡や署名がその人のものであることが明確なら、それを運んできた使者は誰か、どのような人物かということは、ほとんど問題にならない。それと同じで、サクラメントにおいても、私たちの主の御手とするしが認められるなら、それが誰によって執行されたとしても問題はないし、それで十分である。この点で、ドナティストたちの誤りは完全に退けられる。この者たちは、サクラメントの効力や価値を執行者の尊厳によって定めようとした。昨今のカタ・バプテストの者たちも同じである。[*29] この者たちは、私たちが教皇の支配する国で、不信仰で、偶像崇拝を試みる者たちからバプテスマを受けているので、正しいバプテスマを受けていないと主張し、改めてバプテスマを受けるようにと熱狂的な主張を展開する。このような狂気をともなう主張に対しては、私たちの受けたバプテスマが誰か人間の名によってではなく、父と子と聖霊の名によるものであること、またバプテスマは誰によって授けられたとしても、人間のものではなく神のものであることを想い起こせば、十分な論拠をもちうるし、それを鎧として身を守ることができる。私たちにバプテスマを授けた者が神を知らぬ者であっても、神を軽んじる者であっても、この者たちは私たちを冒瀆的な交わりの中に導いたのではなく、イエス・キリストの信仰に導き入れた。私たちは、バプテスマを受けたとき、この者たちの名を呼んだのではなく、神の名を呼んだ。この者たちも、神の名以外の名でバプテスマを授けたのではない。バプテスマは神のものである。バプテスマは、私たちに罪の赦し、肉の死、霊の生命、キリストに与《あずか》ることを確かに約束した。この者たちは、私たちに、バプテスマを受けてからの年月をどのような信仰によって生きてきたのか、と尋ねる。この者たちは、約束の言葉が信仰をもって受け入れられないかぎりバプテスマは私たちを聖別しないので、そのバプテスマは無効だと主張したいのだ。この問いには、確かに私たちは蒙昧で不信仰な者だったので長いあいだ神の言葉を信仰をもって受け入れていないという面があった、と答えるべきだろう。しかし、この約束は神からのものなので、私たちの中から立ち去ることなく、真実なもの、確かなものとしてとどまり続けている、とも答えたい。この世の数えきれないほどの人々が集団で嘘をつき、不誠実だとしても、神は真実である。この世のあらゆるものが滅びようとも、イエス・キリストは救いであり続ける。私たちにかつて与えられたバプテスマの約束、それなしにはバプテスマがバプテスマにならないこの約束を私たちが軽んじたことで、バプテスマが私たちにとって何の利益にもならないということがあったのを認めよう。しかし、私たちは今や神の恵みによって悔い改めた。神の善き意志にもかかわらず、それを長いあいだ忘れてしまうような愚かな者であったこと、また自らの蒙昧さと頑迷さを責めることは厭わないが、そのために神の約束は消え去ったと言うことはできない。それどころか、神はバプテスマによって罪の赦しを約束し、それだけでなく、その約束を信じるすべての者たちに対して、この約束を確実に果たす。この約束がバプテスマに際して私たちに与えられたのだから、私たちはこの信仰を頼りに歩もうではないか。この約束が私たちの不信仰ゆえに長らく隠されて見えなくなっていたとしても、今はこの約束を信仰をもって受け入れよう。この者たちは、パウロがヨハネのバプテスマをすでに受けた者に、もう一度バプテスマを授けた（『使徒言行録』第一九章）ことを事例として挙げ、これが私たちにとって致命的な火の矢だと思い込んでいるらしい。この者たちは、私たちの信仰告白に基づいて、ヨハネのバプテスマが今日の私たちのバプテスマと同じものなら、かつて誤った教えから学んだ者が正しい教えを知ったら、その教えに従って改めてバプテスマを受けたように、私たちも正しい教えに基づかないバプテスマは無に等しいと判断すべきではないか、と言う。つまり、私たちも真の教えに生きるためにバプテスマをやり直さなければならないし、それによってこそ教えを真に味わえると主張する。私はパウロからバプテスマを受けた者たちがそれ以前に受けていたバプテスマが真実のヨハネのバプテスマであること、そしてキリストのバプテスマと同じものであることを認める。しかし、この者たちがそのとき改めてバプテスマを受けたとは認められない。この者たちの主張が正しいなら、イエスの名によってバプテスマを受けた、という言葉は、どのような意味をもつのか。ある人たちは、これはただパウロによって正しい教えを与えられただけだと解釈している。[*30] 私の解釈は、もっと単純で明快だ。これは聖霊のバプテスマである。按手によって与えられる目に見える聖霊の賜物であり、これをバプテスマの名で呼ぶのは別に目新しいことではない。彼らに手を置いたとき、聖霊が彼らの上に下った、という〔聖書の〕言葉〔『使徒言行録』第一九章〕が続いていることとは何の矛盾も生じない。ルカはここで二つの違いを語っているのではなく、事柄の全容をまず述べて、その上で詳細を論じている。これはヘブライ語によく見られる馴染みの話法である。誰でも文脈からそれを理解できるはずだ。ルカはこう書いたのだ。これを聞いて、彼らはイエスの名によってバプテスマを受けた。そして、パウロが彼らに手を置いたとき、聖霊が彼らの上に下った。後半は、明らかに、バプテスマがどのようなものかについての説明である。

さて、ここから一つの疑問が生じる。サクラメントの効用は二つの部分で構成されていることは、すでに述べた。一つは主の約束についての教え、もう一つは私たちの信仰を人々に表明することである。そうなると、どうしてキリスト教徒の子どもは、まだ嬰児であるのに、これらのさまざまな根拠について教えられることなく、また内面的な信仰についての外形的な証明も不可能なのに、バプテスマを受けることができるのか。そこで、嬰児のバプテスマについての根拠をさらに説明したい。まず原則的なことを言えば、嬰児の期間に信仰をもつのは難しいと判断するのは、軽率だし、不遜なことである。主が、死すべき人間の生から幼い時に〔その命を〕召した者たちの中に天の国の相続人として選ばれた者がおり、永遠の祝福とは神を知ることにあるとしたら、主がその恩寵の前味や最初の果実を嬰児たちに与えないなどということがあるだろうか。嬰児たちも、いつの日か、前味として味わったこの恵みを十分に味わう時が来る。嬰児たちは主を、やがては顔と顔を合わせてはっきりと見るが、今は鏡を通して、おぼろげにであっても見ることができないのだろうか。もしこれを理解できないというのであれば、主のみわざがどれほど包括的であるか、主の配慮が私たちの感覚によっていかに覆い隠されてしまっているかを想い起こし、よく考えてほしい。信仰が救いへのただ一つの道なのだから、私たちは嬰児の頃から憐れみの器として主に選ばれていると告白するのを避けることはできない（いや、当然、告白しなければならない）（『ローマの信徒への手紙』第五章、『ヘブライ人への手紙』第一一章、『ローマの信徒への手紙』第一章）。私たちはただひとりのキリストのうちに、まさに信仰によって生きているのだから、この信仰を離れるなら、私たちはアダムの肉として死ぬ、とあるとおりだ。また、信じてバプテスマを受ける者は救われ、信じない者はすでに断罪されている（『マルコによる福音書』第一六章）という証言は確かなものである。それでも、ある者は、文脈から、この言葉は福音の説明に耳を傾けることができる年齢になっている者に向けられている、と主張する。この聖書の個所には、弟子たちが伝道に遣わされ、信じる者は救われるであろうと語った、と記されている。そこで、この者たちは、そのとき福音の説明を受けたのは大人だけだ、と主張するのだ。しかし、私は反論したい。これは、ごく一般的な表現で、聖書の中には何度も見られるものであり、そのような軽はずみな解釈でごまかすべきではない。聖書が、ひとりの真の神と、神が遣わされたイエス・キリストを知ることこそ永遠の生命だと伝えているとき、逆に神の独り子を信じない者の上に神の怒りが下ると言われている場合、あるいは人の子の肉を食した者だけが生命を得ると言われているとき（『ヨハネによる福音書』第三、六、一七章）、あるいは同じようなことが別の個所で言われているとき、年齢の区別など問題になってはいない。嬰児であれ、大人であれ、信仰なしに救われる者は誰もいないことは確かである。だから、嬰児が大人と信仰をともにもつなら、バプテスマは嬰児にも当然及ぶ。しかし、このような言い方で私が信仰はすでに母胎から始まっていると言っている、などと理解すべきではない。主は、大人の場合でも、ある人は大変遅くから、ある人は早くに呼び出す。私がここで言いたいのは、神に選ばれた者たちは、何歳でこの腐敗した牢獄から取り去られるとしても、一人残らず信仰によって永遠の生命に入る、ということである。私たちは、このような根拠をもちえなくても、嬰児にバプテスマを授けることが主の意志に従うことであるのを示すことができる。主は、嬰児が主のもとに近づくことを許し、そうさせるべきだと命じているではないか（『マタイによる福音書』第一九章）。嬰児が主のもとに来るのを遮るな、と命じた主は、そのとき、嬰児たちを助けよ、と命じてもいる。主は、天国はこのような者たちのものだ、と言った。私たちは、嬰児たちに罪の赦しのしるしを分け与える時には、この宣言に従い、この言葉の真理に証印する。このような罪の赦しなしには、天国は閉ざされ、あちら側には行けない。ユダヤ人の嬰児たちの割礼について定められた律法（『創世記』第一七章）は、割礼はバプテスマに取って代わられたのだから、私たちにこれが命令であることを教える役割を果たしている。主は、割礼でも、バプテスマでも、同じように、主がこの民とその子孫の神となり、この民とその子孫は神の民となることを約束した（『レビ記』第二六章）。神は、それと同じことを、今日でも、大人にも、嬰児にも約束する。パウロは嬰児たちを、かつてユダヤ人の嬰児たちが汚れた、不敬虔な異邦人より聖なるものだと言ったのと同じ理由で、聖なる者と呼んでいる（『コリントの信徒への手紙一』第七章）。

主の晩餐について。

キリストの教会が制定したもう一つのサクラメントは、キリストの身体によって聖別されたパンと、キリストの血によって聖別されたぶどう酒である。私たちは、これを主の晩餐、あるいは、これによって主の恵みに霊的に養われ、主の顧みに拝謝を捧げるので感謝〔eucharistia〕とも呼ぶ。主の晩餐に与えられている約束が、主の晩餐の制定の目的を、そして主の晩餐が何を目指しているのかを〔ここでは〕明らかにする。また、主の身体は今も、そしてこのあとも私たちのものとなるために、ただ一度私たちに渡され、主の血が常に私たちのものとなるために一度だけ流されたことを確認する。さらに、サクラメントが信仰の訓練であること、信仰を支え、奮い立たせ、信仰が増すようにと与えられていることを否定する者たちの主張を論駁する。[*31] この杯は私の血による新しい契約である（『ルカによる福音書』第二二章、『コリントの信徒への手紙一』第一一章）と言われているとおりだ。これが主の晩餐に与えられている約束の根拠であり、それについての証言である。もちろん、信仰は、約束があるところならどこでも、立ち上がるための力、慰め、強められるための助けを受ける。真実のサクラメントによって私たちの魂が得る果実は美味であり、その慰めは計り知れない。キリストが私たちのうちに、私たちがキリストのうちに確かに刻みつけられ、キリストのものが私たちのものとなり、私たちのものがキリストのものであると言いうることを知る。それによって私たちは平安のうちに、永遠の生命が私たちのものであると言いうるし、キリスト自身から天の国が切り離されないように、天の国が私たちから切り離されないとさえ言うことができる。また、真実のサクラメントによって、キリストが罪に問われることがないように、私たちの罪ももはや断罪されないと断言できる。罪が私たちのものではなく、キリストのものとなる。それは私たちの咎がキリストに向けられるのが当然だからではなく、キリストが自ら私たちの罪の債務者となることを申し出て、支払いを済ませてくださったからだ。これはキリストが計り知れない善意によって私たちのためになした交換[32]〔commutatio〕である。私たちの貧しさをキリストが引き受けて、キリストの豊かさを私たちに与えてくださった。私たちの弱さを引き受けて、キリストの力によって強くしてくださった。私たちの可死性を受け取って、キリストの不死性を与えてくださった。キリストがこの地に降《くだ》って、私たちが天の国に昇れるように準備をしてくださった。キリストが私たちとともに人の子となって、私たちをキリストとともに神の子としてくださった[33]。

サクラメントにおいて、これらすべての交換が確かに約束されている。この約束はキリストが私たちの目の前に現れ出て、手で触れることができるほどはっきりと示されたと確信すべきである。すなわち、とって食し、飲め、これはあなたがたのために裂かれた私の体である、これは罪の救いのために流される血である（『マタイによる福音書』第二六章、『マルコによる福音書』第一四章、『ルカによる福音書』第二二章、『コリントの信徒への手紙一』第一一章）という言葉が私たちを欺くはずはない。これが嘘であるなどということはありえない。キリストがここで、とれ、と命じたのは、それは私たちのためのものであるという意味である。食せ、と命じたのは、それは私たちと一つの実体になるという意味である。キリストが、これはあなたがたのために渡された私の体だと言い、また、これはあなたがたのために流された私の血だと言ったのは、キリストの血と身体がキリストのものであるよりは、私たちのためのものであることをはっきり教え、自らのためではなく、私たちの利益となるように［パンと杯を］上げ、下ろしたということである。あなたがたのために渡された、あなたがたのために流された、という言葉にサクラメントのすべての力が示されていることに注目すべきだ。今日、主の身体と血が分け与えられる場合でも、それがただ一度の贖《あがな》いと救いのために身体と血が渡されたということでなければ、私たちの利益になることはない。パンとぶどう酒によって主の身体と血が表現されているのは、私たちがそれらが私たちのためのものであることを知るだけでなく、それが私たちの命であり、命の食物であることを知るためである。私たちは、ある種の類比によって、サクラメントに示された物質的なものから霊的なものへと導かれなければならない。パンが私たちにキリストの体のしるしとして示されるのを見る。そうであるなら、私たちは、まさにそこに、パンが私たちの体の命を養い、守り、保持するように、キリストの体は私たちの霊的命の養いであり、私たちを庇護するものであることの直喩を見出すはずだ。ぶどう酒が血の象徴として示されるのを見るなら、ぶどう酒が身体にもたらす利益を考えると同時に、同じ利益がキリストの血によって、霊的なものとして私たちに与えられることを想い起こすべきだ。ここで言う利益とは、私たちに確信させ、私たちを立ち上がらせ、私たちを奮い立たせるもののことである。私たちが、この最も聖なる体を与えられることによって、また血が流されることによって、どのような利益を得られるのか、ということについて正しく考え、思いめぐらすなら、パンとぶどう酒にある特性こそがこの類比に最もふさわしいのを認識するはずである。

　サクラメントの主たる機能は、単純にキリストの身体を私たちに示すことではない。むしろ、キリストの肉がまことの食物であり、キリストの血がまことの飲み物であり、永遠の生においては私たちがこれによって養われることを確証することであり、そのための約束を指し示すことである。キリストは、自らが生命のパンであり、これを食べる者は永遠に生きる、と宣言した。サクラメントは、この約束を証印し、そして確認する（『ヨハネによる福音書』第六章）。この約束を執行するために、サクラメントは私たちをキリストの十字架へと導きゆく。十字架でこそ、この約束はまさに遂行され、全うされている。キリストが自らを生命のパンと呼んだのは、ある者たちが誤って解釈しているようにサクラメントからその呼び名を借りてきたわけではなく[*34]、キリストが父から私たちに生命のパンとして与えられたからである。さらには、キリストが私たち人間の可死性を引き受け、私たちに自らの天的な不死性を与え、交換した時に、自らを生命のパンとして差し出したからである。キリストは、キリストの祝福で私たちを満たすために、自らを犠牲として捧げ、私たちの呪いを自ら引き受け、忍耐された。キリストが自らの死によって死を飲み込み、滅ぼしてしまったとき、さらに、キリストが復活によって、自らもそれをまとった私たちと同じこの世の滅びゆく肉を栄光と不滅の身体へと生まれ変わらせたとき、キリストは自らを生命のパンとした。このように、サクラメントがキリストを生命のパンにしたのではなく、サクラメントが私たちにキリストが私たちの日々食べているパンとなられたことを想い起こさせ、このパンの味も香りも提供する。サクラメントは、キリストがなし、また忍耐したあらゆることが私たちを生かすためのものだったことを私たちに確証させてくれる。それだけでなく、これによって生かされているという事実が永遠であることを確証させてくれる。私たちは生涯、これによって決して途絶えることなく養われ、支えられ、保持される。キリストが私たちのために生まれ、死んだのでなかったら、私たちのために復活されたのでなかったら、キリストは私たちの生命のパンにはならなかった。それと同じように、キリストの生、死、そして復活の効力と果実が永遠で不死のものでなかったら、キリストが今ここに現在することはなかった。

サクラメントの力がそれがもつ性格にふさわしく吟味され、受けとめられるなら、私たちにとっては十分満足なものであるはずだし、恐ろしい不一致など起こらないはずだ。サクラメントの不一致は、古い時代にも起こった。*35 もちろん、私たちの記憶にも新しい。この不一致が教会を惑わし、悲劇に陥れる。なぜそのような不一致が起こるかといえば、人々がキリストの身体がどのような仕方でパンの中に顕在するかを、自らの好奇心に基づいて、それぞれに定義を始めるからである。ある者たちは、自分がどれほど賢明であるかを見せびらかしたいので、聖書が単純に示していることにさらに付け加えて、実在的かつ実体的に存在する、などと言う。[*36] またある者は、さらに進んで、キリストは十字架にかかられた時と同じ身体の寸法をもつ、と言う。[*37] 別の者は、驚くような実体変化を創造する。[*38] ある者はパン自体がキリストの身体だと考え、ある者はパンの下に身体があると考えた。[*39] ある者たちは、ただ身体のしるし、あるいは表象がパンに示されているにすぎない、と言う。[*40] これはとても重要な問題であり、これをめぐって言葉や感情的な論争が巻き起こった。さまざまな考えが示されている。このようなことを争う人々も、私たちのために渡されたキリストの身体がどのようにして私たちのものとなるのか、私たちのために流された血がどのようにして私たちのものとなるのかを、まずは探究してみなければならなかったはずである。なぜなら、私たちがキリストのすべての恵みを享受するには、十字架につけられたキリストのすべてを所有しなければならないからだ。これがいちばんの要件なのに、これは省略され、それどころか取り除かれ、完全に埋められ、隠されてしまった。その代わりに、身体がどのようにして私たちに飲み下されるのかと、[*41] あの者たちは詭弁を弄している。

サクラメントについて多様な意見がある中で、神のただ一つの確かな真理が私たちの中にとどまるために何よりも考えるべきことは、サクラメントが霊的なものであることの意味である。主は、サクラメントによって、私たちの胃袋ではなく魂を養う。私たちはサクラメントの中にキリストを求める。そのとき、私たちは自分の身体のためにそれを求めているのではない。もちろん、肉の感覚によってではなく、私たち自身の魂が目の前に与えられたキリストを認識するためである。私たちはキリストを霊的に所有することで十分に満たされる。私たちは、この時にキリストを命として得る。サクラメントから私たちが受け取ることができる果実とは、いずれもキリストを受けるということである。このように考え、心に刻みつける者たちは、サクラメントにおいてキリストの身体が私たちにどのように与えられるか、どのような効力をもっているかを真実に理解できるはずだ。そうであれば、キリストの身体の性質について思い煩うことはない。もちろん、これは決して分かりやすい話ではないので(これまでにも、この事情を正確に理解した人はあまりいない)、さらに言葉を紡いで説明すべきだろう。まず、問題となっていることを要約してみたい。キリストは、処女から生まれたとき、私たちと同じ肉をまとった。また、私たちのための償いをなす時にも、まぎれもなく私たちと同じ肉の苦しみを味わった。さらに、復活した時も、私たちと同じ肉を受け、天にまで上げられた。私たちは、キリストが復活し、天に上げられたという時に、私たちが復活し、天に昇る望みを抱いている。しかし、そのとき私たちのこの肉がキリストによって甦らせられ、天の国に入れられるのでなければ、この望みは虚しく、儚《はかな》いものとなってしまう。物体が特定の空間を占領し、それぞれに固有の大きさをもち、各々の形をもつのは、変わることのない真理である。そのために、頑迷固陋で口ばかりの者たちが、自らの誤った説を撤回するのを頑固なまでに拒否し、奇妙な自説を主張する。すなわち、この者たちは、キリストの肉をまとった大きさとは天から地に至るほどの長さだったと言い、その上で、キリストが嬰児として母から生まれ、成長し、十字架にかかり、墓に葬られたのは、神の計画によって、誕生や死という人間としてのわざを果たすためになされたと主張する。[*42] さらに、この者たちは、キリストが復活後に人間の肉と同じ身体で目撃されたこと、そして天に昇ったこと、さらにはその後もステファノとパウロにその姿で現れたのも神の計画であり、キリストが天で王とされたことを人間の目に明らかに示すためだったとも言う（『コリントの信徒への手紙一』第一五章、『使徒言行録』第七、九章）。この者たちは〔シノペの〕マルキオン[*43]を地獄から呼び起こしたのか。キリストの身体がこのようなものとして存在するというのであれば、それは誰が見ても幽霊である。この者たちは、キリスト自身が、天から降《くだ》り、天にいる人の子のほか、誰も天に昇ったことはない（『ヨハネによる福音書』第三章）と言ったことを根拠にして自説を主張する。この者たちは、まったく鈍感である。この言葉が固有性の交流[*44]を語っていることを理解できないのだろうか。パウロが栄光の主が十字架につけられた（『コリントの信徒への手紙一』第二章）と言ったのは、キリストが神性において苦しみを受けたからではなく、肉において卑しめられ、嘲笑され、苦しみを受けたキリストが神であり、栄光の主であったということである。それと同じように、キリストは天にある人の子だが、肉によって地上に住んだその同じキリストが天にあっては神だということである。キリストは神性によってこの世に降ってこられたと言う場合、神性が肉の牢獄に幽閉されるために天を離れたと言っているのではなく、神性はすべてのものを満たすが、それにもかかわらず人間性に、身体的に、本性的に、言葉では説明しがたい形で宿られた（『コロサイの信徒への手紙』第二章）ということである。

別の者たちは、さらに巧みな言い方で、サクラメントにおいて示される体は栄光に満ちた不死の体だ、と説明する。そのため、主の体は、複数の場所に同時であっても、特定できないどの場所でも、たとえ形がなくても、サクラメントに含まれることは何の支障もない、と主張する。[*45]しかし、私はそれに対しては問うてみたい。主は、受難の前に、弟子たちにどのような体を与えたのか。主の言葉が指し示しているのは、そのとき与えたのは、その後渡される死すべき体ではないのか。あの者たちは、それに対して、〔聖書の言葉を引用して〕主はあらかじめ主の体の栄光をタボル山で三人の弟子たちに目に見える仕方で差し出した[*46](『マタイによる福音書』第一七章)ではないか、と反論するのだろう。確かにそのとおりだ。しかし、主があの変容の輝きで弟子たちに示したのは、主の不死性の前味である。さらに、あの者たちはそれに反論するかもしれない。主が最後の晩餐でその体を分け与えたとき、神に打たれ、卑しめられ、栄えなく、あたかも病む者のように捨てられる時が迫っている中で、自らの栄光を表そうなどとは考えていなかったはずだ、と。しかし、この者たちが言うように、キリストの体が、ある個所では死すべき卑しいものに見えるし、別の個所では不死で栄光に満ちたものであると言うなら、それは〔シノペの〕マルキオンとその弟子たちに向かって扉を開くようなものである。このような愚かな言いがかりについては、とりあえず我慢することにして、この者たちには栄光の体について尋ねたい。それは体ではなかったのか。この問いに、ぜひとも答えてもらいたい。この者たちは、もちろん体だ、と答えるだろう。しかし、この者たちは、それは ἄτοπον, πολύτοπον, ἀσχημάτιστον, ἄμετρον〔どの場所にもなく、複数の場所で、形もなく、際限もなく〕と言う。この言い方は、霊を一言で指し示すのではなく、婉曲法[*47]を使って指し示している。ということは、私たちの肉の甦りを完全に否定するか、あるいは肉が甦った時には場所的隔絶の中に閉じ込められ、見ること、触ることでは今までとは違う肉に甦ると説明するかのいずれかである。この者たちは、さらに反論して、〔甦った〕キリストは弟子たちのところに行く際に、閉じられたいくつかの扉を〔開けずに〕通過した(『ヨハネによる福音書』第二〇章)ではないかと主張するのだろうが、それは何の助けにもならない。確かに、キリストは不思議な方法を使って部屋の中に入っている。キリストは力まかせに扉を破ったわけではないし、誰かが中から開けてくれるのを待ったわけでもない。キリストは自らの力であらゆる妨げを取り除いた。そのようにして、キリストは中に入り、弟子たちに自らの体の実体性を示した。そして、見よ、とキリストは言った。さらに、触れてみよ、霊は肉も骨ももたない(『ルカによる福音書』第二四章)、と言った。これによって、キリストの体が実在のものであることが証明される。このとき、キリストは触れることができ、見ることができるかただった。これを取り除くなら、当然それは実在の体ではなくなる。私たちがこのように答えると、この者たちは、私たちへの敵意から、私たちがあたかも神の全能の権威について邪《よこしま》な語り方をしているかのような批判を展開する。この者たちは、そのとき、愚かしい過ちを犯しているか、狡猾な嘘をついている。ここで問題になっているのは、神が何をなしうるかではなく、神が何をしようとしているか、である。もちろん、私たちは、ここでは神を喜ばせることがなされたと証言する。神がここでなしたのは、キリストが罪を別として、すべての点で兄弟と同じくなった〔『ヘブライ人への手紙』第四章〕ということである。私たちの肉は、どのような性質をもつのか。私たちの肉は、それぞれに固有の身長をもち、ある特定の場所に置かれ、触れることができ、見ることができる。ところが、この者たちは言うのだ。神がこの同じ肉を、いくつもの場所でもち、特定の場所に制約されないものにし、量も形ももたないようにすることができないはずはない。お前たちは気が狂ったのか。なぜお前たちは、神の力に対して、肉が肉であると同時に肉が肉でないことを要求するのか。お前たちのしていることは、神は光を創造されたが、その神に光が同時に闇であることを要求しているようなものだ。神は、光は光、闇は闇、肉は肉であることを望まれる。もちろん、神が望むなら、神は闇を光に変え、光を闇に変えることもできる。しかし、お前たちが光と闇の違いがなくなるように求めるなら、それは神の知恵と秩序の転換を勝手に試みることだ。肉は肉であり、霊は霊でなければならない。あらゆるものは神が創造した法則と条件に従う。肉の条件とは、特定の場所で、それ自身の身長と形をもつ、ということだ。キリストは、この条件に従って肉を受け、この肉に不滅性も栄光も与えたが、肉の本性や実在を取り除くことはなかった。聖書には、キリストが天に昇ったこと、そして人々が見たその姿と同じように天から降《くだ》ってきたことが明確に記されている〔『使徒言行録』第一章〕。強情な者たちが、それでもなお、さらに、キリストは目に見える姿で昇り、また降ってくるが、それまでのあいだは私たちの目に見えない姿でとどまっていると主張しても、それはただのこじつけで、何の根拠もない[*48]。私たちの主は、自ら、触れることができ、見ることができる肉と骨をもっていることを証明した〔『ルカによる福音書』第二四章〕。去る〔『ヨハネによる福音書』第一六章〕とか、あるいは昇ると言ったのは、去る者、昇る者の外形を説明しているのではなく、言葉で語られたこと自体が実行に移されるという意味である。キリストは、私たちの中からその肉体を取り去られ、しかし肉体のまま天に昇ったが、父なる神の右に座している。父の力と、権威と、栄光に満ちている。この支配には、どのような空間的な制約も受けることはないし、どのような尺度によっても制限されることはない。キリストは、そこから自らの力を天でも地でも望むままに及ぼす。キリストは、権能においても、力においても、自らを望むままに示し、その民を常に保護する。その民に息を吹き込み、その民のうちに生き、その民を支え、固く立たせ、育《はぐく》み、守る。

サクラメントにおけるキリストの血と体は、このような方式で私たちに差し出されるのであって、これ以外の方法ではない。ただ教育的な意味を考えて私たちはキリストが真実に効果的に提示されることを想定するが、それは本性に基づくものではない。サクラメントで与えられているのは、キリストの体の実体ではなく、キリストの真の本性的な体でもなく、キリストがその体によって私たちに与えた恩寵である。サクラメントの論拠として求められている体の現在とは何か。このようにして現在するキリストの体は強い力と効力をもつので、私たちの魂に永遠の生命についての疑いのない信頼をもたらし、さらに私たちの肉の不死についての確信も与える。私たちの肉は、主の不死の肉によって生かされ、主の不死に与《あずか》っている。[*49] 自らの考えによって、これ以上のことを勝手に語り出す者がいるとしたら、それによって、単純であり明快な真理を曇らせ、覆い隠すことになる。

へそ曲がりが[*50]、キリストの言葉を使って私たちに反対し、キリストはこれは私の体だと言ったではないか、これは私の血だと言ったではないかと言うなら、ぜひここで私と一緒に考えてほしい。私たちは今サクラメントについて語っているが、これらすべてのことは信仰と結びつけて論じるべき問題である。だから、私たちは、キリストの体に与《あずか》ることでキリスト自身を天から引きずり下ろそうとしている人々に負けないほどの信仰を、完全に、また豊かに養ってきたことを説明してきた。それゆえ、このかたがたがこれほどまでにこの言葉にこだわり続けるというのなら、その言葉自体が私に示していることを説明してさしあげよう。マタイとマルコは主が杯を新しい契約の私の血と呼んだと書いているが、ルカとパウロは血による契約と書いている。だから、へそ曲がりどもが、これは体であり血であると何度言おうとも、私は反論して、これは体と血による契約である、と言いたい。パウロは聖書の解釈を信仰の類比によってなすように命じている（『ローマの信徒への手紙』第一二章）。そして、そのパウロは私たちを支持している。それは疑いようもない。へそ曲がりどもは、どのような信仰を類比に使うのか、見せてもらいたい。イエスが肉をとってきたことを告白しない者は、神から来た者ではない（『ヨハネの手紙一』第四章）。へそ曲がりどもがどのように偽装したとしても、この者たちはキリストから真の体を奪っている。

ところで、このことを理解していれば、肉への崇拝[*51]〔すなわち聖体への礼拝〕を回避できる。肉への崇拝は、邪悪な想いをもった者たちが邪《よこしま》な計画を立て、サクラメントに加えたものである。そして、こう言う。これが〔キリストの〕体なら、魂と神性と体は一つであり、分割できないのだから、私たちはここでこそキリストを崇拝すべきだ。私たちが神の言葉から逸脱し、自らの頭の中で生み出した夢のような話に身を委ねるようになり、私たちが生み出した子どもたちが勝手に踊り出し、このようなことを言い出すようになる。このような勝手な言いがかりを申し立てた者たちであっても、謙遜になり、自らの感覚を抑え、神の言葉に従うなら、とれ、食べよ、飲め、と神が言われていることを正確に受け取ることができたはずだ。当然のことながら、主が、サクラメントを崇拝するのではなく、それを受け取れ、と命じたことに従えたはずである。〔逆に〕主が命じたように、崇拝するのではなく、サクラメントとして受け取った者たちは、ここで神からの命令に従順であることを確認する。何をなすにしても、この確認にまさる慰めはない。主が命じたことに従う人々は、使徒を模範とする。使徒はサクラメントの前で跪《ひざまず》いて崇拝するようなことはせず、食卓につき、受け、食した、と記されている。また、主が命じたことに従う人々が模範としている使徒の教会の習慣によれば、崇拝するのではなく、パンを割き、ともに与った、とルカは記している（『使徒言行録』第二章）。さらに、主が命じたことに従う人々は模範として従うべき使徒の教えを保持しているが、これは主から与えられたものを主から受けたこととして明らかにした上で、コリントの教会にパウロが教えたものである（『コリントの信徒への手紙一』第一一章）。それに対して、勝手な言いがかりを申し立てる者たちは、自らの生み出した考えに依存して主張するが、神の言葉の音節の一つさえ解明できない。この者たちは、体と血という言葉を重視する。しかし、健全な意志と常識をそなえた人であれば、キリストの体がキリストだと言われても納得しないのではないか。この点について勝手な言いがかりを申し立てる者たちは、自ら生み出した論証法で証明したかのようにも見える。しかし、この論証法は、この者たちのなそうとすることが他のより鋭敏な感覚によって批判されるなら、自らの論証法それ自体によって倒され、打たれ、破壊されてしまうだろう。何よりも、この者たちは、神の堅固な言葉によって打ち砕かれる。私たちの魂が理にかなった導きを与えられるのは神の言葉により頼む時だけであり、それなしには、はじめから土台ごと揺れ動かさざるをえない。使徒の教えと模範が、この者たちに明確に反対するその時には、この者たちは自分たちの拠り所が自分たちの生み出した権威でしかなかったということを暴露されることになる。そして、さらに大きな衝撃が、この者たちを襲うことになる。何ということだ。この者たちは、私たちが神を崇拝することについて神から何も命じられていなかったとでも言うのだろうか。この者たちは、神をこのような仕方で崇拝することには何の問題もないとでも言うのだろうか。この者たちは、神を崇拝することにおいて、神の栄光が問題とされている時に、神の言葉が語っていないことを勝手自由に試みてよいとでも言うのだろうか。聖書はキリストの昇天については注意深く物語っている。キリストの体の現存は私たちの視界からも、この世からも取り去られたと述べることで、キリストの肉についてのすべての知識を私たちから払拭した（『コロサイの信徒への手紙』第三章）。その上で、キリストについて述べるなら、心を高く上げ、天の父の右に座しているキリストを求めるように勧めている。神とキリストについての肉的で愚かな意見に支配された危険な崇拝を勝手に妄想するのではなく、キリストを天の栄光において霊的に崇拝すべきである。サクラメントを崇拝する者たちは、聖書から逸脱して、自分勝手な妄想に遊んでいる。聖書には、このような崇拝について述べている個所は一つもない。神がこのような崇拝を容認するというのであれば、それが聖書から取り除かれるはずはない。神の書物〔である聖書〕に何かを付け加える者も、取り除く者も、神を冒瀆する者である（『申命記』第一二章〔正しくは、第一三章〕）。この者たちは、このようにして、自ら勝手に、思いのままに神を生み出し、創作しているあいだに、生ける神を捨ててしまった。この者たちがしたのは、神の賜物を与えられたのに、与えた神ではなく、与えられたもののほうを崇《あが》めることだ。これは二重に罪である。神から栄光が剝ぎとられ、被造物に移されるとき、神の聖なるサクラメントから恐るべき偶像が生み出されてしまった。そして、神自身も、自らの賜物が汚され、さらには冒瀆されることで、不栄誉を帰せられることになった。私たちは、同じ過ちをしないように、耳も、目も、心も、精神も、そして舌のすべてを、神の聖なる教えと堅く結びつけなければならない。聖霊こそが、優れた教師であり、学校〔schola〕である。私たちは、そこで十分に教え、養われるので、他で学ぶ必要などない。それに、ここで教えられないことについては無知でよい。

ここまで、サクラメントは私たちの神信仰の利益となることについて論じた。[*52] しかし、主は、それだけではなく、すでに述べたように、サクラメントによって主の善き意志の大きさを想い起こすように勧めているし、神の善き意志を正しく認識するようにと励ましている。さらに、主が勧めているのは、私たちがこの主の溢れんばかりの慈愛を忘れず、感謝し続けることである。そして、主は、私たちがこの慈愛にふさわしい讃美の言葉を捧げ、感謝の祈りによって主の名を誉め讃えることを勧めている。そのため、主が使徒たちにサクラメントの制定を伝えたとき、主はこれを私の記念として行え〔『ルカによる福音書』第二二章〕と命じた。また、パウロはそれを、主の死を告げ知らせることだ〔『コリントの信徒への手紙一』第一一章〕と説明した。パウロは、それによって、私たちが公に、声を合わせて、私たちの命と、私たちの救いの信仰は主の死の中に置かれていることを明言することを勧めた。また、私たちのこの告白によって主を誉め讃え、私たちに倣って他の人も主に栄光を帰するようになることを願った。ここにもう一度、サクラメントの目的を明らかにした。主が私たちにキリストの死を記憶させるためだ。主が審判のために来る日まで主を告知せよ、という命令は、私たちの信仰がサクラメントの中に認識するキリストの死が私たちの生命であることをこの口で告白し、表明せよ、という命令である。これが、外に向けて告白することに関するサクラメントの二つ目の効用だ。

三つ目に、主は、サクラメントが私たちの励ましになり、それによって私たちが他の何に依存するよりも強く愛と平和によって一つとされることを熱望し、その実現に駆り立てられることを望んだ。主は、体を私たちに渡された。それは主が私たちと完全に一つになり、私たちも主と一つになるためである。主がただ一つの体をもち、私たちすべてがこの体に与《あずか》る者となるのだから、私たちはこれに与えることで一つの体となる。サクラメントでパンが示されるとき、この一致が表現される。パンは無数の穀粒からできているのに、もはや一つ一つの粒が識別できないほど混ぜ合わされている。それと同じように、私たちも心を一つにして堅く結び合わされる。そして、私たちのあいだに、いかなる不一致も、いかなる分裂も入り込まないようにすべきである。私たちが祝福するこの杯、これはキリストの血に与えることだ。私たちが割くパン、これはキリストの体に与えることだ。だから、私たちはみな一つの体であるʼ（『コリントの信徒への手紙一』第一〇章）、とパウロの言葉で説明するのが適切だろう。私たちの中の誰かが中傷され、嘲弄され、蔑《さげす》まれ、何らかの方法で肉体を傷つけられたとしたら、それはキリストを傷つけ、中傷し、嘲弄し、蔑むことになる。私たちの中の誰かが他者と仲違いするとしたら、それはキリストと仲違いすることになる。私たちが他者を愛することなしにキリストを愛することはできないことを心に刻みつけることができるなら、サクラメントから多くの利益を得たことになる。さらには、私たちが他者は私たちの体なのだから、私たち自身の体に対するのと同じ配慮を他者に対してなすべきことを心に刻みつけることができるなら、やはりサクラメントから多くの利益を得たことになる。私たちが、私たちの体のいずれの部分に触れても他の部分に痛みの感覚が伝わるのと同じように、他者が何らかの災いに苦しむなら、それを見過ごすべきではないし、ともに苦しむべきだということを心に刻みつけることができるなら、サクラメントから多くの利益を得たことになる。キリストは、自らを私たちに与え、自らを模範とし、互いに仕え合い、献げ合うようにと勧めただけでなく、すべての他者を自らと結びつけ、一つとせよ、と教えた。それによって、キリストは、私たちのあいだの相互愛の必要性を真剣に、鋭く指摘し、それが増すように、と励ました。だから、アウグスティヌスは、このサクラメントを繰り返し愛の絆と呼んだ。[*53]

主の晩餐における聖なるパンを受けた者たちのうち、これが命であることを教えられた者たち、感謝の祈りへと導かれた者たち、これを互いに愛し合うことの勧めとして受け取った者たちにとっては、まことに甘美で、またとない霊的食べ物であるが、これによって信仰を学ばず、讃美の歌声をあげず、愛の表明をしない者たちにとっては危険な毒となる。パウロは言う。ふさわしくないままで食べる者たちは、主の体と血に関して主の体を弁《わきま》えず、自らに対する審《さば》きを飲み、そして食している（『コリントの信徒への手紙一』第一一章）。主の体と血を弁えないということと、ふさわしくないままで受け取るということが同じこととして扱われていることに注意すべきである。信仰をもつことなく、愛の情熱もなく、ただ野豚のように主の晩餐に与《あずか》ろうとして、分別なくかぶりつく者たちは、主の体を弁えてはいない。この者たちがこの体が自らの命であることを信じないなら、食することで主の晩餐から尊厳を奪い、それだけでなく主の晩餐を侮り、冒瀆によって汚す。この者たちは他者と分裂し、不和になり、キリストの体という聖なるしるしを自らの不和とあえて混同させようとする。しかし、キリストの体を割き、分けることとは、この者たちの主張とは何の関係もない。この者たちは、主の晩餐を不敬虔に扱い、不信仰によって汚しているのだから、主の体と血の責任から逃れることなどできない。ふさわしくないままで食する者は、主の断罪を自ら進んで受けることになる。この者たちは、キリストを土台とした信仰をもっていないのに、サクラメントに与り、キリストにのみ救いはあると表明し、他の方法による救いの保証も放棄してしまったのだから、自業自得だ。この者たちは、自分で自分を弾劾した。自らの不利になる証言をサクラメントによって表明し、自らを断罪し、それに証印する。この者たちは、敵意や憎しみによってキリストの体である他者とのあいだに分裂をもたらし、分離を試みる。この者たちは、もはやキリストの体のどの部分でもないのに、キリストに与り、キリストと一つになることこそが救いだと確信している、と言い張る。また、これらの者たちが実在の体の現存を説明するために何度もこの聖書の個所〔『コリントの信徒への手紙一』第一一章〕を引用するのは空虚な試みである。確かに、パウロはここでキリストの真の体について語っている。しかし、それをこれ以上の説明や言い訳が必要ない言葉で語っていることは明らかだ。

そのため、パウロは、パンを食べ、杯から飲む前には、自らを吟味し、調べるように、と教える。パウロが言いたいのは（これまで私が解釈したとおり）、私たちが自らの心に手をあて、心からの信頼をもってキリストを自らの救い主と言いうるか、それを口から出る言葉で表明し、正しく理解しているか、自分自身を吟味せよ、ということである。そしてまた、キリストが他者と交わる姿を見て知っているのだから、私たちもキリストに倣って、自らを他者に与え、他者との交わりを形成することを望んでいるかどうか、自分自身を吟味せよ、ということである。私たち一人一人がキリストによって捉えられているのだから、私たちもすべての他者を自分の肢体として受けとめているか、自分自身を吟味せよ、ということである。すべての他者を自分の肢体のように慈しみ、守り、すべての他者に助けを与えようとしているか、自分自身を吟味せよ、ということである。そして、これらのことを心から望んでいるかどうか、自分自身を吟味せよ、ということである。もちろん、このような信仰と愛の義務が私たちによって今ここで完全に実行に移せる、ということではない。しかし、私たちは、すべての願いを込め、この一つのこと、すなわち信仰の拙い歩みを日々成長させ、増し、弱い愛を強めることを求め、努力しなければならない。

ふさわしく食べることの準備として、惨めな良心を悩ませ、苦しめ、痛めつけるだけで、結局は本質的なことにはまったく至らない、さまざまなことがなされているのを見る。この者たちは、恩寵の状態[*54]にある者たちはふさわしく食べる、と言う。しかし、この者たちは、恩寵の状態にあるというのは、あらゆる罪から清められ、浄化された状態だと理解する。もしそうであるなら、この教えは地上に住むすべての者をサクラメントに与《あずか》ることから遠ざけることにならないだろうか。私たちが自分自身で何がふさわしいことなのかを考え、ふさわしくならなければならないとしたら、その課題の前で破滅するしかない。崩壊と混乱がそのあとに続くだろう。私たちが可能なかぎりの努力をし、ふさわしさを求めて悩み、苦労したあと、自らが取るに足らない者であるということ以外のどのような結論に至るというのか。そのため、この者たちは、このような私たちの破れや傷を癒し、ふさわしさを得るための方法を考え出した。すべての努力を傾けて自らを検証し、あらゆる行動を慎み、心の痛悔、口の告白、わざによる償罪を怠らず、それによって私たちに欠けているふさわしさを補うようにと教える。*55 このような教えに根拠があるかどうかは、別の適切な個所で論じたい。しかし、この者たちが現在行っていることについては、一言述べておきたい。このような方法による癒しでは、自らの罪に不安や恐れを感じ、打ちのめされ、おののく良心には不十分で虚しい。主が義人と無垢な人以外は主の晩餐に与ることを許可しないということなら、当然、最善の注意を払って、自分の義について吟味し、確信をもたなければならないということになる。この者たちは、これが主の要求だと言い張る。しかし、自ら最善の努力をしたことで、神の前に義務を果たしたと言い、安心して、義を確信できるものなのか。もしそうできるのだとしても、自分の義を確かだと言いきれる者などいるのか。これによって私たちがふさわしいものになったという確証は、どこにも見出せない。そうであれば、ふさわしくないままで飲み食いする者は自らに対する審《さば》きを飲み食いする、というあの厳格な禁止命令によって閉じられた扉は開かれないままである。このような教えが何のために生み出され、どのような者の手によってつくられたのかを突きとめるのは難しいことではない。この教えは、惨めな罪人をサクラメントの慰めから引き離そうとし、事実、奪い取ってしまった。しかし、福音の喜びとは、このサクラメントにおいてこそ私たちに示され、与えられる。サタンが人間を滅ぼす手段として、慈しみ深い天の父が人間を養うために与えた食事を味わうことから遠ざけ、匂いをかぐことさえさせず、狂乱状態に追い込むこと以上に効果的な方法はないだろう。

このような迷い、このような破壊的な行為と関わらないために、よく記憶しておくべきことがある。すなわち、この聖なる食物は、病人にとっては薬であり、罪人にとっては慰めであり、貧しい者にとっては施しであり、そのような者がいればの話だが、健康な者、義人、ありあまるほどの財産をもった者には何の利益ももたらさないということを記憶すべきである。キリストはこれを私たちに食物として与えられるのだから、私たちはキリストなしには疲れ果て、弱り、ついには捨てられてしまうことを正しく知るべきだ。また、キリストが命として与えられているのだから、私たちはキリストなしには死に至ることを理解すべきだ。そうであるなら、私たちが神に捧げることが可能な、唯一の、そして主の尊厳にふさわしい善きこととは、私たちの卑しさ、（あえて言うなら）私たちがもつふさわしくないものを捧げることで、キリストの憐れみによって私たちをキリストにふさわしい者にしていただくことだ。また、私たちが自らの心の思いを捨てることでキリストによって慰めていただくことだ。へりくだることでキリストによって引き上げていただくことだ。私たちが非難されるようなことをしているのに、キリストによって義とされることだ。また、聖なる晩餐で主が命じられたように、私たちは一つになることを熱望し、主が主において私たちを一つにするように、私たち自身も精神を一つにし、心を一つにし、声を一つにすることを願うべきだ。私たちがこのことを注意深く、ていねいに、また思慮深く実行に移すなら、あらゆる善を奪いとられ、裸にされ、罪の汚れにまみれ、瀕死の状態になっている私たちが、どのようにして主の体にふさわしくなり、主の体を食することができるだろうかと悩む必要はもはやなくなるだろう。私たちはむしろ、私たちのような貧しい者が慈しみ深い支援者のもとに行くのであり、病人が医者のもとに行くのであり、罪人が救い主のもとに来ることを知るべきである。神がここで命じているふさわしさとは、何よりも、すべてを神に帰すべきであり、私たちに帰すものなど何もないという信仰のことである。これは、それに続く愛によって測られる。もちろん、この愛は不完全なものだが、私たちはこれを神に捧げることで、私たちがもつ以上のものを神から与えられ、さらに増し加えていただける。

その他にも、私たちと同じように、ふさわしさ自体は信仰と愛にこそあると言うが、ふさわしさの基準においては混乱している者たちがいる。[*56]この者たちは、どのようにしても到達しえない信仰の完全さ、そしてキリストが私たちに与える愛と同じ愛を他者に要求する。この者たちは、このような要求をすることで、すでに述べた者たちと同じように、人々が聖なる晩餐に近づけないようにしている。もしこの者たちの教えが正しいものとして受け入れられるなら、ふさわしい姿で主の晩餐に与《あずか》ることができる者などいないだろう。私たちは一人残らず自分の不完全さを認めざるをえないし、不完全さの指摘に納得せざるをえない。サクラメントを無効にしてしまうような、あるいは無用なものにしてしまうような完全さを主の晩餐に与る際に要求するのは、愚かだとは言わないが、無駄なことである。サクラメントは、完全な者のためにではなく、弱い者、病める者のために制定された。サクラメントは、信仰と愛の欠如に気づかせるために、人々を奮い立たせるために、そして刺激を与え、鍛えるために制定された。

これまでサクラメントについて語ってきたが、このことからも、サクラメントが年に一度受領できればよいとか[*57]、今日そうなってしまったように、ほとんど与る機会がなくても問題ないものとして制定されたわけではないことは明らかである。それどころか、サクラメントはすべてのキリスト者が折に触れて与《あずか》り、それによって信仰に立ち返り、キリストの受難を想起できるように定められた。キリストを想起することで、キリスト者としての信仰を保持し、強められ、讃美の歌を唱え、神の善き意志を証言するように導かれる。さらに、キリスト者が互いに愛することを志し、愛していることを明確に示し、愛の絆をキリストにおける一致に見出す。〔バプテスマを受けた時に〕メローが与えられ、それを受け取るように、主の体のしるしが私たちに与えられるごとに、私たちは相互に愛の務めによって一つになる。私たちは誰でも、他者を傷つけることは許されないし、必要な時にはいつでも、気がつかなかったなどと言い訳するのではなく、他者を助けなければならない。ルカが書いた『使徒言行録』によれば、使徒たちが建てた教会では、信者たちは使徒の教えに固く立ち、交わりをなし、パンを割き、祈りを捧げていた（『使徒言行録』第二章）。使徒たちの実践では、教会の集まりでは、必ず神の言葉の解き明かしと祈りと主の晩餐がともない、いつでもそのように行うべきだと教えられていた。これがコリントの教会でも定められていたことは、パウロの言葉から理解できる。年に一度だけ主の晩餐を受ければよいし、またそのように与れと命じた者がいるわけだが、それが誰であったとしても、これは悪魔の発明である。この者たちはゼフィリヌスがその創始者だと言うが[*58]、彼が考えたことと現在の慣習が同じものだとは私には思えない。ゼフィリヌスは、彼の時代の教会にそのように教え、制定したのではない。この時代、信徒たちが集まるごとに主の晩餐が行われ、ほとんどの者たちが与っていたことに間違いはない。しかし、すべての者たちが一度に主の晩餐に与ることは困難だったし、異教徒が入り込んでいたし、偶像礼拝する者たちの侵入を何らかの目に見える外形的な証明や方法で防ぐために、それぞれの信仰を調べなければならなくなった。そこで彼は秩序を守り、正しく統治するために、聖なる者たちが日を定めて〔順番に〕与ることで、キリスト者のすべてが主の晩餐に与り、信仰を表明できるようにした。実はゼフィリヌスの少し前のアナクレトゥス[*59]は、信者が時々しか主の晩餐に与らない状況をなくすために、キリスト者は全員、毎日主の晩餐に与るようにと定めていた。ゼフィリヌスの制定の意図は正しかったが、〔人々はアナクレトゥスの決定から逃れるためにゼフィリヌスの制定を悪用して〕主の晩餐には年に一度与ればよい、と定めた。これは歪曲である。これによって生じたことは何か。すべての者たちが、年に一度主の晩餐に与ったあとは、その後の一年はすべてが免除されているると理解して、枕を高くして眠りこけている。だから、まったく違った方法で制定されるべきだった。主の晩餐は少なくとも週に一度キリスト者たちの共同体に与えられるべきだったし、主の晩餐においてこそ私たちは霊的に養われると約束されなければならなかった。誰も参加を強制されるべきではない。逆に、主の晩餐によってすべての者が力づけられ、励まされるべきである。無気力のまま、あるいは無感動のまま与る者は、罰せられるべきだ。飢えた者が食卓に飛びつくように、私たちはこの豊かな食事に喜んで集うべきだった。だから、年に一度だけ日を定めて主の晩餐に与れば残りの日は怠けてよいという習慣は悪魔の巧みなわざに誘惑されている、と私が批判したのは決して不当ではないはずだ。

同じような理由で、主の晩餐の片方〔＝ぶどう酒〕を神の民の大部分から盗んでしまった、別の言い方をすれば奪い取った者たちがおり、それに基づいた職制や制度が定められた。血のしるしがただの信徒たち、そして俗人たち（この者たちは神の嗣業となる者たちとこのような呼び名で区別した）に対しては与えられず、ごくわずかな髪を剃り、頭に油を注いだ者だけの独占物にした。[*60] 神の永遠の命令は、すべての者に飲めと言っている（『マタイによる福音書』第二六章）。ところが、人間が新たに神の命令に反する定めをつくり、これを放棄させ、あるいは破壊して、すべての者が飲むことは許されていないと命じた。この者たちは、自らが制定したものが神の前で合法であると神に反することを述べるために、聖なる杯がすべての者たちに無分別に公開されることで生じるさまざまな問題を数え上げている。この者たちは、まるで神の永遠の知恵が、この者たちが並べ上げた問題について予測できず、またあたかも配慮できなかったかのような語りぶりである。この者たちは、詭弁を弄して一つで二つが充当できると言う。この者たちは、それが体ならキリスト全体であり、体は血を含むものであり、キリストの体から血を切り離すことはできないと言う。私たちの感覚が神との一致を失えば、手綱が緩み、あとは勝手に暴れ出すばかりだ。主はパンを示してこれは私の体だと言い、杯を指してこれは私の血だと呼んだではないか。ところが、人間の勝手な言いがかりが、これに反してパンを血と呼び、ぶどう酒を体だと言い張る。まるで主が言葉やしるしによって体と血を区別したことには何の理由もないかのような語りぶりだ。また、自分たちはキリストの体も血も神と呼ばれ、人と呼ばれていると聞いたと言わんばかりだ。主が自らの全体を指し示そうとするとき、聖書の習わしに従って、私がこれだ（『マタイによる福音書』第一四章、『ルカによる福音書』第二四章、『ヨハネによる福音書』第一八章）、と記されている。ところが、主は、ここでは、これが私の体である、あるいは、これが私の血である、とはっきり言っている。私はサタンに仕える者たちが聖書をいい加減に取り扱うことを知っているし、聖書の言葉を適当に扱い、解釈を歪曲していることも知っている。この者たちは、キリストによって祭司の職に叙階され、選ばれ、名を記された使徒だけが、この晩餐に与《あずか》ることをキリストから許可された*61、と言う。そこで、私はこの者たちに五つの質問をし、それに答えてもらいたい。この質問を回避しようとすればするほど、この者たちの嘘が暴かれ、辻褄の合わないことを言い出すことになるだろう。第一は、これほど神の言葉とかけ離れた解釈を、どのような託宣によって神から啓示されたと主張するのか、という問いである。聖書は、イエスとともに食卓を囲んだ一二人がいた、と記している。しかし、聖書は、この一二人を祭司と呼び、キリストの尊厳を曖昧にするようなことはしていない。祭司という言葉については、別の個所で扱おう。キリストが一二弟子にその名を与えていたのだとしても、その意味は、祭司のように行え、あるいは、祭司のように互いに分かち合え、ということだ。第二は、〔最後の晩餐に臨んだ〕使徒たちから一〇〇〇年もの時間が経過したが、この間、例外なくすべての者が二つの象徴に与ってきたのはなぜか、という問いである。古代の教会はキリストが誰を主の晩餐に招いたのかを知らなかったとでもいうのか。こんな問題に立ち止まって議論を巡らしているのは、まったく愚かな、恥ずべきことではないのか。この問題について、明らかな事実を語る教会の歴史があり、著作も少なくない（〔エウセビオス〕『教会史』六・三四、〔カッシオドルス〕『三部史』九・三〇、クリュソストモス『教皇インノケンティウス教皇に宛てた追放に関する書簡』、アウグスティヌス〔のヤヌアリウス宛〕『書簡』一〇七〔正しくは、一一七・五・一六〕、ヒエロニムス『ゼファニヤ書』注解』、テルトゥッリアヌス『肉の復活について』、キプリアヌス『棄教者について』、同『主の晩餐について』、同『書簡』一、二）。第三は、キリストはなぜパンについてはただ食せと言ったのに、杯についてはみな飲めと言ったのか、という問いである。これは、キリストが悪魔の策略に対してあらかじめ攻撃を仕掛けておいたとしか言いようがない。第四は、主が祭司だけを主の晩餐にふさわしいものとしたのなら、それと同じ理由で、主によってこの晩餐に与《あずか》ることから除外されるべき者を、他の誰かが陪餐停止者と宣言してしまってよいのか、という問いである。また、自分にはそれを与える権限などないのに、すなわち他者にそれを委任することなどしないかたから当然のことながら依嘱されていないのに、その者が勝手に与えてしまってよいのか、という問いである。いずれも、ただ一人の主の命令なしにはできないはずだ。だから、ただの信徒たちにキリストの体のしるしを分かち、与えるには、主の命令と模範以外からは何らの確信も与えられないはずである。第五は、パウロがコリントの教会の人々に私は主から受けたことをあなたがたに伝えた（『コリントの信徒への手紙一』第一一章）と言ったとき、彼は偽りを語ったのか、という問いである。パウロは、すべての者が両方のしるしに与るように、と宣言しているではないか。パウロが主からすべての人が何の分け隔てもなく与ることを許されていると命じられているのなら、すべての民を退けようとしているこの者たちはそれを誰から命じられたと考えているのか、答えてほしい。神には、然りであり、否でもある、などということはない（『コリントの信徒への手紙二』第一章）。神がそのようにつくられたのだ、などと主張することもできない。それなのに、私たちはこのような冒瀆がなされることを教会の名によって許してよいのか。このような言い訳をすることで言い逃れさせてよいのか。キリストの教え、そしてキリストが制定されたことを軽々しく扱い、踏みつけ、蹴散らし、破壊する反キリストたちこそが教会だとでも言うのか。使徒の教会は教会ではないとでも言いたいのか。使徒の教会には信仰の力がみなぎっていたではないか。悪魔は、このようなでっち上げによって、あるいは捏造によって、あるいは夜陰に乗じてキリストの聖なる晩餐を汚し、教会で純粋に保たれることができないように策略を巡らせる。

しかし、悪魔が自らのしるしを掲げて主の晩餐を覆い隠し、汚してしまっただけでなく、完全に主の晩餐を押し潰し、破棄し、人間の記憶から消し去ってしまおうとしたことが、最も恐るべき冒瀆だった。そのとき、悪魔は恐ろしい誤謬で世界を包み込んでしまい、ミサこそが罪の赦しを得るための犠牲、あるいは献げものだと信じさせようとした。[*62] 私はこれによってこの世にどれだけの病根が持ち込まれたかをよく知っている。悪魔は善を装って、その下に隠れていた。そのとき、悪魔はキリストの名を語った。だから、多くの人が、ミサというこの一つの名に信仰のすべてが詰まっているかのように信じ込んでしまった。しかし、神の言葉が明らかにしているのは、ミサがどれほど粉飾され、光を放ったとしても、実際には目を覆いたくなるような冒瀆によってキリストを扱っている、ということだ。また、十字架を覆い隠して、埋め尽くすだけでなく、押し潰そうとしている、ということだ。さらに、キリストの死を忘却させ、私たちから十字架によって与えられる果実を取り去り、キリストの死の記憶を伝えるサクラメントを弱め、破壊するものである、ということだ。だからこそ、悪魔の生み出した根がどれほどのものだったとしても、神の言葉という強力な斧さえあれば十分であることも明らかにしなければならない。また、神の言葉の光は、どのような外観で装おうとも、その下に隠された悪を照らして、明るみに引き出さずにはいられない。

　ここで、はじめに提起した問題を改めて示しておこう。ミサの執行はキリストに対する許しがたい冒瀆であり、計り知れない侮りがキリストに向けられることになる。キリストは父によって祭司あるいは大祭司に任命された。しかし、その任命は旧約聖書に見られる祭司の任命のような一時的なものではない。キリスト以前の祭司の生命は死すべきものであり、祭司としての職務ももちろん永遠ではない（『ヘブライ人への手紙』第五、七、九、一〇章）。それまでの祭司は死ぬのだから、後継者が次々に必要だった。しかし、キリストは不滅なので、代理など必要としない。キリストは、父によってメルキゼデクの位に等しい永遠の祭司として立てられた。キリストは、永遠の祭司職を全うするために、これを恒久的に担う

（『創世記』第一四章、『詩編』第一一〇編）。この秘儀は、すでにメルキゼデクによって、はるか昔に予型されていた。聖書ははるか昔に一度だけメルキゼデクを生ける神の祭司と記しているが（『創世記』第一四章）、その後は一度もその名が記されることはなかった。あたかもメルキゼデクには生の終わりがないかのようだ。キリストは、このこととの類比で、メルキゼデクの位に等しい祭司と言われる（『ヘブライ人への手紙』第七章）。ところが、今日では、毎日犠牲を捧げている者たちは、奉献のためには祭司が必要だと主張し、キリストに代わる後継者あるいは代理人を任命している。この者たちは、キリストが神の右の座におり、同時に永遠の祭司であり続けるにもかかわらず、この任命によってキリストから名誉を剝ぎ取り、永遠の祭司のしるしを奪い去るだけでなく、キリストを神の右の座から引きずり降ろそうとする。もちろん、この者たちが、ミサの司式者たちはキリストが死んでしまったので取って代わったのだと主張するのではなく、祭司職を停止してしまうことはできないのでキリストの永遠の祭司職の補助をしているだけだと主張しても、同じことである。この者たちは、使徒の言葉に取り押さえられ、逃げ出すことはできないだろう。使徒は、はっきりと、他の多くの者が祭司とされたのは死によってその務めを恒久に果たすことを妨げられているからだ（『ヘブライ人への手紙』第七章）、と述べている。死によって妨げられることのないキリストには、補助者など必要ない。

　ミサのもう一つの暴挙は、結局はキリストの十字架と受難を押し潰して埋没させてしまうことである。確かにそういうことが起こってしまっている。キリストが十字架の上で自らを犠牲として捧げ、私たちをそれによって永遠に清のため、永遠の贖《あがな》いを私たちのために求めため、この犠牲が継続することに疑問の余地はない。だから、これが確かでないと言う者がいれば、それはキリストに対して律法の規定によって捧げられ、屠られていた牛や子牛にまさる敬愛を捧げていないということになってしまう。このような者たちのなす奉献が無力なもので効力がないことは明らかだ。ところが、それが何度も繰り返されている。だから、私たちは、この者たちの奉献はキリストが十字架において捧げた犠牲がもつ永遠に義とする力を欠いている、と証言しなければならない。さらに、私たちは、この者たちの奉献に対して、キリストはただ一度の犠牲を代々のすべての人のためになした、と言わなければならない。使徒が、この大祭司は、ただ一度、自身を捧げて罪を取り除くために世の終わりに現れたと言ったのは、このことである。また、私たちは、神の意志によって、ただ一度、キリストの体という供え物による清めを受けた、とも言っている。さらに、キリストは、ただ一度の捧げものによって清められた者たちを永遠に全うさせた、とも言っている（『ヘブライ人への手紙』第九、一〇章）。キリスト自身が十字架上で最後に発した言葉もこれである。事は終わった（『ヨハネによる福音書』第一九章）。私たちは、この最後の言葉こそ託宣だとみなす。キリストは、死によって、自らの犠牲によって、私たちの救いとなることのすべてがこれで成就し、完了した、と宣言したのだ。キリスト自身がこの犠牲の完結性を明確に示したのに、私たちはこの犠牲が不完全であるかのように何かを日々追加する必要があるのか。神の聖なる言葉が、この犠牲は一度だけ行われ、その力は永遠だと確認しており、それを声に出して宣言しているのに、他の犠牲が必要だと主張する者がいるなら、その者はこの犠牲は不完全だと改めて指摘し、告発していることになる。一日に何十万という犠牲を執行するためになされるミサというのは、ただ一度、自らを犠牲として父に捧げたキリストの受難をあたかもなかったことのようにして葬り去ろうとしているとしか思えない。無知で、物事を正しく見ようとしない者以外で、これが悪魔の邪悪な試みだと証言しない者がどこかにいるだろうか。これは明らかな真理への反抗だと感じない者がどこかにいるだろうか。もちろん、私は世の中の嘘つきの父たちが自分の欺瞞をごまかすためにしばしば用いる姑息な手段を知らないわけではない。この者たちは、恥ずかしげもなく、犠牲がさまざまにあるのではなく、繰り返される一つの同一の犠牲だと説明する。[*63] このような意味不明の議論を払拭するのは難しいことではない。使徒自身が、その議論によって、他には犠牲などなく、キリストの犠牲だけが一度限り捧げられたのであり、これは何度も繰り返される必要などない、と主張している。

次に、ミサの三番目の問題点である。ミサがキリストの真実で、ただ一度の死をどのようにして消し去り、人々の記憶から取り除いてしまったかが説明されなければならない。この世の人々のあいだで遺言の確認は遺言者の死によってなされるが、それと同じように、私たちの主は自らの死によって契約を確認し、[*64] 私たちに罪の赦しと永遠の生命を与えた（『ヘブライ人への手紙』第九章）。だから、この契約を変更あるいは更新しようとする者は、キリストの死を否定し、これを無意味なものにする。ミサは、この意味で、〔変更されてしまった」まったく別の契約以外の何ものでもない。それぞれになされるミサでは、新しい罪の赦し、さらには新しい義が得られると約束されており、これらのミサの数だけ契約が新たに発生することになる。その場合には、キリストに再度登場してもらい、もう一度、死によってこの契約に証印してもらうか、無限の死によってミサによる無限に生じる契約にそのたびごとに証印してもらうか、いずれかがなされなければならないことになる。このことゆえに、私は、キリストのただ一度の、あるいは真実な死がミサによって忘却に追いやられたと指摘せざるをえない。何たることか。ミサが目指しているのは、ただ一つ、キリストが再び抹殺されることである。使徒が言うように、遺言の実行には遺言者の死がともなう。ミサはキリストの新しい遺言であることになるから、キリストの死が必要になる。さらに、祭壇に供えられる犠牲は殺されてから捧げられなければならないのだから、キリストがそのたびごとのミサで捧げられるなら、キリストは至る時に至る場所で無残にも惨殺され続けなければならないことになる。これは私の見解ではない。使徒の見解である。キリストが何度も自らを捧げなければならなかったのなら、キリストは世のはじめから、何度も苦難を受けなければならなかったことになる（『ヘブライ人への手紙』第九章）。

さらに、ミサの機能についての第四の問題を見たい。ミサがキリストの死によって私たちにもたらされる恵みを私たちが知ることから遠ざけ、考えることを停止させるので、ミサはキリストの死という恵みを私たちから剝奪する。ミサが執行され、この新しい贖《あがな》いを見て、自分はキリストの死によって贖われたのだと考えるに至る者がいるだろうか。この新しい赦しを見て、自分の罪が赦されたと確信するに至る者がいるだろうか。私たちがミサで罪の赦しを得るのは、他でもないキリストの死によってそれがすでに得られているからだ、という説明も言い逃れにすぎない。[65] このような説明は、私たちは私たち自身が贖うという条件でキリストに贖われた、という暴言にほかならないからである。これは私たちがミサでキリストを父に捧げるとき、この奉献を行うことで私たちは罪の赦しに到達し、キリストの受難に与《あずか》っていると主張する悪魔に仕える者たちの教えだ。[66] そして、これが今日広まっているだけでなく、熱狂と火と剣によって保護されている。これによって、キリストの受難に残されているのは、ただ贖いの見本という機能だけであって、私たちはそこから私たち自身が私たちを贖う者であることを学ぶしかない。

これがミサについての最後の問題である。主が自らの受難の記念を刻み、証印し、残した主の晩餐は、ミサを執行することでその中心から覆され、崩壊し、消滅する。主の晩餐それ自体は神の賜物であり、感謝の祈りをもって与るべきだ。しかし、ミサの犠牲は神に代価を支払うことであり、神がこれを罪の償いのために受け取る仕組みとしてつくり上げられた。与えることと受けることが違うように、主の晩餐〔というサクラメント〕と〔ミサの〕犠牲のあいだには違いがある。サクラメントに与るとき、神の善き意志、神の慈しみを知り、感謝すべきなのに、ミサは神を私たち自身の債務者にするのだから、それはまさに究極の恩知らずである。サクラメントは、キリストの死によって、私たちは一度だけ生へと再生されただけでなく、それによって日々生かされることを約束している。キリストの死によって、私たちの救いのすべては成就した。しかし、ミサの犠牲は、これとはまったく異なる調べを奏でる。キリストは、私たちに利益をもたらすために日々屠られなければならない、と歌う。主の晩餐は、教会に集まり、公に配られる。それによって、誰もがキリスト・イエスに連なる交わりを教えられる。ところが、ミサの犠牲は、この交わりを破壊し、回復できないほどにしてしまう。主の晩餐は祭司の側に移され、人々に代わって犠牲を捧げる祭司だけがいればよいという誤った考えが支配するようになると、主が命令したように信者たちに配られることはなくなった。これによって、私的なミサ[*67]が行われることが可能になった。私的なミサは、主によって制定された信仰者たちの交わりを守るよりは、むしろ陪餐停止〔つまり交わりの断絶〕に近い。私的なミサでは、自分の執行する犠牲によって一人貪《むさぼ》ることに心を奪われ、自分を信仰者の集団全体から切り離している。司祭が朗誦したり、感謝の声をあげたりしていても、一人つぶやいたり、ささやくような声でなされたりしたとしても、どちらでも同じである。これは私的なミサだ。どちらも教会から主の晩餐に与《あずか》ることを取り上げてしまっている。

この議論を終えるにあたり、私はミサ博士がたに、ぜひ尋ねたいことがある。博士がたは、犠牲よりも神への服従のほうが重要であること、また神自身は犠牲を捧げられるよりも神の御声に聞き従うことを望んでいることを知っているはずなのに(『サムエル記上』第一五章)、なぜこのような犠牲が神に受け入れられるとお考えなのか。また、このような犠牲については何らの命令もなされていないし、聖書のどこにも、一音節たりとも、これを支持する言葉はないことをご存じのはずなのに、なぜこのようなことを主張されるのか。博士がたは、使徒が次のように述べていることはご存じのはずだ。すなわち、誰でも大祭司の名と栄誉を自分で横領することはできず、それはアロンのように召された者だけがなしうるのであって、キリストご自身もこの栄誉を自分で受けたのではなく、父の召しに従った（『ヘブライ人への手紙』第五章）。そうであるなら、博士がたは、神を祭司制度の創始者、制定者と認めるか、あるいは逆に、この栄誉は神からもたらされたのではなく、召されてもいないのに、不当に、傲慢な心をもって神から奪い取ったものであることをお認めになるか、いずれかを選ばなければならないはずだ。ところが、博士がたは、ご自分の祭司制度を支持できる証言を聖書の中にまだ見つけることがおできにならないようだ。だから、言いたい。祭司がいなければ捧げることができない犠牲などというのは消えゆく運命にある。このようなミサがどのような冒瀆であるかは、見えない人の目にも明らかで、聞こえない人の耳にも響き、子どもでさえ理解可能である。ミサでは、黄金の杯が使用され、この世の王や諸侯、また民衆を上から下まで泥酔させ、二日酔いや眩暈で攪乱させることで、自らの救いの船の全体は野獣たちより愚かな姿になって、海の渦の中に呑み込まれていく。サタンは、キリストの王国を攻撃し、侵略するために、これ以上に強力な武器を使ったことはなかった。ミサこそは、ヘレネ[*68]である。真理の敵が、あのように熱狂的に、残酷に今でも戦いを展開している。これはヘレネである。この者たちは、ヘレネとともに、霊的な淫行という最も忌まわしいことをなし続けている。私は、ミサの執行者が自分たちの聖なるミサは純粋な奉献だと言い訳をするために提示した妄想については触れないことにする。この者たちがそれによってどれほど醜い取引をしているか、ミサの執行によってどれほど卑しい利益を得ているか、また恐るべき強欲で自らの欲望を満たしているかについても触れない。しかし、私はその代わり、ごく短く、素朴な言葉で、ミサが聖なるものとしてきたものが何であるかを示しておこう。ミサは何世紀にもわたって聖なる、遵守されるべきものと考えられてきた。この者たちによって秘儀とされているいくつものことについてその事実を解明し、説明していったら、この著作は大変な頁数になってしまう。それに、誰の目にも耳にも明らかなこれらの不敬虔な汚れにいつまでも関わるのは、もうたくさんだ。仮に私がそれをすることになったとしたら、どうなるだろう。ミサからそこに付随してきたさまざまなものを取り除き、可能なかぎり高貴な姿を取り戻して、純粋に保ったとしても、それは下から上まで、不信仰、冒瀆、偶像礼拝、瀆神などの陳列棚のようになっていることを人々は知るに違いない。

さらに、〔私が使った〕犠牲や祭司という言葉だが、これについて言いがかりをつけられて、論争が起こることがないように、これらの言葉がこれまでの私たちの議論の中で何を意味していたのかについても、ここで簡単に説明しておきたい。犠牲は、一般的には、何かを神に全面的に捧げることを意味している。私たちは、これを二つに区別して、一つをεὐχαριστικόν〔感謝の〕、あるいは讃美の犠牲と呼び、もう一つを贖罪の、あるいは償いの犠牲と呼びたい。贖罪の犠牲は、神の怒りを宥《なだ》め、神の義に応答するために、罪を消し、恩寵と救いを得るために制定された。この犠牲はキリストによってのみなされた。誰もこの犠牲を果たすことはなかった。そして、これはキリストによって一度だけなされた。キリストによるただ一度の犠牲の効果、そしてその力は、永遠であり、キリストによって完成し、成就した。キリスト自身の口が証言しているとおり〔『ヨハネによる福音書』第一九章〕、父の恩寵を再び得るために、罪の赦し、義、そして救いを得るために必要なもののすべては、キリスト自身のただ一度の奉献によって遂行され、完成した。これ以外に何らかの犠牲が必要になることなどない。私の結論は、奉献を繰り返すことで、罪の赦しを得、神を喜ばすことができ、義を得ることができると考える人がいるとすれば、それはキリストへの、あるいはキリストが十字架の死によって私たちにもたらした犠牲への悪意に満ちた侮《あなど》りであるだけでなく、許しがたい冒瀆である。ミサを捧げる時になされているのは、まさに新しい奉献の功績によってキリストの受難に与《あずか》ろうとする試みである。この者たちの狂気はとどまるところを知らず、ミサによる犠牲は全教会に及ぶとか、すべての人々に共通に、平等に与えられたというだけでなく、この犠牲を私たちの自由な判断で、この人に与える、あの人に与えると決定することができるというのだ。あるいは、この者たちは、この犠牲の効用に現金での支払いをする場合についても、その判断は自分たちに委ねられていると言ってのける。そして、この者たちは、〔イスカリオテの〕ユダが得た金額まで請求するのは難しいが、この者たちの元締めに数字だけは似せようとして、ユダは銀貨三〇枚で〔キリストを〕売り渡したが、この者たちは銅貨三〇枚で販売する。ユダは一度売り渡しただけだが、この者たちは買い手がいればいくらでも販売する。また、私たちは、これらの者たちが神に奉献をなすことで神と民をとりなし、神を宥め、罪の償いをなす祭司ではない、とはっきりと言いたい。キリストただ一人が、新しい契約の頭《かしら》、大祭司である。すべての祭司職は、キリストに移され、彼によって封印され、完了した。聖書がキリストの祭司職の永遠性について言及していないとしても、神は明らかに古い祭司職を廃止している。そして、その後、何も制定していないのだから、神が召された者のほか、誰も自ら勝手に神の栄誉を用いるべきではない〔『ヘブライ人への手紙』第五章〕、という使徒の説明を論破できる者などいるはずがない。キリストの死刑執行人であるこれらの不敬虔な者たちは、いったいどのような証拠を引用して、自らを生ける神の祭司と名乗っているのだろうか。

もう一つの εὐχαριστικὸν〔感謝の〕捧げものと私たちが呼んだ犠牲の中には、私たちのさまざまな祈り、讃美、応答など、神を誉め讃えるあらゆることが含まれる。私たち自身も、そして私たちのあらゆるわざも、神に奉献されるべきだ。それは、私たちがもつすべてのものが神の栄光のために用いられ、神の威厳を明らかにするためである。この犠牲は、神の怒りを宥《なだ》めること、罪の赦しを得ること、義とされることとは、まったく無関係だ。この犠牲は、ただ神を誉め讃え、神を崇《あが》めるためだけになされる。この犠牲をなしうるのは、すでに罪を赦され、神と和解し、義とされた者だけである。教会にはこれが必要だ。教会はこれなしには立ちえない。私たちは、神の民であるかぎり、これをなし続ける。預言者がすでに述べているとおりである。預言者は言う。すなわち、日の出るところから日の入るところまで、私の名は諸国民のあいだで偉大であり、至る場所で燔祭が私の名によって捧げられ、清い犠牲も捧げられる。私の名は諸国民のあいだで恐れられるべきものだからだ、と主は言われる（『マラキ書』第一章）。私たちは、この言葉を揺るがしてはならない。パウロも次のように述べている。すなわち、あなたがたは自分の身体を活ける、聖なる、神に喜ばれる供え物として、ふさわしい礼拝を捧げよ（『ローマの信徒への手紙』第一二章）。ダビデもまた、自分の祈りが香りとなって神のもとへと昇っていくように、と祈っている（『詩編』第一四一編）。他の個所でも、聖なる人の祈りは香りと呼ばれており（『ヨハネの黙示録』第五章）、預言者たちには唇の捧げもの（『ホセア書』第一四章）と呼ばれている。パウロがここでふさわしい礼拝と言ったとき、彼はまさに意味深いことを述べた。ここでパウロは霊的になされる神礼拝を想定しており、それをモーセの律法が示す肉の犠牲と暗黙のうちに比較した。このような意味での犠牲なしに、主の晩餐は成立しない。主の晩餐において、私たちが主の死を告げ知らせ、感謝の祈りを捧げるとき、私たちはまさに讃美の捧げものをしている。このような犠牲を捧げるとき、すべてのキリスト者は王の系統を引く祭司と呼ばれる。私たちは、キリストを通して、讃美の捧げもの、すなわち神の名を誉め讃える唇の実を神に捧げる（『ペトロの手紙一』第二章、『ヘブライ人への手紙』第一三章）。私たちは、自分の捧げものを携えて神の前に出ようとする時には、仲保者なしにはそれをなすことはできない。私たちのためにその務めをなし、とりなすかたが、キリストである。キリストによって、私たちは自分を、そして自らもてるもののすべてを父なる神に捧げる。キリストが私たちの大祭司である。キリストは、天の至聖所に入り、私たちのためにその扉を開いた。キリストが、私たちが自らの捧げものを供える祭壇である。キリストによって、私たちはその祭壇に大胆に向かうことができる。私ははっきり言おう。私たちを父なる神の前で、父の王国、父の祭司としたのは、このかた、キリストである（『ヨハネの黙示録』第一章）。

読者は、これで、私たちが知るべきこととしてまとめられ、集められたサクラメントについてのすべてを得た。二つのサクラメントの執行の作法は、新約聖書の時代から世の終わりまで、教会に伝えられたとおりで変わりない。一つは、バプテスマは教会への入口であり、信仰への入門として行われなければならない。もう一つ、聖なる晩餐は、キリストが信仰者を家族として養う日々の食事として行われなければならない。神はひとり、信仰は一つ、キリストはひとり、キリストの体である教会は一つである。それと同じように、バプテスマは一つで（『エフェソの信徒への手紙』第四章）、何度も繰り返されることはない。聖なる晩餐は、教会に加わった者がキリストによって養われていることを知るために分け与えられる。神はこの二つ以外にどのようなサクラメントも制定しなかったのだから、信仰者の教会もそれ以外を認めるべきではない。人間が勝手にサクラメントを生み出し、制定することができないことは、これまでの説明を想い起こすなら、理解できるはずだ。サクラメントは、キリストにおける神の約束を私たちに教え、神の私たちへの善き意志を神自身が示すために、神が制定した。神の意志について私たちに確証をもって約束することができる者、すなわち神が私たちに何をするのか、何を与えるのか、何を拒むのかを私たちに明らかにし、それが確かだと感じさせることができる神の補助者など、どこにもいない（『イザヤ書』第四〇章、

『ローマの信徒への手紙』第一一章）。神の意志や神の約束の保証となるようなしるしを〔神に代わって〕提示できる者などもいない。しるしを与え、私たちに自らを証明することができるのは、キリストただ一人である。もっと短く、分かりやすい言葉で、明らかに言おう。サクラメントは、救いの約束なしには存在しえない。あの者たちは、サクラメントを生み出すことも、制定することもできない。キリストの教会は、二つのサクラメントをもつ。三つ目のサクラメントを容認しないだけでなく、それ以外の何ものも世の終わりまで認めないし、それを望んだりもしない。ユダヤ人には、時が移り変わるごとに、これらのサクラメントの他に、さまざまなサクラメント（マナ、岩から溢れ出た水、青銅の蛇などがそれである）が与えられてきた（『出エジプト記』第一四、一七章、『コリントの信徒への手紙一』第一〇章、『民数記』第二一章、『ヨハネによる福音書』第三章）。もちろん、ユダヤ人は、これらによって、さまざまに変わる表象ではなく、破壊されることも終わることもないものを期待せよ、と神に命じられている。しかし、私たちは違う。私たちにはキリストが啓示されている。キリストには、あらゆる知恵と知識の宝が隠されていて（『コロサイの信徒への手紙』第二章）、それは豊かなのだから、この宝に何かをさらに付け加えようとしたり、求めたりするのは、神を試みることであり、神の怒りを自ら起こさせる行為である。私たちは、かの大いなる日が明けて、主の御国の栄光がすべて明らかになり、主が自らのすべてを私たちに示すまでは（『コリントの信徒への手紙一』第一五章、『ヨハネの手紙一』第三章）、ただひとりのキリストを心から渇望し、求め、仰ぎ見、教えを乞い、すべてを得るべきである。そのため、私たちの時代は、聖書では、終わりの時〔『ペトロの手紙一』第一章〕、終わりの日〔『ヘブライ人への手紙』第一章〕、終わりの時刻〔『ヨハネの手紙一』第二章〕と教えられている。私たちが新しい教えや啓示を虚しく待つことがないように、である。主は、かつてはさまざまな方法で預言者を通して語ったが、終わりの時には愛する独り子を通して語る〔『ヘブライ人への手紙』第一章、『ルカによる福音書』第一〇章〕。このように、新しいサクラメントをさらに神の教会に付け加える可能性が人間から取り除かれているのだから、私たちがなすべきことは、サクラメントに人間のつくり出したものが混入されないように注意することである。ぶどう酒に水が入ると力を失い、ぶどう酒ではなくなってしまうように、〔イースト菌などの〕パン種が水で薄められると小麦粉全体の味が変わってしまうように、人間の手が加わると神の秘儀の純粋さは必ず汚される。私たちは、今この時も行われているサクラメントがどれほど本来の純粋なサクラメントから逸脱しているかを目撃している。至る所に見られるのは、〔聖体を掲げた〕行列、儀式、すなわち偽物の儀式だが、どれも神の言葉とは無関係なものばかりだ。神の言葉なしには、サクラメントはサクラメントではない。神が制定した儀式が、このような行列や儀式の中に埋もれてしまい、踏みにじられている。このように行われるバプテスマのどこにバプテスマとして望まれていることを見出せるだろうか。聖なる晩餐はミサに変えられてしまい、完全に葬り去られた。引き裂かれ、半分だけにされ、小さく切り刻まれたものを年に一度見るだけだ。

バプテスマの執行にあたっては、信仰者の集まりで志願者を紹介し、教会のすべての者が証人として立ち合い、祈りを合わせる。その中で志願者は神への献身を教えられ、また信仰告白について教えられる。その際、信仰告白が全員で暗唱されること、バプテスマに与えられている約束を解説すること、その上で志願者に父と子と聖霊の名によってバプテスマを施すこと、最後に祈りと感謝を捧げることが強く望まれている。このように行われるなら、サクラメントを創設された神から与えられた儀式は何一つ欠けることはない。愚かな道を教える者たちの習慣によって汚されることもない。そして、この儀式が栄光に満たされ、光り輝くだろう。バプテスマの志願者が全身を水に浸されるか、水をふりかけてもらうだけか、というのは、それほど大きな問題ではない。地域差があって、教会の自由に委ねられている。もちろん、バプテスマという言葉には沈めるという意味があり、水に浸す儀式が古くから教会で行われていたことは確かである。主の晩餐について言えば、少なくとも週に一度、教会で執行されるのが最も適当である。主の晩餐は公の祈りによって始められ、説教があり、牧者がパンとぶどう酒を卓に置き、制定の言葉を改めて語らなければならない。そのあとで、主の晩餐によって私たちに約束されていることを語り、それと合わせて、主がこの晩餐に与《あずか》ることを禁じた者たちを陪餐者から除かなければならない。それを終えたあと、主がこの聖なる食物を私たちに与えた恵みを覚え、さらに信仰と、心からの感謝をもって受けるべきであることを教え、私たちはそれにふさわしくないが、神の憐れみによって、この聖なる宴にふさわしい者としてこれを受けることができるように祈る。ここで詩編が歌われる。あるいは聖書の言葉が朗読される。牧者はパンを割き、杯を配り、信仰者たちは順序正しく、この聖なる宴に与る。主の晩餐が終わったところで、誠実な信仰と信仰の告白についての勧めがなされ、それに続いて、キリスト者としてふさわしい行動への奨励もなされる。最後に、感謝の祈りがあり、神への讃美を歌う。これが終わったあとには、教会に集まった者たちは静粛のうちに退席する。信仰者たちが手でパンを受け取ってもよいし、お互いに分け合ってもよいし、それぞれに与えられたものをそれぞれが食べてもよい。執事から渡された杯をいったん執事に返してもよいし、次の人に直接手渡してもよい。パンにパン種が入っていようといまいと、どちらでもよい。ぶどう酒が赤か白か、これも問題ではない。どちらでもよいことで、教会の自由に委ねられている。付け加えるなら、古代の教会では、みな手で受け取っていたことは確かである。キリストは、分け与えなさい（『ルカによる福音書』第二二章）、と言った。歴史に書かれていることによれば、ローマの監督アレクサンデル以前はパン種の入ったパンが用いられていたが、彼は種入れぬパンを好んだ。彼がそのようにした理由は、人々の心を信仰的に教育しようというものではなく、大衆の目をめずらしいもので驚かそうとしただけである。私は確信をもって言うが、敬虔さをほんの欠片《かけら》でももつ人なら、大衆の心を麻痺させるだけの茶番よりも、〔これまで説明してきた〕主の晩餐にこそ神の栄光が明らかに輝き出ていることを見過ごすはずはない。ここにこそ限りなく豊かな霊的慰めがあり、これを通してこそ喜びに満ちた甘美が信仰者に与えられる。あの者たちはこのような人々を驚かすだけの見世物を大衆が信仰を持ち続けるために必要なものと呼んでいるが、実際には大衆の心を惑わすだけの狂気の迷信である。この点について、古代のさまざまな実例を引き合いに出して弁護する者がいるかもしれない。もちろん、私も、古くはバプテスマの際に塗油がなされ、エクソシスムが合わせて行われていたことを知らないわけではない。使徒たちの時代のあとしばらくして、主の晩餐が悪徳によって腐りきってしまったことも知っている。これらは、いずれも神の秘儀を弄《もてあそ》び、破壊してしまおうとする人間の欲望の結果であり、それを抑制できない人間の不敬虔で愚かな行為にすぎない。私たちは、むしろ神の言葉を遵守すべきだ。そして、神の言葉は、このような愚かな行為を私たちが御使いとともに全世界をも裁くためのもの（『コリントの信徒への手紙一』第六章、『ガラテヤの信徒への手紙』第一章）であることを記憶したい。

訳注

＊1　「秘跡」、「聖礼典」などと訳されることがある。カルヴァンは、本章で、伝統的に西方の教会で七つとされてきたサクラメントのうち、バプテスマと主の晩餐のみをサクラメントとする。続く第五章で残りの五つの誤りを指摘する、という構成になっている。

＊2　マルティン・ブツァー『主の聖晩餐についての信仰と教理の弁明』（一五二七年）からの引用で、アナ・バプテストのこと。

＊3　アウグスティヌス『ヨハネによる福音書』講解説教』八〇・三。また、同『マニ教徒ファウストゥス論駁』（三九七／八年頃）一九・一六。

＊4　ブツァー『福音書講解』（一五三六年）の立場への批判。

＊5　アウグスティヌス『ヨハネによる福音書』講解説教』八〇・三。

＊6　フルドリヒ・ツヴィングリ『真の宗教と偽りの宗教』。
＊7　ブツァー『福音書講解』のこと。
＊8　キケロ『老年について』八・二六。
＊9　この個所は、カスパー・シュヴェンクフェルトの意見について述べている。
＊10　提喩は、修辞法における転義の一つ。上位概念を下位概念で、あるいは下位概念を上位概念で表現する修辞技法。「人はパンのみで生きるのではない」という聖書の言葉について、パンは精神的なもの以外の物質すべてを指していると解釈するのはそれである。
＊11　「メロー」は tessera の訳。「メダル」でもよい。教会の会員であることを示すメダル。特定の教会への弾圧があった時代には、真の会員と侵入者を識別するために用いられることもあったが、主の晩餐に与る際に、これを信者は提示して受けるという習慣が長く続いた。
＊12　ブツァー『福音書講解』への批判。
＊13　これはアナ・バプテストの見解。ツヴィングリ『バプテスマについて』(一五二五年)。
＊14　ドゥンス・スコトゥス『命題集注解』(一二九九年頃) 四・一・六、一〇。「サクラメントは、それを受けた者に恵みを与えるものであるため、恵みに値する良心を必要としているわけではない。それを受け取る障害となる大罪がなければ十分である」。他にも、エウゲニウス四世の教書『エクスルタテ・デオ』九、ガブリエル・ビール『命題集注解要録』四・一・一、三、フィリップ・メランヒトン『アウクスブルク信仰告白の弁明』(一五三〇年) 七・一八も、これを批判している。
＊15　アウグスティヌス『詩編』注解』(三九二―四二〇年) 七三・二、ペトルス・ロンバルドゥス『命題集』四・一・五。
＊16　「誇張法」は、強い印象を与えるために大げさに表現する修辞技法。「それは世間が許さない」など。
＊17　アウグスティヌス『書簡』一三八。

＊18　キリストがこの世に登場する前に起こった出来事の中で、キリストを先取りして、あらかじめ指し示していたと考えられる出来事などを指す。

＊19　アウグスティヌス『ヨハネによる福音書』注解』二六・一二。

＊20　これはロバート・プレン、ギヨーム・デ・オセール、ヨーハン・ヴェッセルなどの見解のこと。

＊21　人間の子孫のこと。

＊22　アウグスティヌス『ヨハネによる福音書』注解』一二〇・二、同『説教』五・三、同『詩編』注解』一三八・二、一二六・七、四〇・一〇。

＊23　これは『第二バーゼル信仰告白』(『第一スイス信仰告白』)（一五三六年）二〇にあるアナ・バプテストの考え方。また、マルティン・ルター『告白と聖餐式についての説教』を参照。

＊24　トマス・アクィナス『神学大全』第Ⅱ‐１部第七四問題第三項、第八一問題第三項。

＊25　ブツァー『福音書講解』での議論。

＊26　ヘールズのアレクサンデル『神学大全』（一四七五年公刊）四・二〇・一・二、あるいは、ボナヴェントゥラ『命題集注解』四・四・一・一・一。

＊27　原初の義については、アンセルムス『処女懐妊について』（一〇九九年）六、ドゥンス・スコトゥス『命題集注解』三・三〇・二。原罪の欠如態と考えられている。

＊28　ツヴィングリ『原罪についての解明』（一五二六年）への反論。

＊29　具体的に誰を指すのかは定かではないが、例えばツヴィングリ『バプテスマについて』。

＊30　ツヴィングリ『真の宗教と偽りの宗教』、ヨハン・ハインリヒ・ブリンガー『使徒言行録』注解』などの立場。

＊31　アナ・バプテストを念頭に置いての言葉。

＊32　ルターが『キリスト者の自由』（一五二〇年）で用いた表現で、キリストのうちにあるものと私たち

のうちにあるものが入れ替わること。
＊33　エイレナイオス『異端反駁』二・一四・七。
＊34　アルフォンソ・デ・カストロ『全異端反駁』第四巻。
＊35　トゥールのベレンガリウスから第四回ラテラノ公会議までの聖餐論争のこと。
＊36　カトリック教会、そしてルターの主張。
＊37　スコラ神学者たちのあいだでの論争のこと。
＊38　ロンバルドゥス『命題集』四・八・三・一〇―一二。いわゆる化体説。
＊39　ルター『告白と聖餐式についての説教』（一五二四年）。
＊40　ツヴィングリの主張。
＊41　ヨアヒム・ヴェストファル『主の晩餐についてのヒッポ司教アウレリウス・アウグスティヌスの命題の収録』（一五五五年）。
＊42　ルターとルター派の主の晩餐についての議論がマルキオンの説に接近する可能性を批判しようとして、この議論を持ち出した。
＊43　マルキオンは、小アジアのシノペ出身で古代最大の異端と呼ばれ、独自の聖書正典論を展開した。また、彼はいわゆる仮現論を主張し、イエスの人間性を否定した。ここでは、そのことを述べている。
＊44　二つの本性（つまり神性と人間性）それぞれの固有性（あるいは属性）は異なるが、まったく別のものとして存在するのではなく、両者には交流がある、という考え。アレクサンドリアのキュリロスに遡るとされる。
＊45　ガブリエル・ビールの説とされる。いわゆる宗教改革急進派と呼ばれる者たちの中に、この主張を繰り返す者たちがいた。
＊46　いわゆる山上の変容のこと。「イエスの姿が彼らの目の前で変わり、顔は太陽のように輝き、服は光

のように白くなった」（『マタイによる福音書』第一七章第二節）。

＊47　「婉曲法」は、否定的な表現を使わずに他の表現に置き換えるもので、読み手や聞き手が受けるネガティヴな印象を避け、宗教的なタブーを避ける修辞的技法のこと。

＊48　ロンバルドゥス『命題集』四・一〇・一。

＊49　エイレナイオス『異端反駁』四・一八。

＊50　ルターのこと。

＊51　これは中世に始まった習慣で、主の晩餐のパンを崇拝すること。神性と人性がともにあるという考えの応用として生まれた。

＊52　それがどこからどこまでだったのかは明らかではないが、カルヴァンはサクラメントの第一の効用は信仰を強めることだと考えており、以下が第二の効用で、信仰の外形的表明のこと。

＊53　アウグスティヌス『ヨハネによる福音書』注解』二六・一三。

＊54　「恩寵の状態」とは、恩寵にふさわしい者とされたので、もはやキリストが罪をそれに代わって負う必要がない状態のこと。宗教改革者たちは、これを否定した。ヘールズのアレクサンデル『神学大全』四・四六・三・三、ボナヴェントゥラ『命題集注解』四・一二・二・一以下。この時代のカトリック教会は、この状態と「ふさわしい」を結びつけた。

＊55　トリエント公会議第一三期（第七章）。

＊56　アナ・バプテストのこと。

＊57　一二一五年の第四回ラテラノ公会議の決定では、イースターでの聖体拝領が適切とされた（第二一章）。

＊58　ゼフィリヌスはローマの司教、ローマ教皇。しかし、彼自身の文章が残っているわけではない。この主張は、バルトロメオ・プラティナ『キリストと歴代教皇の書』（一四七九年）より。

＊59　アナクレトゥス（二五頃―九一年）は、ローマの司教、ローマ教皇。
＊60　一四一五年のコンスタンツ公会議の第一三会期での決定。信者たちにはパンのみを与え、ぶどう酒は聖職者だけが与ることとした。
＊61　ヨハン・マイヤー・フォン・エック『提要』。
＊62　主の晩餐はキリストの死を記念するものだったが、それが犠牲を捧げる儀式となり、ミサという聖祭となった。これはキリストの一度限りの犠牲を否定し、犠牲を毎日繰り返すことになる、として宗教改革者たちは批判した。
＊63　エック『提要』一七。
＊64　ここでは「遺言」も「契約」も testamentum の訳語。
＊65　エック『提要』一七。
＊66　同所。
＊67　いわゆる私的ミサは、公的ミサに対して、司祭たちだけで毎日守るミサのこと。七世紀には行われるようになっていた。
＊68　ギリシア神話に登場する女性。メネラオスの妻となったが、トロイアの王子パリスにさらわれ、トロイア戦争のきっかけとなった。

第五章　これまで世の人々によってサクラメントと考えられてきた残りの五つのサクラメントはサクラメントではないことを証明し、ならば何であるかを明らかにする。

ここまでのサクラメントについての議論から、真面目で正直な人々は、好奇心から空虚な議論を展開しすぎるべきではないことが理解できるはずだ。さらには、主が制定した二つのサクラメント以外の、神の言葉とは無関係なサクラメントを受け入れるべきではないことも理解できるはずだ。ところが、七つのサクラメントという考えが、古くからあるからという理由だけで[*1]、世の多くの人々のあいだでは当然のことのようになっていて、学者の議論の場でも常識とされ、人々の心の中に存在し続けている。だからこそ、ここで、人々が主の真実で真正なサクラメントだと思い込んでいる残りの五つのサクラメントについては、一つ一つていねいに調べ、粉飾された装いを取り除き、その姿をあらわにして、なぜこれが誤りなのかを、素朴に受け入れてしまっていた人々に説明したい。これはやりがいがある。私たちは、ここでまず何よりも、サクラメントの制定は、ただ神の確かな約束によってのみなされたという、これまでの議論の中で何度も確認したことを想い起こすべきだ。サクラメントは神の確かな約束によって信じる者たちの目を開き、信じる者たちに慰めを与えるが、人間自身がこの確かさを自らの良心に自らの手で与えることはできない。サクラメントは、私たちにとっては、ただ神の私たちに対する善き意志の証明であり、天使も、この世のどのような人間でも、この善き意志の証人にはなれない。神を補佐できる人間がいるはずはない。ただ主自身だけが、自らを証しする。サクラメントは証印である。神の契約、または約束を証印する。神の約束は、何らかの物質が、あるいはこの世のものが神の力によって定められた形たちによって封印される。そのため、人間がサクラメントを制定することはできない。神の計り知れない秘儀が何らかの物質やこの世の何らかの卑しいものに覆い隠され、用いられるという出来事を、人間がなしえるはずはない。サクラメントがサクラメントとなるためには、神の言葉が先行していなければならない。

堅信礼について。

人々が堅信礼と呼ぶものがある。これは、人間の不遜な態度がつくり出したものなのに、神のサクラメントであるかのように持ち込まれた最初のしるしである。この者たちが捏造した。嬰児のバプテスマの際に与えられた聖なる霊の恵みをさらに増加させるために堅信礼を授けるというのだ。さらに、バプテスマによって再創造された生に戦いのための力を授けるという[*2]。堅信礼は、塗油と、父と子と聖霊の名によって聖なる十字のしるしを刻み、油を注ぐ、という式文の言葉によって執行される[*3]。すべてが優雅であり、美しく見える。しかし、その式文のどこに、聖霊が臨在していることを約束する神の言葉があるのか。この者たちに尋ねても、一言も答えられない。この者たちは、どのような方法で、この油の注ぎが聖霊の器であることを私たちに確信させることができるのか。私たちは油を、つまり流れ出るどろどろした液体を見るだけで、それ以外の何も見ていないではないか。アウグスティヌスが言う。神の言葉を物的要素に加えよ、そうすればサクラメントになる。[*4] この者たちが私たちにあの油の中に油以外のものを示すことができるというのであれば、アウグスティヌスが言った神の言葉をぜひ提示してほしい。もちろん、この者たちが自分たちのことをサクラメントを執行するしかるべき聖職者だと認識しているというのであれば、これ以上争わないことにしたい。聖職者の務めにとって第一に重要なのは、〔神の〕命令がないことについては何も行わないということである。だから、私はこの者たちに願いたい。まずはこの務めのための命令がどのようなものかを教えてほしい。そうすれば、もうこれ以上は何も語らないと約束しよう。しかし、命令が実はないというのであれば、これは冒瀆であり、不遜な行為だという批判から、もはや逃れることはできない。主もまた、同じ論法で、〔バプテスマの〕ヨハネのバプテスマは天からか、人からか、とファリサイ派に尋ねた〔『マタイによる福音書』第二一章〕。ファリサイ派が、人から、と答えれば、それは愚かな、虚しいことだと主は言うことができたし、天から、と答えれば、ファリサイ派は〔バプテスマの〕ヨハネの教えを認めざるをえなくなる。ファリサイ派は、人々の手前、ヨハネをひどく侮辱するわけにはいかなかったので、人から、と言えない。人から、と断言するならヨハネの教えが愚かな、虚しいことだと自ら証言したことになってしまうし、天から、ということを受け入れるならヨハネの教えを証明することになる。

この者たちは、使徒たちを引き合いに出して自分たちを弁護しようとする。この者たちの主張は、使徒たちは命令のないことを勝手には行わなかった、というものである。そのとおりだ。この者たちが使徒たちに倣う者であるなら、私たちは何の批判もしない。それならば聞こう。使徒たちは何をしたのか。ルカが『使徒言行録』で伝えていることがある(『使徒言行録』第八章)。エルサレムにいた使徒たちは、サマリアが神の言葉を受け入れたと聞くと、ペトロとヨハネを遣わした。二人は、サマリアの人々のために、聖霊を受けるように祈った。人々はイエスの名によるバプテスマを受けていただけで、まだ聖霊は誰にも下っていなかった。そこで、二人は祈りを捧げ、この者たちに手を置いた。この按手によって、サマリアの人々は聖霊を受けた。ルカは、このような按手について何度も記している(『使徒言行録』第六章、第八章、第一三章、第一九章)。ここで使徒たちは何をしたのか。使徒たちは自らの使命に忠実に従った。主は、このとき主の民に自らの聖霊を目に見える形で、まさに驚くべき恵みとして示そうと、使徒たちを用いて、按手によって人々に分け与えよ、と命じた。私は按手自体に何らかの秘儀が隠されているとは考えない。私の解釈は、使徒たちはこのような儀式を行う中で、このような行為によって、手を置いた者たちを神に紹介し、この者たちが神に身を捧げ、神のものとされることを考えていたはずだ。このときに使徒たちに命じられたことが今日でも教会で続いているなら、按手もまた続けなければならないであろう。しかし、この恵みが与えられていないなら、按手を続けることに意味があるのか。聖霊が神の民にとどまり続けていることは確かである。この聖霊の導き、命令なしに神の教会が存続することは不可能である。キリストが渇く者は私から生ける水を飲めと命じた約束（『ヨハネによる福音書』第七章、『イザヤ書』第五五章）は、永遠に、変わることなく存続し、私たちを守る。しかし、按手が与えた奇跡的で驚くような力はすでに停止し、それは一時期だけのものだった。あの時は、福音の新たな宣教とキリストの新しい支配がこれまで知らなかったような驚くべき奇跡によって明らかにされたことを誉め讃えなければならなかったのだ。もちろん、主がこの奇跡を停止したのは、教会を見捨てたからではない。むしろ、キリストの国の出現と、神の言葉の尊厳は、十分に明らかに示されてきたではないか。だから、私たちは聞きたい。茶番としか言いようのない愚かなお芝居を続けるこの者たちは、使徒の何を真似したというのか。真似していると言い張るなら、按手によって、誰の目にも明らかな聖霊の力がすぐさま現れるように演じるべきではないのか。しかし、あの者たちの按手は、それができない。あの者たちは、それなら何のために按手が自分たちのものだと主張するのか。按手が使徒たちの習慣だったことは認めよう。しかし、この按手に何か別の目的があったとは思えない。ところが、この者たちの主張によれば、主が弟子たちに吹き込んだ息は（『ヨハネによる福音書』第二〇章）、それによって聖霊が与えられるサクラメントだったということになる。驚くべきことではないか。主はこのことをただ一度だけ行ったが、その後、私たちに同じことはしなかった。同じように、使徒たちが手を置いたのは、主が聖霊の目に見える恵みを使徒たちの祈りに加えるためだったのであり、その時限りのことだった。その後になって、あの猿のような者たちが真似している虚しい、愚かなしるしを茶番劇として上演するためではなかった。

それでもまだこの者たちが自分たちの按手は使徒に倣っていると言うのであれば（もちろん、按手についても、この者たちの κακοζηλίαν〔悪意に満ちた〕真似事が使徒たちに似ているところなど一つもないのだが）、この者たちの主張する救いの油のほうは、いったいどのように説明するのか。使徒たちは、油の中に救いを求めよ、と教えただろうか。油に慰めの力がある、と教えただろうか。パウロがそう教えただろうか。それどころか、パウロは、私たちをこの世のさまざまなものから引き離し、このような慣習を守ることに必死になる者たちの姿を強く批判したではないか（『ガラテヤの信徒への手紙』第四章、『コロサイの信徒への手紙』第二章）。この点については、私は自分自身によるのではなく、主によって、きっぱりと言いたい。この油を救いの油と呼ぶ者がいるなら、それはキリストの中にある救いを否定することになる。キリストを捨て去ることになる。これは神の国を分かちもつことのない者の仕業である。油は腹のためにあり、腹は油のためにあり、主は油も腹も滅ぼす。油は使いきればなくなってしまうものだ。そんなものを使って神の国に至ることなどできない。神の国は霊的なもので、減ることも、滅びることもない。このように言えば、反論する者がいるはずだ。私たちに向かって、それなら聞くが、お前は私たちがバプテスマを受けた際の水、主の晩餐が行われる時のパンとぶどう酒についても〔油と〕同じようにみなすのか、と言うに違いない。それなら、私は答えよう。主のサクラメントにおいては、二つのことに注目すべきである。一つは私たちの前に示される有形物の実体であり、もう一つは神の言葉によってその中に刻まれた形相で、その中にあらゆる力がある。だから、サクラメントに際して私たちが目にするパンも、ぶどう酒も、そして水も、本来の実体を保つかぎり、パウロが食物は腹のため、腹は食物のためにあり、神はいずれも滅ぼすと言ったことは正しい（『コリントの信徒への手紙一』第六章）。パンも、ぶどう酒も、水も、この世のものは、この世の外形とともに過ぎ去り、滅び、消える。しかし、それが神の言葉によって聖別される時にだけ、これらはサクラメントとなり、私たちの肉にとどまるのではなく、真実の霊のためのものとなる。

さらに、あの油の脂肪によってどれほど多くの怪物を養い育てているかについても、ここで詳細に点検しておこう。油を塗る者たちが言う。聖霊はバプテスマにおいて私たちに純真を与え、堅信礼によってさらに恵みを増し加える。つまり、バプテスマにおいて私たちは生命へと甦らされ、堅信礼によって戦いの武装をさせられる、と言っている[*5]。この者たちは、これによって、バプテスマは堅信礼なしには執行しえない、と主張する[*6]。何という邪悪な考えだ。私たちがバプテスマにおいてキリストとともに葬られ、キリストの死に与《あずか》る者となり、さらにキリストの復活に与る者（『ローマの信徒への手紙』第六章）となっていないとでもいうのか。パウロは、キリストの死と生に与ることを説明して、それは私たちが肉において死に、霊において生きることだと説明しているではないか。また、私たちの古い人は十字架につけられ、新しい生を歩み始めるとも言うではないか。この者たちは、戦いの武装として、これ以上の何かが必要だとでも言うのか。ルカは、すでに引用した聖書の個所で（『使徒言行録』第八章）、人々はイエス・キリストの名によるバプテスマを受けたが、聖霊は受けていなかった、と証言している。しかし、パウロはそのとき、この人々は心で信じ、口でキリストを告白しているが、何らかの霊の賜物を受けなかったなどと言いたかったのではなく、明らかに目に見える力で示される聖霊の受領がなかったことを説明している。使徒たちはペンテコステの日に聖霊を受けたと言われているが、実はそれよりも前にキリストが使徒たちに、あなたがたにおいて語るのはあなたがたではなく、あなたがたの父の霊だ（『マタイによる福音書』第一〇章）と言っていた。あなたがたが神から出たものであるなら、ここにサタンの罪深い、邪《よこしま》な罠が仕掛けられているのを見るはずだ。サタンはバプテスマによってすでに真実に与えられたものを、サタンがなす堅信礼によってこそ与えられると偽って語る。これによって、深く考えない者たちをバプテスマから切り離そうとする。バプテスマ固有の約束をバプテスマから切り取り、別のところに移し替える。これがサタンの教理であることは、誰の目にも明らかだ。かの有名な塗油がどこから出て、どのような土台の上にあるかは明らかだ。神は言う。すべてキリストのうちにバプテスマを施された者は、キリストをその賜物として着た（『ガラテヤの信徒への手紙』第三章）。油を塗りたい者たちは言う。バプテスマの中には、戦いへの助けとなる約束がない（『法令集』「聖別について」[*7]五）。神の言葉は真実である。だから、この者たちの言葉は偽りである。私たちは、ここで堅信礼について、この者たちの定義ではなく、真実に定義し直すことができる。堅信礼とは、バプテスマに対する明確な冒瀆である。堅信礼とは、バプテスマの執行を不明瞭なものにし、破壊する。堅信礼は、サタンとの嘘の約束である。堅信礼は、それによって私たちを真の神から引き離す。別の言い方もできる。堅信礼は、サタンの偽りの言葉によって汚された油のことで、素朴な心の持ち主たちを暗闇で覆い、堕落させる。

この者たちは、さらに、すべての信仰者は、バプテスマのあと、按手によって聖霊を受けなければ完全なキリスト者にはならない、と言う。[*8] また、司教による塗油によって堅信された者だけがキリスト者になる、と言う（『法令集』「聖別について」五、アウレリア会議「断食について」五）。[*9] これはこの者たちの意見だが、書き写しておくことにした。しかし、私が確かだと考えてきたのは、キリスト教に至るための道は聖書にすべて書かれている、ということである。ところが、この者たちは、真のキリスト教の形は聖書以外の場所で求められ、そこから学ばなければならない、と言うのだ。そのため、神の知恵や天からの真理やキリスト教の教え全体はキリスト者にとって教えの始まりにすぎず、塗油がこれを完成させる（「言葉によれば」の章）[*10] と主張する。しかし、もしこのように言うなら、塗油の経験のない使徒たち、また殉教者たちのすべてが非難されることにならないだろうか。その頃には、聖なる油脂など、まだ存在していなかった。しかし、この者たちは、これによってキリスト教のすべてが完成し、まだキリスト教信者でなかった者がキリスト者になると言うのだ。[*11] しかし、私がそんなことをあえて指摘しなくても、この者たちはその前に完全に自己矛盾を起こをしている。この者たちの〔教会の〕信者たちのいったい何人が、バプテスマのあとに塗油をしているのか。この不完全さを修正するのは、そんなに難しくはないはずである。それなのに、どうしてこの者たちは、これほど怠惰なのか。呑気なのか。どうして、この者たちは、これほど多くの人たちを未完成のままにしておくのか。このような手抜きは、ひどい犯罪ではないのか。どうして、この者たちは、それなしには救いを得ることができないと自ら主張する必要不可欠なものを、もっと厳重に人々に要求しないのか。もちろん、突然の死によってそれがなしえなかったとでもいうのであれば話は別だが、そういう理由ではないようだ。結局、この者たちはこの状態を当たり前のように容認しているということ自体が、この者たちが実は自らの主張をそれほどまでには重んじていないことを自ら告白しているようなものである。

この者たちは、さらに、この聖なる油にはバプテスマ以上の敬意を払わなければならない、と説明している（『法令集』五）「この言葉は」の章）[*12]。聖なる油は高位の司祭の手からのみ与えられるが、バプテスマはどの司祭からも授けてもらえるというのが、その理由である。これに対して何を語ればよいのか。この者たちは、自分たちが発見したことへの愛が強すぎて、神の至高の制定によるサクラメントを軽んじる。これは狂気である。神を冒瀆する口よ、お前は、その汚れた臭い息で、お前の呪いのようなつぶやきをかけられた油をキリストのサクラメントと比較しようというのか。お前は、この油を神の言葉によって聖別された水と比較するというのか。そして、お前は、そんなことは小さな問題だと不遜にも言う。お前は、油のほうが好ましいとさえ言う。そして、これこそが〔ローマの〕聖なる座からの答えであり、使徒のトリポデスからの託宣だと言うのだ。[*13] この者たちの中には、まったくの狂気としか言いようのないこの的外れな主張を少しでも和らげようとする者も確かにいる。だから、次のように言う。すなわち、もちろん堅信礼にはバプテスマよりさらに大きな敬意が払われなければならないし、そのようなものとして執行されなければならない。しかし、それは堅信礼が与える力や効果のためというより、それが高貴なかたによって与えられ、身体の中でも額《ひたい》という、より尊厳のある場所に授けられるからである。バプテスマは罪の赦しに役立つが、堅信礼は徳のために役立ち、徳を増す（『命題集』四・七・二）。ここまで言うのだから、この者たちは自らをドナティストと呼びたいのだろう。堅信礼が高貴な者によって与えられるというのが一つ目の理由だが、同じようにドナティストはサクラメントの力を執行者の価値に帰した。そこまで言うなら、とりあえず、堅信礼は高位の司祭である司教の手によってなされているので尊厳がある、ということにしておこう。しかし、その上で、そのような特権が司教に与えられている根拠はどこにあるのか、とこの者たちに問うてみたい。この者たちは何と答えるだろうか。自分たちの勝手な思いつき、としか答えようがないのではないか。この者たちは、使徒だけがこの特権を行使できる、と言うかもしれない。確かに使徒だけが聖霊を分け与えた。しかし、それなら聞こう。司教だけが使徒なのか。いや、そもそも司教は使徒なのか。この点についても、この者たちの主張をとりあえず受けとめた上で、さらに聞きたいことがある。それなら、なぜこの者たちは、司教だけが主の晩餐におけるサクラメントとしての血に近づくことができる、と同じように主張しないのか。この者たちの言葉に額面どおり従うなら、使徒たちだけがこの血を主から与えられたのだから、他の者には与えられていないということになる。しかし、この者たちは、使徒たちをただの司祭と呼んだかと思うと、今度は別の方向を向いて、使徒たちは司教だったと言うのだ。最後に言いたい。アナニアは使徒ではなかったが、パウロのもとに遣わされ、パウロが視力を回復し、バプテスマを受け、聖霊に満たされるようにしたではないか（『使徒言行録』第九章）。さらに言いたい。司教が天からの権威によってこの職を執行するというのであれば、なぜ司教たちはただの卑俗な司祭たちにその職務を執行させているのか。このような事態がグレゴリウスの書簡に書かれている（『法令集』第一部〕九五・一）。*14

さて、もう一つの理由、バプテスマは頭部に水を注ぐが、堅信礼は額に油を塗るので、堅信礼のほうがより尊厳がある、というのは何と愚かな主張だろう。虚しい言葉だろう。バプテスマは水によってではなく油によって完成する、とでも言いたいのか。すべての信仰深い者たちに、この者たちが目論んでいるのはサクラメントの純粋性をこの者たちのパン種で汚すことだと証言してもらいたい。私はすでに、人間の手によってつくり出されたものが溢れてしまっていて、神のものが隠され、その隙間からようやくほのかな光を放っているにすぎない状況について書いた。それでも私のこの言葉を信じられない者たちは、自らの師に従えばよい。しかし、見よ、この者たちは水を軽んじ、どうでもよいものかのように扱い、バプテスマでは油だけに価値があるとさえ言っている。私たちは、それとは反対に、バプテスマとは額を水で浸すことだと言う。この水に比べたら、この者たちの油は、バプテスマであったとしても、堅信礼であったとしても、糞土に等しい。それでも誰かが油のほうが高い値段で売買されていると言うかもしれない。教えてあげよう。この者たちの商売は、ペテンであり、不正であり、盗みだ。三つ目の理由、堅信礼はバプテスマより多くの徳を与える、というこの者たちの主張は[*15]、この者たちの不敬虔さを、さらに自ら暴き出している。この者たちは、使徒たちは按手によって聖霊の目に見える恵みを授けた、と主張している。それなら、聞きたい。この者たちの油は何によって恵みを与えているのか。一つの冒瀆をいくつもの冒瀆によって覆い隠そうとするこの者たちの詭弁とは縁を切ろう。これはゴルディアスの結び目と同じで、それを解こうと苦心するより、断ち切ればいいのだ[*16]。

この者たちは、自らの主張が神の言葉から引き出せず、妥当性のある根拠も見出せなくなると、必ず、これは古くからの習慣であり、何世代にもわたって認められてきたことだと主張する[*17]。これが真実であった場合でも、この者たちがそれによって何かを説明できたわけではない。サクラメントは、この世のものではなく、天からのものである。人からのものではなく、ただひとりの神からもたらされた。だから、この者たちがどうしても堅信礼をサクラメントだと言い張るのであれば、神が堅信礼の創始者であることを証明すべきである。それなのに、なぜ古さにすがろうとするのか。古い時代の人々は、二つのサクラメント以外に別のサクラメントを数え上げたことなどなかった。だから、たとえ私たちが信仰の助けを誰か他の人に求めなければならないような状況に追い込まれたとしても、私たちを多くの不敗の城壁が囲んでくれている。古い時代の人たちは、この者たちが偽ってサクラメントと呼ぶものを一度も認めたことはない。誰がそれをサクラメントと呼んでいるのか。アウグスティヌスは、これを祈りにすぎないと明言している（「洗礼について」四）[*18]。この者たちは、アウグスティヌスがそう言ったのは堅信の按手ではなく、癒しのため、和解のための按手だと言って、この者たちの汚れた区分を使って私に反論するだろう。私がアウグスティヌスの言葉を曲解していると言いたいのであれば、いつものように、手ひどく罵《のの》るだけでなく、直接私のところに来て唾棄したらどうか。

私は、この者たちが出来損ないのサクラメントを生み出す前に、キリスト教徒のあいだで行われていた古い習慣を保持し続けたほうがよいと願っている。その習慣とは、バプテスマを侵害することなしにはその名を呼ぶことができないような堅信礼ではなく、キリスト教の教理教育〔catechesis〕のことで、子ども、あるいは青少年が、教会の信者たちの前で、自ら信仰の根拠を口で言い表すものである。教理教育のための最善の方法は、そのために書かれた解説の文章であり、私たちの信仰の要点を余すことなく述べていて、しかもやさしく説明されているものがよい。もちろん、ここに示される信仰の要点については、教会の信者たちがいかなる反対もなく同意できるものでなければならない。一〇歳前後の子どもたちは、自らの信仰を告白するために、教会の信者たちの前に出て、〔信仰の要点となる〕一つ一つの項目について尋ねられ、一つ一つ答える。もし知らないことがあり、理解できていないことがあれば、そこで教えられればよいのだ。教会の信者が証人として立ち会う中で、子どもはただ一つの真実の信仰、真摯な信仰を告白する。会衆は、それに対して、心を一つにして、ひとりの神を讃美する。このような教理教育が今日でも行われるなら、子どもたちの信仰教育[*19]〔institutio〕は自分たちの責任ではないと言わんばかりに放棄しているような親たちの怠惰をたしなめることになり、目覚めさせるだろう。このような信仰教育を怠ることは親としての恥になる。また、それによって、キリスト教の信者一人一人にとっては、より大きな信仰の一致を知る機会になり、信仰の教えに無関心で、知らないままではいられなくなるはずだ。また、人々がいとも簡単に新しい教えや、おかしな教えに惑わされることもなくなるだろう。これによって、すべての人がキリスト教の教理の教育のための手段をもつことになる。

悔悛について

あの者たちは、その次に悔悛を持ち出す。ところが、あの者たちはこの件について混乱に満ちた一貫性のない話ばかりをするので、あの者たちの教理からは確かなことを何一つ学ぶことはできない。そこで、まず聖書は悔い改めについてどのように教えているかを確認しよう。その上で、あの者たちが何を教えているかを取り上げよう。それによって、あの者たちが悔悛をサクラメントとするのが実に軽率な行為であること、その根拠は何もないことを明らかにしよう。

悔悛について、ある人が今からずっと前に、聖書に従って実に簡潔に、また真摯に説明し、それは己を死なせること、そして新しく生きること、この二つの部分から成ると説明している。[*20] 己を死なせるとは、自らの罪を認識すること、そして神の審《さば》きを感じることによって生じる魂の悲しみと恐れだと説明される。自らの罪を真に知った者は、真に罪を憎み、罪を呪うようになる。それだけではなく、自分自身を嫌厭し、自分が惨めで、滅びに打ち捨てられた者だと告白し、別の人間になろうと決意する。また、たとえわずかであっても神の審きを感じるなら（あることが他の別のことに伝染するのはよくあることなので）、打ちのめされ、恐怖を感じ、恥じ入り、立ち上がれなくなり、おののき、勇気を失い、絶望する。これが悔悛の最初の部分で、人々はこれを〔心の〕痛悔と呼ぶ。新しく生きることとは、信仰から与えられ、そこから生まれる慰めのことである。人は、罪の意識に打たれ、神の審きによって砕かれ、恐れ、おののいたあと、キリストを通して神の善き意志と憐れみを知り、恩寵と救いを思い返し、それによって立ち上がり、息を吹き返し、勇気を取り戻し、死から生に引き戻される。

別の人は、聖書のさまざまな言葉の意味を分類し、二種類の悔悛について説明している。そして、これを区別するためにしるしを与え、その一つを律法的悔悛と呼んだ。それは、罪人が罪の焼き鏝《ごて》によって傷つけられ、神の怒りへの恐れによって締めつけられ、混乱状態のまま言葉さえ失い、打ちのめされ、自らを解放できない状態である。もう一つを福音的〔悔悛〕と呼んだ。罪人は確かに自らの罪によって強く打ちのめされるが、これによって立ち上がり、心を高く上げ、キリストを己の傷の治療者、恐れに対する慰め手、苦しみの時の避けどころと感じるようになる。[*21] 律法的悔悛の事例を挙げるなら、カイン、サウル、ユダである。聖書がこれらの人々の悔悛について私たちに語る時には、自らの罪を深く知り、神の怒りを恐れる姿を描き出す（『創世記』第四章、『サムエル記 上』第一五章、『マタイによる福音書』第二七章）。これらの人々は、そのときまさに神を復讐し、審く者としてのみ知っていたので、もはや死を覚悟し、意気消沈した。その時には、悔悛とはまさに地獄への入口を意味する。この世で生きているあいだに、すでにこの入口に取り込まれ、神の大いなる怒りによって罰を受け始めてしまっている。それに対して、福音的悔悛は、自分自身の罪の痛みを感じながらも、神の憐れみへの信頼によって立ち上がらせられ、つくり替えられ、主に向かおうとする者すべてに見られる。ヒゼキヤは、死の予告を受けたとき、驚き、取り乱したが、涙を流し、祈り、神の善き意志を想い起こして、信仰を取り戻した（『列王記 下』第二〇章）。ニネベの人々は、滅亡についての恐ろしい知らせを聞いたとき、恐れ、おののいたが、粗布をまとい、灰をかぶり、祈り、主を想い起こして、立ち返り、主の激しい怒りがやむことを願った（『ヨナ書』第三章）。ダビデは、自分で人口調査を行うことで大きな罪を犯したと告白したが、それに続いて、主よ、あなたの僕《しもべ》の罪を取り除いてください、と祈った（『サムエル記 下』最終章）。ダビデは、ナタンに責められた時には、姦淫の罪を認め、主の前にくずおれたが、同時に赦しを願った（『サムエル記 下』第一二章）。ペトロの説教を聞き、心を打たれた人々が、神に信頼し、兄弟よ、私たちは何をすべきでしょうか（『使徒言行録』第二章）と言ったのも、この福音的悔悛だ。そのペトロ自身の〔経験した〕悔い改めもまさに福音的悔悛で、彼は激しく泣いたが、望みを捨てることはなかった〔『マタイによる福音書』第二六章、『ルカによる福音書』第二二章〕。

これはすべて真実である。しかし、悔悛という言葉を聖書から学ぶとすれば、別の意味に理解されるべきだと私は思う。パウロが『使徒言行録』で私はユダヤ人にも異邦人にも神への悔い改めとイエス・キリストへの信仰を勧告した〔『使徒言行録』第二〇章〕と言ったこと、信仰を悔い改めの中に含めることとは同じではない。パウロは、この聖書の個所で、悔い改めと信仰は別のものだと教えている。それでは、どう考えればよいのか。真の悔い改めは信仰なしでも成り立つというのか。そういうことではない。しかし、両者は切り離すことはできないが、区別されるべきである。信仰は希望なしにはありえないが、信仰と希望が違うのと同じように、悔い改めと信仰はいつでも一つの絆によって結びつけられるべきだが、混ぜ合わせてはならない。結び合わせるのだ。私の考えでは、悔い改めとは、私たちの肉と古い人の死であり、私たちの真実で、純粋な神への恐れが生み出すものである。預言者が、またそのあとでは使徒たちが、それぞれの時代に悔い改めを勧め、そのためになした説教は、いずれもこのためになされた。預言者や使徒がなしたのは、自らの罪に驚愕し、神を畏れおののき、しかし主にひれ伏し、へりくだり、道に戻り、悔い改めることである。だからこそ、主へと方向転換すること、あるいは主に立ち返ること、という言葉が、預言者でも、使徒でも、悔い改めるという意味に使われる。〔バプテスマの〕ヨハネが悔い改めにふさわしい実を結べと言ったのは、このような悔い改めと回心のことであり、そこから導き出される生活のことである（『マタイによる福音書』第三章）。

また、福音全体は、明らかに悔い改めと罪の赦しから成り立っている。〔バプテスマの〕ヨハネは、キリストの道を備えるために、あらかじめキリストの前に遣わされたが（『マタイによる福音書』第一一章）、悔い改めよ、天国は近づいた、と語った（『マタイによる福音書』第三章）。〔バプテスマの〕ヨハネが悔い改めを勧めた際には、人々に自らが罪人であること、また自らがもつすべてのものが神の前に断罪されていることを認めるように勧めた。これによって人々が自らの肉において死に、霊において新たに生まれ変わることを熱心に勧めた。ヨハネは、神の国を告げ知らせたとき、人々を信仰へと招いた。ヨハネは神の国が近づいたと教えたが、それは具体的には罪の赦し、救い、生命であり、いずれもキリストのうちに求めるべきもののことである。他の福音書記者が〔バプテスマの〕ヨハネがやって来て、罪の赦しのための悔い改めのバプテスマを宣《の》べ伝えたと書いているのを私たちは知っている（『マルコによる福音書』第一章、『ルカによる福音書』第三章）。罪の重荷に押し潰されそうになっている人々が主に立ち返り、赦しと救いに望みを置くように、そのように教えたのだ。キリストもまた、神の国は近づいた、悔い改めて福音を信ぜよ、と説教した。キリストは、まず自らに神の憐れみの宝が現れたことを宣言し、次に悔い改めを命じ、最後に神の約束に信頼するようにと教えた。その上で福音全体を短くまとめて、次のように説明している。すなわち、私は苦しみを受け、死人の中から甦らなければならない。私の名によって、悔い改めと罪の赦しが宣べ伝えられるためだ（『ルカによる福音書』第二四章）。その名によって悔い改めが宣《の》べ伝えられる、とはどういうことか。それは、まず人々が、福音の教えによって、自分の思いのすべてが、また心の中にあるすべてのものが腐敗しており、また自分たちの努力も腐敗しており、邪《よこしま》なものになっていると知らされる、ということである。その上で、人々が神の国に入ることを望むなら、新しく生まれなければならないと聞く、ということである。新しく生まれる、とはどういうことか。それは、キリストとの交わりを得ることで、私たちの邪な欲望は死に、私たちの古い人は十字架につけられ、私たちの罪の体は墓に埋められる、ということである。罪の赦しが宣べ伝えられる、とはどういうことか。それは、キリストが人間のために贖《あがな》いとなり、義となり、救いとなり、命を与えられる、ということである。また、キリストの名によって人間が神の前に無償で義とされ、清められると教えられる、ということである(『コリントの信徒への手紙一』第一章)。だから、私は、悔い改めとは己を死なせることだと解釈する。悔い改めは、私たちをまずキリストを知ることへと導く。キリストは、惨めな、苦しむ罪人にこそ自らを示した。罪人は、嘆き、苦しみ、重荷を負い、飢え、渇き、悲しみと痛みに押し潰されそうになっている。だから、悔い改め続けること、悔い改め、神の前にひれ伏し、これを追い求めることは、生涯なすべき課題である。プラトンは、哲学者の生は死の準備だと教えた。*22 私たちは、さらに明確に言わなければならない。キリスト教を信じる者たちの生は、肉が完全に死ぬまで、肉に死ぬことに絶えず努め、修練することである。それによって自らを激しく嫌悪することがあるなら、それは成長だと私は思う。なぜなら、このような人は、この世の何かにしがみつくのではなく、またこの世の何かを使って改善するのでもなく、ただ神を追い求め、神を乞い、慕い、キリストの死に結びつけられ、悔い改めているからである。このような考えは、最も単純なものだが、最も聖書の真理と合致している。

次に、悔悛についてのスコラ〔学派〕のソフィストたちの教えについて扱う順番が来た。これについては、ごく簡単に触れることにしたい。すべてを扱うことが私の構想ではなく、この小さな書物では入門書にふさわしい短さを保ちたい。だから、いつまでも長々と論じ続けることはできない。ソフィストたちは、ふつうに扱えばそれほど複雑とは思えないことでも、膨大な紙面を使って書き続ける。だから、この泥沼に足をとられてしまったら、簡単には抜け出せないことになる。最初に、この者たちの定義だが、おそらく悔い改めとは何であるかをまったく理解していないのだろう。わざわざそのことを自白するために書かれたのではないか。この者たちは、古い時代の人たちの書物から、さまざまな言葉を引き出してくる。しかし、いずれも悔い改めの力を示すようなものではない。いくつかの例を挙げよう。悔い改めとは過去の罪を嘆き、そのような罪を二度と犯さないことだ〔これはグレゴリウスについて述べた言葉である。『命題集』四・一四・一〕。〔悔い改めとは〕過去の悪しき行為に号泣し、このような悪行を二度としないことだ〔この二番目の言葉は、アンブロシウスの言葉である。『法令集』「悔い改めについて」三・一から〕[*23]。〔悔い改めとは〕犯した罪を嘆き、この嘆きの対象である罪について自ら罰することだから、ある種の復讐のようなものだ〔この三番目の言葉は、アウグスティヌスの言葉である。『法令集』「悔い改めについて」三の最後の章)[*25]。〔悔い改めとは〕人が犯した罪に対する、あるいは同意してしまった悪に対する心からの悲しみ、魂の痛みだ(この四番目の言葉は、アンブロシウスの言葉[*26]である。『法令集』「悔い改めについて」一、「真の悔い改め」についての章)[*27]。これらが教父たちによって適切に語られた言葉であることは認める。どれほど自分勝手な論争好きであっても、これを認めない者はいないだろう。しかし、これらの言葉は悔悛の定義を意図したわけではない。この言葉は、それを読む者たちが再び同じ過ちに陥ることがないように、という励ましの言葉である。ところが、スコラ〔学派〕のソフィストたちは、このようにして定義したものを、さらに心の痛悔、口の告白、わざによる償罪に分けた(『命題集』四・一六・一、「悔い改めについて」一、「悔い改めの完成について」[*28])。この区分は、生涯をかけて理論構築に没頭してきた者たちの仕業だが、定義として成り立たないどころか、論理に欠ける。この定義から、こんな推論を引き出せるかもしれない(こんな論法が論証家たちのあいだでは流行しているようだが)。すなわち、自分は口では告白しなくても、嘆くことの原因になった罪を罰することができる。また、自分は過去に犯した罪に号泣し、その号泣の原因になった罪を犯さないことができる。もしそうなら、この区別にどんな意味があるというのか。その人が真実に悔い改めたのだとしても、その人が告白しないというなら、告白しない悔い改めが存在することになる。スコラ〔学派〕のソフィストたちが答えて、この区分はサクラメントとしての悔悛に限って適応できるとか、この者たちの定義に含まれていない悔い改めの完全な遂行と関わるものとして理解すべきだと言い逃れをする。もちろん、私には何の責任もない。自業自得である。あの者たちが明瞭な定義をしなかったがゆえに自ら負うべき責任である。私は頭が固いのか、何かを論じるとなれば、その問題の定義に遡って考えることにしている。なぜなら、それこそが、あらゆる議論の中心的な課題であり、土台だからだ。さて、この点については、これらのお偉い先生がたに勝手にやっていただくことにしよう。ここでは、そこから離れて、問題そのものについて順を追って考えることにしたい。

読者には、この論争がロバの陰[*29]に関するものではなく、きわめて重大で真面目な問題であることを認識してほしい。それは罪の赦しである。あの者たちが、悔い改めについて三つのこと、つまり心の痛悔、口の告白、わざによる償罪を求めるとき、同時にこれが罪の赦しにも必要だと教える。だから、私たちがキリスト教の信仰全体を通して知らなければならないこと、最も重要なこととは、どのような理由によって、どのような定めによって、どのような条件によって、どのような程度のことを経て罪の赦しを得られるのかを知り、それを完全に理解することである。この知識が明瞭でないなら、確かなものになっていないなら、私たちの良心は、どのような憩いも、どのような神との平和も、どのような信頼も、どのような安心も、もつことはできない。私たちの良心は、ただおののき、ただ迷い、ただ不安になり、ただ悩み、ただ心が荒れ、ただ恐れ、ただ憎み、ひたすら神のまなざしを避けて生き続けなければならなくなる。罪の赦しが、この者たちの主張するような条件と結びつけられ、そのような条件によってのみなされるのだとしたら、私たちにとって、これ以上に惨めなことはないし、ただ絶望するだけなのではないか。

さて、この者たちは、心の痛悔が赦しを得るための第一の段階だと主張する。しかも、この痛悔が正しくなしえたということについては何も規定されていないので、どの程度までなせば、この痛悔を正しくなしえたという確信がもてるのか、ということについては何も規定されていない。そのため、傷ついた良心の持ち主たちは、罪のための痛悔の重荷を課せられたとき、計り知れないほどの苦しみを背負い込み、また悩むことになる。しかし、自らの罪の負債の総額を知り、それをどの程度返済できたかを自ら確認することはできない。そのとき、この者たちが、傷ついた良心の持ち主に、私たちは自らの力を尽くしてこれをなさなければならない、と教えるのであれば、はじめの問いにまた戻ってしまい、いつになれば自分が力の限りを尽くして罪を悔いたと確信できるようになるのか、という疑問が残るだけである。良心は、いつまで経っても自分自身とのそのような戦いを続け、どれほど自らを鍛え続けても、どこまで行っても憩いの場所はなく、自分を慰めるために悲しみの声をあげ、涙を流し、痛悔をなし続けなければならない。私がこの者たちを中傷していると言うのなら、人々がこの者たちが与える痛悔によって絶望してしまうことはないのか、ぜひ教えてほしい。このような痛悔によって、真の悲しみではなく、自分でつくり上げた見せかけの悲しみを神の前に差し出そうとして、神の審《さば》きに直面せざるをえなかった人がいないかどうか、ぜひ教えてほしい。私たちはすでに、罪の赦しは悔い改めなしにはありえない、と述べた。なぜなら、私たちは誰でも、罪の意識に悩み、苦しめられることなしに神の憐れみを真実に求めることはできないからである。しかし、私たちは、悔い改めは罪の赦しの理由にはならない、とも述べた。あの者たちが義務として課した魂の苦悶を私たちは耐え忍んだが、それは自らの罪を悔い、目に涙を浮かべることによってではなく、目をただ主の憐れみにだけ向けることによってなしたのだ。キリストが貧しい人々に福音を宣べ伝え、心傷ついた者たちを癒し、とらわれの身にある者たちに解放を告げ知らせ、繋がれた者を解き放ち、嘆く者を慰めた時には、重荷を負う者はキリストに招かれた、と教えたではないか（『マタイによる福音書』第一一章、『イザヤ書』第六一章）。しかし、この招きからは、自分の義に満足している者、自分の貧しさに気づかないファリサイ派、神の怒りのことを気にもかけず、自分の悪に対する処置の必要性を感じない者は除かれている。なぜなら、このような者たちは、労することもないし、重荷を負うこともないし、心傷つくこともないし、とらわれることもないし、繋がれることもないし、涙を流すこともないからだ。あの者たちのように、罪人に、自分でもできないのに、罪の赦しは正しく、完全な痛悔によって得られると教えるのと[*30]、自分の惨めさを知り、神の憐れみをただひたすら求めるように教えるのとでは大きな違いがある。罪人に、暑さ、労苦、とらわれの身であることを明らかにし、だからこそ涼しさ、憩い、解放を教えるべきである。罪人に、へりくだり、神に栄光を帰すように教えるべきである。

口の告白については、教会法学者たちとスコラ〔学派〕の学者たちとのあいだで大きな論争が繰り返されてきた[*31]。スコラ〔学派〕の学者たちは、告白が神の戒《いまし》めによって命じられると主張する[*32]。教会法学者たちは、告白はただ教会の制度の定めとして行われるべきだと反論する。いずれの学者たちも無知であることは明らかだ。この者たちは、自分たちの主張のために引用した聖書の個所のすべてを改竄し、ねじ曲げて使用した。いくらやってみても自分たちの望むようにならないことを悟ると、今度は、自分は他の者たちより巧みな力をもっていると人々に見られたがっている教会法学者たちは、告白は実質に関しては神の戒《いまし》めにおける命令に遡るが、形式はのちの実定法によって定められた、などと言い出す[*33]。形式主義的な教会法学者たちの中でも特に愚かな者たちの中には、聖書に、アダムよ、お前はどこにいるのか〔『創世記』第三章〕、とあるので、これは神からの呼び出しであるから召喚を神の律法に加える。また、聖書に、アダムは語った、あなたが私にくださった女が〔同章〕、という抗弁の言葉があるので、異議申し立てを神の律法に加え、さらに、いずれも形式は実定法から受け取った、と主張する。しかし、教会法学者たちが形式があると言う場合でも、ないと言う場合でも、告白が神の命令だと主張する理由は何なのか。それをどのように論証するのか。（この者たちは）主は重い皮膚病の患者を祭司たちのもとに送ったと主張する（『マタイによる福音書』第八章、『マルコによる福音書』第一章、『ルカによる福音書』第五、一七章）。何を言い出すのか。主が重い皮膚病の者たちを告白のために祭司に送ったとでも言いたいのか。レビである祭司が告白を聞くために任命された、などという話は、誰もそれまで聞いたことがないし、知らなかったはずだ。そこで、教会法学者たちは急いで寓喩[*34]に逃げ込む。モーセの律法によって祭司は重い皮膚病を段階に分けて判断するように命じられていた（『レビ記』第一三章）のであり、罪は霊的な重い皮膚病なので、これを宣言するのが祭司の務めとされていた、と説明するのだ。ならば、さらに尋ねたいが、その前に確認しておきたいことがある。この聖書の言葉が祭司を霊的な重い皮膚病の審判者に任命しているというのなら、なぜ祭司は自然的な、つまり肉体の重い皮膚病についての知識ももっているのか。この者たちの答えは、律法が『レビ記』に登場する祭司に重い皮膚病の知識を授けたのであって、私たちにもこれを適用して考えればよい、というものである。そして、そう考えれば、罪は霊的な重い皮膚病であり、自分たちはその罪の識別者になる、と言うのだ。しかし、これは聖書の言葉を弄《もてあそ》ぶことにならないだろうか。私ははっきり言いたい。祭司の制度〔や職務内容〕に変更があれば、必ず律法にも変更があるはずだ（『ヘブライ人への手紙』第七章）。すべての祭司職は、キリストに委嘱され、キリストにおいて完成し、成就した。祭司のあらゆる義と栄誉は、ただキリスト一人に移された。寓喩が好きで、どうしても使いたいというのであれば、まずは自らの前にただキリストだけを祭司として据え、すべてについての無制約の裁判権をキリストの法廷に集約すべきだ。もしそうするのであれば、私たちは何の問題もなくこれを受け入れることができる。しかし、この者たちの寓喩は、祭儀についての律法の前に単なる社会秩序についての法を置いただけだ。教会法学者たちの寓喩は成り立たない。さて、それではキリストはなぜ重い皮膚病の人々を祭司のもとに送ったのか。その理由は、律法は重い皮膚病の人たちは、もし病気が癒されるなら祭司のところに出頭し、規定の供え物をすることによって償われると教えているので、あとになって祭司がこの重い皮膚病の人たちが律法に違反したなどと言い出さないためである。だから、キリストは、重い皮膚病を清められた者たちに、律法に定められたことをするように命じた。キリストは行くように命じ、あなたがたを祭司に見せ、モーセが律法で命じている供え物をして、祭司に証拠を示せと言った。それが祭司の前で証拠となった。祭司は、以前自分たちが重い皮膚病と宣言した者を、今度は癒された者と宣言した。祭司は何をしたのか。望むと望まざるとにかかわらず、キリストの奇跡の証人となった。キリストは、この祭司に奇跡を調べることを許した。祭司はこの奇跡を否定することはできなかった。祭司が宣言を拒んでも、奇跡が証拠である。別の聖書の個所で、福音はすべての民への証言として全世界に宣《の》べ伝えられる(『マタイによる福音書』第二四章)とあり、さらに、あなたがたは王や支配者たちのあいだに証人として引き出される(『マタイによる福音書』第一〇章)とある。これは、この者たちが神の審判に際しては確かに罪に定められる、ということだ。教会法学者たちが持ち出す二つ目の論拠も、寓喩によって導き出されている。この者たちは、寓喩を使えばどんな教理もその確かさを証明できると考えているのだろう。私自身は、もし寓喩を使うのであれば、もっと上手にやれるが、この者たちもやりたいのなら、やりたいようにやればいい。この者たちは、主は弟子たちに甦ったラザロの体から布を解《ほど》いて解き放ち、帰らせよと命じた(『ヨハネによる福音書』第一一章)ではないかと主張する。[*35] まず言いたい。これは嘘である。聖書のどこにも主がこれを弟子たちに命じたなどとは書かれていない。ここで言われているのは、主がそこにいたユダヤ人に命じたということだ。最も高い可能性は、主が死人に触れることなく声だけで甦らせたということであり、これは、いかなる愚かな解釈が生じることもないように、そして奇跡がより確かなものとして知られ、主のより大きな力が示されるためだった。私は、この出来事を、主はユダヤ人たちを愚かな疑いから解放するために、石を取り除け、異臭をかげ、死人であることを確認せよ、と命じ、その上で、言葉の力によって、死人が起き上がるのを見よ、生かされることになった者に最初に触れてみよ、と命じたのだと解釈する。百歩譲って、この言葉が弟子たちに語られたと想定してみよう。もしそうだったなら、教会法学者たちは何を得るのだろう。主が使徒たちに〔死の縄目から〕解く力を与えたということか。この聖書の言葉は、もっと適当な寓喩によって、巧みに解釈しうるのではないだろうか。主はこの象徴によって信じる者たちに教えようとされたと主張したいのなら、ここで言うキリストによって甦らされた者を解き放つとは、キリスト自身が罪の記憶を再び想い起こすことがないように、という意味である。キリスト自身が赦した罪を断罪しないように、という意味である。キリスト自身は憐れみ深く、寛大であることを拒まないおかたなのに、弟子たちが厳しく罰し、陰険であってはならない、という意味である。だから、教会法学者たちに推奨しようではないか。さらに寓喩に励め、と。

この者たちは、自らの主張がいくつもの証拠によって守られていると判断するや否や、反転し、今度は攻撃を仕掛けてくる。〔バプテスマの〕ヨハネのところにバプテスマを受けるためにやって来た者たちは自らの罪を告白したではないか、と主張する（『マタイによる福音書』第三章）。ヤコブは、互いに罪を告白し合うべきだ、と命じているという（『ヤコブの手紙』最終章）。しかし、それなら言おう。バプテスマを志願する者が自分の罪を告白することが不自然なのだろうか。すでに述べたとおり、〔バプテスマの〕ヨハネは悔い改めのバプテスマを宣《の》べ伝えたのであり、悔い改めのために水でバプテスマを授けた。だから、バプテスマを授けられたのは、自分の罪を告白した者だけだ。バプテスマは罪の赦しの象徴である。自分が罪人であることを認める人以外の誰が、この象徴を受け入れるだろうか。だからこそ、バプテスマを志願した者たちは、バプテスマを授けられるために自分の罪を告白する。ヤコブが互いに告白し合うべきだと教えたことには理由がある。それは、この聖書の言葉の続きを読めば分かる。そうすれば、あの者たちは、この言葉を自分たちの主張の根拠にできないことを悟るだろう。ヤコブは、互いに告白し、互いに祈れ、と命じている。互いの告白だけでなく、互いの祈りがそれに結びつけられている。だから、祭司にのみ告白すべきだというのなら、祭司のためだけに祈らなければならないことになる。何を言っているのか。ヤコブはここで私たちが互いに告白し合うことを望んでいるのだから、互いに告白するように命じたのは、他人の告白を聞くことができる者に対してである。ἀλλήλοις〔というギリシア語〕は、交互に、あるいはむしろ、相対して、という意味だ。だから、このような冗談は放っておけばよい。むしろ、使徒の言葉それ自体を理解すべきである。それは明白で、ごく単純なことだ。この言葉は、私たちは自分たちの弱さについては、互いに信頼して、それを相手に託し、互いに助言し合い、互いに理解し合い、互いに慰め合い、互いに受け入れ合うべきだ、という意味だ。私たちは、そのようにして互いに相手の弱さを知っているのだから、互いに相手のために主に祈る。ところで、なぜあの者たちは、私たちに対抗しようとしてヤコブの言葉を持ち出すのか。私たちは、これほど情熱を傾け、神の憐れみについて告白しているではないか。しかし、私たちは、あの者たちと違って、まず自分の惨めさを告白することなしに神の憐れみを告白することなどできないと考えている。いや、私たちは、それどころか、神の前で、すべての御使いの前で、教会の前で、すべての人の前で、自分を罪人だと告白できなかった者、できない者こそがアナテマだ、[*36]とはっきり言おう。聖書は言う。主は万物を罪のもとに閉じ込められた。それは、すべての口が閉ざされ、すべての肉が神の前にへりくだり、ただ神のみが義とされ、崇《あが》められるためである（『ガラテヤの信徒への手紙』第三章、『ローマの信徒への手紙』第三章）。

しかし、あの者たちは、自ら主張する口の告白である告解が神によって制定されたなどとよくも言えたものである。驚くばかりだ。もちろん、このような習慣が古くからあることは知っている。しかし、これは古くは自由で任意のものだった。それには確かな証拠がある。あの者たちの記録によれば、インノケンティウス三世以前の時代には、どのような制度も規則も確定していない（この教皇は、一八三代目である。プラティナが、ゼフィリヌスの伝記に基づいて書いている）。[*37]それ以外の歴史書、他の古い書物にも、これは司教たちによって制定された統治のための規則であると述べられているが、キリストや使徒によって制定された規則だと書かれていることはない。ここでは、さまざまな記録の中から一つだけ取り出しておこう。ソゾメノス（『三部史』第九巻）[*38]は、司教たちによって定められたこの制度は西方の教会、特にローマの教会で熱心に守られたと書いており、これがすべての教会に普遍的な制度でなかったことは明らかである。ソゾメノスは、祭司の一人がこの役割のために特に任命された、とも書いている。ソゾメノスが明らかにしたのは、祭司の全階級に〔解くための〕鍵が無条件に与えられているのではないということだ。これによって、あの者たちの主張を完全に論駁している。これは、すべての祭司がなしうる職務ではなく、そのために特別に選ばれた一人の司教に与えられた職務である。さらにソゾメノスは、こんなことも付け加えている。告解は、コンスタンティノポリスの教会では習慣化されていた。ところが、ある人妻が告解を装って、それを隠れ蓑にして輔祭と淫行をなし、それが目撃されてしまった。この悪を知ったネクタリウス[*39]は、聖く博識であると名高い教会の主教だったが、告解の習慣を即座に廃止した[*40]。愚か者のロバたちよ、この点だけにはぜひ耳を立て、耳を傾けて聞くがよい。告解が神の制定した律法であるなら、なぜネクタリウスはこれを廃止したのか。いや、破壊したのか。お前たちは、この神の前で聖なる人、すべての古代の人々の同意を得て選ばれたネクタリウスを、異端として、あるいは分離主義者として告発するとでもいうのか。お前たちは、まさに神の前で聖なる人やすべての古代の人々の同意を得て、コンスタンティノポリスの教会を糾弾しているのだ。ソゾメノスは、告解の習慣が一時的に停止されていたのではなく、自分の記憶するかぎり、ずっと廃れたままだった、と書いている。お前たちは、この欠損、すなわちコンスタンティノポリスの教会だけでなく、東方の全教会に告解が欠損していることを断罪している。コンスタンティノポリスの教会も、東方の全教会も、（お前たちが言うことが真実なら）手をかけてはならない律法、すべてのキリスト者への命令をなおざりにして、この欠損に至ったということになる。

しかし、ここでは、まず扱われている事柄全体をより明確に、分かりやすくするために、神の言葉によって私たちにはどのような告解が教えられているのかを説明し、それによって、あの者たちの告解に関する捏造をあぶり出そう。もちろん、そのすべてを扱うことはできない（広大な海のすべてを飲み干すことができる者などいないはずだ）。あの者たちが告解の要点だと主張しているものに限定したい。ここでは、聖書の多くの個所で告白〔と訳されているが、本来〕は讃美と訳されるべきであることについては、もはや言及する必要はないだろう。[*41] これは、いわば事柄のイロハである。ところが、あの者たちは、恥ずかしげもなく、喜びの声と讃美をもって（『詩編』第四二編）という聖書の言葉にこじつけて、告白は心にとって喜びとなる、と説明する。だから、純真な心の者たちには、これから述べることを理解していただき、あのおぞましいまやかしに誘惑されないように十分注意し、識別してほしい。

罪の告白だが、罪を赦し、再び想い起こすことなく拭い去るのは主であるから、私たちは罪の赦しを得るには、主に告白すべきだ。主は医者である。だから、私たちは自らの傷を主に見せようではないか。その主は自らも打たれ、傷を負い、侮辱され、損害を負ったかたである。だから、私たちは、この主から真実の平和を教えていただこう。主は私たちの心を知り尽くし、私たちの思いのすべてをご存じである。だから、私たちは主の前でこそ、心を開こうではないか。主は罪人を招く。だから、主に近づこう。ダビデは言った。すなわち、私は自分の罪をあなたに知らせ、私の不義を隠さなかった。私は言いました。私の不正を主に告白しよう。そして、あなたは私の心の邪《よこしま》を赦してくださいました（『詩編』第三二編）。ダビデはもう一つの告白もしている。すなわち、神よ、あなたの憐れみの豊かさによって私を憐れんでください（『詩編』第五一編）。ダニエルも告白する。主よ、私たちは、あなたの戒《いまし》めから離れ、罪を犯し、邪な行動をし、不敬虔なことをして、あなたに背きました（『ダニエル書』第九章）。他にも、聖書では、さまざまな個所に告白を見出す。ヨハネは言った。私たちが自分の罪を告白するなら、主は誠実に私たちの罪を赦してくださるだろう（『ヨハネの手紙一』第一章）。私たちは誰に告白すべきか。もちろん、ただ一人、主に対してである。私たちが自らの過ちに悩み、低くされ、謙遜な心をもって主の前にぬかずき、主の前で心から自分を責め、罪を認めるなら、私たちは主の善き意志と憐れみによって自分が罪から解放されることこそを求めるべきだ。このような告白を心の中に抱き、神の前でなそうとする者は、舌をもって告白することを準備するだろうし、必要な時には人々の前でも神の憐れみを求めていることを証言できるはずだ。決して、ただ一人の人に、ある特定の時間に心の秘密をささやくのではなく、公に、全世界の耳に聞こえるように、率直に自分の貧しさと主の偉大さを言葉にすることができるはずだ。ダビデがナタンに詰問された時に良心を揺さぶられ、私は主に対して罪を犯しました、と告白したのは、このことである（『サムエル記下』第一二章）。ここでダビデが言ったことは、どのような意味をもっていたのか。ダビデはこう言ったのだ。私は今、何の言い訳もせず、すべての人から私が罪人として裁かれ、主の前に隠し通そうとしたことが人々の前にあらわにされても、それを厭わない。さて、聖書は、さらに二つの私的な告白の形を教えている。一つは、私たち自身のために定められたもので、ヤコブの互いに罪を告白しなさい〔『ヤコブの手紙』第五章〕、という証言はその一つである。ここでヤコブが言おうとしたのは、私たちは自分の弱さを互いに打ち明け、互いに助言し合うことで、慰め合い、助け合おう、ということだ。もう一つは、隣人のために定められたものである。隣人が私たちの何らかの咎《とが》によって傷ついているのであれば、隣人を宥《なだ》め、和解すべきだ。キリストは、これに関してマタイに伝えていたことがある。もしあなたがたが祭壇に供え物をしようとして、そこであなたがたの兄弟が何かあなたに対して恨みを抱いていることを思い出したなら、供え物はそのままにし、まずは行って、兄弟と和解しなさい。そのあと、来て、あなたの供え物を捧げなさい〔『マタイによる福音書』第五章〕。私たちの過ちによって破壊されたままの愛は、私たちが自ら犯した過ちを認め、赦しを乞うことによって修復される。これ以外の告白の方法も形式も聖書にはない。

それでは、反対者たちの主張は何と言っているのか。何と、この者たちは、男も女も、分別がつく年齢になったら、直ちに自分たちの祭司を訪ね、少なくとも年に一度は自らの罪のすべてを告白しなければならない、と考えている。また、人間の罪は告白するという固い決意なしに赦されることはない（「すべての男女について」の項目、「至高の三位一体の要点と公同の教会の信仰について[*42]」、『命題集』四・一七・二、四・一八・二）と主張して譲らない。そのため、このような機会が与えられたのに、この決意をしない者には、天国への入口はない。また、この者たちは、キリストが、誰でもあなたがたが繋ぐ者は〔繋がれ、あなたがたが解く者は解かれ」、と言ったのは空虚な言葉ではないのだから、祭司は罪人を解き、繋ぐことが確かにできる、と主張する（『マタイによる福音書』第一八章）[*43]。ところが、この者たちは、仲間うちで、この力について激しい争いをしている。ある者は、鍵の本質は一つで、解き、繋ぐ権能であり、正しくこれを適用するには知識が必要となるが、知識は言ってみれば付属品で、本質的には権能とは結びつかない[*44]、と主張する。すると、別の者たちが、このような主張があまりにも不適当なのを見て、「識別」と「権能」という二つの鍵を設定した[*45]。さらに別の者たちが、祭司たちの腐敗に満ちた行動を制御するために、判断し、決定するために識別する権威、自分たちの宣告を具体的に言い渡す場合に行使される力、そして助言者としての知識などという別の鍵もつくり上げた（最後の鍵はフゴニウスが考えた）[*46]。この者たちは、解く、繋ぐという言葉を、あえて罪を赦すことと、罪に定めることと単純に解釈しなかった。しかし、この者たちも、預言者が、イスラエルよ、私こそお前の咎《とが》を消し去る者であり、私の他に消し去る者はいない（『イザヤ書』第四三章）、と語ったのを知っているはずだ。それにもかかわらず、この者たちは、祭司は誰が繋がれ、誰が解かれるのかを公に告知するし、誰の罪が赦されるのか、誰が罪にとどまるのかを宣言するのも祭司だと言う[*47]。さらに、祭司が罪を解き、繋ぐのは告解でなされると主張し、サクラメントに与《あずか》ることを停止したり、また再開させたりするのも祭司が告解で宣告すると主張する[*48]。この者たちは、当然、自分たちに対する反対意見があるのを知っているのだろう。すなわち、ふさわしくない者がしばしば祭司によって解かれ、繋がれることがあるのだから、その人は天で解かれ、繋がれることはないはずだ、という反対意見である。この問題を解決するために、この者たちが最後の砦として持ち出した答えがこれだ。すなわち、これらの鍵には制約があることを理解しなければならない、と言う。キリストは自らの法廷で祭司たちの判決を認めると約束したが、しかしそれは繋がれる者や解かれる者が自ら申し立てた功績に基づいている、と言うのだ。ところで、この者たちの主張によれば、これらの鍵はキリストからすべての祭司に与えられたもので、按手の際に司教を通して授けられる。[*50] ということは、この職務を自らの裁量で行使できるのは、聖職者としての職務をなしている者だけである。ところが、この鍵は、除名された者、停職になった者、何もしていない祭司たちにも渡されている。[*51] もちろん、このようなことを言い、行っている者たちでも、新しい鉄で自分たちの新しい鍵を勝手につくり出す者たち[*52]と比較すれば、まだましである。この者たちは、キリストの功績、ペトロ、パウロなどの聖なる使徒たちと殉教者たちの功績などという新しい鍵をつくり出し、それを教会の宝などと呼ぶ。[*53] この者たちによれば、この宝の入った倉庫の最高の管理と警備はローマの司教に委ねられており、この司教が驚くほどの財産の分配を任され、自分自身が豊かになるだけでなく、他の聖職者たちも豊かにする権限を与えられている。これに基づいて、教皇からは完全免償が、あるいは一定期間の免償が、枢機卿からは一〇〇日分の免償が、司教からは四〇日分の免償が分配される。[*54]

さて、これらのことについて、それぞれ短くだが、考えてみよう。ただ、この者たちは、どのような権限があって、信仰者の魂をこの者たちの律法で拘束するのか、あるいはどのような権限があって、それを不法なものと宣言するのか、ということについては、別の適当な個所で扱うことにしたい。[*55] それよりも、この者たちがこの者たちの律法で罪をいちいち規定して数え上げていることについては黙っていられない。この者たちが罪の赦しは告解の決意が確かでなければ否定されるなどと言っていることについても黙っていられない。この者たちが告解の勤めを怠るなら天国への道は閉ざされ、[*56] 残されていないと言っていることについ[*57]ても黙っていられない。すべての罪をいちいち数え上げることなどできるのか。私の考えでは、ダビデは自ら罪の告白を正しく準備したと思うが、そのダビデがこう叫んでいるではないか。すなわち、誰が自らの過ちを知るのか。ああ、主よ、私の隠れた過ちを清めてくださ い。さらに別の個所では、私の不義は私の頭を越えて、重荷となり、私の力では手に負えない(『詩編』第一九、三八編)。ダビデは私たちの罪がいかに深いものであるかを知ってい た。私たちが罪を犯すことがいかに多いかも知っていた。さらにダビデは、ヒュドラーの頭[*58]が、その首がいかに多いかも知っていた。だから、ダビデは罪の一覧表をつくるのではな く、その代わりに悪の深き淵から主を呼んだ。彼はこう叫んだ。すなわち、私は押し潰され、埋められ、もはや息もできない。地獄の門が私を取り囲んだ。私は深い井戸に沈められている。弱り果て、死にかけている私を、どうか主よ、救い出したまえ(『詩編』第一八、六九編など)。ダビデさえ自らの罪を数えることなどできないと悟り、そこから始めることを諦めるべきだと知っているのに、それでも自分の罪を数え始める者がいるだろうか。神を知る経験を少しでもした者なら、むしろこの拷問によって、自らの罪責ゆえに良心をひどく苦しめられるはずだ。ところが、この者たちは、まずは計算を始め、罪を自らの定式に従って大枝、小枝、葉に分類する[59]。その上で、質、量、長さなどを測定する[60]。これによって第一段階が終わり、次に進む。しかし、どこまで行っても、どこを見ても、空や海が見えるだけだ。どこにも安心できる港の入り江はない。そして、さらに進んでいくと、次第に大きな山が見えてきて、進めば進むほど、ますます大きく見えてくる。その山は高く、どんなに遠まわりしても、そこからは逃れられないように思えてくる。その頃には犠牲と墓石のあいだを行ったり来たりするようになり、ついには絶望が残されるだけになる。そのとき、この冷酷な拷問専門の役人が、自らが負わせた傷を癒すかのように、今度は、自分の力を尽くせばよいのだ、などと量刑の軽減のための取引をもちかける[61]。しかし、それによって新しい別の不安が生じる。そして、新しい苦しみが魂を苛《さいな》む。そして、私はそのためにこれまで十分な時間を使わなかった、とつぶやく。私はなすべき努力をしなかった、とため息をつく。私は多くのことを忘れてしまい、自分の不注意や意志によって忘れたのだから、それが赦されるはずはない、などとつぶやき、あるいは嘆き始める。すると、さらにこの傷を癒すための薬が、あの者たちによって投与される。お前の怠惰を悔悛せよ。それがひどい怠惰でなければ、赦してもらえるはずだ。しかし、そんな言葉で傷口を覆えるはずはない。それは苦しみの鎮痛剤ではなく、むしろ毒である。だが、この毒は、甘い蜜で蔽われている。そのため、毒の苦しみを感じないうちに、瞬く間に腹の中に入り込んでしまう。そのとき、あの恐ろしい声が耳の中で響く。お前のすべての罪を告解せよ。この恐ろしさを、確かな慰めがないかぎり、和らげることはできないはずだ。この恐ろしさを、この致命的な猛毒を和らげるには、見せかけの歯が浮くような言葉をいくら並べてもだめだ。あの者たちの提案では、これで神を満足させられると人々を信じ込ませることはできなかったし、自分自身でもそんなことでよいとは思えなかったはずだ。結局は、あの者たちの提案は、沖合で、しばらく錨を下ろして停泊し、いくらかの休息を得ることにしかならない。疲労困憊した旅人が道端で寝転んでとりあえずの休息を得るようなものでしかない。確かに、そのようなものでしかないことを改めて証明してもらう必要など、もはやないだろう。これについては、誰でも自分のこととして、自分が証人になれる。だから、私からは、これがどんな性質の規定であるか、それだけを端的に説明しておきたい。まず、これは不可能な法だ。これは、それによって人々を破壊し、断罪し、混乱させ、絶望や破滅に導くことしかできない。

次に、告解は、罪人を自分たちの罪についての真の感覚から切り離してしまい、神について無知であるばかりでなく、自分の罪についても無知である偽善者にしてしまうだけだ。罪をいちいち数え上げるのに熱中することで、一瞬、隠れた罪過という底なし沼を、あるいは自らの密かな不義や心の汚れを忘れさせてはくれる。しかし、忘れさせられたものとは何であろう。それを知ったら自分の悲惨さを想い起こし、嘆かずにはいられないようなものばかりだ。しかし、告白についての確かな規定がある。それは、私たちが、自らの悪がこれほど深いものであり、だからこそそれをすべて知り尽くすことは私たちの力を超えることだということを知り、それを自ら言い表すことである。私たちは、あの徴税人の、主よ、罪人である私を憐れんでください（『ルカによる福音書』第一八章）、という告白こそが、まさにこの規定に基づくものであるのを知っているはずだ。このとき、徴税人はこう言った。すなわち、私はまさにひどい罪人です。私は疑いようのない罪人です。私は自分の罪の重さを心でも測りきれず、口ですべて言い表すこともできません。あなたの深い憐れみによって、私の深い罪を呑み込んでください。これに対して、何を言っているのだ、と言いたくなる人がいるだろう。あるいは、一つ一つの罪を告白しなくてもよいとでも言うのか、と批判したくなる人がいるだろう。さらには、私は罪人だ、という二つの言葉[*62]にまとめられる告白以外は神に受け入れられないとでも言うのか、と文句を言いたくなる人がいるだろう。しかし、そうではないのだ。私たちが何よりも集中してなさなければならないことがある。それは、力を尽くして、神の前に自らの心を傾け、私たちが罪人であることを言葉で表すだけでなく、真剣に、心から認識し、私たちがどれほど罪に汚されているかを思い知ることである。また、罪がどれほど多いかだけでなく、罪がどれほどの種類にわたっているかも真剣に思い知ることである。さらには、私たちが汚れていると一言言うだけでなく、その汚れがどれほど深く染み込んでいるか、汚れている個所がどれほど多いかを思い知ることである。そして、私たちが、自らが罪の債務者であると一言言うだけでなく、この債務が幾重にもわたるものであり、多重債務者であることを誠実に思い知ることである。しかも、罪人がこのように自らを知り、すべての心を主に傾ける時でも、それでもなお多くの罪はまだ残されたままであることを、すなわち悪の奥深さは測りがたいほどであることを真剣に受けとめ、誠実に考えるべきである。そして、ダビデとともに次のように叫ぶべきだ。すなわち、自分の過ちのすべてを知ることができる者などいるでしょうか、主よ、私たちの隠れた過ちから救ってください〔『詩編』第一九編〕。だから、あの者たちが、罪は告解の決意が確実でなければ赦されず、告解の機会が与えられたのに、それをなおざりにする者たちに対しては天国の扉は閉ざされる、と主張していることについては一歩も譲歩するつもりはない。今ここにある罪の赦しは、かつても同じようにあったものである。人々は罪の赦しをキリストから得たと記されている聖書の個所のどこを読んでも、祭司どもの耳に告白したなどとは書かれていない。告白のための聴罪司祭などいなかったし、告解という制度自体もなかった時代に、人はどうやってそれをなしたというのか。それから何世紀ものあいだ、このような告解については聞かれることなどなかった。このような条件が整わずとも、罪は赦された。これ以上、この怪しい話に付き合う必要はないだろう。罪人が嘆き悲しむ時は、いつでも私はその者の罪を想い起こさない〔『エゼキエル書』第一八章〕、という神の言葉の意味は明らかだし、永遠に消えることはない。この言葉に何かを付け加えることなど誰にもできない。そんなことをする者は、罪を縛り上げるのではなく、主の憐れみを拘束することになる。

耳で聞く告白は、あらゆる面で有害であり、特に教会にとって害毒である。だから、これを断罪し、私たちのあいだから追い出そうではないか。それは間違ったことでも、不可解なことでもない。告解自体がどちらでもよいようなものだとしても、告解は無用だし、何の実りももたらさない。それどころか、告解が不敬虔なもの、冒瀆的で過ちに満ちたものを生み出した。これを直ちに廃止しない理由がどこにあるのか。あの者たちは、告解について、いくらかの有用性を宣伝し、ありがたいものとして販売している。しかし、有用性と言われているものが、何の価値もない、まったくの偽物なのだ。それなのに、この者たちは、それがまるで告解の特別な効能であるかのように宣伝している。あの者たちは、告解をする者たちが告解によって自ら恥じ入り、赤面することがまさに重い刑罰だと言う。なぜなら、それによって罪人は、それ以後は慎重になるから、と説明する。また、自分自身を先まわりして自ら罰するようになる、とも主張する。さらに、これによって神からの復讐を予防することになる、とまで言う（『命題集』四・一七・四）。これでは、天上の最も重要な法廷で神によって調べられるために呼び出されても、その時にはもうすでに恥じ入るようなことはなくなっている、ということになってしまう。確かに、ある人が自ら恥じることで罪を犯すことをやめられるようになったのかもしれないが、そのために神を良心のやましさの証言者として持ち出しているのだから、これは何ともお得な買い物である。しかし、こんなことはまったくの誤りだ。これによって人々が、祭司に告解したあとは私はもう何も悪いことはしない、と言い出すことほど罪深い確信、あるいは自分勝手な考えはない。こうして、人々は罪を犯すことを恐れなくなる。それだけではなく、一年に一度の告解を終えた他の残りの日々は、あの告解に守られていると考えて、神に祈ることも、神に立ち返ることもせず、罪を重ねる。この罪は、あの一度の告解にすべて含めてしまうことができると思い込んでいるから生じる。一年に一度すべてを含めて告解をしてしまえば、重荷はすべて取り除かれて、自分への審《さば》きはみな神から祭司たちに移され、任せたのだと思い込んでいる。人々は、こうやって祭司を証人にして、神には自分の罪を忘れてもらえたと思い込んだ。ところで、告解の日が近づくのを喜ぶ者がいるのだろうか。心から告解を受けようと思って意気揚々と出かける者がどこかにいるのか。むしろ、首輪をつけられ、縛られ、牢獄に連行されるような思いではないのか。いやいやながら出かけていくのではないのか。それなのに、犠牲を捧げる司祭たちは、人々の悪の物語を聞かされ、まるで低級な芝居を見る時のように、その内容を楽しんでいる。耳で聞く告解には、このようなおぞましい悪徳の香りがただよっている。しかし、これ以上それを一つ一つ取り上げて紙面を埋め尽くすのはやめよう。私が言いたいことは一つである。あの聖なる人が一つの淫行の噂によって告解を教会から、いや、彼の民の記憶から取り除いたことが決して軽い決断でなかったとすれば、今日のような陵辱、姦淫、誘惑、売春などの無数の出来事の中で私たちが何をすべきであるかは自明ではないか。

　さて、ここでついに告解を請け負う業者が、その王国の舳先《へさき》から艫《とも》まで、つまりはじめから終わりまで、すべてを依存している鍵の権能について述べることにしよう。この者たちが私たちに言う。お前たちは、鍵は理由なしに渡されたとでも言いたいのか。あるいは、お前たちは、何の理由もなしに、〔聖書にあるように〕あなたがたが地上で解くことは何でも天でも解かれると言われたと思っているのか[*63]。お前たちは、もし理由がないなら私たちがキリストの言葉を虚しくした、とでも言いたいのか。それなら、私ははっきり答えたい。鍵が渡されたことには重要な理由がある〔ので、この点を説明したい〕。主が、主の弟子たちが地上で繋いだもの、解いたものは天でも繋がれ、解かれると証言した聖書の言葉は二個所ある。その意味がそれぞれ違っている。ところが、あの豚どもは、まったく愚かしく無知であるために、（何でもそうしてしまうのだが）両者を混同している。一つはヨハネが伝えている。キリストが弟子たちを派遣する際に、弟子たちに息を吹きかけ、語った言葉である。聖霊を受けよ。あなたがたが赦す罪は誰の罪でも赦され、あなたがたが赦さずにおく罪はそのまま残る（『ヨハネによる福音書』第二〇章）。それ以前にペトロに約束された天国の鍵（『マタイによる福音書』第一六章）が、今度は他の弟子たちと同じようにペトロにも示された。かつてペトロに約束されたものが何であったとしても、今は他の弟子たちと同じように、これを受けた。ペトロに言われたのは、私はあなたに天国の鍵を授けよう、という言葉だった。ここで他の弟子たちとともに言われたことは、福音を宣《の》べ伝えよ、であった。キリストを通して父なる神に近づく者には神の国の門を開き、この道を通らない者の場合には閉じて締め出せ、ということだ。また、ペトロに言われたのは、あなたが地上で繋ぐことは何でも天上で繋がれ、あなたが解くことは何でも解かれる、ということである。ここでペトロも含む他のすべての弟子とともに語られたのは、あなたがたの赦す罪は誰の罪でも赦され、あなたがたの赦さないものはそのまま残る、である。ここで、繋ぐとは罪をそのままにしておくことであり、解くとは赦すことだ。だから、罪が赦されることで、良心は厳しい拘束から解放される。逆に、罪が赦されないことで、想像できないほど厳しく縛られ、動けなくされる。

私は巧妙で、かなり無理があり、曲解された解釈をするのではなく、単純で、自然で、分かりやすく、明快な解釈を示したい。ここで〔すべての弟子たちに命じられた〕罪を赦す、赦さないという命令、そして繋ぐこと、解くことについてペトロに与えられた約束は、いずれも、ただ神の言葉の職務に関するものであった。だから、主は、使徒たちに職務を実際に授けた時には、〔罪を赦すことと赦さないことと〕同じように、繋ぎ、解く、という権能も与えている。なぜなら、〔使徒たちが宣べ伝える〕福音の全体は、罪と死の奴隷になっていた私たちがキリスト・イエスの贖いによって解かれ、自由になったことだからである。そしてまた、キリストを解放者、贖罪者として心から認め、その事実を受け入れないなら、永遠の鎖に繋がれ、断罪を宣言されることだからである。主が使徒たちにこの福音をすべての国民に宣べ伝える使命を与えたとき、これが主のものであり、主から出たものであり、主が命じたものであることを証明するために、主はこの命令を高貴な言葉で修飾して伝えた。その修飾された言葉は、主の弟子たちにとっても、この使命が届けられる人々にとっても、これ以上のものはない慰めだった。使徒たちは自らが宣教することについて堅固な確信を得ることができたし、そのことが重要だった。使徒たちは、この福音の宣教を続け、苦悩の中でもさまざまな配慮を怠らず、いくつもの危機に直面する中で、これを担い続けた。それだけではなく、自らの血をもって証印した。はっきり言おう。使徒たちの確信は、決して虚しいものではなかったし、無力なものではなかった。この堅固な確信ゆえに、力と強さに満ち溢れていた。さまざまな不安や困難の中で想定外の危機に直面しても、使徒たちが神のわざに仕えていると確信できたことが重要である。世界中の反対や厳しい対立の中でも、使徒たちが神が傍らに立っているのを知りえたことが重要である。教理の創始者であるキリストが、地上では目に見えなくても天にいて、教理が真理であることに確証を与えているのを使徒たちが理解できたことが重要である。さらに、この福音の宣教を聞いた者たちに対しては、福音についての教理が使徒たちのおしゃべりではなく、神自身のものであることを証明してみせることが必要だった。地上の声ではなく、天からの声であることを明らかにすることが重要だった。罪の赦し、永遠の生命、そして救いの告知は、人間のなしうることではない。キリスト自身が、使徒たちを道具として用い、使徒たちの器官のすべてを用いて、語り、約束する。使徒たちの告げ知らせる罪の赦しは、神の真実の約束である。使徒たちの宣告した断罪は、神の真実の審《さば》きである。そして、この証言は、時代を超えて、あらゆる時代に与えられ、確信された。すべての人が、これを確信した。福音の言葉は、どのような人間が語っても、神自身の福音の告知である。そのことは神の至高の法廷で発布され、命の書に記され、天で批准され、そのことが表紙に明記され、確認される。鍵の権能とは、まさにこの福音の宣教のことであり、この宣教に仕える者の職務のことだ。これが私たちの結論である。キリストは、この権能を人間に与えたのではない。神の言葉に与えたのだ。そして、人間をこの神の言葉に仕える者としたのだ。

これとは別の意味で解釈すべきだとすでに述べた、もう一つの聖書の言葉は『マタイによる福音書』のもので、キリストが次のように述べたことである。すなわち、教会に聞き従わない者がいるなら、その者は異邦人、徴税人のように扱え。まことに、あなたがたに言う。あなたがたが地上で繋ぐことは何でも天上でも繋がれ、あなたがたが解くことは何でも解かれる（『マタイによる福音書』第一八章）。私たちが指摘している違いとは、両者のあいだには何の類似点、近似点もないということではない。両者には似ている点がある。どちらも、すべての人への宣言であり、繋ぎ、解く力のことであり、神の言葉の力のことである。また、どちらも同じく、繋ぎ、解くという命令であり、同じ約束である。しかし、違うところがある。最初に取り上げた聖書の言葉は神の言葉に仕える者たちの説教に関することだが、次に取り上げた言葉は教会に委ねられている主の食卓への陪餐停止に関する規定である。教会は、陪餐から除外する者を繋ぐ。もちろん、それはその者を永遠の滅びに投げ入れることでも、絶望に追いやることでもない。その者の生き方や考え方を断罪する。教会は、その者が悔い改めないなら、この断罪を告げる。また、教会は、陪餐を許可する者たちを解く。教会がイエス・キリストによる一致にこの者が与《あずか》ることができるようにさせることだ。このような事情なので、主は、陪餐に際しての教会の審判を見下すべきではない、と明言した。また、信仰者の審査による断罪を軽んじないように命じた。そして、信仰者たちの審判が主自身による宣告の開示にほかならないこと、さらには信仰者の審査は天上でも確認されることをはっきりと明言した。信仰者の審判は、邪悪な者たちを断罪する神の言葉を含みもち、真実に悔い改めた者たちを恵みへと招き入れる言葉をもつ。だから、その審判が過ちを犯すこともないし、神の審《さば》きに同意しないなどということもない。審判を行う者たちは、ただ神の律法に従ってのみ審く。その際の律法とは、不確実なものや、この世の法に基づく意見ではない。それは神の聖なる意志であり、天からの宣言である。ここで主が教会と呼んだのは、剃髪をし、ひげを落とし、亜麻布をまとった少数の者たちの集まりのことではなく、主の名のもとに集まった信仰者たちのことである。このように言えば、言葉の揚げ足とりをするのが趣味である者たちが何かを言い出すかもしれないが、そんなことに今さら耳を傾ける必要はないだろう。この者たちは、世界中に広がり、点在している教会に、どうやって訴えればいいのか、どのような審判が教会に委託されるのか、と言うに違いない。しかし、キリストは、キリスト者の集まりについては、教会がさまざまな場所や地域に建設されうる、と言っている。キリストが強調して言ったとおりだ。すなわち、キリストは、どこでも、と言った。どこでも、私の名によって二人または三人が集まるところでは、私はその中にいる〔『マタイによる福音書』第一八章〕。

これまでごく短く、簡単に、真実に解釈したこの二つの聖書の個所について、あの狂人たちは何の識別もせず、自らが生み出した幻覚に惑わされて、次々と告解、破門、裁判権、立法権、贖宥などをつくり続けた。しかし、私が自らの剣を取り出し、このような勝手な幻想の糸を断ち切ってしまったら、どうなるだろうか。すなわち、この者たちの祭司職は使徒たちの代理ができるようなものではないし、この者たちは使徒の継承者ではないと宣言し、それを暴露してしまったら、どうなるだろうか。この点については、また別のところで取り扱いたい。さて、話を元に戻そう。この狂人たちは、可能なかぎりの武装をし、ハンマーまで振り上げているが、結局はそれを使って自分たちがつくり上げたものを破壊してしまった。キリストは、聖霊を与える前に、使徒たちに繋ぎ、解く力を与えてはいない。私は言いたい。聖霊を受けていない者には鍵は託されていない。はっきり言おう。聖霊によって使い方を事前に教えられ、示されていなければ、この鍵を使うことはできない。あの者たちは聖霊をもっていると主張するが、それは嘘で、それどころか聖霊を否定している。あの者たちは、勝手な妄想を始め、実際に妄想し、聖霊を虚しい、何の価値もないものだと考えている。しかし、あの者たちのこれらの言葉は信頼できない。そこで、あの者たちを打倒する手順を示そう。あの者たちがどんな扉の鍵をもっているのか知らないが、その前に、鍵の審《さば》き主、あるいは保管者と言うべき聖霊をこの者たちがもっているのかが問われる。この者たちが、もっている、と答えるなら、それに続いてさらに、聖霊が間違いを犯すことがありうるのか、と問わなければならない。しかし、この者たちは、その教えの中で答えを暗示することはあるかもしれないが、明確にこの問いに答える勇気をもたない。その時には私たちはさらに言わなければならない。何の根拠もなく主が繋ごうとした者を解き、主が解くようにと命じた者を繋ぐような司祭に鍵の権能はない、と。この者たちが、ふさわしい者も、ふさわしくない者も、まったくいい加減に解き、繋いでしまっている明確な証拠がある。あの者たちは、正しい知識もないのに権能を乱用する。あの者たちも、権能を正しく執行するためには知識が必要だということを否定したりはしないようだ。ところが、あの者たちは、邪悪な執行者にも権能は与えられている、と平気で書くのだ。[*64] それなら、聞きたい。権能とは何か。あの者たちは、権能とは、あなたがたが地上で繫ぎ、解くことは天上でも繫がれ、解かれることだ、と答えるだろう。しかし、そうであるなら、キリストの約束が偽りだったということなのか。この者たちが繫ぎ、解くことこそが正しいということなのか。そのとき、この者たちが、キリストの約束は繫がれる者、解かれる者の功績によって制約を受ける、などと言い逃れすることは、もはやできない。[*65] 私たちも、解かれるにふさわしい者が解かれ、繫がれるにふさわしい者が繫がれることは認める。しかし、何がふさわしいかは、福音の使者、そして教会のもつ神の言葉によってのみ測られる。この神の言葉によって、福音の使者たちは信仰によってすべての人に罪の赦しを約束できる。そして、キリストを受け入れることのないすべての人に断罪を宣言できる。教会は、神の言葉によって、淫行する者、姦淫する者、盗む者、殺す者、貪欲な者、不義な者が神の国を継ぐことはできない、と宣言する。教会は、このような者たちを堅固な力で繫ぐ。そして、同じ神の言葉で、悔い改めるなら、解き、慰める。だから、あの者たちに聞いてみたい。何が繫がれるべきで、何が解かれるかも知らない権威というものがあるのか。あるいは、あの者たちに問いたい。自分たちはよく知りえないのに繫いだり、解いたりなどできないのではないか。そのような者たちのもつ権能とは、どのようなものなのか。あの者たちは、自分のなす免赦がまったく不確実なものなのに、どのような権威によって赦すのか。これがまったく不確実で役に立たないものなら、この空想上の権能にどんなご利益があるのか。私は言いたい。そのような権能は、無に等しく、不確実なものである。聖書が一言もこれを支持していない。司祭たちの大部分は、自分が鍵を正しく用いていないのを知っている。[*66] さらに、鍵を正しく用いないなら権能は無効である、という決定があったことも知っているはずだ。[*67] だとすれば、そのような司祭は、どのようにして自分が解く鍵の正しい管理者だと私たちに説明できるのか。あの邪《よこしま》な司祭がなす解くことは、不誠実すぎるのではないか。あの者たちは言う。あなたがたの何を繋ぎ、何を解けばよいのか、私には分からない。私は鍵の正しい使用法をよく知らない。でも、あなたが解くに値するなら、私はあなたを解くことになるだろう。恥ずかしげもなく、そう言うのだ。そんなことは、信者たちにではなく(信者たちにとっては聞くに堪えない言葉であるに違いない)、トルコ人か悪魔に言ってくれ。あの司祭たちが言いたいのは、こういうことである。すなわち、私は解くことの確かな規範である神の言葉はもっていないが、あなたの功績がそれにふさわしいなら、あなたを解放する権威は与えられる。さらに私たちは、この者たちが鍵を識別するための権威を定義し、また鍵を執行する権能を定義しているが、それが何を意味しているのかを考えたい。この者たちの主張は、知識は助言者となり、善用を助ける、というものだ。この者たちは、鍵の権能を、神なしに、神の言葉なしに、自分勝手に、また放縦な仕方で定義しようとした。この者たちが、そうやって鍵をさまざまな錠に差し込んだり、扉に入れてまわしたりしている様子を知らなければならないだろう。この者たちは、この鍵を自分たちの裁判権に使い、告解にも使い、さまざまな教会の法に使い、儀式にも使う。キリストが『ヨハネによる福音書』で罪を赦すことと赦さないことについて弟子たちに与えた命令では、もちろん立法権をもつ学者も、告解のための秘書役も、官吏も任命されていないし、教皇を支える内赦院も署名院も設立されてはいない。それだけではなく、その者たちを、ただ一言、神の言葉に仕える者、とだけ呼んだ。『マタイによる福音書』で、キリストが繋ぎ、解く職務を教会に授けたとき、二角帽や司教冠をかぶった高位聖職者たちによって、解かれることなどありえない惨めな人々が、シンバルの騒音の中で、蠟燭の炎をさっと吹き消すことですべてのことが消し去られたと言われたり、さまざまな呪いが与えられたりするようにと命じたわけではない。キリストは、陪餐停止の規則によって邪悪な者の歪曲が正されること、つまり神の言葉の権威によって、教会の職務〔＝奉仕〕としてそれが執行されることを命じている。

それなのに、教会の鍵はキリストと殉教者たちの功績を分配することだとこの者たちは主張する。教皇は、教書や贖宥でこれを分配できると夢想する。このような狂人たちとは、もう論じ合っていても仕方ないだろう。ヘレボルスを飲ませてやったらどうだろう。*68 この狂人どもの贖宥のいい加減な言葉にいちいち反応して労力を使っていたら損するばかりだ。この贖宥は、いくつものハンマーが打ち砕き、今では枯れ果てて衰え、自ら矮小化の道を歩んでいる。何と長いあいだ、人々はこの贖宥を見逃してきたことか。何と長いあいだ、無力で、しかも狂気の沙汰としか言いようのないものの勝手放題を見過ごしてきたことか。何と長いあいだ、このしつこい、やましい、無法なわざを許し続けてきたことか。この事実一つ一つが、人々が何世紀にもわたって深い闇の夜に沈んでいたことの証拠である。人々は、その目で、教皇とその勅使が公然と、憚《はばか》ることなく、この愚かな行為に自分たちを連れていくのを見たはずだ。人々は、その目で、自らの魂の救いが貪欲な商売の対象になっているのを見たはずだ。人々は、その目で、救いの値段がわずかな小銭に換算され、無償では何も与えられないと知らされるのを見たはずだ。このような仕方で、人々はあの者たちによって捧げものを取り上げられ、あの者たちは遊女や売春、男娼とのおぞましい行為でそれを消費した。人々は、その目で、贖宥を宣伝してまわる者たちが言葉で表現できないような軽蔑すべき輩であるのを見たはずだ。このような妖怪が日々町々を勝手気ままに歩きまわり、その数はとどまるところを知らない。毎日のように新しい規定がつくられ、そのたびに新しい貨幣があの者たちの懐《ふところ》に投げ込まれる。人々は最高の敬意を払って、その贖宥を買った。人々の中でも物事がよく見えている者でさえ、贖宥が信仰のペテンだと分かっているのに〔いわば自ら進んで〕宗教に騙されているのだから、たとえ騙されたとしても何らかのご利益が欠片《かけら》ぐらいは期待できるのではないか、などと考えている。だから、世の中の人々が少しでも利口になり、よく考えるなら、贖宥情熱は冷め始めるはずだし、ついには凍てつき、そして最終的には消滅するはずである。

ところが、(贖宥販売人たちの汚れた手段、偽り、盗み、強欲によって騙され、弄ばれてきたにもかかわらず)不思議なことに、多くの者たちがこの不信仰の根源を見ようとしない。だからこそ、贖宥がいったいどんなものなのか、また贖宥の汚れが取り除かれるとそこから何が顔を出すかを明らかにすることが重要だ。贖宥は、正しく理解されるなら、キリストの血への冒瀆、サタンが演じる茶番である。贖宥は、キリスト教を信じる者たちを神の恵みから引き離し、キリストとともにある人生から離脱させ、真実の救いの道から脱落させる。この者たちは、キリストの血だけでは罪の赦し、和解、償罪には不足が生じる、と言う。この者たちは、干上がって生気を失った土地の場合のように、干上がって失われた部分は他の何らかのものによって補われなければならない、と言う。これ以上にキリストの血を冒瀆する主張があるだろうか。ペトロは次のように証言している。すなわち、律法も、すべての預言も、罪の赦しはキリスト自身によって受けられる（『使徒言行録』第一〇章）。ところが、贖宥は言う。ペトロ、パウロ、殉教者たちを通して罪の赦しを拡散させる。ヨハネは言っている。キリストの血が私たちを罪から清める（『ヨハネの手紙一』第一章）。ところが、贖宥は言う。殉教者たちの血が罪を洗い清める。パウロが言う。キリストは罪を知らなかったが、私たちのために罪とされた（まさに罪のための犠牲になった）。私たちがキリストにあって神の義となるためだ（『コリントの信徒への手紙二』第五章）。ところが、贖宥は言う。罪の赦しは殉教者たちの血に宿る。パウロは、コリントの人々に、はっきりと証言した。キリストだけが、あなたがたのために十字架にかかって死んだ（『コリントの信徒への手紙一』第一章）。ところが、贖宥は言う。パウロ、そして他の人々も、私たちのために死んだ。パウロは、さらに証言する。キリストはご自身の血によって教会をご自分のものとなさった（『使徒言行録』第二〇章）。ところが、贖宥は言う。殉教者の血によって他の価値あるものを得ることができる。使徒が証言している。キリストは一つの捧げものによって聖なるものとされた者たちの救いを永遠に全うした（『ヘブライ人への手紙』第一〇章）。ところが、贖宥は言う。聖化は殉教者たちによって完成されるのであり、それ以外の方法では不完全である。ヨハネは言う。すべての聖徒は、その衣を小羊の血で洗った（『ヨハネの黙示録』第七章）。ところが、贖宥は言う。衣を聖徒たちの血で洗え。このとおり、あの者たちの教えには、このような冒瀆が、すなわち聖なるものを汚す言葉が織り込まれている。これは度外れた冒瀆である。

さて、次にこのような主張が誰の、どのような根拠に基づく考えなのか、自らの胸に手をあてて考えてもらいたい。すなわち、あの者たちは、こう言うのだ。殉教者たちは自らの死によって神に求められている以上のものを捧げ、功績を積み上げたので、他の人たちと比較にならないほど功績が蓄積され、余剰が出ているほどである。そのため、このよきわざが無駄になってしまわないように、それをキリストの血に混ぜる。*69 このようにして、キリストと殉教者の両方から罪の赦しや償いという教会の宝はつくり出される。パウロが私はキリストの苦しみの足りないところを私の肉体をもってキリストの身体である教会のために補う（『コロサイの信徒への手紙』第一章）と言ったのは、そのことである。何ということだ。これはキリストを名ばかりのものにし、最終的には、その他大勢の一人、それが誰なのかを判別できない小聖人に仕立て上げることではないのか。罪の赦し、償い、負債の弁済が問題になるところでは、ただキリストだけが、キリストのみが宣べ伝えられるべきだ。キリストのみが立てられるべきだ。キリストの名のみが宣言されるべきだ。キリストのみが見つめられるべきだ。話を進めるために、とりあえずは、あの者たちの虚構の論法に従っておくことにしよう。あの者たちは、殉教者の血は、虚しく流されることがないように、教会の公の利益となることのために捧げられるべきだと言う。[*70]それは本当なのか。死によって神に栄光を帰したのは虚しいことだったのか。殉教者の血によって神の真理を証言するのは虚しいことなのか。殉教者がこの世で真理を正しく見通し、よりよい生を選択したことを確認するのは虚しいことなのか。殉教者の堅忍を確証し、それによって教会の信仰を確かなものとし、敵の執拗な攻撃に耐えるのは虚しいことなのか。あの者たちは、そう言って憚《はばか》らない。あの者たちは、結局どうしたかといえば、キリストだけが調停者であり、キリストだけが私たちのために死んだこと、キリストだけが私たちの贖《あがな》いのために捧げられたとしたら、そこからは何の実りも生まれないではないかと主張する。あの者たちは、パウロがキリストの苦しみの足りないところを自分の肉体をもって補うと言ったことを、邪《よこしま》な方法で、あえて曲解した。[*71]しかし、ここでパウロが不足する、あるいは補うということで言いたかったのは、贖い、補償、償いのための何らかのわざのことではない。キリストの肢体、つまりすべての信者たちが日々その肉体において受けなければならない悩みや苦しみという修練のことである。だから、パウロがキリストの苦しみの欠けた部分ということで言いたかったのは、キリストがひとたびすでに引き受け、日々その肢体を通して負い続けている苦難のことである。キリストは、私たちにこのように語ることで、私たちを励まし、私たちの悩みや苦しみをキリスト自身のものとみなした（『テモテへの手紙二』第二章）。さらに言えば、パウロがここで、教会のために、という言葉を付け加えたのは、教会のための贖い、和解、負債の弁済という意味ではなく、教会が建てられ、その利益を人々が得ることを願ってのことだ。パウロは別の個所で言っている。すなわち、私はすべてのことを選ばれた人たちのために耐え忍ぶ。それは、その人たちがキリスト・イエスによる救いを受けるためだ〔『コリントの信徒への手紙二』第一章〕。このようなわけで、パウロが義、救い、生命を満たすために、キリストの苦しみには不十分な部分があるとか、さらに追加が必要だ、などと言うはずはない。それどころか、パウロは明確に、堂々と次のように教えている。すなわち、恵みの豊かさはキリストを通して豊かに溢れ出し、その恵みはあらゆる罪の力をはるかに超えている〔『ローマの信徒への手紙』第五章〕。すべての聖徒は、ただキリストの苦しみによってのみ、救われた者となる。聖なる人たちの生や死の功績によってではない。ペトロが雄弁に語っているではないか。神の憐れみ以外に〔例えば〕聖なる人の功績に価値を見出す者は、神の子であるキリストを冒瀆する〔『使徒言行録』第一五章〕。さて、私はこれでもまだ説明が不足しているかのように、ここに長くとどまる必要があるだろうか。これほどひどい意見を数え上げ、公表すれば、勝敗は明らかなはずだ。これらの冒瀆については、このあたりで終わりにしたい。問題は、誰が教皇に、イエス・キリストの恵みをあのインクと羊皮紙の証書に閉じ込めることを教えたのか、である。もともと主は、この恵みを福音の言葉によって分け与えるように命じている。ということは、神の福音が嘘を言っているのか、それとも贖宥が偽りであるのか、いずれかだ。キリストは、福音によって、あらゆる天的な賜物の豊かさ、あらゆる徳、正義、知恵、恩寵のいずれも過不足なく私たちに与えた。あの者たちは、教皇の机でインクと羊皮紙を使ってつくり出された贖宥状をキリストの恵みに忍び込ませ、神の言葉を浸蝕した。

あの者たちは、悔悛の第三の場を〔わざによる〕罪の償罪に見出す（『命題集』四・一六・四、『法令集』二・一・六三「告解」、あるいは二・一・七六）。ここでの冗談のような言説については、一言で十分である。あの者たちは、悔悛をする者たちは、過去の罪悪から離れ、善いわざをするようになるだけでは十分とは言えないので、これまでの過去の行為について、主に罪の償いをするように、と言う。[*72] 涙を流すこと、断食、供え物、施し、あるいは慈善的なわざなどがそのために必要だと言う。これによって主を宥《なだ》め、神の義への負債を支払い、私たちの罪の代償を支払い、赦しを買い取るべきだ（〔『法令集』〕二・一・四二）と言うのだ。主は罪人を大いなる憐れみと慈悲によって赦すが、義の訓練のための処罰は残っており、これが償いによって贖《あがな》われるべき罰だと主張する。[*73]

このような大嘘に対して、私は代価なしの罪の赦し〔あるいは罪の無償の赦し〕を示したい。この問題について、聖書は明確に、誤解しようのない言葉で説明している（『イザヤ書』第五二章、『ローマの信徒への手紙』第三章、『コロサイの信徒への手紙』第二章、『テトスへの手紙』第三章、その他多くの個所）。何よりも言いたいのは、赦しは神の純粋な寛大さによる賜物にほかならない、ということだ。負債を支払ったことを領収書で証明する債権者が、赦した、などと言うはずがない。そうではなく、何も支払わないのに、無償で、主の恩寵によって借財を帳消しにしてもらった信者が、赦された、と言うのだ。なぜ無償なのか。それは罪の償いのためのどんな方法も排除するためである。あの者たちは、どんな確信があって、罪の償いのための勝手な方法を保持し続けているのか。そんなものは強力な落雷によって簡単に倒されてしまうようなものだ。聖書全体がキリストについて述べて、私たちはキリストの名によって罪の赦しを受けると証言している（『使徒言行録』第一〇章）。それは他の名を除外するためである。それなのに、あの者たちは、どうしてわざによる償罪という言葉で赦しが得られるなどと教えているのか。しかし、そうだとしても、なぜキリストの名によって赦されるということまで否定してしまうのか。聖書が言うキリストの名によって、とはどういうことなのか。それははっきりしている。私たちはこの点については何もなしえず、何も自分の功績などとは主張せず、ただキリストの掟に従う、という意味である。パウロが、神はキリストにおいて世を神自身と和解させ、世の罪過を人間自身に帰することはない（『コリントの信徒への手紙二』第五章）、と言っているとおりだ。私は恐れさえ感じているが（あの者たちの腐敗はそれほどのものなのだ）、あの者たちは、バプテスマを受け、神の恵みへと迎えられ、とりあえず罪の赦しも和解も同時になされたが、その後はわざによる償罪によってそれを更新すべきだとか、キリストの血は教会の鍵によって分け与えられるのでないかぎり何の益にもならない、などと言い出すのではないだろうか。*74 しかし、ヨハネはまったく違うことを述べている。すなわち、誰かが罪を犯したなら、私たちは父なる神への弁護人としてイエス・キリストをもち、キリスト自身が私たちの罪のための宥《なだ》めの供え物となった（『ヨハネの手紙一』第二章）。さらにこう言っている。子たちよ、あなたがたにこれを書き送るのは、あなたがたの罪が御名によって赦されたからである（同）。ヨハネは信仰者たちにはっきり述べた。キリストを罪の宥めの供え物として提示したのだから、神がそれ以外のもので宥められても喜ぶことはない。神は一度だけ、キリストによって、あなたがたと和解したが、その後は他の和解の方法を求めるべきだ、などとは言っていない。ヨハネはキリストを永久の弁護人とした。キリストの執り成しによってこそ、私たちは神の愛を常に受け取ることができるように自らを回復する。キリストという永久の宥めの供え物によって罪が赦される。〔バプテスマの〕ヨハネが、見よ、世の罪を取り除く神の子羊（『ヨハネによる福音書』第一章）と言ったのは、永遠の真理である。だから、私は言いたい。キリストだけが取り除くのであって、他の何かではない。キリストだけが、神の子羊である。キリストだけが、罪のための供え物である。キリストだけが、ただ一つの補償であり、罪の償いである。ここで私たちは、キリストの栄誉が完全に、割引されないで、傷つかず保持されるべきこと、そして罪の赦しを確信する良心が神との平和を得ること、この二つを考えるべきだ。イザヤは、私たちがその傷によって癒されるために父は私たちのすべての不義を子の上に置いた（『イザヤ書』第五三章）、と述べている。ペトロは同じことを別の言葉で次のように述べた。すなわち、キリストは、その身体によって私たちの罪をその身に負った（『ペトロの手紙一』第二章）。パウロは、私たちのためにキリストが罪人とされたとき、キリストは肉において罪に定められた（『ローマの信徒への手紙』第八章）、と書いている。それは、犠牲としてキリストが与えられたとき、罪の力も、罪の呪いもキリストの肉によって滅ぼされ、私たちの罪の重さも、罪の呪い、誤った言葉や考えも、神の審《さば》きも死の判決も取り除かれた、ということである。キリストによって果たされた贖《あがな》いについて、パウロはいつもそれを ἀπολύτρωσις〔代償〕と呼ぶが、これは一般的な意味での贖いのことではなく、身代金、あるいは贖いのための罰金とすべきもので（『ローマの信徒への手紙』第三章、『エフェソの信徒への手紙』第一章、『コロサイの信徒への手紙』第一章など）、他の個所では、キリストは私たちのために自らを ἀντίλυτρον〔身代金として〕与えた、と教えられている（『テモテへの手紙一』第二章）。その上で、私はあの者たちに聞いてみたい。それでも罪の赦しを自らのわざの査定によると言うのか。罪の赦しが、身代金の支払いが、キリストとは無関係だと言うのか。私たちの不義がキリストによって償われるためにキリストのうちに引き受けられたと言うのと、私たちは私たちのわざによって償われると言うのとでは、まったく異なっている。キリストは私たちの罪の宥《なだ》めの供え物だと言うのと、神は私たちのわざによって宥められると言うのとでは、まったく異なっている。良心の平安はどうだろうか。罪の償いはそのための私たちのわざによって得られるのだと聞いて、どのような安らぎを得られるというのだろうか。私たちは、どこまですれば、罪の償いの完了を経験し、確信できるのだろう。繰り返し私たちの良心は、神が宥められたのかどうか疑問に思い、不安を感じ、恐れを持ち続ける。いとも簡単に罪の贖いについて語る者たち、そしてそれにより頼む者たちは、神の審きを軽視しているのではないか。すでに繰り返し述べたとおり、そのような主張を繰り返す者たちは、罪の重さについて何も知らないのではないか。私たちは、あの者たちが正しく償うなら罪のいくつかが贖えると言っていることについては同意できるとしても、数えきれないほど多くの罪を負う者たちはどうすればよいのか。その罪を償うには、たとえそのことだけに人生を費やしたとしても、一〇〇の生命があっても償いきれないに違いない。

この点で、あの者たちは愚かな区別を持ち出す。ある罪は赦されるもの、ある罪は死に至るものだと言うのだ。[*75] 死に至る罪には重い償いが必要になるが、赦される罪については軽微な治療によって清められる。主の祈りを繰り返し祈ること、聖水で清める、あるいはミサによって罪が取り除かれることなどである。[*76] あの者たちは、神を馬鹿にしている。あの者たちは、暇さえあれば、赦される罪と死に至る罪の区別を語る。[*77] しかし、赦される罪があるなどとみなすのは、不敬虔と汚れた心がなければ、できないことだ。私たちは（聖書が義と不義の基準として教えているように）罪の報酬は死であり、罪を犯す魂は死に値する、とはっきり言いたい（『ローマの信徒への手紙』第六章、『エゼキエル書』第一八章）。信仰者の罪が赦されるのは、それが死に値しないからではなく、神の憐れみによって、キリスト・イエスにある者たちは何一つ断罪されないからであり、不義を負わされず、恵みによって洗われるからだ（『ローマの信徒への手紙』第八章、『詩編』第三二編）。

私たちのこのような教えを、あの者たちがどのように中傷しているかは十分に承知している。あの者たちは、罪の平等性はストア派のパラドクスだと言う。[*78] しかし、そのような批判は、まさに自分たちのその口で直ちに論駁されてしまったので、役に立たなかったと言わざるをえなくなるだろう。あの者たちは死に至る罪と言うが、そのように言われた罪の中に、より軽い罪が含まれてしまう可能性を、あの者たちは認識しているのか。私は尋ねたい。その罪が死に至るものであっても、その罪がみな同じというわけではないのではないか。聖書は罪の報酬は死であり、律法への服従は生命の道であり、律法の違反は死である（『レビ記』第一八章など）と明確に定義しているのだから、誰もこの判決を免れることはできないはずだ。そうであるなら、うず高く積み重ねられた罪を償う道をどのように見出せるというのか。一つの罪の償いに一日を要するというが、その償いを考えているあいだに別の七つの罪を犯してはいないか（これは最も正しく生きている者の最小限度の場合であるが）。ということは、最も正しい人が七つの償いをなしているあいだ（『箴言』第二四章）に四九の罪が累積されている計算になる。このように、償いを信頼する理由など、どこにもない。それなのに、あの者たちは、どうして償いにこだわり続けるのか。なぜ償いを続けなければならないと考えるのか。あの者たちは、退路を確保しようと必死になって探しているが、昔から言われているとおり、水が詰まって流れない[*79]。そこで、あの者たちは罰と罪過の識別を始めた。あの者たちも罪は神の憐れみによって赦されるのを認めるが、その憐れみに与《あずか》るためには、それを受けるに値する涙と祈りが必要だと教える。また、罪が赦されても、その罪への罰金の清算はまだ残っており、神の義はそれが支払われることを要求している、と言う[*80]。これによって、あの者たちは、罪の償いをこの罰金免除の問題として論じ始める[*81]。しかし、罪の赦しについて聖書が私たちに伝えていることは、いずれもこのような識別とは異なっている。聖書が教えている罪の赦しとは、神が子であるキリストによって私たちと結んだ新しい契約のことである。だから、神は、私たちの不義をもはや想い起こすことはない（『エレミヤ書』第三一章）、と言った。この意味を、他の預言者の言葉も用いて考えたい。例えば、こう言われている。すなわち、主は言われた。もし義人がその義を離れるなら、その人のすべての正しいわざは覚えられない。もし悪人がその悪を離れたら、その人のすべての不義は覚えられない（『エゼキエル書』第一八章）。ここで、主が義を覚えないというのは、主は報いを与えるために、その人のわざを計算に入れない、という意味である。罪を覚えないというのは、主が罪のために罰金など求めない、ということだ。同じことは別の個所でも言われている。例えば、罪を負わさずに、これを隠す（『詩編』第三二編）、と言われている。私たちが聖霊に誠実に問うなら、聖霊はこの言葉の意味を明瞭にしてくれる。神が罪を罰するなら、神は私たちに罪を負わせる。神が復讐するなら、神は私たちの罪を想い起こす。神が法廷に私たちを召喚するなら、神は私たちの罪を隠してはおかない。しかし、その神がどのように罪を赦すかを、別の預言者の言葉から聞こう。すなわち、預言者は、たとえあなたがたの罪が朱に染まった糸のようであっても雪のように白くなる、紅のように赤くても羊毛のようになる（『イザヤ書』第一章）、と言う。読者は、私の解説にすべてを語らせてしまうのではなく、神の言葉が語っていることにさらに耳を傾けるべきだ。さて、私は問いたい。罪に対して今なお罰が要求されるというのなら、キリストは私たちに何をなしたと、あの者たちは説明するのか。キリストは木に架けられ、私たちのすべての罰をその身に負った（『ペトロの手紙一』第二章）というのは、私たちの罪に負わされた罰や復讐をキリストが完済したということではなかったのか。イザヤが私たちの平安のための懲らしめや体の傷がこのかたの上に加えられた（『イザヤ書』第五三章）と言ったのはこのことであり、それをさらに意味深く説明している。ここで言う私たちの平安のための懲らしめとは、キリストがそれを自らの身を挺して引き受けてくださらなかったら私たち自らが神と和解するために事前に清算しなければならなかった罪の罰のことにほかならない。読者よ、はっきりと聞いただろうか。キリストは、子とされる者たちの罪の罰を免除するために、これを自ら負ったのだ。キリストがキリストを信じる者たちに約束したことを、真実に理解しようではないか。キリストは言った。すなわち、私を信じる者は、審《さば》かれることがなく、死から生に移る（『ヨハネによる福音書』第五章）。パウロも、この約束への確信を明確に証言している。キリスト・イエスにある者たちは、何の断罪も受けることがない（『ローマの信徒への手紙』第八章）。

あの者たちが、私が審きや断罪を永遠に続く劫罰と区別していると中傷しようとしていることは予想できる。しかし、そのことと、あの者たちが罪の償いは一回ごとの罰金で支払い可能だと言っていることは無関係である。このようなことを平気で言う者たちでも、聖霊に逆らおうと心に決意することはないだろうから、キリストとパウロの言葉の力強さを心のうちに感じてもよいはずだ。信仰者は、キリストによって罪の呪いから完全に解放され、神の眼に清く、純粋なものとみなされる。しかし、あの者たちも、今度は聖書の別の言葉で武装してくる。そうであるなら、その聖書の言葉がどのようなものであるかを検討してみたい。すなわち、あの者たちは言う。ダビデは姦淫と殺人について預言者ナタンから責められ、罪の赦しを受けた。しかし、その後、彼は姦淫によって生まれた彼の息子の死によって罰を償った（『サムエル記 下』第一二章）。だから、罪の赦しのあとに科せられた刑罰は罪の償いによって清算すべきだ、と教える。[*82]ダニエルはネブカドネツァルに施しをすることで罪を贖《あがな》うように勧め（『ダニエル書』第四章）、ソロモンは愛によって多くの罪は覆われると書く（『箴言』第一〇章、『ペトロの手紙一』第四章）。ルカによれば、主は罪の女に、あなたの多くの罪は赦された、あなたが多く愛したからだ（『ルカによる福音書』第七章）と言った。しかし、あの者たちは、どうしてこれほどまでに神のわざを歪曲して論じなければならないのか。

もしあの者たちが神の審《さば》きには二種類あることに気づいていたら、ダビデの受けた叱責は罪の罰、あるいは罪の復讐などではないことにすぐ気づいたに違いない。この者たちは、このことを見過ごすべきではなかったのに、見向きもしなかった。私は教え諭《さと》すために、一つを復讐の審きと呼び、もう一つは懲らしめるための審きと呼ぶことにした。主は、復讐の審きを与えることで、堕落した者たちに怒りをぶつけ、報復し、行く道を塞ぎ、追いつめ、絶滅させる。これは、まさに罪を罰すること、罪に復讐することである。本来的な意味での罰、あるいは責任の追及である。しかし、主は、懲らしめるための審きでは、罰が下されるのではなく、怒りをぶつけられたり、復讐したりするのではなく、神の民に教えを与え、警告し、懲らしめることで、行動を起こすように刺激を与える。これは罰や復讐ではなく、むしろ矯正であり、警告である。復讐の審きは裁判官が与えるもので、懲らしめの審きは父が与える。裁判官は、犯罪者を罰する時には、犯した罪自体を非難し、違反の内容に注目して、その犯罪への罰を科す〔懲らしめるための審きは、それとは違う〕。父が子を厳しく懲らしめることがあっても、それは復讐のためではない。あるいは犯罪にふさわしい計量の罰を与えるのでもない。むしろ、子がそれ以後はもっと注意深くなるように教え、諭《さと》す。罰があるところには、神の呪いと怒りがある。しかし、神はそれを信仰者から遠ざける。懲らしめのための罰は、神の恵みである。懲らしめは、神の愛の証明である。私が読んだところでは、すべての聖人たちは、一方で、いつでも神の怒りが遠ざけられるようにと祈っている。しかし、他方で、神の懲らしめについては、それを受け入れた。預言者は、こう述べた。すなわち、主よ、私を懲らしめてください。けれども、公平に、怒らずに懲らしめてくださ い。そうでないなら、私は無に帰してしまいます（『エレミヤ書』第一〇章）。罪過についてのこのような処罰が懲らしめと呼ばれることについて特に異存はないが、その解釈については意見がある。主は、サウルを退位させたとき、彼を罰した。主は、ダビデの子どもを彼から取り上げた時には、彼を懲らしめた（『サムエル記 上』第一五章、『サムエル記 下』第一二章）。パウロが、私たちが審かれるとすれば、それは、この世とともに罪に定められることがないように、主の懲らしめを受けるためだ（『コリントの信徒への手紙一』第一一章）、と言ったのも、これと同じ意味である。私たちが神の子として、天の父の手によって苦しめられているのなら、そのとき神は私たちが途方に暮れてしまうような罰を与えようとしているのではなく、私たちを懲らしめることで教えようとしているのだ。だから、耐えがたい苦難の中で、信仰者は、審きが主の家から始まる時が来た、それによって主の名が呼び求められた（『ペトロの手紙二』第四章）、という言葉を想い起こし、これに慰められるべきだ。神の子らが、自ら感じるこの厳しさが神の復讐だと信じてしまったら、いったいどうなってしまうだろう。神の手によって打たれ、神を処罰を言い渡す裁判官と考える者たちは、神を自分に敵対し、自分に怒りや敵意を向ける者としか考えられなくなる。そして、神の鞭を呪い、断罪し、嫌悪するようになる。神が自分を罰しようとしていると思ってしまうかぎり、神から愛されていると信じることなどできない。戦争、飢餓、ペスト、病は、永遠の死と同じように神の呪いだと感じられてしまう。

私が思い違いをしていないかぎり、人は誰でも、主のダビデに対する審《さば》きが何のためであったかを知っているはずだ。神は殺人と姦淫が神を怒らせるものであることの証拠としてダビデを審いたのであって、支払いの義務のある罰金を科すためではなかった。それは、神がこの悪事に対してこれほどの怒りを明らかにしたのだから、ダビデにはそれ以後このような悪を決して行わないように教えるためだった。私たちはダビデへのもう一つの懲らしめについて考えたい。ダビデが人口調査を行い、主に従わなかったことに対して、主は民に恐ろしい疫病をもたらして、悩ませた（『サムエル記 下』第二四章）。もちろん、主はダビデの罪責を無償で赦した。しかし、代々の人々への公的な規範として、さらにダビデ自身がへりくだるためにも、主はこの犯罪を罰しないではおかなかった。主は、その鞭でダビデを懲らしめた。あの者たちがダビデに対する罪の復讐にはあれほど敏感になり、目を向けるのに、罪の無償の赦しについては、これほど多数の事例が示されているにもかかわらず心動かされないというのは何とも不思議なことだ。私たちは、このような言葉を聖書で読んでいるではないか。すなわち、徴税人は、義とされ、宮を出て、何の罰も科されなかった。ペトロは過ちの赦しを得た（『ルカによる福音書』第一八、二二章）。アンブロシウスが言うように、「聖書の中に」ペトロの涙については読むが、償いをしたことについて読むことはない。[*83] 身体が麻痺した者が聞いたのは、起きよ、あなたの罪は赦された、という言葉だけで（『マタイによる福音書』第九章）、罰が科せられたのではない。罪の赦しについてのあらゆる記述は、一つ残らず無償である。だから、規則は何らかの特殊な出来事によって設けられるべきではなく、これらの豊富な事例から引き出されるべきだった。ダニエルは、ネブカドネツァルの罪を自ら正義を行うことで償い、自らの不義を貧しい者に憐れみを施すことで償うように勧めた（『ダニエル書』第四章）。しかし、そのときダニエルは、正義や憐れみが神を宥《なだ》めるための供え物だと言ったわけではないし、罪の償いだと言ったのでもない。キリストの血以外に ἀπολύτρωσις（代償）はない。ダニエルが言う贖《あがな》いは、神に対して支払われる償いではなく、人々に返す償いである。王よ、あなたは不正な暴虐によって統治した。卑しい者たちを虐《しいた》げ、貧しい者たちから搾取し、民を暴力によって不正に取り扱った。王よ、今後は不正な搾取、暴虐、圧政ではなく、憐れみと正義をなせ。これがダニエルが言いたかったことである。同じように、ソロモンは言った。すなわち、愛のわざは多くの罪のわざを覆う（『箴言』第一〇章）。ここでソロモンは、慣用に従って、憎しみから生じる悪を愛の実と対比させた。憎しみ合う者たちは、互いに嚙み合い、食いちぎり、せめぎ合い、咎め合う。愛する者たちは、互いに多くのことで助け合い、かばい、目をつむり、赦し合う。お互いの悪徳を容認しているわけではない。そうではなく、あの悪徳を受けとめ、批判することで相手を傷つけるのではなく、むしろ諭《さと》し、癒すべきだ。これがソロモンが言いたかったことである。それは、ペトロがこの個所を引用したのは（『ペトロの手紙一』第四章）、そのような意味である。そのようなことがペトロが聖書を破壊しようとしたとか、邪《よこしま》な歪曲を行ったなどと言いがかりをつけることがないかぎり、疑いようのないことだ。ルカが書き残していること〔罪深い女の赦し〕（『ルカによる福音書』第七章）について言えば、ここで主が示した喩え話を正しく読めば、誰も私たちに反論などしないはずである。このファリサイ派は、心の中で、主はいとも簡単にこの女を受け入れたが、この女の素性を知らないのだと推測した。もしこの女がどんな女で、どのような罪を犯していたかを知っていたら、やすやすと迎え入れたりはしなかったはずだと考えた。だから、ファリサイ派は、こんな女に騙されるようでは、主は預言者ではない、と判断した。それに対して、主は、その罪がすでに赦された女はもはや罪人ではないことを示すために、一つの喩え話をした。ある金貸しから金を借りている者が二人いた。一人は、五〇デナリオン。もう一人は、五〇〇デナリオン。どちらも負債を免除してもらった。どちらが多く感謝するだろうか。ファリサイ派は答えた。多く赦してもらったほうです。だから、主は言った。同じように、この女の罪は赦された。彼女は多く愛したから。すぐに理解できたはずだ。主は、女の愛を罪の赦しの根拠にしたのではなく、証拠にしたのていだ。この言葉は明らかに五〇〇デナリオン赦してもらった債務者の譬えから導き出されて、主はこの債務者について、多く愛したから多く赦された、とは言わずに、赦されたから多く愛した、と言った。だから、こう言いたいのだ。あなたはこの女が罪の女だと思っているが、むしろあなたはこの女がもはや罪の女ではないことを知るべきである。この女の罪は赦されたのだ。しかし、このファリサイ派が彼女の罪が赦されたことを信じるためには、この恵みに感謝を捧げる彼女の愛が必要である。これが、この喩えで主が言われたことだ。これは後天的〔a posteriori〕な論法である。つまり、あることを、そのあとに続く証拠によって証明する。これに続いて主は、この女がどのようにして罪の赦しを得たかについて明確に証言している。すなわち、あなたの信仰があなたを救ったのだ。私たちは信仰によって罪の赦しを得、愛によって感謝を示し、主の恵みを証言する。

わざによる償罪について、これまで書かれた古いいくつもの書物を読んでも、私はいずれにも何も心動かされることがない。その書物のいくつかは（いや、はっきり言おう、現在残されているほとんどすべての書物は）罪の償いについて間違ったことを書いている。もちろん、これらの書物は、最近のわざによる償罪についての議論よりも下品だとか無知であったわけではない。これらの古い書物は、罪の償いは大枠で言えば神に戻されるべき賠償の支払いだとは述べていない。むしろ、罪の償いは、陪餐停止の処分を受けた者がもう一度主の晩餐に与《あずか》る場合に、自分の痛悔の証明を教会に対して公に示す際の証拠だと述べている。これらの古い書物は、悔い改める者たちに、過去の生活を真実に、また心から嫌悪し、拒絶していることを証明するものとして、あるいは過去の記憶を消し去るためのものとして、断食あるいはその他のわざが課せられる、と教えている。さらに、これは神ではなく教会に対する償罪だと説明している。[*84] つまり、今日行われている〔口の〕告解、そしてわざによる償罪は、この教えに基づく古い儀式から生み出された。しかし、まだ少しはましだったと思えるこのような儀式のかつての形式は今ではまったく残っていないのだから、今日のわざによる償罪はまさに蝮《まむし》の子ら〔『マタイによる福音書』第三章〕の仕業だと言わざるをえない。確かに、昔の書物でもっと下品なことが述べられているのも、もちろん承知している。すでに述べたとおり、間違ったことが書かれているのも事実である。しかし、かつての小さな染みも、あの者たちの手に渡されると完全な汚れに染められてしまう。神よ、あの連中の親方である権威により頼もうとして、私たちが過去の人々と戦うように仕向けてくる。あの連中は、昔の権威により頼もうとして、私たちが過去の人々と戦うように仕向けてくる。あの連中の親方であるロンバルドゥスがつぎはぎ細工の技巧でつくり出した〔『命題集』に引用されている〕過去の著者の大部分は、アンブロシウス、ヒエロニムス、アウグスティヌス、クリュソストモスなどの名を使った愚かな聖職者気取りのならず者たちの狂気が生み出した文書の寄せ集めである。この問題についてもロンバルドゥスは、そのほとんどをアウグスティヌスの『悔い改めについて』に拠っている。しかし、この書物は、どこかの狂気の著者が、善い書物からも悪い書物からも、不用意に、無差別に寄せ集めてきたものだ。そのため、アウグスティヌスの名が使われているが、一般的な教養の持ち主であれば、これがアウグスティヌスのものだなどとは認めないような代物である。[*85]

あの者たちが言っている煉獄[*86]については、もはや心を痛め、悩む必要はない。煉獄などというものは、神の言葉の斧で破壊され、覆《くつがえ》され、根元から切り倒されてしまっている。だからといって、見て見ぬふりをして、煉獄についてはもはや語るべきことはないと言う人の意見には同調できない。このような意見の者たちは、煉獄について論じても、争いが起こるだけで信仰には至らない、と言う。もちろん、そうだ。私自身も、煉獄の問題が深刻な問題を引き起こしていないのなら、こんなつまらないことをいちいち論じる必要はないと考える。ところが、煉獄はいくつもの冒瀆から生み出され、それに日々新たな冒瀆が付け加えられ、多くの重大な過ちがそこから引き出されているので、その前を見て見ぬふりをして通り過ぎることはできない。ごくわずかな期間であれば、ある人が神の言葉なしに奇妙で大胆な不敬虔によって生み出されたこのような事態を覆い隠しておくこともできたのかもしれない。あるいは、ある人がサタンの悪巧みによって騙され、捏造された啓示を信じ込んでしまったことを隠しておくこともできたのかもしれない。あるいは、ある人が聖書のいくつかの個所をその出来事の証拠として歪曲したという事実も隠しておけたのかもしれない。しかし、主が、密かな場所でこのようなことを強引に行う人間の不敬虔を見逃すはずはない。そして、主は、神の言葉を横に置いて死者に問うようなことを禁じている(『申命記』第一八章)。また、主は、神の言葉がこのような不信仰によって汚されるのを許さなかった。ほんの一瞬、戯言として見過ごされたことがあったとしても、罪の補償がキリストの血以外に求められること、また罪の償いがキリスト以外のところに移されることについて沈黙していてよいはずがない。それは危険なことである。だから、私たちは声をあげるだけでなく、喉も肺も使って、煉獄はサタンの凶悪な発明であり、キリストの十字架を不要なものとし、私たちの信仰を揺るがし、ついには覆そうとするものだ、と叫ぶべきだ。あの者たちの言う煉獄とは、死者の魂が罪の償いのために支払う罰金のことである。しかし、私たちがこれまで述べてきたとおり、キリストの血が信仰者の罪についての唯一の償いであり、補償であり、清めなのだ。だから、煉獄はキリストに対する冒瀆にすぎない。それにもかかわらず煉獄を擁護し続ける愚かな冒瀆、煉獄によって引き起こされる信仰の躓《つまず》き、その他さまざまなこの不信仰の泉から湧き出る問題については省略させてもらおう。

さて、最後のまとめとして、次に悔悛のサクラメントそれ自体について（最終的にはそれによって何が意図されていたのかを）論じてみたい。あの者たちは、サクラメントを探し出すことに疲労困憊しているようだ。それは当然のことである。何しろ、それはまっすぐな灯心のような草の中に結び目を探す*87ようなものだから。あの者たちがどれだけ努力しても、問題はいつまでも不明瞭なまま、棚上げになったまま、不確実なまま、混乱したままであり、収拾がつかない状況だ。そこであの者たちが言い出したのが、外形的悔悛はサクラメントだ（『命題集』四・二二・二）、という考えである。外形的悔悛はサクラメントの実質となりうる内的悔悛、すなわち痛悔のしるしだ、と言い出した。また、外形的悔悛も内的悔悛もサクラメントだが、二つとも完全ではなく、二つが一つになって完全だ、とも言い出した。さらには、罪の赦しは単に内実であり、サクラメントではない、とも言っている。すでに提示したサクラメントの定義を覚えているだろうか。この者たちは、自らがサクラメントだと主張するものを検討すれば、それが私たちの信仰を強めるために主によって制定された外形的儀式ではないことに、すぐ気がつくだろう。それに対して、あの者たちが私たちはお前の定義に従う筋合いはないと主張するなら、自分たちの最高の権威であるアウグスティヌスに聞いてみてほしい。アウグスティヌスは言う。すなわち、目に見えるサクラメントは、肉的な人間のために、目で見ることができるものとして制定された。これは、この者たちが目に見えるものから始めて、サクラメントの諸段階を踏んで、真実の悟りに至るためである（『旧約聖書の諸問題』第三巻より）[*88]。ところで、あの者たちは、自分たちが悔悛のサクラメントと呼ぶものの中に、これを見ているのか。あの者たちは、それを他者に示せるか。また、別の個所でも同じことが言われている。これがサクラメントと呼ばれるのは、目で見るものと真実に悟るものは別だからである。つまり、目に見えるものは外形をもち、悟られるものは霊的な実りがある（〔アウグスティヌス〕『幼児洗礼についての説教』[*89]）。しかし、悔悛のサクラメントには、あの者たちが夢想しただけで、これに該当するものがない。そこには霊的な実りを示す外形が何もない。だから、私はこの獣たちを闘技場でその息の根を止めることにしよう。仮に、内的であれ、外形的であれ、あの者たちが高らかに主張する悔悛のサクラメントの中に何らかのサクラメントがあるなどと言うよりも、むしろ司祭による免赦のほうがずっと魅力的だと言えばよかったのではないか。罪の赦しについての私たちの信仰を強めるための儀式として、これはなかなかよくできているし、あの者たちが言う鍵の約束、すなわち、あなたがたが地上で繋ぐもの、解くものは何でも天においても繋がれ、解かれるという約束も兼ねそなえている。ところが、ある者が言うのだ。司祭によって免赦を受けた者の多くが、それによってもまだ解かれた状況にならない。なぜなら、あの者たちの教理によれば、新しい律法のもとでのサクラメントは、それが象徴しているものを具体的に実現しなければならないからだ。冗談も休み休み言え。主の晩餐についてはし、あの者たちは二つの食し方を定めている。一つは善人も悪人も共通して与る《あずか》一般的食事と善人のみが与る霊的食事で、後者が本来的なものだという。それなら、どうして罪の免赦についても二通りあると空想してみなかったのか。私は、このことについて真剣に考えた個所で、これが神の真理とは食い違っていることについては説明したが、この教理が何を意味しているのかはいまだに理解できずにいる。しかし、ここで指摘したいのは、このような問題があるにもかかわらず、あの者たちは司祭による罪の免赦をサクラメントと呼んでいるということだ。あの者たちに対しては、アウグスティヌスの口を借りて答えることができる。すなわち、目に見えるサクラメントがなくても聖化があるという場合がありうるように、内なる聖化がなくてもサクラメントがあるということもある（アウグスティヌス『旧約聖書の諸問題』第三巻）[*90]。あるいは、こうも言われている。サクラメントは、それが表象する事実を、ただ選ばれた者にだけ成就する（アウグスティヌス『幼児洗礼について』[*91]）。さらに、こういう言葉がある。すなわち、ある者たちは、しるしとしてのサクラメントを受ける程度しかキリストを着ないが、ある者たちは聖化に至るまで着る。サクラメントまでは善人も悪人も同じように行うが、聖化は善人のみがなす（アウグスティヌス『洗礼について――ドナティスト論駁』）[*92]。あの者たちは、あれほどの難題に熱中して取り組んでいるのに、誰の目にも明らかな簡単なことを認識しないで、子どもたちよりひどい混乱に陥り、白日のもとでさえ目が見えない状態にある。ここで、あの者たちがいい気になって、つけ上がらないように、このサクラメントをどのように位置づけようと、これが正当なサクラメントであることを否定したい。第一に、サクラメントがサクラメントであるための本質である神の約束が、このことと何の関わりももっていない。第二に、このサクラメントは、すでに述べたように、その儀式が神によって制定されうるものでなければサクラメントにならないが、いずれの儀式も人間の生み出したものである。だから、このサクラメントは虚偽であり、躓《つまず》きの石だ。あの者たちは、それにふさわしい粉飾された称号を自ら与えたではないか。これは難破後の船に与えられた第二の〈救命のための〉板である、と。つまり、バプテスマに際して着た無垢な衣を罪によってどれほど引き裂いてしまっても、悔悛をすれば修復できるということだ（『命題集』四・一・四四、第一部「悔悛について」第二章）[*93]。ところで、これはヒエロニムスの言葉である[*94]。それを言ったのが誰だとしても、不適切な言葉であることを免れることはできない。これは、あたかもバプテスマを受けても罪によってそれが消されてしまい、悔悛なしには罪人が罪の赦しについていくら思いめぐらしても想い起こせないと言っているかのようだ。あるいは、悔悛なしには、気を取り直して、勇気をもって、信仰を堅くし、罪の赦しがバプテスマによって約束されたと新たに確認することなど起こりえないと言っているかのようだ。そうであるなら、バプテスマを悔悛のサクラメントと呼べばよい。それが適当だ。なぜなら、バプテスマこそ、悔い改めをなす者に真の慰めとして与えられたのだから。

臨終、あるいはあの者たちの言う終油について。

捏造された三番目のサクラメントは、終油である。これは祭司職によってのみ執行しうるもので、（あの者たちの言うことによれば）臨終に際して、司教によって聖別された油によって執行される。この聖なる塗油によって、最も慈しみ深い憐れみによって、神が、あなたが見ること、聞くこと、匂いをかぐこと、触れること、味わうことによって犯した罪を赦してくださるように、という式文の言葉によってなされる。[*95]あの者たちは、この儀式は罪の赦し、そしてそれが役に立つなら肉体の病苦の軽減、少なくとも魂の健康と救いという二つの効力がある、と夢想している。さらに、あの者たちは、これはヤコブの言葉によって制定されたと言い、あなたがたのうちで病んでいる者がいたら、教会の長老を呼んで、その病人のために祈ってもらい、主の名によって油を塗りなさい（『ヤコブの手紙』最終章）、という聖書の言葉を根拠として挙げている。[*96]この塗油は、すでに示した按手と同じ原理である。つまり、古い言葉を技巧的に用いただけで、使徒たちの名を利用したのに、それには何の根拠も実りもない。もちろん、マルコは、使徒たちは最初に派遣されたとき（『マルコによる福音書』第六章）、主から受けた命令に忠実に、死人を甦らせ、悪霊を追い出し、重い皮膚病の者たちを清め、病人を癒し、そのために油を塗った、と記している。そして、マルコによれば、使徒たちが大勢の病人に油を塗ると、みな癒された、とある。ヤコブが病人に油を塗るように長老たちを集めたのは、このマルコの記述と結びついた行動だろう。しかし、この儀式に崇高な秘儀が潜んでいないことは、主も、主の弟子も癒しの外形的な事柄についてはかなり自由に執り行っていることからも明らかだ。主は、目が見えない者の視力を取り戻したとき、土と唾液で泥を捏《こ》ねて、それを練り、癒した（『ヨハネによる福音書』第九章）。別の者の場合には、直接触って癒した。また、さらに別の者の場合には、言葉で癒した。使徒たちも同じである。ある病人は言葉で癒した。別の病人は手で触れて癒した。そして、別の者は油を塗って癒した。あの者たちは、この塗油が、他の事柄がそうだったように、軽々しく行われたわけではないことは明白だと言う。私もそのとおりだと思う。だからといって、塗油が癒しの道具だったというわけではない。それは癒しのしるしだった。だからこそ、無知な人々であっても、この力の源泉は明らかで、〔癒した〕使徒たちを讃美したり、使徒たちを信じたりすることは起こらなかった。さらに言えば、油が聖霊やその賜物を象徴するのは、よく知られた語法である〔『詩編』第四五編など〕。しかし、この癒しの賜物は、他の奇跡と同じように、すぐに消滅した。主は、福音の奇跡が永遠に崇《あが》められるために、最初の時期だけこれを使った。

　百歩譲って、塗油がサクラメントであることを認めて、議論を進めてみよう。しかし、その場合でも、これは当時の使徒の手に管理されていた力を明らかにするためのサクラメントであって、今の私たちに執行のための権利や管理が委ねられているわけではないのだから、私たちとは何の関係もない。あの者たちは、聖書には他にさまざまな象徴があるにもかかわらず、どのような理由で塗油のサクラメントは他のどの象徴より優れていると主張するのか。例えば、病人たちが時間を決めて、入れ替わって自らの体を水に浸すことができるシロアムでの沐浴は、なぜ選ばれなかったのか〔『ヨハネによる福音書』第九章〕。もちろん、あの者たちも、そんなことをしても無駄だと主張する。確かに無駄だ。しかし、無駄だというなら、塗油だって同じように無駄だし、あるいは沐浴は塗油よりはまだましだったかもしれない。ところで、あの者たちは、なぜ死人の上に身を伏せないのか。パウロは身を伏せて若者を甦らせたではないか〔『使徒言行録』第二〇章〕。なぜ土と唾液を練った泥はサクラメントではないのか。あの者たちは答える。塗油はヤコブが命じているが、その他のものは特殊な事例にすぎなかった、と。また、ヤコブが塗油を選んだのは、教会がまだこのような神の恩寵をその時には享受していたからだと説明する。そして、あの者たちは、自ら行う塗油がその時と同じ力を維持していると主張する[*97]。しかし、私たちはそのようなことはありえず、今日では別の経験をしていると考える。今や、あの者たちが、命であり、光である神の言葉を奪われ、愚かになったことが広く知れわたっているのに、そのような者たちに魂を弄《もてあそ》ばれ、馬鹿にされても、誰も不思議なことだとさえ感じなくなっている。あの者たちは、もはや自分の身体の感覚を自ら欺くのを恥だとは思わない。そして、癒しの賜物を与えられているのだと自ら誇って、愚か者の名をほしいままにしている。主は、どの時代にも、そしてどの時代になっても、主の民の傍らに立って、病める者が必要な時には、昔と変わらずに癒しを与える。しかし、その力を昔と同じようにはあらわさない。だから、もはや今日では使徒の手によって奇跡を行うこともない。使徒たちの癒しの賜物が使徒自身のものではなく聖霊の力によるものであることが、油という象徴によって明らかに証明されたことこそが重要だったのだ。ところが、それとは逆に、その者たちは、ただのさまざまな油を、これは聖霊の力だと呼んだのだから、これは聖霊を冒瀆することになる。聖書の中でそう呼ばれたことがあるので、さまざまな油は聖霊の力であるとか、聖霊がその姿で現れたことがあるので、すべての鳩は聖霊だと言ったのなら、それもまた聖霊を汚すことである。この者たちは、事柄の本質をよく見るべきだ。

私たちとしては、終油がサクラメントではないことが確認されれば、それで十分である。それは神によって制定されたのではないから、何の約束ももたない。私たちは、サクラメントには神によって制定されていること、神の約束をもっていること、この二つを求める。そして、その場合には、その儀式が神から私たちに伝えられ、同時に神の約束が私たちに向けられていることが必要になる。割礼は神によって制定され、神の約束をもつが、今日これがキリストの教会のサクラメントだと言う者はいない。その理由は、それは私たちに向けられたものではないし、それにともなう約束も、かつての条件とは違っているからである。あの者たちが塗油で強引に主張している約束が私たちに向けられたものでないことはすでに明らかにしたし、あの者たちも自分たちの経験から知っているはずだ。この儀式は、癒しの賜物が与えられている者以外がなすべきではない。この儀式は、癒すのではなく、むしろ破壊し、殺してしまうようなやぶ医者によってなされるべきではない。ヤコブが塗油について命じたこととして、あの者たちが教えていることは、ヤコブの教えからはるかに遠ざかってしまっているのに、この時代にもあてはまると主張している。たとえそれがまぐれ当たりするようなことがたまにはあったとしても、あの者たちが塗りつけた油の正当化に役立つことはない。ヤコブは、すべての病人に油を塗ることを願った〔『ヤコブの手紙』第五章〕。ところが、この者たちは、病人にではなく、瀕死の体に、つまり今や息を引き取ろうとしているその時に、あの者たちの言葉で言えば臨終の瞬間に、油を塗る。しかし、このサクラメントには本当に効用があって、患者の痛みを和らげ、少しでも魂の慰めを与えることができるのなら、臨終になるまではそれを使わないというのは残酷なことではないのか。

　ヤコブが命じたのは、教会の長老たちが病人に油を塗ることである。ところが、あの者たちは、司祭だけが油を塗れると教える。つまり、あの者たちは、ヤコブが言う長老たちを司祭だと解釈した[*98]。また、これが複数形であるのは尊敬の表れだ、と愚かなことを言う。これは、まるでその頃の教会では、司祭たちで溢れかえり、とんでもない行列がつくられて、次から次に聖なる油を乗せた派手な列が行き交っていた、と言っているかのようだ。ヤコブが病人に油を塗れと命じたとき、彼が油という言葉で伝えているのは、ごくふつうの油を塗ること以外の何ものでもない。マルコもそれ以外のことは書いていない。あの連中は司教によって聖別された油以外は認めようとしない。その聖別とは、どんなものなのか。何度も息を吹きかけ、暖め、何度も呪いの言葉をつぶやき、九回その前に膝を屈《かが》める。そのあいだに、三回、ようこそ聖なる油よ、と挨拶し、また三回、ようこそ聖なる聖油よ、と挨拶し、最後にまた三回、ようこそ聖なる香油よ、と挨拶する。[*99] これ以外はだめなのだ。あの者たちは、どこでこんなエクソシスムを習ったのか。ヤコブは、病人が油を塗られ、祈ってもらうその時に、もし病人が罪を犯していたなら赦されるだろう、と言った。その意味は、罪が油によって拭い去られるということではない。その意味は、信仰者のこのような時の祈りは神にその人を委ねる祈りとなるが、その祈りが虚しく終わることはない、ということである。それなのに、あの者たちは、自分たちにとって使い勝手のよい聖なるもの、すなわちあの唾棄すべき塗油によって罪が赦されるはずだ、[*100] と不敬虔な嘘をつく。あの者たちは、ヤコブの言葉を自分たちの好き勝手に都合よく使うことで、見事なほど自由にそれを誇張させた。

教会の叙階について。

あの者たちのサクラメントのカタログの四番目は、叙階である。注意すべきは、あの者たちは多産で、ここからさらに七つの小サクラメントを生み出したということだ。ところが、あの者たちは七つと言っているが、それを数えると一三になる。何と馬鹿げたことか。この七つは全体として一つの祭司職を目指しているが、それが段階に分かれているので、一つのサクラメントだと言いきれずにいる。一つ一つの段階にさまざまな儀式があり、異なる賜物があるとあの者たちは主張しているので（『命題集』四・二四・九）、あの者たちの意見をその言葉どおり聞くかぎりでは、七つの〔小〕サクラメントがあるのは事実である。あの者たちが七つだと言うのだから、私たちがそうではないと言ってみても、あまり意味はない。七つの聖職者の階級、あるいは段階が命名されている。守門、読師、エクソシスト、侍祭、副助祭、助祭、司祭である。*[101] これが七つあるのは、段階を昇るたびに与えられる聖霊の恩寵が七つあるからだとあの者たちは説明する。しかも、昇格するたびに、この恵みは増し加えられ、いよいよ豊かになる、と主張する。*[102]

しかし、この数は、聖書の間違った読み方によって与えられた誤った神聖さである。あの者たちは『イザヤ書』の中に聖霊の七つの力を読み取れると言うが、イザヤは六つしか挙げていないし（『イザヤ書』第一一章、『エゼキエル書』第一章、『ローマの信徒への手紙』第一、八章）、預言者はこの個所に聖霊の力のすべてを集約して示しているわけではない。聖霊は、ある個所では生命の霊（『エゼキエル書』第一章）、他の個所では聖化の霊（『ローマの信徒への手紙』第一章）、子たる身分を授ける霊（『ローマの信徒への手紙』第八章）と言われているし、さらには知恵の霊、知識の霊、思慮の霊、力の霊、主を知って畏れる霊（『イザヤ書』第一一章）とも呼ばれている。そのため、さらに厳密に考える者たちは、七つの階級ではなく、その者たちが言う勝利の教会に似せて九つの階級を定めている。そのために論争が起こっている。ある者たちは、最初に修道士たちの剃髪を入れて、最後に司教への叙階を付け加える。またある者は、剃髪は入れずに、司教への叙階の次に大司教への叙階を加えている（一つはフーゴーの意見であり、もう一つはパリのギヨームの見解である）。*[103]〔セビリャの〕イシドールスの区分はさらに別のもので、読師をさらに区分して、詩編読師を加えている。これによって、詩編読師には歌う役割を与え、読師には人々への聖書の解き明かしのための職務を与えた。これはカノン法で定められ、区分されている（イシドールスは、『語源』第七巻で、司祭について、さらに読師と守門のことを論じている）。これほど多くの説がある中で、あの者たちは私たちにどれに従えと言うのか。私たちは、とりあえずは七つの階級があると言っておけばよいのか。スコラ〔学派〕の学者たちは、そう言っている。しかし、他の頭のよい学者のかたがたは別の数を示している。さらに言えば、最も聖なるカノン法は、私たちにさらに違ったことも教えている（『命題集』四・二四・一、これらの論拠が扱われているのは「司祭について」二一・三・二・一一、命題一）。神の言葉によらずに人間が聖なる事柄を扱えば、人々の一致はこのようなことになってしまう。

あの者たちは、自らが言う叙階の起源を論じるとき、子どものように愚か者だと自ら証明したいのだろうか。叙階を受ける〔候補〕者たちは、クレリクス〔＝世継ぎ（clericus）〕と呼ばれる。クレリクスは、籤で選ばれる〔『ルカによる福音書』第一章〕。籤で選ばれたから、あるいは主の籤によって主から与えられるものを世継ぎとして受け取るから、そのように呼ばれた。ところが、この者たちは教会全体に向けられたこの名称を自分自身にだけあてはめようとしているのだから、これは明らかな冒瀆である。そもそも、クレリクスとは、子であるキリストに父から与えられたもののことだ。ペトロは、あの者たちが邪《よこしま》な心で空想したこととは違って、剃髪した者たちのことをクレリクスと呼んでいるわけではない。ペトロは神の民のすべてを指して、そう呼んだ（『ペトロの手紙一』第五章）。ところが、あの者たちは、クレリクスが頭を剃るのは冠が王の地位を表すのと同じだと言う。それによってクレリクスは、自分を、そして他の人々を王のように治めるのであり、それはペトロがあなたがたは選ばれた種族、王の祭司、聖なる国民、主のものとなった民（『ペトロの手紙一』第二章）と述べたとおりだと言いきる。しかし、私は証言したい。ここでも、あの者たちは間違っている。ペトロは教会全体に対して、これを語ったのだ。それなのに、あの者たちは、ごく少数の人間にだけこの言葉を適用している。これは聖書の言葉の歪曲である。そして、そのごく少数の人間だけがクレリクスとなるように命令されたと主張し、その人間だけがキリストの血によって神のものとなったかのように語り、その者だけがキリストによって王とされ、祭司とされたかのように理解している。それだけでなく、さらに勝手な理屈を追加した。この者たちが頭の頂の毛を剃るのは、あの者たちの精神が主に向かって自由にされるためであり、覆いを取り去った顔で主の栄光を見るためであり、また目と口の悪徳を取り除くように教えるためであり、この世的なものと縁を切るためであり、しかも周囲に毛を残すのは生存の維持のためだと主張している（『命題集』四・二四、さらには「二つある」の章）。この者たちのために神殿の幕はまだ割かれていないので（『マタイによる福音書』第二七章、『ヘブライ人への手紙』第六章）、すべてがまだ象徴として示されているにすぎない。この者たちは自分たちの頭の上に置かれた冠の象徴によって、このような職務を立派になしていると考えているようだが、実際には何もなしていない。いったいいつまでこのような見せかけの妄想で私たちを騙そうとするのか。クレリクスと呼ばれる者たちは髪の毛を少しばかり剃り落とし、この世の富のいくつかを放棄しただけで、神の栄光だけを見つめ、耳と目の欲望を滅却したと主張しているが、この者たち以上に貪欲で、鈍感で、放縦な人種は他で見たことがない。なぜこの者たちは、虚偽、あるいは偽装されたしるしによって聖なるものを提示するのではなく、聖なるものを真実に示す努力をしないのか。さらに、この者たちは、クレリクスが頭の頂を剃るのはナジル人[*104]に起源がある、と主張する（『命題集』四・二四・一）。しかし、どうしてもそう主張するというのなら、結局、あの者たちの秘儀がユダヤ人の儀式から生まれたものにすぎないと言っていることにならないだろうか。さらに、この者たちは、プリスキラやアクラ、そしてパウロ自身もそれに加え、誓いのために剃毛したと主張する（『使徒言行録』第一八章[*105]）。これは自分の無知を広告するようなものである。プリスキラについて、そのような記述はどこにもない。アクラについても不確かで、剃毛したのはパウロだったともとれるし、アクラだったともとれる。しかし、この者たちの言うことを放置しておくわけにはいかない。なぜなら、この者たちは自分たちはパウロに倣ったなどと言うからだ。素朴に考える人たちは注意すべきである。パウロが頭を剃ったのは、何らかの清めのためではなく、ただ弱い者たちに躓《つまず》きを与えないためだ。私はこのようなものを愛の誓いといつも呼んでいるが、これは敬虔さとは何の関係もない。これは何らかの神への礼拝を心に想い描いてなされる判断ではなく、弱い者たちの未熟さという重荷を負うためのわざである。パウロ自身がユダヤ人にはユダヤ人のようになった（『コリントの信徒への手紙一』第九章）と言っているとおりだ。パウロは、ある時には、このように適応した。ところで、あの者たちはナジル人の清めの真似をするつもりなど毛頭ないのだから、これは過去のユダヤ教の向こうを張って新しいユダヤ教を始めようということではないのか（『民数記』第六章）。同じ考えから、使徒に従って髪を伸ばすべきではなく、頭を球体のように剃り上げるべきだ、という法令書簡が出された（第二三部「禁じられる」の章*106）。使徒がすべての男性にふさわしく身なりを整えよと教えたことが（『コリントの信徒への手紙一』第一一章）、いつのまにかクレリクスが頭を剃るようにと命令したかのようになっている。

このことから、これ以外の階級もどのようなものか、想像がつくはずだ。どれもみな同じような起源しかもたない。しかし、いずれの階級の場合もまったく愚かなことで、笑うしかないのだが、あの者たちはキリストを自分の同僚であるかのように扱っている。あの者たちの言い分を見よう。すなわち、キリストは縄を鞭にして、売る者と買う者を神殿から追い出したとき（『マタイによる福音書』第二一章、『ヨハネによる福音書』第二、一〇章）、キリストが守門の役割を果たした、と言う。キリストが私は門であると言ったのは、自分が守門であるということだ、と言うのである。キリストが読師の務めを果たしたのは、シナゴーグで『イザヤ書』を読んだ時である（『ルカによる福音書』第四章）。キリストがエクソシストの役割をしたのは、耳が聞こえず、もの言えない人の舌と耳に唾を塗り、聞くことができるようにした時である（『マルコによる福音書』第七章）。キリストが侍祭（＝従者）であることを証明したのは、私に従う者は闇のうちを歩くことはない（『ヨハネによる福音書』第八章）と言った時である。キリストが副助祭（＝下僕）の務めを遂行したのは、亜麻布を腰に巻いて、弟子たちの足を洗った時である（『ヨハネによる福音書』第一三章）。キリストが助祭（＝執事）の役を果たしたのは、（最後の）晩餐に際して、身体と血をそれぞれ弟子たちに分け与え、配膳した時である（『マタイによる福音書』第二六章）。キリストが祭司の務めを全うしたのは、十字架において自らを犠牲として父に捧げた時である（『マタイによる福音書』第二七章）。このようなことを聞かされるとき、笑いが止まらなくなる。これを書いたのが同じ人間なら、書いている途中に笑い出すことはなかったのだろうか。しかし、この者たちの特殊な才能がいかんなく発揮されているのは侍祭についての哲学的詭弁で、これに蠟燭もちという名前を与えた。私の記憶が正しければ、このような悪魔めいた表現は、すべての民族、あらゆる言語を探しても見つからない。ギリシア語の ἀκόλουθος という言葉には、従者という意味しかない。

だから、ここで大真面目にこのような意見を論駁するなら、逆に私自身が物笑いの対象にされてしまうだろう。それほどあの者たちの主張は愚かである。しかし、あの者たちがご婦人がたや子どもたちをこれ以上欺くことがないように、その妄想ぶりについては、もう少し述べておきたい。あの者たちは読師、詩編読師、守門、侍祭などというものを生み出し、華麗なる粉飾と荘厳さをそれにともなわせたが、実際にその務めにあたっているのは、少年たち、あるいはあの者たちが言う、ただの信徒である。蠟燭を点火するのは誰か。あるいは、ぶどう酒を、水を壺から注いでいるのは誰か。実際にその務めにあたっているのは、それを請け負って生活の足しにしている、下層の、ただの信徒ではないか。歌うのも、それと同じ人ではないか。礼拝堂の扉の開け閉めをしているのも同じ人である。その会堂の中で侍祭や守門の役割を果たしている人を見たことがあるか。それどころか、子どもの頃に侍祭の務めを事実上担っていたのに、いよいよこの侍祭の階級を正式に受けると、その名に与えられた務めをやめてしまっている。それは、そんな称号なしでもすでにその職務をしていたのに、なぜ今さらこの称号が必要なのかと言っているかのようだ。なぜあのように何もしていない職務が、サクラメントとして聖別され、聖霊を受ける必要があるのか。あの者たちがその理由を、この職務が置かれた荒廃した時代のせいにし、あるいは人々に軽視されていたこの時代の悪のせいにするなら、今日、教会の中で秘儀として恭しく扱われている聖なる叙階も結局は何の実りもないのに誉め讃えられていること、教会全体が過ちの呪縛に包まれてしまっていることを自ら証明しているようなものである。教会は、侍祭として聖別されなければ蠟燭や壺に触れる資格がないと自分で言っているのに、その口でそれを少年や俗人たちに委ねている。教会は、聖別された唇しか歌えない詩編の言葉を少年たちに歌わせている。エクソシストは、いったい何のために聖別されるのか。ユダヤ人がエクソシストをもっていたと聞いたことがある。だが、それはユダヤ人が実際にエクソシスムをしていたからである（『使徒言行録』第一九章）。ところが、昨今では偽エクソシストさえその務めを執行している、という証言を得たことがない。エクソシストたちは、自分たちには悪霊に取り憑かれた人々、バプテスマの志願者、狂った人々に按手する力があると妄想している。[*107] しかし、エクソシストたちは、悪霊たちに自分たちがそのような力をもっていることを理解させ、説得することさえできない。悪霊たちはエクソシストの命令に従わないどころか、悪霊たちがエクソシストに命令しているありさまだ。エクソシストのうち、悪霊に支配されていないのは一〇人中一人いるかいないかである。そのようなわけで、あの者たちが自分たちで偽りつくり上げた階級については、それが五つであろうと、六つであろうと、結局は無知と愚かさを混ぜ合わせてつくり出したまがい物だ。これに副助祭も含まれる。副助祭からより高次な階級に移行するが、この階級とは、大量に発生したために上位の階級に移された者どものことである。これがサクラメントなどと呼ばれえないことは明白だ。あの者たちが言うように、このような階級は古代教会にはない。これは、それからずっとあとになって考え出されたものである。*108 サクラメントは神の約束を含んでいるのだから、天使によらず、人によらず、神によってのみ立てられなければならない。約束は神によってのみ与えられる〔が、それがない〕。あの者たちは、残りの二つの階級については、神の言葉から証拠を引き出そうとしている。そのため、あの者たちは、この二つを特に重視して、聖なる階級と呼ぶ。*109 しかし、私たちは、あの者たちが自分たちの主張を通すために、どのように神の言葉を歪めたのかを見なければならない。

そこで、まずは司祭〔presbyter〕、あるいは祭司〔sacerdos〕の叙階から始めよう。この二つの名称は、どちらも同じことを意味している。キリストの体と血の犠牲を祭壇に捧げ、祈りを唱え、神の賜物を祝福する者である。そのため、この者たちは、神を宥《なだ》める犠牲を捧げる権能を与えられた者の象徴として、〔叙階に際して〕ホスチア〔＝犠牲〕を載せた聖なる杯と皿を受け取る。また、手に油を注がれるが、それによって聖別する権能が与えられる、とこの者たちは主張する（イシドールス『語源』一二五）[*110]。しかし、どれ一つとして神の言葉に基づくものではないので、神の定めた叙階はこれ以上ありえないというほど貶《おとし》められている。まず、すでに述べたことが明らかにされ、確認されるべきだ。すなわち、宥めのためにホスチアを捧げる自称祭司は、みなキリストに不正を働く者である。キリストは誓いをもって、メルキゼデクの位に従って、終わりもなく、他に継承者もない者として、父によって祭司に任命され、聖別された。今は天の至聖所に入ったが、そこで私たちのために執り成しをする（『ヘブライ人への手紙』第四、五、六、七、八、九章）。私たちは誰もがキリストによって祭司とされたが（『ペトロの手紙一』第二章、『ヨハネの黙示録』第一章）、それは讃美と感謝の祈りを捧げる祭司、自分自身と自らがもつすべてのものを捧げるという意味での祭司である。神を宥め、自分を捧げて罪を贖《あがな》う務めは、ただキリストだけがなしうることだ。ところが、これを自分でもなしうるという主張なのだから、あの者たちが言う祭司職とは、まことに不敬虔な冒瀆以外の何ものでもない。

あの者たちが、それにもかかわらず、自分たちは使徒の継承者だと恥ずかしげもなく言い張るので、この者たちがどれだけ誠実にその務めを全うしているか確認することが必要である。あの者たちが自分たちに正当性を求めるのであれば、あの者たち自身が相互に同意が必要だったはずだ。ところが、この使徒の継承をめぐって、司教、托鉢修道士、そして司祭たちが大変な論争を繰り広げている状況である。司教たちは、一二人の使徒たちは最初に使徒職に任じられた者たちだと主張する〔『使徒言行録』第一章〕。そして、自分たちは他の者たちより多くの栄誉を与えられた者であり、自分たちこそがこの使徒職の階級に属すると言い張る。[*III] そして、一般の司祭は、主がそのあとに任命した七〇人のことだと指摘する。何とも愚かな議論ではないか。この話に長々と付き合う必要はない。この者たちは自分たちのカノン法を読めば分かるはずだ。教会の中に悪魔によって分派が生み出される前には、私はケパに、私はアポロに、という争いがあったが、司祭〔presbyteri（＝聖書では「長老」）〕と司教〔episcopi（＝聖書では「監督」）〕の区別などなかった（『法令集』九三、九五に、ヒエロニムスの『『テトスへの手紙』について』が引用されている）。この区別が異教徒たちから持ち込まれたと判断した人たちがいたが、それは正しい見方である（『命題集』四・二四・一〇、また『法令集』一・二一・一）。異教徒たちは、さまざまな叙階を設けている。フラミネスと呼ばれた祭司には、クイリヌスの祭司職、ルペルカリア祭の祭司職、マルスに仕えるサリイと呼ばれた祭司職、最高神祇官であるポンティフェクス・マクシムスなど、他にもさまざまなものがあり、それぞれ違った栄誉が与えられていた。托鉢修道士は、自分たちはさまざまな場所に出かけていき、そこで他の人々から生活の糧《かて》を受けるので、自分たちこそが使徒に類する働きをしていると主張し、誇っている。しかし、それは使徒たちとは相当異なる行動である。使徒たちは、放浪者のようにあてもなくさまよったわけではない。主から福音の果実を宣《の》べ伝えよと命令された場所、あるいは届けるように指定された場所に出ていった。また、使徒たちは、もちろん他人の働きに頼って自分の腹を満たそうとしたわけではなく、主から与えられた自由を行使して教えを語り、伝えた人々からの好意を用いただけである。それに、今や托鉢修道士たちはパウロの言葉を忘れ、羽衣で自らの身を覆う必要などない生活をしている。パウロは、はっきりと言った。聞くところによれば、あなたがたの中のある者は、落ち着きのない生活をし、何も働かず、目的もなく、ただ動きまわっている（『テサロニケの信徒への手紙二』第三章）（これについては、テオフィラクトゥスを参照のこと）。また、パウロは、それとは別の個所で、彼らの中には家々に入り込んで、罪を積み重ねている女どもをたぶらかしている者がおり、この女たちは絶えず学んではいるが、真の知識に至ることはない（『テモテへの手紙二』第三章）、と述べている。托鉢修道士たちは、このようなパウロの非難に対して、もっともそうな言い訳をしなければならない状態なのだから、使徒の職を他の人に譲るべきだ。この者たちと使徒の職とのあいだには天と地ほどの距離がある。このような状況だから、今日の祭司としての叙階と使徒の職務とが対応しているかどうかを確認すべきである。まず、私たちの主は、教会がまだ影も形もない時につくられたものすべてに福音を宣べ伝え、信じる者たちに罪の赦しを得させるためのバプテスマを授けるように命令した（『マルコによる福音書』最終章）。しかし、注意すべきは、主はキリストの体と血の聖なる象徴がキリストの模範に倣って配分されるようにと命じてはいるが（『ルカによる福音書』第二二章）、犠牲を捧げることについては何も述べていないということだ。いずれにしても、これこそが使徒の地位の継承者たちに手渡された、聖なる、朽ちることのない、変わることのない律法だった。この命令に基づいて、使徒たちは福音を宣べ伝え、サクラメントを執行した。そうであるなら、福音を宣《の》べ伝え、サクラメントの執行に関わらない者たちは、使徒の職務を歪めていることになる。また、犠牲を捧げる者は、使徒と共通する職務を越えて、勝手な行為をしていることになる。

　使徒と今日の教会統治者とのあいだには、明らかに相違がある。まずは、その名称である。その単語の意味、また語源からも、いずれも使徒と呼ばれる。いずれも主によって遣わされた者だからだ（『ローマの信徒への手紙』第一〇章、『ルカによる福音書』第六章）。しかし、使徒は、この世に新しい福音を伝えるために、主によって特別に選ばれた一二人である。主は、そのために、この一二人を使徒と呼んだ。新しい、それまで誰も聞いたことのない知識を伝える人は、自分の使命について確かな知識をもっていることが重要である。しかし、今日の教会統治者は、自分たちのことを、むしろ司祭とか司教と呼びたがっている。さらに、職務〔＝すなわち奉仕の内容〕について言えば、神の言葉〔の説教〕とサクラメントの執行という点では両者は同じだ。しかし、一二人の弟子には地の果てまで福音を宣べ伝えることが命じられているが（『使徒言行録』第一章）、今日の教会統治者に与えられたのは個々の教会である。もちろん、だからといって、一つの教会に仕える者が他の教会を助けることの正しさが否定されていると理解してはならない。何か困難な事情があれば、行って助けなければならないだろうし、手紙を送って、目の前にいない人々に教えることも可能である。しかし、平和を維持するためには、みなが勝手に動き、仕えるのではなく、それぞれに働きの場所が定められる仕組みが必要である。任命されてもいないのに、各地に赴いたり、ある所にはたくさんの奉仕者が押し寄せたり、教会に人が集まらなくなると、そこを見捨てたりしないためだ。パウロは、この違いをテトスに書き送っている。すなわち、私があなたをクレタ島に残してきたのは、私が残してきた奉仕をあなたが完成し、町々に長老を立ててもらうためだった〔『テトスへの手紙』第一章〕。ルカも『使徒言行録』で、パウロがエフェソの教会の指導者たちに語ったこととして、同じことを述べている。すなわち、あなたがた自身とすべての群れに気配りをしてほしい。聖霊は、神がその血によって勝ち取った神の教会を治めるために、あなたがたを人々の監督として立てた〔『使徒言行録』第二〇章〕。パウロは、コロサイの監督アルキポにも、それと同じことを思い出させた（『コロサイの信徒への手紙』第四章）。また他の個所では、フィリピの監督たちにも、これを想起するように伝えている（『フィリピの信徒への手紙』第一章）。

これらすべてのことを考慮した上で、司祭〔＝長老〕の職務とは何であるのか、司祭の階級に含まれるのは誰か、そしてそもそも叙階自体は何であるのかを定義すべきだ。司祭の職務は、福音を宣べ伝え、サクラメントを執行することである。この指導者たちがわざにおいて正しく、優れていなければならないこと、また個々の司祭がお互いに何をなすべきかについては、ここでは省略したい。ここでは、牧者としてどのような賜物を追い求めるべきかが課題ではなく、むしろ司祭になるほどの人間が何をすべきなのかが明らかにされなければならない。司教〔＝監督〕とは、神の言葉とサクラメントの奉仕のために召し出され、その任務を正しい信仰に基づいて遂行する者のことである。私は、このような意味での司祭と司教を、いずれも教会の奉仕者〔＝仕える人〕と呼びたい。[*114] だから、その選任は召命による。

その点で、ここで召命とは何であるかが説明されるべきである。召命は二つのことから成り立っている。まず、私たちは、司教や司祭は誰によって立てられるのか、どのような儀式あるいは式典によって任命されるのかを理解すべきである。制度の制定が合法的であることの証明を使徒の制定から引き出すのは適切ではない。なぜなら、使徒たちは人間によって呼び出され、任命されたのではなく、ただ主からの命令によって直接立てられ、その任務を開始したからだ。使徒自身がこのような叙階制度に従っていたわけではないことは明らかである。ただし、パウロは、すでに引用したとおり、テトスをクレタ島に残し、その町々に司教を立てさせた（『テトスへの手紙』第一章）。また別の個所でも、テモテに安易に誰にでも按手を施すべきではないと戒めている（『テモテへの手紙一』第五章）。ルカは『使徒言行録』で、パウロとバルナバによってリストラ、イコニオン、アンティオキアの教会に司祭たちが任命されたと伝えている（『使徒言行録』第一四章）。そこで、司教としての冠を乗せられた〔今日の〕司教たちは、この個所を大々的に強調している。これは、あの者たちの常套手段である。というのも、このような個所は自分たちの愚かなつぶやきをありがたい教えに変えるのに役立つからだ。この個所に基づいて、司祭を任命し、聖別する権能は自分たちに与えられている、と主張する。その上で、自分たちのなす聖別に荘厳な見せ場をつくって、無知な信仰者たちの前で見せびらかす。そして、それがいかにも信仰深いものであるかのように演じてみせるために、さまざまな儀式をつくり上げて、粉飾する。しかし、パウロの定めに従って聖別や任命を行うなら、その聖別や任命と教会の司教や牧者を定めることとは別ののだというあの者たちの主張が間違いであることは明らかなはずだ。それにもかかわらず、あの者たちが両者は別のものだと言い続けるのなら、あの者たちはパウロの言葉を好き勝手に改竄し、歪曲したことになる。それなのに、あの者たちは、監督としての奉仕にではなく祭司としての職務に任命されていると言い張るのだから、完全に正しい道から逸れてしまった。それなのに、これらのことを称して、あの者たちは教会の聖なる職務が神の言葉の奉仕以外にあると考えてしまっているのではないか。私は、あの者たちがこう歌うのを何度も聞いてきた。私たちの司祭は、教会の聖職者である。しかし、健全な心の持ち主であれば、そんなことは誰も信じないだろう。だから、聖書の真理が、あの者たちを打ち負かすに違いない。聖書は、教会の聖職者を、教会統治のために〔神によって〕召し出され、神の言葉を告知する者とみなし、それをある時は司教と、ある時は司祭と、ある時は牧者と呼ぶ（『使徒言行録』第一四、二〇章、『ペトロの手紙一』第五章）。

それでも、あの者たちは、カノン法では資格のない者が職務に任じられることを禁じている、と反論してくるに違いない。[*115] もちろん私もそのことは知っているが、問題は、あの者たちが挙げている資格が適法とは思えないということだ。あの者たちが挙げている主な資格とは、高位聖職者、教区付司祭、司教座大聖堂参事会員、司教座大聖堂首席司祭、会堂付司祭、修道院長、さらには修道士団長のことである。しかし、それらの資格は司教座の置かれ

た大聖堂だけではなく、その地域や共同体の必要に応じて建てられた教会、廃墟となってい
た教会、あるいは修道院で捏造されたもので、いずれもでっち上げだ。だから、私はこれら
の場所はみなサタンたちの売春宿にすぎないと明言したい。このような職務に任命された者
たちはみな、キリストを犠牲として捧げ、殺すことしかできなかった。この者たちは、これ
らの職務に、犠牲を捧げるためにだけ任命するが、その犠牲は神にではなく、サタンに捧げ
られている。それに対して、真実の、そしてただ一つの叙階とは、教会を統治するために、
生活においても、教えることにおいても定評ある人物が呼ばれ、それを聖職者として任命す
ることである。パウロの言葉は、このように理解されるべきだ。これらのことが、召命につ
いての儀式あるいは式典とともに、召命それ自体として考えられていることである。儀式や
式典については、このあと、しかるべき場所で論じたい。

さて、問題に戻ろう。教会の聖職者は誰によって任命され、呼ばれるのか。あの者たち
は、これについて何と言っているか。パウロは、テモテとテトスに、冠をかぶった今日の司
教たちが用いているような任命権を与えたのか。そうではないだろう。もちろん、パウロ
は、この二人に、それぞれ託された地域に教会を建て、人々を集めるように命じた。その上
で、一人には教会を空にしてはならないと勧め、もう一人には資格のない者を受け入れるな
と厳しく伝えた。しかし、パウロとバルナバは、昨今の都市がしているように教会の所有権
を聖職者に与えたのだろうか。そうではないだろう。また、私は、これらの使徒たちが、自
分であの人がふさわしいと思える人を、よく知らず、相談も受けていない教会に適当に任命

したとも思えない。そうではなく、使徒たちは、教会会議を開き、純粋な教えと正しい生活をなしていると思われる者を人々の中から呼び出して、この職務に着任させた。また、教会が健康であり続けるために、教会は聖職者の選任を行う場合、会議の前に、ふさわしい人が誰なのかを相談するため、近隣から、他の者よりも聖なる生活をし、純粋な教えについて優れた数名の司教に出席を求める必要があった。司教が教会全体の会議で決定されるべきなのか、あるいは責任を与えられた少数の者の投票によるべきなのか、あるいはこの世の為政者の判断に委ねられるべきなのかについては、法的に確定された制度がない。しかし、その時々の状況に応じて、またそれまでの習慣に従って会議が開催されなければならない。キプリアヌスは、すべての住人による投票が一斉に行われるのでなければ正当に選ばれたとは言えない、と強調している。[*116] 過去の歴史によれば、かつて多くの地域に、このような習慣があった。

しかし、多くの人が集まって、一つのことを一致して定めるのはきわめて難しい。不安定な大衆は相対する利害のもとに分裂する（ウェルギリウス『アエネイス』二・三九）、という言葉は正しい。私は、選出という職務にあたる者は、公的権力の担い手としての為政者、あるいは元老院など、何人かの長老たちが、すでに述べたような純粋な教えをもち、正しい生活をしていることで敬われているような何人かの司教の助言のもとに行うのがよい、と考えている。今日、これが正しく行われるためには、時代に即して、真実の信仰をもつ君主、あるいは自由都市によってなされるべきだ。あの角つきの帽子をかぶった主だった者たちが、会議の開催権、聖職禄推薦権、代表選出権、聖職授与権などをかざして暴力的な支配を行い、正しい意味での叙階を完全に破壊した。それにもかかわらず、あの者たちは、腐敗した時代の中では、大衆やこの世の為政者たちに、司教の選出にあたって正しい健全な判断を求めるのは難しいと言う。そんなことをすれば、これらはむしろ憎しみや党派心によって支配されてしまうので、ごく少数の大司教に委ねられるべきだと言う。確かに、解決の見込みがないほどひどい事態が生み出す害悪には、それが治療薬になることがあったかもしれない。しかし、治療薬が病気より有害である場合には、どうすればよいのか。新しい害毒を癒さなければならない。

カノン法は、明確に司教たちに、この権能を教会を破壊するために用いてはならない、と警告している。[*117] ところで、はっきり言えば、カノン法自体が、規範となる正しい訓練のもとに節度ある判断をなすように教え導くよりは、全地を破壊し尽くすような火種である。このことについて論じるのは、ここでは省きたい。それでも、このことについては問うてみたい。カノン法が語りかけていることは何だろうか。あの者たちは自分たちに好都合なことばかり書かれていると思っているかもしれないが、実際はこの法の著者にとっても恥となるようなものばかりだ。かつて人々が司教を選出する際に神の言葉を規範としたことは明らかなのに、そのとき人々は自分たちが最も聖なる法のもとでこの選出にあたったことを知らなかった、などということがありうるだろうか。神の言葉は、たとえ一つであっても、何万もの細かい条文より価値があるはずだ。ところが、あの者たちは邪悪な腐った心の持ち主で、法の遵守や正義を行うことについては何も考えていない。だから、カノン法に素晴らしいことが書かれていても、それは洪水のような文字の中に埋もれてしまっているだけである。今日の大衆の道徳心は、どうなのか。大衆もまた、教会が、床屋、料理人、馬追人、汚物処理に携わる者、あるいは最底辺の生活を余儀なくされている者ばかりを牧者に選ぶことを黙認しているではないか。私は言いすぎなのか。だが、言おう。司教の職務とは、売春と姦淫の報酬である。司教としての職務が猟師や狩の案内役に与えられるまでの一連の手続きを見ていると、その巧妙な手口にむしろ感心してしまうほどだ。こんな極悪非道なことが、こともあろうにカノン法によって擁護されている、とあの者たちは主張する。思い出してほしい。人々はかつて神の言葉によって命じられた最も聖なる法をもっていた。司教たる者は責められることのない者でなければならず、教師たる者は自分の身を制することができる者で、貪《むさぼ》ることのない者でなければならない（『テモテへの手紙一』第三章、『テトスへの手紙』第一章）。それでは、なぜ聖職者を選ぶ職務が人々から主だった者たちに移管されたのか。その理由は、神の言葉は人々の喧騒や人々のさまざまな謀略の中では聞き取ることが難しかったからだ。ところで、司教たちは、今日なお、なぜこの職務を元来の姿に戻そうとしないのか。司教たちは、法を破るだけではない。もはや恥も外聞も捨てて、勝手放題をし、貪欲に、野心をもって、人間のことと神のことを混濁させている。魂の配慮をすべき自分の群れについて、その顔を一人も見たことがないのに、まるで敵からの戦勝品に飛びつく時のように、あるいは〔獣が〕餌に荒々しく群がるように手に入れた者たちが、教会の牧者と呼ばれている。所有権を主張し、民事訴訟を起こして教会を奪取する者たちが、教会の牧者と呼ばれている。大金で買い取り、下心のある交渉で教会を手に入れた者たちが、教会の牧者と呼ばれている。まだ言葉も話せないのに、伯父とか親戚といった者たちの遺産を受け継いだ嬰児が、教会の牧者と呼ばれている。それを聞き流しているのだから、人々は何と寛容なことか。大衆は腐敗し、無法状態だと言うが、これほどまでに勝手なことが許された時代が、これまであっただろうか。今日の教会のこのような惨状を見て見ぬふりをする者たちは、冷酷な人間だと言わざるをえない。そして、このような状態は癒すことができるはずなのに、それをあえてしない者たちは、不信仰であるだけではなく、非人間的である。

次に、司教の任職について、二次的なことについても述べておきたい。つまり、あの者たちはどのような儀式によってその職に就くのか。主は、福音を宣《の》べ伝えるために使徒を派遣した際には、使徒たちに息を吹きかけた（『ヨハネによる福音書』第二〇章）。主は、この象徴によって聖霊の力の授与を示した。あのお調子者たちは、息を吹きかけることを今でも手放さず、あたかもあの者たちの喉から聖霊が飛び出すかのように、司祭に仕立て上げたい者たちを前にして、聖霊を受けよ、と言う。どうも、あの者たちは何でも邪《よこしま》に解釈する癖があるらしい。私が言いたいのは、あの者たちの身ぶりや手ぶりに何らかの意味や理由をもたせる役者風の演出のことなどではなく、何でも無思慮に真似をする猿まわしのような方法のことである。あの者たちは、恥ずかしげもなく、私たちは主の模範を保持し続けている、と言う。しかし、主は、あの者たちがそれを模範とはしない、さらに多くのことを行っている。主は、弟子たちに、聖霊を受けよ、と言い〔『ヨハネによる福音書』第二〇章〕、ラザロに、ラザロよ、出てきなさい、と言った〔『ヨハネによる福音書』第一一章〕。また、体の麻痺した者に、起きて、歩め、と言った〔『ヨハネによる福音書』第五章〕。それなら、なぜあの者たちは、主と同じことを死者に対しては言わないのか。なぜ体の麻痺した者たちには言わないのか。主が使徒たちに息を吹きかけ、聖霊で満たしたのは、自らの神的力の根拠を示すためだった。だから、あの者たちが、今これに倣って、それを再現すると主張するなら、あの者たちは神と争い、戦いを挑んでいることになる。もちろん、あの者たちにそれができるはずはない。それどころか、自らの愚かな行為によってキリストを辱めるだけだ。さらには、あの者たちは、聖霊を自ら授けるなどとほざく。それがどのようなものかは見てのとおりである。あの者たちがなす司祭の聖別とは、馬をロバに、愚者を狂人にするような類いのものだ。もちろん、私はこの者たちと論争しようなどとは思わない。ここでは、ただ任職の儀式や式典を問題にして、批判したい。あの者たちがキリストがなした特別な奇跡の象徴としてあの者たちの儀式に引き出してくるものは、いずれも模範にすることなどできないものばかりなので、それは擁護しえないし、退けられるべきだ。あの者たちは誰から塗油を受けたのか。あの者たちは、アロンの子孫からであり、私たちの職位の起源もこれである〔『命題集』四・二四・八、『教会法典』二一・一〕[*118]、と答える。あの者たちは、自分たちが典拠としているのが実は自分たちが勝手につくり上げたものにすぎないという事実を認めようとせず、そこから邪な範例を持ち出してきて、自己弁護を繰り返す。しかし、そうやって自分たちがアロンの子孫の継承者だと主張することで、あの者たちはキリストの祭司職を侵害していることにはまったく気づいていない。キリストの祭司職だけが、過去のあらゆる祭司職によって予型され、予兆されていたものである。キリストによって過去のすべての祭司職は完成され、そしてキリストにおいて祭司職は終わった。このことは、私たちが何度も述べてきたことである。『ヘブライ人への手紙』が証言しているとおりで、何の解説も必要ないはずだ。あの者たちは、これほどまでにモーセの儀式についてうれしそうに語るのに、牡牛や子牛、小羊を犠牲として捧げない。ということは、あの者たちは、昔からの仮庵の祭り、あるいはユダヤ人たちのさまざまな祭りの大部分を保持しているのに、牡牛一頭、いや、子牛一頭さえ捧げないのだから、ユダヤ人の宗教より劣っていることになる。塗油が割礼の遵守よりさらに悪であることは、誰の目にも明らかだ。とりわけ、これにわざの功績という迷信やファリサイ派的な考えが付け加えられている場合は、なおさらである。ユダヤ人は、割礼を受けることで義とされると信じた。そして、最近の輩は、塗油で霊的恵みが得られると考えている。塗油とは、神が認証した油によって、消すことのできない神性を刻みつけることだ、とあの者たちは主張する。その言い方は、まるで油は一度こびりついたら、軽石や塩を使っても、あるいは石鹼でも落とせないと言っているかのようだ。しかし、油は私たちの魂と、どんな関係があるのか。あの者たちは、アウグスティヌスの口から出た言葉を忘れてしまったのか。すなわち、水から神の言葉が取り去られるなら、それはただの水である。しかし、水に神の言葉が関われば、それはサクラメントである（〔アウグスティヌス『ヨハネによる福音書』講解』〕八〇・三）。あの者たちは、自分の油にはどのような神の言葉が関わっているのか、という問いに答えられるのか。モーセがアロンの子孫に油を注ぐようにと命じたあの言葉か。すなわち、モーセは、アロンが羽織るべき上着、エポデ、帽子、清められた頭巾を指定して、命じ、さらには牡牛を屠ること、その脂肪を焼くこと、牡羊を割くこと、焼き尽くす犠牲を捧げること、耳たぶと衣服を別の牡羊の血で聖別するように等々、無数に命じているが、その言葉のことか（『出エジプト記』第二八、二九、三〇章）。ところが、これらすべてのことは省略されてしまい、なぜか塗油だけが残されて、それだけで満足しているのだ。私にはとても理解できない。あの者たちは、ふりかけられることがそんなに好きなら、なぜ油で満足しないで、血をふりかけないのか。要するに、あの者たちは巧妙に何かを企《たくら》んでいる。キリスト教だけでなく、ユダヤ教や異教からも、さまざまなものを持ち込んで綴れ織りをつくり出し、一つの宗教をつくり上げようとしているに違いない。しかし、あの者たちの塗油は、神の言葉という塩〔『レビ記』第二章〕を入れ忘れているので、ひどい悪臭を放っている。

按手が残っている。使徒たちが誰かを教会の聖職者に任職する際には、これ以外の儀式をしていないことは確かである。そのため、パウロは長老による按手を任職と呼んだ。テモテもこの按手を受けて監督とされた（『テモテへの手紙一』第四章）。ある人がこの長老を指導者の集団と解釈しているのを私も知っているが、これは、私たちの理解では、ごく単純に職務のことである。この儀式の起源は、ヘブライ人たちの習慣だ。ヘブライ人は、祝福と聖別を授けたい者がいると、神に委ねるために手を置いた。ヤコブがエフライムとマナセを祝福して、頭に手を置いたのは、そのためである。ユダヤ人たちが律法の定めに従って、自らの捧げものに手を置いたのも、そのためである（『創世記』第四八章、『民数記』第八、二七章、『レビ記』第一、三、四章など）。これと同じように、使徒たちが按手を行ったのは、手を置いた者たちを神に捧げるためだ。そのとき、使徒たちは、この律法の虚しい影を追い求めていたのか。そうではないだろう。使徒たちが按手した時に迷信的なことを考えたことはなく、これを象徴として用いた。使徒たちは、按手をし、主から聖霊が下るように祈ったが、按手という象徴で、その聖霊が使徒自身からではなく天から下ることを教えたかったのだ。要するに、按手は、聖霊の恩寵が与えられるようにと祈るその人々を主に委ね、託すことの象徴である。このような使徒たちの職務によって聖霊の恩寵が分け与えられることが、主の御心にかなうことだった（『使徒言行録』第七、九章）。按手がこのようなものだったとしても、これをサクラメントと考えてよいのか。使徒たちは跪《ひざまず》いて祈っている。サクラメントではなく、ただ跪いて祈る、ということがあってはいけないのか（『使徒言行録』第二一、二六章）。弟子たちはしばしば東を向いて祈った、と伝えられている。そうであるなら、私たちが東を向けば、サクラメントになるのか。パウロは、あらゆる場所で人々は清い手を挙げるように、と命じている。また、清い人は手を挙げて祈ったと思われる（『テモテへの手紙一』第二章、『詩編』第六三、八八、一四一、一四三編）。手を差し伸べたり挙げたりすることも、サクラメントなのか。そうであるなら、聖なる人のすべての行為が、すべてサクラメントになってしまう。これ以上論争するのはやめにして、この儀式が今日どのような意味で必要なのかを考えてみたい。私たちが按手を使徒たちと同じように聖霊を授けるために行うとしたら、私たちは愚かなことを行ったことになる。この秘儀は主から私たちに託されたものではないし、主がこの象徴を制定したわけでもない。ところが、教皇も、その手下どもも、このようなしるしで聖霊が与えられるのだと自分たちも信じたいのか、まるで石でも転がすかのように手を置き続ける。この点については、あの者たちの堅信の教えについて論じた際に指摘したとおりである。監督に任職された者が教会の会衆の中央に立ち、自らの職務について教えられ、他の長老たちが手を置き、祈る、という儀式が伝えられている。これが牧者として自らを神に捧げることの自覚を強め、そのために教会が共同の祈りによって神にその者を託すという意味であるなら、これを按手と呼び、それを執行することに反対する者は健全な信仰の持ち主の中にはいないはずだ。

執事の起源、任職、あるいはその具体的な職務については、ルカが『使徒言行録』の中で伝えている（『使徒言行録』第六章）。ギリシア人たちが、自分たちのやもめたちが教会の貧しい者たちに対する奉仕において不適切な扱いを受けている、という苦情を申し出た。そのとき、使徒たちは、自分たちが神の言葉の宣教と食卓の奉仕という二つの職務を遂行することは事実上困難になっている、と弁解した。そこで、会衆の中から七人の適任者を選び出し、この職務を担当させた。だから、執事の職務とは、貧しい人々の世話をすること、そしてその者たちに仕えることである。だから、名称もこのことに由来して、仕える者たちとなった。ルカは、この者たちの任職についても、さらに述べている。つまり、選ばれた者たちを、使徒は会衆の前で任職した。使徒たちは祈り、この者たちの上に手を置いた。ところで、今日の教会は、このような執事を置いているか。そして、このような儀式によって任職しているか。すでに十分に述べたとおり、このような按手を行っているのか。パウロは、執事について、慎ましく、二枚舌を使わず、大酒を飲まず、暴利を貪《むさぼ》ることなく、信仰に拠って立ち、一人の妻の夫であり、自分の家と子どもをよく治める者でなければならない（『テモテへの手紙一』第三章）、と述べている。ところで、あの連中がこれこそが執事だなどと偽装して紹介する者たちの中に、そのような人がどれだけいるのか。私は人間的なことを言っているのではない。それは、あの者たちの教理を私が人間的な欠点を持ち出して不当に批判している、などと言われないためである。それでも、私は使徒たちの教会が任命した執事の事例を引き出してきて、あの者たちが自らの教理の中で、これこそが執事〔＝助祭〕だと定めている人々がしていることが執事の職務に合致しているとは、とうてい思えない。あの者たちは言う。執事の職務とは、司祭を助け、サクラメントで行われること、つまりバプテスマ、塗油、聖皿と聖杯に関することのすべてを司り、捧げものを祭壇に供え、主の食卓を整え、白い布をそこにかけ、十字架を持ち運び、福音書と書簡を会衆の前で朗読することである。[*119] ところで、この中に、執事の本来の、本当の職務が一つでもあるか。次に、任命について考えたい。あの者たちは言う。任職を受ける執事〔＝助祭〕には、司教だけが手を置く。[*120] 司教は、任職されるこの者たちに汗拭きを与え、左の肩には縦長の帯をかける。それ

る主を服従させる心臓を自らの心臓を服従させる

は、これによって、この者たちに自らの胸の左にあるもの、つまり自らの心臓を服従させる主の軛《くびき》は軽いことを理解させるためである。さらに、司教が福音書の本文を与えるのは、自らがそれを告知する者であることを自覚させるためである。[*121]しかし、このことと、執事の本来の職務のどの部分が関係しているのか。この輩が実際にやっているのは香炉に火を灯し、像を磨き上げ、会堂の掃除をし、ネズミを捕まえ、犬を追い払うことで、たいていはそのために雇われている。それなのに、改めてこの者たちを使徒と呼び直すような任命の儀式が必要なのか。誰が、こんな者たちを使徒と呼び、キリストの使徒と並べて考えることを許すだろうか。だから、これからは、あの者たちが勝手に、ただ娯楽のために雇い入れた役者どもを助祭などと呼ぶことは、虚偽に加担することになるのだから、やめようではないか。あの者たちは、こんな連中をレビ人と呼び、この職務の起源はレビの子孫に遡る、とまで言う。[*122]私はそれを受け入れよう。もちろん、受け入れる、という意味は、あの者たちがキリストを否認し、レビ人、典礼、モーセの律法の影を忠実に引きずり続けているという事実のことである。

叙階というサクラメントについてどう考えるべきか、もう一度、整理しよう。ここまで述べてきたことを、もう一度、長々と繰り返す必要はない。慎ましく、素直な信仰をもっている者たちに私が示したかったのは、神のサクラメントは、儀式が約束と結びついており、約束が儀式の中に見られる場合にのみ存在する、ということだ。しかし、叙階の儀式には、約束に関する言葉が一つも見当たらない。そのため、この儀式に約束の確証を求めても無駄である。また、この儀式が神によって制定されたとは、どこにも記されていない。これでは、サクラメントであるはずがない。

結婚について。

最後は結婚である。[123] 結婚が神によって制定されたことは誰もが認めることだ（『創世記』第二章、『マタイによる福音書』第一九章）。しかし、グレゴリウス[124]以前には、これがサクラメントとされているのを誰も見たことがなかった。それに、健全な人なら、誰がそんなことを思いつくだろうか。結婚は、神によって制定された、正しい、聖なる秩序である。農業も、建築も、靴づくりも、理髪も神による正しい秩序だが、サクラメントではない。サクラメントは神のわざであることが求められるし、約束を確証するための神によって定められた外形的な儀式が必要である。結婚の中にそれがないことは子どもでも分かるはずだ。

ところが、あの者たちは、結婚はキリストと教会の霊的結合のしるしだから聖なるものであると言う。[125] しかし、あの者たちが理解しているしるしが私たちが信仰を強めるために神から与えられた象徴のことだというのであれば、それが大きな誤解である。そこで、あの者たちがしるしと言っていることを比喩と言い換えると言い出すなら、その結びつけ方は啞然とさせられるような見事なやり口だと言わざるをえない。こんな手順である。パウロは、この星とあの星では輝きが違っているが、死人の甦りもそれと同じだ、と言っている（『コリントの信徒への手紙一』第一五章）。すると、あの者たちは言うのだ。これも一つのサクラメントのしるしである。キリストは、天国は一粒のからし種のようだと教えた〔『マタイによる福音書』第一三章〕。すると、あの者たちは言うのだ。これが二番目である。さらに、天の国はパン種のようだ〔同〕、とも言われている。すると、これが三番目だと言う。イザヤが、見よ、主はその群れを羊飼いのように養う〔『イザヤ書』第四〇章〕、と言っているが、これが四番目になり、さらに別の個所では、主は巨人のごとく出ていくとあるので〔『イザヤ書』第四二章〕、これが五番目になる。これのどこに定義や基準があるのか。このようなやり方に従うなら、どのようなものでもサクラメントになってしまう。聖書にあるすべての比喩と譬えがサクラメントになってしまう。このやり方によるなら、聖書には、主の日は盗人のようにやって来る、と書いてあるから〔『テサロニケの信徒への手紙一』第五章〕、盗みだってサクラメントになってしまうかもしれない。だから、こんな詭弁を用いる者たちが荒々しく大声を張り上げているのを聞いて、誰もが我慢できなくなっている。もちろん、私は、ぶどう酒を見るたびにキリストが、私はぶどうの木、あなたがたはその枝であると言ったこと、私の父は農夫であると言ったこと〔『ヨハネによる福音書』第一五章〕を想起するのが悪いことだとは言わない。もちろん、羊飼いが羊の群れを引き連れているのを見るたびに、キリストが私はよい羊飼いであると言ったこと〔『ヨハネによる福音書』第一〇章〕、私の羊は私の声を聞き分ける〔同〕という聖書の言葉に再会するのもよいことだ。しかし、このようなやり方で比喩をサクラメントに加える者は、アンティキラに送られるべきである。*126

さて、あの者たちは、パウロの言葉を持ち出して、結婚にはサクラメントという名称が与えられるべきだと主張する。パウロは確かにこう言っている。すなわち、自分の妻を愛する者は自分自身を愛する。自分自身の肉を憎んだ者は、まだ一人もいない。かえって、これを慈しみ、育てる。それは、ちょうどキリストが教会を慈しみ、育てるのと同じである。なぜなら、私たち一人一人は、キリストの体、すなわちキリストの肉、キリストの骨の肢体だからだ。それゆえに、人は父と母を離れて、その妻と結ばれ、二人は一体となる。これは大きなサクラメント[127]だ。私は言う。これがキリストと教会である（『エフェソの信徒への手紙』第五章）。あの者たちによる、このような聖書の取り扱いは、この世のものと天上のものを混濁することだ。パウロは、既婚者に妻を特別な愛で慈《いつく》しむべきことを教えるために、キリストを模範として示した。キリストは教会と結婚の約束を交わし、教会に聖なる愛を注いだ。それと同じように、それぞれが自分の妻に愛情を注ぐように、と教えられている。だからこそ、このあとには、妻を愛する者はキリストが教会を愛したように自分自身を愛する、と続く。また、パウロは、キリストがどれほど教会を愛したかを、さらにはキリストがどのようにして花嫁である教会と一つになったのかを教えるために、アダムが自分のことをそのように述べたとモーセが伝えていること[128]をキリストにあてはめた。それは、自分がアダムのあばら骨からつくられたことを知っているエバがアダムの前に登場したとき、アダムが言った言葉である。これは私の骨の骨、私の肉の肉（『創世記』第二章）。パウロが私たちがキリストの身体であり、キリストの肉であり、キリストの骨であり、それぞれキリストの肢体の一部だと言う時には、そのすべてはキリストと私たちの中で霊的な意味で成就した、ということである。そして、パウロは最後に、これは大いなる秘儀だと述べている。この言葉の曖昧な意味に引きずられてはならない。パウロがここで語っているのは、男女の肉の結合のことではない。キリストと教会の霊的な結合のことである。キリストがまさに自分のあばら骨を取り出し、差し出すことに耐え、それによって起こった大きな秘儀である。キリストは強き者だったのに、弱き者となられた。私たちが強くなるために、キリストは弱くなろうとされた。私たちが生きるのではなく、キリストが私たちの中に生きる。あの者たちは、これをサクラメントと呼び、人々を欺いた。その者たちの無知が受けなければならないはずの罰を教会全体が受けなければならないというのか。パウロは〔ギリシア語で〕秘儀〔mysterium〕と言った。このギリシア語はラテン語を使う人々にもそれほど奇異ではないはずであり、この言葉を訳さずに残しておいてもよかったし、あるいは奥義〔arcanum〕と翻訳してもよかったかもしれないのに、サクラメントという訳語を好んで、これを選んだ。もちろん、これはパウロがギリシア語で秘儀と言ったのと同じ意味である。さあ、あの者たちには、今こそ人々の前に行き、自分たちの語学の上達を見せびらかして、こんなに長いあいだ、ごく簡単で明確なことなのに、醜い思い違いをしていたことについて弁解してもらいたいものだ。しかし、なぜあの者たちは、この個所でだけ、これほどまでにサクラメントという言葉にこだわったのか。他の場所では見落としているではないか。『テモテへの手紙』(『テモテへの手紙一』第三章)でも、『エフェソの信徒への手紙』(『エフェソの信徒への手紙』第五章)でも、〔ラテン語である〕ウルガタの翻訳者は、いずれも奥義にあたる言葉はサクラメントと訳している。

落ち度は見逃すことにしよう。しかし、欺いたことを忘れるべきではない。あの者たちが、結婚をサクラメントという称号で持ち上げておきながら、そのあとで結婚を不浄だとか、汚れているとか、肉的で卑猥なことなどと言うのは[*129]、何という気まぐれ、何という軽率なことか。そして、これがサクラメントであるなら、司祭が結婚できないのは不合理ではないか。あの者たちが、自分たちはサクラメントから締め出されたのではなく、肉欲による結合を避けているだけだ、などと言っても、私たちは騙されない。あの者たちは、確かに、性交それ自体がサクラメントの一部だと言い、これは私たちとキリストのあいだにある一致のしるしであり、男と女は肉体の結合によってのみ一つの肉とされるのだから自然の本性に即したものだと教えているではないか(『命題集』四・二七・四〔正しくは、四・二六・六〕、『法令集』の注釈「神の法」の章[*130])。

ところで、あの者たちの中に、ここには二つのサクラメントが見られる、と言う者がいる。一つは神と魂の関係で花婿と花嫁として表され、もう一つはキリストと教会の関係で夫と妻の関係として表される。いずれにしても、性交はサクラメントであり、キリスト者は誰もこれを禁じられてはいない。もちろん、キリスト教のサクラメントが同時に共存できないほどいろいろと異なっているというのであれば、事情は別だ。ところで、あの者たちの教理には不合理な点がある。あの者たちは、サクラメントで聖霊の恵みが与えられていると確信し、性交はサクラメントだと教えているのに、聖霊の現在は否定する(『命題集』四・三三・二〔正しくは、四・二六・六以下〕、『法令集』三二・二〔正しくは、二・三二・三、四〕。あの者たちは、教会を愚弄しただけでなく、誤謬、偽り、無意味、不正という長い連鎖と結びつけた。読者は、あの者たちが結婚をサクラメントと呼んだのは、これをまさに軽蔑すべき隠れ蓑にしようとしたからだということを知ることになる。あの者たちは、結婚をサクラメントに仕立て上げると、今度は、結婚は霊的なものなので、この世の裁判官に任せるべきではないと主張し、婚姻に関する諸審査権を独占しようとした。あの者たちは、それに基づいてさまざまな法を定め、勝手な専制政治を確立した。しかし、そのある部分は明らかに神への冒瀆であるし、別の部分は人間に対する不法行為である。いくつかの例を挙げよう。未成年者が両親の命令なしに結婚しても、それは固く有効であり続ける[*131]。親族間の結婚では、七親等までの結婚は合法とは言えず、それに反して結婚した場合には解消しなければならない[*132]。ちなみに、この親等の数え方自体が、民族の法やモーセの定めに反するものである。さらに、こう言われている。姦淫した妻と離婚した者は、他の女を娶ってはならない[*133]。宗教上の父母〔洗礼時の代父、代母〕とは結婚できない[*134]。こういうのもある。〔灰の水曜日の一七日前の日曜日である〕七旬節から復活節第八日まで、ヨハネの誕生日〔六月二四日〔・二五日〕〕の前三週間、アドヴェントから公現節までのあいだは結婚してはならない[*135]。その他、似たような規定が無数にあって、数えきれない。さて、あの者たちの泥沼からは、もう抜け出そう。予定より長くなってしまった。でも、あのロバからライオンの皮を剝ぎ取るくらいのことはなしえたのではないか。

訳注

＊1　ペトルス・ロンバルドゥス『命題集』四・二一・一。
＊2　ヨハンネス・グラティアヌス『法令集』三・五・一―九。一四三九年のエウゲニウス四世の教書『エクスルタテ・デオ』一一。
＊3　同教書。
＊4　アウグスティヌス『ヨハネによる福音書』講解』八〇・三。
＊5　グラティアヌス『法令集』三・五・二。
＊6　同書、三・五・三。
＊7　同書、三・五・二。
＊8　同所。
＊9　同書、三・五・六。
＊10　同書、三・五・三。
＊11　ロンバルドゥス『命題集』四・七・二。
＊12　グラティアヌス『法令集』三・五・二。
＊13　トリポデスは、デルポイの神殿でアポロ神の巫女が託宣を発する際に座する台座のこと。この者たちのなしていることが異教的だということだろう。
＊14　グレゴリウス一世『書簡』四・二六。グラティアヌス『法令集』一・九五・一に収録され、カノン法とされている。
＊15　ロンバルドゥス『命題集』四・七・二。
＊16　フリギア王ゴルディアスの結び目は、これまで誰も解くことができなかったが、マケドニアのアレク

サンドロス大王は、それを誰も思いつかない大胆な方法で解決した。彼はそれを一刀両断に切り捨てたのである。

＊17　例えば、アルフォンソ・デ・カストロ『全異端反駁』四。
＊18　アウグスティヌス『洗礼について――ドナティスト論駁』三・一六・二一。
＊19　古代の教会がバプテスマの志願者、あるいは嬰児のバプテスマを受けている者のために設けたのが教理教育（catechesis）で、そのための文書が信仰問答書（catechism）である。この信仰の教育のことを、ここではinstitutioと呼んでいる。「綱要」と訳した本書のタイトルは*Christianae religionis Institutio*であり、これが本書刊行の意図である。
＊20　これはテルトゥッリアヌスが『マルキオン論駁』五・九で論じたことで、フィリップ・メランヒトンは『ロキ・コンムネス』でこれを踏襲している。
＊21　この二つの区分については、マルティン・ブツァー『福音書講解』、メランヒトン『アウクスブルク信仰告白の弁明』一二を参照。
＊22　プラトン『パイドン』六四A。
＊23　正しくは、偽アンブロシウス『説教』二五・一。引用は、ロンバルドゥス『命題集』四・一四・一、グラティアヌス『法令集』二・三・一。
＊24　偽アウグスティヌス『真の悔い改めと偽りの悔い改めについて』（一一世紀の著作）八・二二。
＊25　グラティアヌス『法令集』二・三・四
＊26　偽アンブロシウス『説教』二五・一。
＊27　グラティアヌス『法令集』二・一・三九。
＊28　ロンバルドゥス『命題集』四・一六・一、トマス・アクィナス『神学大全』第Ⅲ部第九〇問題第二項。

＊29　ロバを雇った人がそのロバの陰で休息をとる権利をもっているかどうかで争ったという話から、些細なことを延々と論じること。
＊30　トマス・アクィナス『神学大全』補遺第三問題第二項。
＊31　同書、補遺第六問題。
＊32　グラティアヌス『法令集』二の「悔い改めについて」に関する項目。
＊33　出典は不明。ヨハン・マイヤー・フォン・エック『提要』八に似た言葉がある。
＊34　「寓喩」は、あるもの、あるいはある出来事を、それと類似した別のもので暗示的・象徴的に表現する修辞学の技法。抽象的なものをより具体的な事例で示すこともあり、具体的な出来事の道徳的・政治的意味を引き出す抽象化にも用いられる。聖書の解釈のためにしばしば使われた。
＊35　グラティアヌス『法令集』二・一・八八。
＊36　呪われた者、あるいは破門された者という意味。七〇人訳聖書で使われた言葉で、破門された者、除名者、さらには異端の意味にも用いられるようになった。
＊37　バルトロメオ・プラティナ『キリストと歴代教皇の書』。
＊38　カッシオドルス『三部史』第九巻。この歴史書は、ソクラテス・スコラスティコス、ソゾメヌス、テオドレトスによる既刊の三つの教会史のラテン語訳に基づいて編集されたので、この名で呼ばれる。
＊39　ネクタリウス（生年不明―三九七年）は、三八一年からコンスタンティノポリスの主教だった。
＊40　カッシオドルス『三部史』九・三五。三九一年に廃止された。
＊41　例えば、『詩編』第七編第一七節で「讃美」と訳すべき個所を、ラテン語訳であるウルガタは「告白」と訳して、それが元で、讃美の意味がなくなり、いつのまにか司祭への罪の告白の義務を意味すると解釈されるようになった。
＊42　グレゴリウス九世『法令集』五・三八。

＊43 ロンバルドゥス『命題集』四・一八・一。
＊44 ヘールズのアレクサンデル『神学大全』四・七九・三。
＊45 ロンバルドゥス『命題集』四・一八・二。
＊46 トマス・アクィナス『神学大全』補遺第一七問題第三項。
＊47 ロンバルドゥス『命題集』四・一八・六。
＊48 同書、四・一八・七。
＊49 同書、四・一八・八。
＊50 同書、四・一九・一。
＊51 トマス・アクィナス『神学大全』補遺第一九問題第六項。
＊52 鍵の権能を拡大解釈して、免償の教理を加えたこと。同書、補遺第二五問題。
＊53 同所。
＊54 一二一五年の第四回ラテラノ公会議の決定（五・二八・一四）。トマス・アクィナス『神学大全』補遺第二六問題第三項。
＊55 グレゴリウス九世『法令集』。
＊56 ロンバルドゥス『命題集』四・一七・二、トマス・アクィナス『神学大全』補遺第一〇問題第一項。
＊57 ロンバルドゥス『命題集』四・一七・四、トマス・アクィナス『神学大全』補遺第一〇問題第三項。
＊58 ヒュドラーは、ギリシア神話に登場する怪物。巨大な体に九つ、あるいは一〇〇の首をもち、大蛇のような姿をしていたが、ヘラクレスによって退治された。
＊59 ジャン・ジェルソン『十戒と告白について』。
＊60 ロンバルドゥス『命題集』四・一六・一。
＊61 ヘールズのアレクサンデル『神学大全』四・六九・八での議論のこと。

＊62 ラテン語では二語でpeccator sumとなる。
＊63 ロンバルドゥス『命題集』四・一七・一。
＊64 同書、四・一九・一。
＊65 同書、四・一八・八。
＊66 同書、四・一九・一。
＊67 同書、四・一九・五。
＊68 ヘレボルスは種類によっては毒があることが知られている。「殺す植物」と呼ばれた前五五〇年の第一次神聖戦争のキラ包囲戦で、デルポイ同盟軍はキラの水源にヘレボルスを投入して、キラの住民のほとんどがその毒にやられ、戦わずして勝利したと言われている。
＊69 トマス・アクィナス『神学大全』補遺第二五問題、あるいは、エック『提要』二四。
＊70 ジョン・フィッシャー『ルター派論駁』（一五二三年）一七。
＊71 トマス・アクィナス『神学大全』補遺第二五問題第一項。
＊72 グラティアヌス『法令集』二・一・六三。
＊73 同所。
＊74 ロンバルドゥス『命題集』三・一九・四。
＊75 同書、四・一六・三—四。
＊76 同所。
＊77 例えば、サラマンカの神学教授アルフォヌス・デ・カストロ『全異端反駁』（一五三四年）四。
＊78 フィシャー『ルター派論駁』。キケロ『ムレナ弁護』六一など。
＊79 ラテン語の慣用句。キケロ『義務について』三・三三を参照。
＊80 トマス・アクィナス『神学大全』第Ⅲ部第八六問題第四項。

＊81　同書、補遺第一五問題第一項。
＊82　同書、第Ⅲ部第八六問題第四項。
＊83　アンブロシウス『『ルカによる福音書』講解』一〇・八八。
＊84　グラティアヌス『法令集』二・三三・三。
＊85　偽アウグスティヌス『真の悔い改めと偽りの悔い改めについて』。
＊86　他に「浄罪界」、「浄罪火」などと訳される。ロンバルドゥス『命題集』四・二〇・一以下を参照。
＊87　ないものを探すことを表す慣用句。
＊88　アウグスティヌス『七書の諸問題』（四一九年）三・八三。
＊89　アウグスティヌス『説教』二七二。
＊90　アウグスティヌス『七書の諸問題』三・八四。
＊91　アウグスティヌス『罪の報いと赦し、および幼児洗礼について』（四一二年頃）一・二一・四四。
＊92　アウグスティヌス『洗礼について――ドナティスト論駁』（四〇〇年頃）五・二四・四三。
＊93　ロンバルドゥス『命題集』四・一四・一、グラティアヌス『法令集』二・三三・七二。
＊94　ヒエロニムス『書簡』八四・六。
＊95　エウゲニウス四世『エクスルタテ・デオ』一四。
＊96　同所。
＊97　同所。
＊98　トマス・アクィナス『神学大全』補遺第三一問題第三項。
＊99　『ローマ・ミサ典礼書』による。
＊100　エウゲニウス四世『エクスルタテ・デオ』。
＊101　以前は司教叙階は聖別（consecratio）と位置づけられ、司祭、助祭、副助祭を上級聖職位、守門、

読師、エクソシスト、侍祭を下級聖職位として、それぞれに叙階式を行った。しかし、第二ヴァチカン公会議後は司教、司祭、助祭の三位階を叙階と位置づけ、さらに一九七二年の教皇パウロ六世の自発教令で下級聖職位と副助祭は廃止された。

＊102 ロンバルドゥス『命題集』四・二四・一。

＊103 サン゠ヴィクトルのフーゴー『キリスト教信仰の秘跡について』（一四七七年頃）二・三・五。パリのギヨーム『七つの秘跡について』。

＊104 ナジル人は、自ら志願し、あるいは神の命令に応えて神から与えられた特別な使命のために誓約した人のこと。例えば、『士師記』第一三～一六章に登場するサムソン。

＊105 ロンバルドゥス『命題集』四・二四・三。

＊106 グラティアヌス『法令集』一・二三・二一。

＊107 同書、一・二一・一。

＊108 ロンバルドゥス『命題集』四・二四・八。

＊109 同書、四・二四・九。

＊110 グラティアヌス『法令集』一・二五・一。

＊111 ロンバルドゥス『命題集』四・二四・九。

＊112 托鉢修道士であることが寄進する側からすぐに分かるように、このような姿をしていた。

＊113 テオフィラクトゥス『『テサロニケの信徒への手紙二』注解』。

＊114 カルヴァンは「仕える（ministerium）」と何らかの力を行使して「指導する（magisterium）」を区別した。

＊115 グラティアヌス『法令集』一・六七・一―二。

＊116 キプリアヌス『書簡』五五・八、五九・六、六七・三―四。

＊117　一一七九年の第三回ラテラノ公会議、一・三。
＊118　グラティアヌス『法令集』一・二一・一に付された注一のこと。
＊119　ロンバルドゥス『命題集』四・二四・八。
＊120　第四回カルタゴ会議、第四章。
＊121　ロンバルドゥス『命題集』四・二四・八。
＊122　同所。
＊123　同書、四・二六。
＊124　ローマ教皇グレゴリウス七世のこと。
＊125　ロンバルドゥス『命題集』四・二六・六。
＊126　アンティキラには精神疾患に効用のある薬草のヘレボルスが生息していることから生じた言い方。
＊127　ギリシア語の「秘儀」にあたる「ミュステリオン」がラテン語訳聖書のウルガタでは「サクラメントゥム」と訳されており、そのために結婚がサクラメントとして扱われることになった。
＊128　この時代、旧約聖書の最初の五つの文書、あるいは六つの文書の著者はモーセだと考えられており、「モーセ五書」、「モーセ六書」と呼ばれていた。そのため、この言葉が出てくる『創世記』の著者もモーセとされている。
＊129　グラティアヌス『法令集』一・二八・二。
＊130　同書、二・二七・一七―一八。
＊131　ロンバルドゥス『命題集』四・三六・四。
＊132　同書、四・四〇。グラティアヌス『法令集』二・三五・二、三、一六、一七、一九を参照。
＊133　ロンバルドゥス『命題集』四・三一・二。
＊134　同書、四・四二。

*135 同書、四・三二・五。

第六章　キリスト者の自由、教会の権能、国政について。

〔キリスト者の自由について〕*1

キリスト者の自由について論じるべきところに来た。福音の教理全体について要約して語る場合でも、これを省いてはならない。それどころか、最も重要で、必要なものの一つである。キリスト者の自由についての認識なしには、良心は疑いから自由になれないし、迷い、後退し、あれかこれかと心定まらず、おののくばかりだ。ここまでの議論の中で、この点について触れなかったわけではないが、より明瞭な議論は避けてきた。なぜなら、キリスト者の自由について論じ始めると、感情的になってしまう者がいるし、愚かな者たちが大騒ぎを始めるし、あるいはいつもは冷静沈着なお偉いかたがた（もっとも、これらのお偉いかたがたは他のところでも大事なものを次々と破壊しているのだが）も何かと口出しを始めるからだ。ある者たちは、この自由を勝手に利用して神への服従を捨て去り、度を超えた放縦に心を奪われる。ある者たちは、この自由を恐れ、これは慎しみ、秩序、正しい選択、服従を破壊するものだと考えて、軽視する。このような難しい状況の中で、ここで何をすればよいのか。キリスト者の自由について論じることは諦めて、あらゆる危険性を回避すべきなのか。

しかし、すでに述べたとおり、この自由を得ることなしに、キリストを正しく知ること、福音の真理を正しく聞くことはできない。だから、私たちが注意しなければならないのは、教理の最も重要で必要な部分が欠如してしまわないように、またしばしば見出される愚かな反対派の攻撃にさらされないように論じることである。

私の考えでは、キリスト者の自由には三つの要素がある。第一に、信仰者の良心が神の前に義とされたことの確かさを求める時には、律法の上に立ち、律法を超えなければならない。それによって、律法による義を忘却に追いやる。私たちがすでに論じたように、律法は誰も義としない。だから、私たちは律法によって、義とされることに絶望するか、あるいは律法から解放されるかのどちらかである。救いのために必要なわざについては何らの考慮も必要ない。義を得るためには何らかのわざが必要だと考えている人がいるかもしれない。しかし、その人は自ら、自らのわざについての基準を定め、自ら到達点を設定することになるのだから、自ら進んで律法全体の債務者になるようなものだ。だからこそ、義とされることについて論じる場合には、律法については語らず、何らかのわざについても脇に置いて、ただ神の憐れみにより頼み、私自身の中にあるものを見るのではなく、ただキリストのみを見るべきである。問題は、私たちがどのようにして義となるかではなく、私たちが不義であり、義とされるにふさわしくないにもかかわらず、なぜ義と認められるか、ということだ。律法を守ることで、この点で何らかの確信に到達しようとしても、律法自体の中にその地点はない。だからといって、信仰者にとって律法は必要のないものだ、という結論に到達すべきではない。律法は、神の法廷では信仰者の良心のために何の意味ももたないが、律法は信仰者を教え、励まし、善への意志を与えようとする。両者は大きく異なっているので、取り扱いに注意すべきだ。キリスト者の生涯は、まさに敬虔の訓練〔meditatio〕であるからだ。なぜなら、私たちは聖化へと召し出されている（『エフェソの信徒への手紙』第一章）からだ。ということは、律法に与えられた任務とは、信仰者たちにこの義務を想い起こさせ、聖であることができるのか、そして純真であることに向かわせることである。しかし、どのようにしたら神を宥《なだ》めることができるのか、神の前で審判を受ける際にはどうすればよいのか、何に確かさを求めればよいのか、そう考えると私たちの良心は不安になるだろう。その時には、私たちは律法の求めを行うことに確かさを見るのではなく、律法の完成さえ超えたかたであるキリストの義だけが確かなものであることを想い起こさなければならない。それが『ガラテヤの信徒への手紙』の主たる論点である。パウロのこの手紙の論点は、ただ儀式からの自由の問題だと主張する人がいるが、*2それは愚かな解釈だ。パウロはこう言っている。キリストは私たちのために呪いを引き受け、私たちを律法の呪いから贖《あがな》い出してくださった。さらにパウロは、キリストが私たちを解放してくださったのだから、その自由によって立て、二度と奴隷の軛《くびき》に繋がれるな、と言っている。見よ、パウロはさらにこう言っている。もしあなたがたが割礼を受けるなら、キリストはあなたがたに無用のものとなる。割礼を受けるなら、律法全体をも負うことになる。キリストは、その人には無用となる。律法によって義とされる者は、このように恵みからは落ちこぼれる（『ガラテヤの信徒への手紙』第三、五章）。

第二は、第一の点に基づくことだが、良心が律法の求めに強制されて律法を守るのではなく、律法の軛《くびき》から解放され、自ら進んで神の意志に従うようになる、ということである。良心は、律法に支配されているかぎり、いつでも恐れ、おののく。だから、解放され、自由を与えられないかぎり、自ら進んで、情熱をもって神に服従するようにはならない。この点をより明らかにするために、いくつかの事例を挙げよう。律法は、心を尽くし、魂を尽くし、力を尽くして私たちの神を愛せよ〔『申命記』第六章〕、と戒《いまし》めている。そのために、私たちの魂は、他のすべての感情や感覚を取り除き、あらゆる願望を清め、自らのもちうる力のすべてをここに注ぎ出さなければならない。主の道において、他の人々よりも前に行き、先頭を走っている者でも、この点では終着点にある目標からははるかに遠い。このような人々は確かに神を心の底から、誠実な思いで愛しているが、それでも、その心の中には肉の思いに支配された部分がまだ数多く残っている。そのために、主の道で後退したり、前に進むことが妨げられたりしている。主の道を歩むために大変な努力を積み重ねているのに、肉の思いが疲労を生み出し、肉との戦いに力を消耗している。このような人々は、主の道で、律法の遵守が何と困難なことかと感じている。このような人々は、律法を遵守しようと熱望し、努力するが、完全ではない。このような人々が律法を忠実に読むなら、どんなわざをなしても、どんなことを試みても、結局は律法の呪いが待つだけだということを知るはずだ。自分はもちろん不完全な者であることを知っているが、だからといって自分がまったくの悪だとは思っていない、などという言い方は完全な欺瞞である。神は不完全な者でも、その中にある善い部分を受けとめてくださる、[*3] などという言い方もごまかしだ。律法が要求しているのは完全な愛であり、律法は不完全さを断罪する。だから、自分のわざは一部分だけは善であるなどと言って満足しようとしている人は、自分自身をよく吟味してみることだ。誠実に見ることができさえすれば、自分のわざがどれほど不完全で、律法に反するものであるかをはっきりと知るだろう。私たちのわざのすべては、律法の基準によって計量されるなら、ただ呪いが待つだけだ。これが事実だとしたら、憐れな魂は、結局は自分を呪いにしか招くことができないようなわざをするための準備をしていることになる。反対に、この憐れな魂が、律法の厳格な要求、それどころか律法自体から解放され、神が父として、やさしく呼びかけている声を聞くのであれば、それを喜び、情熱を傾け、召しに応え、導きに従うことができるはずだ。律法の軛に繋がれているかぎり、主人から日々の義務としての仕事を求められる奴隷と同じである。奴隷は、与えられたすべてのことを完全に成し遂げるまで、自分の義務としての仕事を終わらせることにはならないのだから、主人の前に立つことはできない。ところが、主人の息子だったら、どうだろう。息子たちは、父から奴隷よりも自由に、丁重に扱われるので、まだ始めたばかりの未完成な仕事でも、中途半端な仕事でも、悩むことなく父に差し出す。それは、息子たちが、父が命じたことを十分にやり遂げていない場合でも、息子たちの服従と心の純粋さを父が受け入れてくれると確信しているからである。私たちもまた、この息子のようになり、自らのなすことがどれほど小さく、未熟で、不完全でも、憐れみ深い私たちの父がそれを受け入れてくださることを確信すべきだ。この確信こそが、私たちに必要なのだ。それなしには、すべての試みは無益である。神は、私たちが神の前でどれほど素晴らしいことをなしえたとしても、私たちに神への尊敬の思いがないなら、それを私たちの神礼拝として受けとめはしない。このように、私たちがなしたことが、神の怒りを招いたのか、それとも神を誉め讃えることになったのかと疑い、恐れている状態で、真の神礼拝をなしうるはずはない。『ヘブライ人への手紙』が聖なる父祖たちがなした善いわざを記録し、しかし、そのすべては信仰に基づくものとして、信仰によってのみ評価したのは、そのためである（『ヘブライ人への手紙』第一一章）。『ローマの信徒への手紙』で、パウロが、私たちは律法のもとにあるのではなく恩寵のもとにあるのだから罪に支配されてはならない、と書いた有名な個所も同じことを述べている。また、パウロは次のように勧めている。すなわち、信仰者一人一人に、罪に自らの死すべき体を支配させるな。自分の肢体を不義のための武器として罪に与えるな。むしろ、死人の中から生き返らされた者として自分を神に捧げよ。自分の肢体を義の武器として神に捧げよ（『ローマの信徒への手紙』第六章）。そして、その直後に、その勧めを聞いた者たちが、自分たちはそれでも邪《よこしま》な欲望に支配された自分の肉を持ち続けているし、罪を宿し続けていると不安になるのを想定して、自由について教え、慰めた。パウロが言いたかったことは何か。このような者たちが、自らの罪が消えて、義が自らのうちに宿っていることを完全には感じることができなくても、神が自分の罪をいつまでも忘れていないかのように想い、恐れ、心の負担を感じる必要はない、ということである。また、恩寵によってこの人たちは律法から解放されたのだから、この人たちはもはや律法の基準によって計量されることはない、ということである。私たちは律法のもとにいないのだから罪を犯しても大丈夫だと言う者たちは、今述べた自由が自分たちが語っている自由とまったく違うものであることを自覚すべきだ。今述べた自由が目指しているのは、私たちを善に向けて意志させることである。

第三の要素は、私たちの神の前での信仰において、それには拘束されない外形的なもの、それ自体が ἀδιάφορα[*4]〔アディアフォラ（＝命じられても禁じられてもいない）〕なことである。それは用いることもできるし、関わらないままでいることもできる。しかし、この自由を知ることが、私たちにはどうしても必要である。このことを知ることなしには、私たちの良心は平安を得ることができないし、いつまで経っても迷信に追いまわされる。私たちは、現在、何とも多くの人々から愚か者とみなされている。それは、私たちが自由に肉を食べること、祝祭日に関すること、衣服の着用の制限からの自由などについて、いくつもの論争を始めたからである。あの連中には、どれもくだらない言いがかりだと思われている。しかし、いずれも人々が考えている以上に重要だ。良心は、ひとたび罠にはまり、つかまってしまうと、長く抜け出せない迷路に入り込んで、途方に暮れることになる。誰かがシーツ、下着、ハンカチ、ナフキンとして亜麻を使うのは適当なのかと疑問を抱くと、今度は大麻はどうだろうか、最後には麻くずはどう考えるべきかなどと言い出す。そして、ついにはナフキンなしで食事をし、ハンカチなしで生活しよう、などと言い出しかねない。誰かが高価な食材を使って食事を続けるのは違法ではないかと思い始めると、ふつうは口に入れないような食物でも肉体を維持することくらいはできるはずだと言い出し、ついには固いパンやこれまで毎日口にしてきた物さえ神の前では安心して食せなくなる、などと言うことになる。誰かが甘美なぶどう酒に酔いしれることに躓《つまず》きを感じると、生活必需品として売られている程度のぶどう酒でも飲むことをためらうようになり、ついには水であっても、味のよい、きれいな水だと飲むことをためらったりするようになる。最後には、よく言われるように、行く道に落ちている一本の藁さえ、それを踏みつけることは違法とみなされる、などという状態になる。この点で、激しく難しい論争が始まってしまう。私たちが試みること、いや、私たちが具体的になすことのすべてに、神の意志が先行している。だから、問題は、神は私たちがそれを用いることを望んでいるのかどうか、ということである。ある者は、それを考えることに絶望し、混乱し、どうしようもなくなる。ある者は、もはや考えるのをやめ、神を回避し、神への恐れも捨てて、道を踏み外す。決められた道があるわけではないので、疑いや迷いを感じ始めると、良心はひたすら躓き続ける。パウロが言う。すなわち、私は知っている。俗なものなど何もない（ここでパウロが俗なものと言っているのは、汚れたものという意味である）。それは、俗なものだと考える人には俗なものとなる（『ローマの信徒への手紙』第一四章）。パウロは、このように語ることで、あらゆる外形的事物に関する問題について は、私たちの自由に委ねた。もちろん、パウロがここで言いたかったのは、私たちの魂の中で自由の根拠が正しく神の前で確立していればよい、ということである。迷信的な考えによってひとたび不安を感じるようになると、もともと清いものでさえ汚れたものに思えてくる。だから、パウロはさらに言った。自分が善いと認めたものについて自分を裁かない者は幸いである。しかし、裁きつつ食べる者は罰せられる。信仰によらずに食べるからだ。何事も信仰によらないものは罪である〔同〕。

このような不安や迷いの中にあるのに、すべてのことを平然とやり遂げ、自らの勇気を誇示する者は、むしろ神から遠ざかることになるのではないか。また、神への恐れを抱く者たちが自分の良心に反してさまざまなことを受け入れなければならないとすれば、最後には恐怖に押し潰され、打ちのめされてしまうのではないか。このような人々は、神からの賜物を感謝の祈りによって受けとめることができなくなっている。しかし、パウロが証言しているとおり、すべてのことは感謝の祈りをもってなされる時にだけ、私たちのためになり、聖なるものとなる（『テモテへの手紙一』第四章）。ここで私が言う感謝の祈りは、自分に与えられ、自分の中にある賜物に神の慈しみ、そして憐れみを見出す心から注ぎ出される。このような祈りを捧げる者たちは、自分に用いることが許されているさまざまなものが神のものであることを知る。だからこそ、何をするにしても神を讃美する。このような祈りを捧げる者たちは、これが神から自分たちに与えられたものだと確信している。その確信なしには、与えたまう神に感謝することはできない。このような祈りを捧げる時には、私たちは自由が何に向けられているのかを知っている。神の賜物を、良心の不安なく、魂の悩みもなく、神が与えたまう用途に従って使う。この信頼があればこそ、私たちの魂は、神の前で平安になり、神の慈しみを知る。さらに、私たちは、慎重に、キリスト者の自由とは、どのような場合にも霊的な自由であることを知るべきだ。良心が自分の罪は赦されているのかと不安になり、思い悩む時がある。また、私たちがなすのは肉の悪ゆえに汚れた、不完全なわざであるが、それでもこれは神に受け入れられるかどうかと心を痛める時がある。あるいは、私たちには、用いても用いなくてもよいものについて疑心暗鬼になる時がある。しかし、このような恐れおののく自らの良心をもったまま神の前に平安に立ちうる力、これがキリスト者の自由である。この自由を自分の欲望を満たすために用いたり、自分の抑えきれない衝動のために神から与えられた賜物を乱用したり、他人に対して行使してこそ自由だなどと考えて、弱い者たちに何の考慮もせずに用いるとしたら、それは誤用である。

今日、人々は過度に、自分の欲望を満たすために自由を用い、自分の抑えきれない衝動のために神から与えられた賜物を乱用しているように思う。財力があって贅沢な生活ができる者たちが、大宴会を催し、着装する衣服や住居を豪華絢爛にし、自分の資産や他者への優位性を隣人たちに顕示しようとし、自分自身で自分の財産に酔いしれている。あの者たちは、これらすべてのことを、キリスト者の自由を口実にやってのける。あの者たちは、これは善でも悪でもないと言う。私もそれは認めよう。しかし、それはこれらが善にも悪にも用いられない場合である。あの者たちのように、異常なほど貪欲になり、驕り高ぶること激しく、自己顕示欲に燃え、浪費はとどまるところを知らない場合、それは明らかに汚れた悪徳だ。パウロは、次のように述べ、善であることと悪であることを区別している。すなわち、清い人には、すべてが清い。しかし、汚れた者、不信仰な者には、清いものは一つもない。このような者たちの精神と良心が汚れているからである（『テトスへの手紙』第一章）。富んでいる者は、なぜ呪われるのか。富んでいる者は、自分で自分を慰め、自分で自分を満たし、自分で自分を喜び、象牙を敷きつめた部屋で眠り、畑を拡大し、宴会で竪琴、琴、太鼓を演奏させ、ぶどう酒を溢れるほど注ぐからである（『ルカによる福音書』第六章、『アモス書』第六章、『イザヤ書』第五章）。象牙も金も神が創造した善きものだ。しかも、神の摂理によって、人間が用いるようにと与えられたものだ。私たちは笑うことも、腹を満たすことも禁じられてはいない。新たな財産をそれまでの財産に、あるいは先祖から受け継いだものにさらに加えることも禁じられてはいない。音楽を一緒に演奏して楽しむことも禁じられてはいない。ぶどう酒を飲むことも、適切、適量であれば禁じられてはいない。しかし、それを過度にもつとき、快楽に陥って、そこから抜け出せなくなる。精神や魂が目の前の享楽に奪われ、酔いの中で繰り返し新たな刺激を求め続けるなら、神の賜物の正しい用い方とは言えず、善からかけ離れた行為と言われてしまう。湧き出る欲望を退け、限度を知らない浪費や支出を避け、虚栄や不遜な考えを捨て、純真な良心に基づいて、神の賜物を誠実に用いるべきだ。

精神が節度あるものに整えられるとき、すべての者は正しい規範を手に入れる。節度を弁《わきま》えない時には、ごく当たり前の楽しみだったものもいきすぎとなる。諺があるではないか。荒布と粗末な服の下にはしばしば広き心が住み、絹と緋衣の下には純粋で謙遜な心が隠れている。これは真実である。人はそれぞれに、それぞれの身分に従って、ある人は質素に、ある人は人並みに、ある人は豪華に暮らすことも許されるだろう。しかし、すべての人は生きるために神に養われているのであって、贅沢をするためではないことを覚えるべきだ。また、人はパウロとともに（『フィリピの信徒への手紙』第四章）与えられた状態に満ち足りることを学ぶべきだ。貧しいことも富むことも知り、どこに置かれても、何をするにも満足し、飢えることにも、欠乏にさえ耐えることを教えられるなら、これこそがキリスト者の自由の模範であることを知るべきだ。

また、多くの人が誤って理解していることがある。それは、誰かが自分たちの姿を見て、あの人は自由だと証言してくれないと、自分たちの自由に意味がないかのように考え、人々の前で手にした自由を無分別に行使する者たちのことである。このような自由の使い方をすることで、この者たちはしばしば弱い者たちを躓《つまず》かせる。最近、金曜日に〔魚ではなく〕肉を食べる自由を人々の前で行使しなければ自分は自由になったとは言えない、と主張する人を見かけるではないか。私はこの者たちが金曜日に肉を食べることを批判しようとは思わない。しかし、このような誤った考えは、この者たちの精神から、ぜひ追い出してしまいたい。私たちは、自由を行使する際に、人の目の前で何か新しいものを得たわけではなく、ただ神の前で新しいものを得る。だから、この者たちは、自由を行使した時に、自由を用いることもできたが、用いないこともできたことを真剣に考えるべきだ。この者たちは、神にとっては、肉を食べようが、卵を食べようが、赤い服を着ようが、黒い服を着ようが何の違いもないことを知れば十分だったはずである。自由という恩寵は良心によって支えられるものだが、良心はすでに解放され、自由にされている。ということは、この者たちが生涯肉を食べず、同じ色の服だけを着続けるとしても、それもまたこの者たちの自由である。この者たちが自由なのは、自由な良心によってすべてのことを断ち切ったからだ。しかし、この者たちは、弱い者たちへの配慮を欠く点で、人々に躓きを与えてしまっている。私たちは弱い者たちを支え、少しでも躓きになるものがあれば、それを取り除くよう努力すべきである。もちろん、人々の前で自由を行使することが重要になる場面もある。そのことは私も認めよう。しかし、その場合でも、私たちは最大限の注意を払い、弱い者たちへの配慮を蔑《ないがし》ろにすべきではない。主は、私たちに弱い者たちへの配慮を託された。

そのため、ここで躓きについても説明しておきたい。躓きにはどのような区別があるのか、何については警戒すべきなのか、そして何については無視すべきなのか、それを明らかにしておきたい。そうすれば、あとで人々のあいだで自由がもつ位置を確認できるようになる。私は、これまでなされているように、躓きを与えられた躓きと受けた躓きに分ける方法は正当だと思う。これには聖書的な証言があり、意味や内容が正しく説明されているからである。あなたが何らかのことを不適切に、軽率に、いかがわしい言葉で、不遜な方法で、秩序を守らず、場を弁《わきま》えないで行ったことで未熟な人、弱い人を躓かせたとすれば、それはあなたから与えられた躓きと呼ばれる。あなたの過ちによって、このような躓きが生じたからである。いずれの場合も、誰かが何かを行い、その過ちから躓きが生じた場合には、それも与えられた躓きと言う。〔それとは違って〕その行為は、不適切とも、ふさわしくないとも言われるようなものではないが、悪意や邪《よこしま》な策略や意地の悪い魂のためにそれが躓きの機会となる場合には、受けた躓《つまず》きと呼ばれる。これは与えられた躓きではなく、この意地の悪い解釈者が外的な理由からではなく〔自らの邪な精神ゆえに〕受けた躓きである。与えられた躓きには、弱い者しか躓かない。受けた躓きには、辛辣な性格の持ち主、あるいはファリサイ派的な傲慢の輩が躓く。私たちは、それぞれを弱い人の躓き、そしてファリサイ派の躓きと呼ぶことにしよう。私たちが自由を行使しようとする時には、弱い者たちの無知にはいつでも譲歩すべきだが、ファリサイ派の冷淡さには一歩も譲歩すべきではない。パウロは、折に触れて、弱い者の無知には譲歩するように、と勧めている。信仰の弱い者を受け入れよ(『ローマの信徒への手紙』第一四章)、と教えている。パウロは、さらに具体的に述べている。すなわち、今後は互いに裁き合わないようにしよう。むしろ、兄弟たちに躓きの石や堕落の機会を与えないようにしよう〔『ローマの信徒への手紙』第一四章〕。その他にも、同じことは何度も語られている。ここで引用するより、ぜひそれぞれの個所を参照してほしい。パウロが言いたいことは、はっきりしている。パウロは、こう言っているのだ。私たち強い者は、弱い者を支えるべきであり、私たち自身を喜ばせてはならない。私たち一人一人は、隣人の利益となるように、喜ばせ、徳を高めるべきだ〔『ローマの信徒への手紙』第一五章〕。別の個所では、こう言っている。すなわち、あなたがたの能力がどんなことでも弱い人の躓きにならないように注意しなさい、市場で売られているものは何でも、良心に問わずに食べなさい、私が言うのは、あなたがたの良心に対してであって、他人の良心に対してではない……ユダヤ人にも、ギリシア人にも、神の教会にも躓きにならないようにしなさい（『コリントの信徒への手紙一』第八、一〇章）、ということである。次のような個所もある。兄弟たちよ、あなたがたは自由へと召されたのだ、ただあなたがたの自由を肉の機会として用いず、愛をもって互いに仕え合いなさい（『ガラテヤの信徒への手紙』第五章）。そのとおりだ。私たちの自由は、弱い隣人たちと対立するために与えられているのではない。愛は、あらゆることにおいて私たちが隣人に仕えるように教えている。自由とは、私たちが魂の中で神と和解し、人々のあいだで平和に暮らすために与えられた。私たちは、主の言葉を通して、ファリサイ派の躓きに対してはどのように対応すればよいか教えられている。主は、弟子たちに次のように命じた。この者たち〔＝ファリサイ派〕をそのままにしておけ。この者たちは盲人を手引きする盲人だ（『マタイによる福音書』第一五章）。すなわち、あるとき弟子たちは主に、ファリサイ派の人々は主の話に躓いた、と注意を喚起した。すると、主は答えた。ファリサイ派を無視してよい。その躓きを気にすることなどない。もちろん、誰が弱い者か、誰がファリサイ派かを私たちが正しく見定めないかぎりは、問題は残されたままだ。だからこそ、この識別が重要である。この区別なしに自由が行使されるなら、自由の中にはきわめて危険な躓きが常に存在していて、安心して見ていることができなくなる。しかし、パウロは、彼自身の教えと行動によって、私たちの自由はどのように自制されるべきなのか、またどうすれば躓きにならないのかを、はっきりと定義している。パウロは、テモテを自分の同労者とした時には割礼を受けさせたが、テトスに割礼を受けさせることには納得できなかった（『使徒言行録』第一六章、『ガラテヤの信徒への手紙』第二章）。対応には違いがあるが、目的やその精神に違いはない。テモテに割礼を受けさせることで、パウロはすべての人から自由でありながら、しかしすべての人に対して自分自身を仕える者としたのであって、ユダヤ人に対してはユダヤ人のようになった。ユダヤ人を得るためである。律法の下にある者に対しては律法の下にある者のようになった。律法の下にある者を得るためである。律法のない者に対しては律法のない者のようになった。律法のない者を得るためである。弱い者に対しては弱い者のようになった。弱い者を得るためである。すべての者に対して、すべてのことをした。多くの者を救うためである。それはパウロが書いていたことだ（『コリントの信徒への手紙一』第九章）。私たちが用いても用いなくてもどちらでもよいことについて、私たちが実りを得るために自制するなら、それが自由の最も正しい用い方である。パウロは、テトスに割礼を受けさせるのを厳しく拒んだ理由について、こう述べている。すなわち、しかし私とともにいたテトスさえ、ギリシア人だったのに割礼は求められなかった。それは、たまたま忍び込んできた偽兄弟のためで、この偽兄弟はイエス・キリストにあって私たちがもっている自由を狙って、私たちを奴隷状態にしようとした。私たちは、この者たちにひとときも譲歩することはなかったし、屈服したりもしなかった。それは、あなたがたのあいだに真理が保たれるためであった（『ガラテヤの信徒への手紙』第二章）。だから、偽者の使徒たちの不当な策略によって弱い人の良心を危険にさらすようなことになるなら、自由の擁護が必要である。私たちは、どんな時でも、どのような場面でも、愛を追求し、隣人の徳を建てるべきだ。パウロは、別の個所で、この点をさらに強調して次のように述べている。すなわち、すべてのことが私には許されているが、すべてのことが有益であるわけではない。すべてのことが私には許されているが、すべてのことが徳を高めるものではない。誰でも、自分のことではなく他者の利益を求めるべきだ（『コリントの信徒への手紙一』第一〇章）。このように、私たちの隣人の徳を高めることができるのなら自由を行使し、隣人のためにならないのなら自制すること、これよりはっきりとした自由の基準はない。自由を自制するというパウロ的な慎重さについて見せかけの粉飾をする者たちがいるが、この者たちは自由における愛の義務を正しく行使していない。この者たちは、本当は自分たちの都合で自由を制御してしまうべきではなく、人類の幸福と信仰の利益のために自由を行使するほうが隣人のためになる場合があるのに、自分たちの平穏や静かな暮らしのことばかり考え、自由に語ること、自由に行動することのすべてを葬り去ってしまう。この者たちは、隣人の徳を高め、隣人が利益を得るために自らの自由を行使することが自分の利益のためにそれを自制することと同じく重要であることを正しく理解していない。私が躓《つまず》きを避けるために示したすべてのことは、それ自体は善でも悪でもない、中立的なものである。しかし、当然なされなければならないことが躓きを恐れるばかりに素通りされ、行使されないなどということがあってはならない。もちろん、ここで愛についての考慮がなされるべきだが、それは祭壇に近づく前までに済ませておくべきことだ。隣人への好意のために神を躓かせるなどということはありえない。

いつでも何だかんだと騒ぎ立て、そのように動き出して、解決より破壊を好む人々のやり方にも賛成できない。さまざまな不敬虔な行動の首謀者でありながら、自分はあたかも隣人の躓《つまず》きにならないように行動を自制している、などと自分を誤解している人の言い訳など聞きたくもない。その者たちは、とぼけて、自分たちのやり方では隣人を悪へと誘惑することなどとうてい無理であるなどと偽りを語り、自分たちは隣人を悪へと教育したことはないと言わんばかりだ。さらに言えば、悪の汚れの中にとどまり続けているのに、そこから抜け出すことをまったく望まないような人々の言葉を聞く必要はない（『コリントの信徒への手紙一』第八章）。また、ある人は、隣人が教理によって、あるいは正しい生活の規範によって指導されなければならないのに、甘い言葉でお茶を濁そうとしている。そのような人がなしていることは、隣人が最悪の破壊に陥ることが予想できるのに、その人々を〔幼子のように〕乳で養わなければならないなどと言う、[*5] まったく無責任な行動だ。確かに、パウロはコリントの人たちを乳で養ったと述べている（『コリントの信徒への手紙一』第三章）。しかし、その頃コリントの人々のあいだでミサが行われていたら、乳で栄養をとらせるからといって、ミサの犠牲を与えただろうか。そんなことはしないだろう。乳とは毒のことではないはずだ。だが、この者たちは、養ってやると嘘をついて、甘やかして乳を与えながら、残虐な殺人を行う。このような偽装がしばらくは賛同を得ることがありえたとしても、いつまでもその乳を子どもたちに飲ませ続けることなどできるはずがない。いつまで経ってもやわらかい食物さえ食べることができないほど成長が遅れているとすれば、それは乳による養育がなされていなかったことの証明になる。

〔教会の権能〕*6

これまで述べてきたとおり、自由という特権を与えられた信仰者の良心は、キリストの恩寵によって、主が自由にしておこうと望んだことなのに、それを遵守しなければならないなどという勝手な主張をする、いかなる呪縛からも解放されている。そのため、信仰者はすべての人間的な権力を免れていると確信している。キリストの深い慈しみにこそ感謝すべきであることを忘れてはならない。キリストの恩寵を与えられているのに、良心が実りを得ないなどということがあってはならない。キリストにこれだけ高価な支払いをさせておきながら、私たちのほうでそれを軽く見積もってはならない。キリストは、私に与えられたこの自由を金や銀によってではなく、自らの血によって買い取った。だから、パウロは、私たちが自分たちの魂を人間たちの奴隷にしてしまうなら、キリストの死は無駄だったことになる、と躊躇なく言うことができた。パウロが『ガラテヤの信徒への手紙』のいくつかの章で論じたことは、私たちの良心がこの自由に基づかないなら、キリストは私たちから隠されてしまう、いや、ついには消滅してしまう、ということだ。また、私たちの良心は、人間による恣意的な法律や制度の鎖に繋がれると、自由から引き離されてしまう、ということだ。しかし、この点は、ぜひ正確に知らなければならない問題であり、さらに明快に、詳細に説明する必要がある。なぜなら、人間の制度を廃止すべきだなどという言葉が語られるとすぐに、一部の反乱者たちが、あるいは別の誹謗者たちが、人間への服従が一斉にすべて取り除かれたかのように騒ぎ立つからである。

そこで、この石に躓《つまず》かないように、まず人間の中に二つの統治があることに注意すべきだ。一つは霊的な統治で、良心を敬虔と神礼拝に向けて整える。もう一つは政治的な統治で、それによって人々のあいだで保持されなければならない人間らしさと、市民としての義務を教育される。この二つは、一般的には霊的な司法権と時限的な世俗的司法権と呼ばれる。この名称は、決して不適切ではない。霊的な司法権が意味しているのは魂の生活に関する種類の統治であり、時限的な司法権は、この世での生活に関することのみならず、人々が聖く、正しく、慎ましく生活するための法を定める。前者は内なる魂の中に場所をもつ。後者は外形的な慣習だけを規定する。一方を霊的統治、他方を政治的統治と呼ぶこともできる。ここで区別したことは、それぞれに分けて論じなければならない。一方を論じている時には、他方に魂が気をとられすぎないように切り離しておくべきだ。人間の中にはあえて言うなら二つの世界があり、そこにはそれぞれ別々の王がいて、別々の法が支配している。

キリスト者の自由についてこれまで語ったことのすべては、霊的な統治と関係している。だからといって、私たちはここで法や法律家の政治的な秩序に反対しようというのではない。むしろ、教会の牧者と自ら名乗る者たちがふりかざす権力について批判的に論じたい。その者たちこそ、事実、残忍な刑吏である。この者たちは、自らでっち上げた法を霊的だと言い、魂と関わるものだと主張し、永遠の生命のためにどうしても必要なものだと断言する。しかし、この者たちは、それによってキリストの王権を侵犯し、キリストから与えられたキリスト者の良心の自由を徹底的に抑圧し、それだけではなく破壊する。この者たちは、律法を遵守することで罪の赦しと義を求めよと教え、またキリスト教の教えと信仰の要点を律法の遵守に求めているにもかかわらず、この者たちの法がどれほど不敬虔なものかについて、これ以上述べようとは思わない。しかし、一つだけ指摘したいことがある。教会の牧者と名乗りたがっているこの者たちは、キリストによってすでにそこから解放されていることについては、それを無理やり強要するようなことをすべきではない。これまで述べてきたが、この解放なしには、私たちの魂は神に憩うことはできない。この者たちがキリストによって得た恩寵を保持し続けたいなら、ただ一人の王、すなわち自らの解放者であるキリストと、ただ一つの自由の律法、すなわち聖なる福音の言葉にこそ支配されるべきである。この者たちは、どのようなものであれ奴隷状態にとどまるべきではないし、何らかのものに縛られたままでいるべきではない。ソロン[*7]の徒を自称するこの者たちは、自らの制度が自由の法であり、負いやすい軛《くびき》であり、軽い荷であるなどと夢想する。しかし、これが愚かな偽りであることに気づかない人はいないはずだ。神を恐れることを棄ててしまい、さらには自らの法も神の律法も何のためらいもなく、惜しむこともなく捨て去る者たちは、自分自身も、自らの法も重要なものだとは思っていない。それに対して、自らの救いについて少しでも配慮しようと心を砕く牧者なら、何らかのものに縛られている状態にあるうちは自分たちが解放されたとは言えない、と考えるはずである。私たちは、この点でパウロがどれほど注意深くふるまったか、すなわち他者に拘束や縛りを与えないように、どれほど細心の注意を払ったかを知っている(『コリントの信徒への手紙一』第七章)。それには理由があった。パウロは、主が私たちの自由に委ねたことについて、人々の良心に強制があると良心がどれほどの傷を負うのかが予測できたのだ。あの者たちは、それとはまったく逆のことをする。あの者たちが強引な方法で、永遠の死を宣言するために生み出した制度は数え上げることさえ不可能だが、それが救いの必須事項であるかのように厳格に要求してくる。この要求には、守ることができそうにもない困難なものが多数ある。そのすべてを守ることは不可能である。このような重荷を負わされて不安や恐れを感じないはずがないではないか。だからこそ、これまで述べたとおり、またそのことに基づいて、私たちの良心が神の前でこのような制度に強制されないようにしなければならない。このような制度は、神の前にある私たちの魂を縛り上げ、救いのためには何らかの外形的な事柄が必要であるかのように勧めて、良心に重荷を負わせる。そして、これこそが現在の教会の制度だとして提示され、これこそが真実であり、神礼拝に必要なことだと人々は思い込まされている。このようなものが無数にあり、それらが魂を捉え、魂を縛り上げている。鎖が無数に用意されている。では、どう対処すればよいのか。教会の権能などない、とでも言うのか。私は純粋で素朴な人たちのためにこれを書いているが、おそらくこのような断定は、そのような人々の多くをさらに不安にさせるはずだ。私は答えたい。教会の権能は確かにある。しかし、その権能は、徳を建てるためのものであって、破壊するためのものではない（『コリントの信徒への手紙二』第一〇、一三章）。教会の権能を正しく行使する者は、自らをキリストに仕える者、神の秘儀の分配だけを行う者と考える。これを神の言葉の奉仕と呼ぶのが正しい定義である（『コリントの信徒への手紙二』第四章）。キリストが使徒たちに、行って、主が教えたことをすべての民族に示せ、と命じた時に与えた権能は、まさにこの神の言葉の奉仕に限定されている（『マタイによる福音書』最終章）。神の教会の執務に携わってきた者たち、そして今も携わっている者たちは、この定めが自分たちのために与えられたものであることを想い起こすべきだ。そうすれば、真の牧者としての尊厳は確かに保持され、神の民を傲慢や不正で苦しめる者たちのような偽の権能に寄りすがり、誇ったりする必要はなくなる。ここではまた、別の個所でごく簡単に触れたことが、もう一度、想い起こされるべきである。聖書が預言者、祭司、使徒、使徒の継承者たちに与えている権威あるいは尊厳は、いずれも人間自身に与えられたのではなく、その職務に対して与えられている。一言で言えば、神の言葉の奉仕に対して与えられているのであり、この者たちはそのために召し出された。私たちが預言者、祭司、使徒、弟子たちのすべてについて順序正しく調べるなら、教え、また問いに答える権威は、ただ主の名によって、そして主の言葉によってのみ与えられていることは明らかである。主は、モーセの言葉がすべての預言者の中で優先して聞かれることを望んだ。主しかし、そのモーセは、主によらなければ、何も命じなかったし、何も告知しなかった。主によらなければ、モーセは他には何もなしえなかった。かつて主は、主の預言者を諸々の国と民族に遣わし、主はある時は高め、ある時は根こそぎ取り除き、滅ぼし、倒し、しかしある時は建て、植えたと証言させた。しかし、その時には必ず主は、預言者たちに、私の言葉が預言者の口に置かれているからだ（『エレミヤ書』第一章）、と言わせた。確かに、どの預言者も、主の言葉に導かれることなしには、口を開くことはなかった。だから、聖書には、主の言葉、主からの荷、主の言葉が語った、あるいは主からの幻、万軍の主が語る、といった表現が頻繁に見出される。これは当然のことだった。イザヤは、自分の唇は汚れている、と叫んだ（『イザヤ書』第六章）。エレミヤは、自分はまだ若者で、何を語ればよいか分からない、と述べている（『エレミヤ書』第一章）。イザヤ、そしてエレミヤが自分自身の言葉を語ったとしたら、どうなっていただろうか。汚れた口、愚かな口から、汚れたもの、愚かな言葉以外のものが出てくることがあっただろうか。しかし、預言者が聖霊の道具になった時には、その唇は聖なるもの、純粋なものとなる。エゼキエルは、預言者の機能を要領よくまとめている。すなわち、こう述べている。人の子よ、私はあなたをイスラエルの家を守る者とした。それゆえ、あなたは私の口から言葉を聞き、私からだと前置きして、その言葉を語れ（『エゼキエル書』第三章）。主の口から聞くように命じられたのだから、自分で何かをつくり出すことは禁じられた。だから、主からの知らせを伝えるという役目は、自分の告げることが自分の言葉ではなく主の言葉だと確信し、安心して語ることである。エレミヤが別の言い方で伝えたことも同じ意味だ。エレミヤは、こう述べている。すなわち、夢を見た預言者は夢を語れ。しかし、私の言葉を受けた者は、私の真実の言葉を語るべきだ。藁は小麦以上のものだろうか（『エレミヤ書』第二三章）。主は、祭司について、律法の言葉は祭司たちに尋ねなければならない、と命じた。その理由を説明して、祭司は万軍の主の使者だからだ（『申命記』第一七章、『マラキ書』第二章）、と言った。使徒たちはどうだろうか。使徒たちは多くの輝かしい称号で飾られている。使徒たちは、世の光、地の塩である。キリストのためにその言葉が聞かれるべき者であり、地上で繋ぎ、あるいは解くことは、天においても何でも繋がれ、あるいは解かれる（『マタイによる福音書』第五章、『ルカによる福音書』第一〇章、『ヨハネによる福音書』第二〇章）。しかし、使徒たちは、自らの職務において何が許されているのかを、自らの名前によって教えられている。使徒たちは、まさに使者に徹するべきであり、[*8]自分の好き勝手なことをするのではなく、自らを派遣したかたの命令に忠実に従わなければならない。だから、キリストは使徒たちに言った。すなわち、見よ、生ける父が私を遣わしたように、私もあなたがたを遣わす（『ヨハネによる福音書』第二〇章）。また、キリストは、自分が父からどのように派遣されたのかについて、次のように述べている。すなわち、私の教えは私自身のものではなく、私を遣わした父のものだ（『ヨハネによる福音書』第七章）。キリスト自身が自らに、また使徒に、そして使徒の継承者たちに課したこの原則を私たちが退けるとしたら、それは不当な行為である。もちろん、課された役目は、それぞれ違っている。キリストは、永遠であり、ただ独り父の相談相手であり、父の懐《ふところ》におり、父に受け入れられ、自らの奥深くに知識と知恵の宝をもつ者である（『コロサイの信徒への手紙』第二章）。この泉からすべての預言者たちが自分たちが告げ知らせる天的なものとしての預言を汲み上げたのであり、同じ泉からアダム、ノア、アブラハム、イサク、ヤコブなど、この世のはじめから神の知識にふさわしいとされた者たちが自ら学ぶべき天的な教えを与えられた。バプテスマのヨハネが、神を見た者はまだ一人もいない、ただ父の懐《ふところ》にいる独り子だけが私たちに父を語った（『ヨハネによる福音書』第一章）、と述べていること、さらにはキリスト自身が、誰も父を見出した者などいないし、ただ子と、子が父をあらわそうとした者だけが父を知る（『マタイによる福音書』第一一章）、と言ったことが真実なら（もちろん、それが事実だったのだが）、子について教えることなしに、神の秘儀を魂に深く受けとめ、それを讃美することなどできないはずだ。これらの聖なる者たちは鏡で見るように神を子の中に見ることで神自身を知り、預言者たちは同じ子の霊によって神について預言した。あるいは、神は、子、すなわち唯一の知恵、光、真理であるかたを通してのみ、自らを人々にあらわした、と言ってもかまわない。しかし、この知恵は、もちろん以前からさまざまな仕方で自らをあらわしていたが、その輝きは完全ではなかった。しかし、この知恵が肉となってあらわされたとき、人間の精神が神について理解しうること、考えうることを、明確に、言葉として告知された。使徒が、昔は神はさまざまな場所で、いろいろな方法で、父祖たちに預言者を通じて語られたが、終わりの時には愛する子を通して語る（『ヘブライ人への手紙』第一章）、と書いているが、これは人知を超える出来事である。しかし、パウロがここで言いたかったことは明らかだ。神は、今後は、以前のようにこの人、あの人と次々に語らせることはしないし、預言に預言を重ねることも、啓示に啓示を重ねることをしない。神は教える権能のすべてを子のうちで明らかにされたので、私たちは子の教える権威をこそ神からの至高で永遠の根拠とみなすべきだ。そのため、新しい契約の全体は、キリストが審判の日まで福音を語り、その時にこそ私たちにあらわされるものなので、他の個所で述べたとおり、終わりの時（『ヨハネの手紙一』第二章）、終わりの時期（『テモテへの手紙一』第四章）、終わりの日々（『使徒言行録』第二章）などと記されてきた。これは、私たちがキリストの教えのすべてが告げ知らされることを喜ぶべきであり、自分たちでそれを超える何かを勝手に捏造してはならないし、また他の人がそのようなことをするのを認めたりしないためである（『マタイによる福音書』第一七章）。父が子を私たちのもとに送り、この子ただ一人に教師としての特権を与え、人からではなく子から聞くようにと命じたことには、このような理由があった。神は、これに聞け、と言ったとき（『マタイによる福音書』第一七章）、キリストの教える者としての職務を私たちに示した。しかし、さらにその言葉には、一般的に考えられている以上の重みも、力もある。神は、私たちをあらゆる人間の教えから遠ざけた。そして、ただ独り子のもとに立たせ、独り子からだけ救いの教えを学ぶように命じ、独り子のみにより頼み、独り子にこそすがり、神の言葉自身が語るとおりに聞き、従うようにと命じた。

このように、命の言葉それ自体が肉となり、親しく私たちとともにあるのだから、私たちは人間から何かを望む必要があるだろうか。もちろん、人間が神の知恵を超えるというのなら事情は別だが、そんなことはありえない。キリストが語り始めたのだから、すべての人間の口は閉じられるべきである。天の父は、キリストの中にすべての知識と知恵の宝を隠しておくことを望んだ。キリストは、どこにも破れのない神の知恵を語り、さらに、あらゆる事柄を啓示する待望のメシアとして、それにふさわしく語った（『ヨハネによる福音書』第四章）。キリストが語ったとき、自らのあとに語る者に何も語るべきことを残すことはなかった。だから、私は言いたい。すべての人々が沈黙し、キリストのみが語るべきだ。すべての者は取り除かれ、またこの者たちの語ることは聞き流され、ただキリスト〔が語ること〕のみが聞かれるべきだ。キリストは、いつでも権威ある者のように教える（『マタイによる福音書』第七章）。キリストが弟子たちに語ったように、あなたがたはラビ*9などと呼ばれてはならない。あなたがたの師は、キリストただ一人である（『マタイによる福音書』第二三章）。この言葉を弟子たちの心に深く刻みつけるために、キリストは同じ個所で二度同じことを語った。使徒たちに、そして使徒の継承者たちにも今なお引き継がれているのは、キリストに命じられたとおり、そのことに限定された使徒としての使命を誠実に守ることである。キリストは、行って、すべての民に、自分たちででっち上げたことを無思慮に語るのではなく、キリストから教えられたことだけを教えるべきだ（『マタイによる福音書』最終章）、と命じた。使徒ペトロは、自分にどれだけのことが許されているのかを師から十分に教えられている。だから、ペトロは自分にも他者にも自分の教えを語り、残すことなどしなかった。ペトロは、語る者は神の言葉を語れ（『ペトロの手紙一』第四章）、と言った。この言葉は、たとえどれほど優れた頭脳の持ち主であっても、人間の精神が生み出したものはすべて退けるべきであり、純粋に神の言葉だけが信者たちの教会で語られ、告知されるべきだ、という意味である。また、この言葉は、たとえどれほど身分の高い者の命令であっても、人間の命令は取り除かれ、神の命令だけが確かに打ち立てられるべきだ、という意味である。

これは霊の武器（『コリントの信徒への手紙二』第一〇章）であり、それが装う神の力によって、どのような要塞も破壊する。神を信じる兵士は、この武器で神の知識に逆らって立つあらゆる妨害や障害を破壊し、すべての知識を捉える。この武器は、キリストへの服従を勧め、あらゆる不服従を罰するために用意された。この点にこそ、教会の牧者たちがもつ権能が、それがどのような名で呼ばれるとしても、明確に見出される。だから、牧者は神の言葉によって、あらゆることを堂々となすべきである。牧者は、神の言葉に仕える者、神の言葉を伝達する者として立てられた。牧者は、この世のあらゆる力、栄光、偉大さを、神の威光の前にひれ伏せさせ、服従させる。また、牧者は、神のために、高き者、低き者のすべてに命じ、キリストの家を建て、サタンの支配を打ち破り、羊を養い、オオカミから守り、従順な者を励まし、教え、抵抗する者は責め、戒め、打ち倒し、解き、繋ぎ、最後には雷鳴や稲光をもって警告を与える。もちろん、牧者はこのすべてを神の言葉によってなす。この力を、自らを司教だとか魂の指導者などと称してきた霊的暴君たちが神の民のあいだでなしてきたことと比べるなら、キリストとベリアル*10くらい一致点を見出すのは難しい。あの霊的暴君たちは、私たちを自らの恣意的な判断で立てたり倒したりする。あの者たちは、自分たちが下した判断は私たちの魂の中でも同意されるべきであり、自分たちが賛成したことには私たちも賛同すべきであり、自分たちが批判することを私たちも非難すべきだと主張する。この考えに基づいて、あの者たちの原則が生み出された。あの者たちは、教会は信仰箇条を生み出す権限をもち、教会の権威は聖書の権威に等しい、と主張する。また、人間は教会の教理について、肯定的なものであっても、否定的なものであっても、すべてについて含蓄的な信仰、あるいは明白な信仰をもって同意するのでなければ、キリスト者と呼ばれるべきではない、と言う。[*11] 似たような原則は他にもある。あの者たちは、私たちの良心を自らの権威に従わせようとしている。だから、あの者たちは勝手に法律をつくり上げるが、いつでもそれに従うことを要求してくる。あの者たちは、このようにして神の言葉を軽んじる。そして、自分の欲望に任せて教理を鋳造し、出来上がるとそれを信仰の箇条とみなすように求め、法として定め、守るべきものにしてしまう。あの者たちは、このようにして、すでに述べたとおり、新しい教理を主張し、信仰の箇条をつくり出すという使徒たちにさえ許されていなかった権利が自分にはあると主張し、それを誇る。しかし、この者たちは、まずパウロによく聞くべきである。パウロは、コリントの教会の人々に、自分はあなたがたの信仰を支配しようとは思わない、と述べている。なぜなら、パウロが使徒として遣わされたのは主からの任命だからである（『コリントの信徒への手紙二』第一章）。教会の人々がこれまで述べたような自由を知っていたのなら、ここでパウロは二、三人の者が預言を語り、他の者がそれを吟味する（『コリントの信徒への手紙一』第一四章）などという訓練を教会に伝える必要はなかったはずだ。また、パウロは、同席している他の者が啓示を受けた際には、それまで語っていた者は黙るように、とも教えた。このようにしてパウロは、誰でも自分の権威を神の言葉による審問から免除させることはできないと教えた。パウロは別の個所で、信仰とは聞くことであり、聞くことは神の言葉による（『ローマの信徒への手紙』第一〇章）、と述べた。これによって、パウロはより明瞭に、私たちの信仰を人間の伝承や人間がつくり出した虚構から解放した。信仰が神の言葉のみによるものであり、神の言葉のみを目指し、神の言葉のみにより頼むのだとしたら、そこに人間の言葉が介入する余地などあるはずはない。律法を生み出す立法権は、使徒たちには与えられていなかった。教会の聖職者に対しても、神の言葉によって厳しく禁止されていた。それなのに、使徒たちの模範に反して、神の明らかな禁止命令があるにもかかわらず、立法権を自分のものにしようとする者がいることに驚きを感じる。ヤコブが、自分の兄弟を裁く者は律法を裁く者であり、律法を悪く言う者は律法を遵守する者ではなく、裁く者である（『ヤコブの手紙』第四章）、と書いているのは、決して曖昧な忠告ではない。これほど明瞭ではないが、イザヤも同じように述べている。すなわち、主は私たちの王である。主は私たちの立法者であり、私たちの審判者であり、私たちを救われた（『イザヤ書』第三三章）。私たちは、ヤコブが生きるか死ぬかを決定するのは魂を裁く力をもつ者だとはっきり宣言するのを聞いた。そのとき、私たちは、それは自分だと言える人など誰もいないのだから、神こそが唯一の王であることを認めなければならない。また、（イザヤの同じように救う力も、滅ぼす力も、ただ神だけにあることを知るべきだ。また、（イザヤの言葉が言うように）神を王、裁き主、立法者、救い主と認めるべきだ。ペトロも、牧者たちにその職務について忠告した際に、クレリクスに権力をもって職務にあたるのではなく、その群れを養え、と勧めた（『ペトロの手紙二』第五章）。それに、クレリクスとは本来、神に従う者たち、つまり信仰者の群れのことである。このように述べることで、神の言葉なしに自分を誇ろうとする人が自らに帰しているすべての権力は、なぎ倒され、根こそぎ取り除かれている。この権力は、自分の教えや自分の支配を確立するために使徒たちに与えられたのではない。この権力は、ただ神の国の教えを明らかにするために与えられた。

私は、あの者たちが自分たちの立場を守るためにどのように答えるかについては、すでに聞いている。すなわち、自分たちの伝承は自らつくり出したものではなく、神からのものである。私たちは、自分で生み出したものを自分の口から発しているのではなく聖霊から受けたことを、自分たちの手で人民に伝えているのだ。だから、自分たちは聖なる意志によって、人民を治めるために立てられた、とあの者たちは主張する。[*12] そして、その論拠まで恥ずかしげもなく提示する。すなわち、キリストが、自らの霊が、キリストの教会が誤ることのないように臨在するであろうと約束された、この輝かしい約束が存続している、などと言うのだ。[*13] さらに荘厳な讃辞が続き、聖なる声がさらなる装いを付け加えている、と言うのだ。すなわち、キリストがそのようにしたのは、教会を清めて聖なるものとし、染みや汚れのない聖なる栄光に輝く教会にするためだった（『エフェソの信徒への手紙』第五章）。さらに、聖書には他にも同じような言葉が見出される、とあの者たちは言う。あの者たちの主張によれば、教会の権威を疑うような者は、教会に対してのみならず、キリストの霊に対しても不敬虔な態度をとったことになる。キリストが教会の教えに聞き従わない者は異邦人あるいは徴税人と同じように扱え（『マタイによる福音書』第一八章）と教えられているのがこのことだ、と主張する。そして、このことについては、すべての人が合意すべきだと強調する。教会が救いに必要な事柄について誤ることはありえない、というのが、あの者たちの主張である。その一方で、あの者たちは、教会に関することはすべて自分たちに属するとも主張している。全教会が堅固に建ち続けられるか、倒れるかは、すべて自分たちの肩にかかっている、とさえ言う。教会会議には、教会がもつ真理の確実性が内在する。だから、教会会議は、聖霊によって直接支配されているなら、教会を真実に代表し、誤ることはない[*14]。あの者たちは、このことさえ確認されると、その上に、自らでっち上げた伝承は聖霊によって啓示されたものだと言い出し、これを軽視する者は不敬虔な者、神を疎《おろそ》かにする者だとも言い出す。また、あの者たちは、自分たちのなしていることが、より大きな権威によって支えられていると主張し、それなしになされたと思われたくないので、自分たちのなしたことはすべて使徒に由来すると説明するのに必死である。例えば、死者のための祈りなど、さまざまな儀式についての規定などがそれだ。あの者たちは、キリストの昇天後も聖書に記されていないいさまざまなことが使徒たちには起こったのだと主張し、それらを何らの証明もせずに利用している。確かに、主は述べている。私にはあなたがたに言うべきことがまだたくさんあるが、あなたがたは今はそれに耐えられない。しかし、あとになって知るだろう（『ヨハネによる福音書』第一六章)。これを根拠に、あの者たちは、この言葉は別の機会に使徒たちに起こった一つの出来事を指しているのだと解釈する。つまり、使徒たちは一つのところに集まり、そこで行った会議の決定によって、すべての異邦人たちに偶像の供え物と、そのために殺したもの、さらにはその血を避けるようにと告知した(『使徒言行録』第一五章)、と聖書に書いているのがそれにあたる、と言うのだ。[*15]

このような立論が実にくだらない、まったく愚かな議論であることは、ここで私とともに一つ一つを順序正しく検証する人たちには難なく示すことができる。私は、あの者たちに真剣に注意を喚起したい。あの者たちが私に相談さえしてくれれば、いくらでもお役に立てるはずだ。しかし、あの者たちが、そんなことをするはずはない。あの者たちがしたいことは、ただ一つである。あの者たちには真理の根拠など実はどうでもよく、自分の利益だけをどうしても守りたいのだ。私はそんなことには関わりたくない。だから、ここでは私はいくつかのことを述べるにとどめたい。そうするのは、私がこのことを特に伝えたいと願う善良な人々、心の正しい人々、そして熱心な信仰の持ち主たちを、この詐欺のような教えから守りたいからである。

まずは、善良な人々、心の正しい人々、そして熱心な信仰の持ち主たちに、教会がでっち上げた偽りの詭弁を警戒するように、と伝えたい。あの危険な教会の敵たちは、自分たちの主張に何の根拠も見出せないので、詭弁を誇ってさえいる。あの者たちがやっていることは、かつてユダヤ人たちが主の預言者によって蒙昧さ、不信仰、偶像礼拝を批判された時に、それを詭弁によって切り抜けようとしたことと同じである。ユダヤ人たちが神殿での儀式、祭司職の権威について誇り高く語る時になしていることは、まさに見事な論拠を示して教会を高く評価する（あの者たちにはそのように見えただけだが）ことだ。しかし、それによって私たちが実際に見たのは、教会ではなく、見せかけにすぎないもの、あるいは仮面劇のようなものである。それは教会とは程遠く、そんなものなしでも十分に教会が建ち続けることができるようなものばかりである。そこで、私たちはエレミヤがユダヤ人たちの愚かな確信と戦った時の論法を使って、あの者たちを論駁してみたい。エレミヤは言った。すなわち、お前たちは、これは主の神殿だ、主の神殿だ、という偽りの言葉を誇りにしてはならない（『エレミヤ書』第七章）。主は、神の言葉が聞かれ、信仰が守られている場所でなければ、それが主から出たものだなどとは認めない。私たちの主は、こう述べている。すなわち、真理につく者は私の声に聞く。また、私はよい羊飼いであって、私の羊を知り、羊は私を知る、と述べている。そして、私の羊は私の声を聞く。私は彼らを知っており、彼らは私に従ってくる（『ヨハネによる福音書』第一〇、一八章）。主は、このように述べ、この決して消えることのない刻印を使って人々の心に自らを刻みつけた。しかし、そのキリストは、その少し前に、羊は自分たちの羊飼いの声を知っているのでこれに従う、他の人の声は知らないのでついていかずに逃げ去る、とも語っている。主がこのように述べているのに、つまり私たちはキリストが疑いのないしるしによって教会を私たちに刻印したのに、教会について判断する際に、どうして物事の分別がつかない者のようにふるまうのか。この刻印は、それが見られるところでは必ず教会が指し示され、それがないところでは真の教会として意味を与えうるものが何一つ見出されない、そのようなものである。エルサレムはバビロンから、そしてキリストの教会はサタンたちの謀略団から、キリスト自身が立てた識別法によって区別されなければならない。キリストは明確に述べた。すなわち、神につく者は神の言葉を聞く。あなたがたが神の言葉に聞かないのは、あなたがたが神につく者ではないからだ（『ヨハネによる福音書』第八章）。この言葉は何を言おうとしているのか。教会はキリストの国であり、キリストの言葉によって支配されているので、キリストの支配がキリストの権威、つまり聖なる神の言葉なしでも示しうるかの妄想を抱かせるような偽りの言葉は、誰にとっても不確かな言葉にすぎない、という意味である。私たちは、このような粉飾や仮面を取り除いて、私たちが何よりも心にとめるべきこと、私たちにとって最も重要なことを考えなければならない。それは、キリストがどのような教会を自らの教会とみなすのかを知り、キリスト自身の基準で私たちが自らを整え、律することである。また、神の言葉が教えることを無視したり、勝手に新しい法をでっち上げたり、信仰心に似た目新しいものを捏造して秩序を破壊したり、放蕩でその身を亡ぼしたりするようなことが教会では起こらないように、目を覚まして注意することである。教会について一度語られた律法は、永久に効力を持ち続けるはずだ。こう書かれている。すなわち、私があなたがたに命じることはよく守り、これに何も付け加えず、またここから何も取り除いてはならない（『申命記』第一二章）。さらには、主の言葉に何も付け加えるな、また、そこから何かを減じてはならない。主があなたを責め、偽り者としないためだ（『箴言』第三〇章）、ともある。この律法が教会に対して命じられていることを否定することはできないのだから、このように禁じられているにもかかわらず、神の言葉に何らかの自分の言葉を追加し、混濁させることを誇る者は、神への反逆を自ら告白するようなものである。だから、そのような者たちの偽りの言葉に決して同意してはならない。教会は、このような嘘、偽りによって、ひどい侮辱を受けた。教会は、このような人間の傲慢、放埒な態度を取り上げるたびに、その名を貶《おとし》められてきた。この者たちがなしたのは、神の言葉の戒《いまし》めにとどまらず、傲慢な態度で人々の前に立ち、自分が発明したものを平気で神の言葉の代わりに差し出すことだった。主を礼拝することが、また主への信仰が問題とされている場合に、神の言葉に何も付け加えるべきではなく、また神の言葉から差し引くな、ということがすべての教会に命じられている。この言葉には曖昧さも不明瞭さもない。主は、すでに、人間が空想して生み出したものによって礼拝されるのは冒瀆だとはっきり述べているが、もちろんその言葉を主自身が裏切ることはなかった。預言者たちの響きわたる声は、この主の言葉に由来する。この言葉こそが私たちの耳に絶えず響きわたっていなければならない。預言者がこう伝えている。すなわち、私〔＝主〕は、あなたがたの祖先をエジプトの地から導き出した日に燔祭や犠牲について語ったり命じたりはしていない。ただ、私は戒めを与えた。私の声に聞け、そうすれば私はあなたがたの神となり、あなたがたは私の民となる。私があなたがたに命じる道を行け（『エレミヤ書』第七章）。また、この預言者は、私〔＝主〕はあなたがたの先祖に厳しく警告し、私の声に従え（『エレミヤ書』第一一章)、という主の言葉も伝えている。同じような言葉は他にも見られるが、最も重要で卓越した主の言葉がある。すなわち、主は燔祭や犠牲を喜ばれるのか、むしろ主の声に従うことを喜ぶのではないか。従うことは犠牲にまさり、聞くことは牡羊の脂肪にまさる。反逆とはあたかも神であるかのようにふるまう罪と同じで、不服従は偶像礼拝と同じである(『サムエル記 上』第一五章)。今日の教会の権威によって守られている人間の創作品のすべては、この点で不信仰という犯罪であることは明らかだ。だから、これが教会だと主張するのが誤りであることも明白だ。だからこそ、私たちは、教会の名のもとに私たちの前に持ち出される、この者たちが言う伝承による暴政を何のためらいもなく攻撃する。私たちに反対する者たちが、私たちへの人々の憎悪をかき立てようとして、私たちのことを教会を侮辱する者たちだなどと不当にも呼んでいる。しかし、私たちは教会を侮辱したことなど一度もない。それどころか、私たちは教会への服従を明確にしているのだ。これ以上の服従を教会はこれまで知らなかったはずである。逆に、主に対して強情になり、神の言葉によって許されていること以上のことをなしたと傲慢にも考えている者たちによってこそ、教会は汚されているのではないか。あの者たちが教会の権能については詳細に説明するのに、主が教会に命じたこと、主から命令された服従すべきことについては隠蔽し続けていることについては、ここではこれ以上述べないことにする。これは破廉恥きわまりなく、正式の手続きを踏まない結婚のようなものだ。私たちが教会にふさわしい仕方で心を一つにし、主が私たちに、あるいはすべての教会に命じたことが何であるかに絶えず留意し、それを心にとめ、一致した行動をとることが重要である。私たちが主に従順であるなら、教会についての完全な一致は疑いようがない。教会は、花婿としてのキリストから見捨てられることはない、という約束を受け取っているのに、なぜ聖霊によってすべての真理へと導かれないのか。あの者たちがいつでもあげつらい、議論している約束は、信じる者たちすべてに与えられていると言われ、同じように一人一人の信仰者に与えられるとも言われている。確かに、主は、一二弟子を前にして、見よ、私は世の終わりまで、あなたがたとともにいる（『マタイによる福音書』最終章）、と言ったではないか。それと同時に、こうも言われた。すなわち、私は父に願う。そうすれば、父はあなたがたに他の慰め主を送って、いつまでもあなたがたとともにおらせる。それは真理の霊で、この世はこれを見ず、知りもしないので、受け入れることができない。しかし、あなたがたは知っている。真理の霊があなたがたとともにあり、あなたがたの中にあり続ける（『ヨハネによる福音書』第一四章）。もちろん、キリストは、これらのことを一二弟子とだけ約束したのではない。すでにキリストが受け入れた者であれ、のちに神の国に受け入れることになる者であれ、これらの個々の人々に、また他の弟子たちに対しても約束した。ところが、あの者たちは、この素晴らしい、慰めに満ちた約束は、キリストからキリスト者一人一人に与えられたのではなく、教会として一度に全体として与えられたかのように解釈する。これは、この約束が与える慰めを一人一人の信仰者から奪い取ることではないか。もちろん、私は、憐れみ深く、善き意志に溢れた主が、ある人には特に豊かに、溢れ出るほどに自らを注ぐことがあったとしても、それを否定したりはしない（他の者たちの教師として立てられた者には、より大きな賜物が必要であることは十分に承知している）。さらには、キリストの賜物はさまざまなのだから、その分配もさまざまであることを否定したりもしない（『コリントの信徒への手紙一』第一二章）。さらには、さまざまな賜物をもった信仰者の集まりが個々の信者一人一人よりもはるかに充実して、天の宝を保持していることを否定したりはしない。私が許すべきではないと言っているのは、あの者たちが主の言葉の本来の意味を歪曲していることである。

ここでは、真実に基づいて、ごく簡単に説明しておこう。使徒は言う。主は常にその民とともにあり、その霊によって民を支配する。この霊は、誤謬、無知、欺瞞、そして闇の霊ではなく、啓示、真理、知恵、そして光の霊である。この霊から民は神から与えられたものを誤ることなく学ぶことができる。つまり、民らの召命の希望とは何か、神の嗣業の栄光の富とは何か、信仰者すべてに対する神の力はいかに優れているか、大きいか（『コリントの信徒への手紙一』第二章、『エフェソの信徒への手紙』第一章）を学ぶことができる。そして、使徒は、主が主の教会に賜物の区分を与えたこと、キリストの体を立ち上げるために固有の賜物に秀でた者たちをそれぞれに配置したことも認める。主は、使徒、預言者、教師、牧者を立てた。これらの者たちは、それぞれに異なる務めをなすが、しかし一つの同じ心をもって教会を建てるために献身し、それによって、すべての者たちが神の子を信じる信仰と知識において一致に至り、成熟した人となり、キリストの満ち溢れる豊かさにまで成長する（『エフェソの信徒への手紙』第四章）。しかし、信仰者たちは、たとえ他の者たちより優れた賜物を与えられている場合でも、この肉の世では神の霊の最初のいくつかの果実あるいは前味を先取りして受けているにすぎないのだから、自らの弱さを自覚し、神の制定した規定にとどまるように注意すべきである。そうすれば、自らの判断によってさまよい、正しい道から逸れてしまうようなことは起こらないはずだ。あの者たちがよい例だが、神の言葉から少しでも逸れてしまうと、さまざまな堕落が生じる。そのことは、はっきりしている。神の秘儀はただ聖霊を通してのみ明らかにされるのに、あの者たちは聖霊を欠いている。パウロは書いている。すなわち、キリストは教会を水で、すなわち命の言葉で洗った。染みもなく、皺もなく、そのような類のものは何もなく、清く、純真で、栄光に満ちた花嫁として自らに迎えるためである（『エフェソの信徒への手紙』第四章）。パウロがここで述べているのは、キリストがかつてすでに行ったことではなく、キリストがその民に対して日々行っていることだ。キリストが日々、民を聖化し、清め、磨き上げ、汚れを取り除くということだから、民にはまだ染みや皺が残されているということであり、汚れも残っていて、聖化のためにはなお不足があるということである。そう考えるなら、教会の構成員のすべてがなお汚れており、皺があるのに、教会はすでに聖く、純真だと考えるのは、虚しい議論、愚かな話ではないか。もちろん、キリストが教会を水で、命の言葉で洗ったことは真実だ。キリストは罪を赦すことで洗い清めた。この洗い清めの象徴は、バプテスマである。キリストがこれをなしたのは、教会をキリスト自身のために聖別するためだ。しかし、この世では、教会の聖別はその始まりを見るだけである。決定的な完成は、聖なるキリストがその聖さによって教会を真実の完成で満たす時に起こる。だから、信仰者は、教会へのこのような約束の成就にこそ、より頼むべきだ。教会は、どこで信仰を見出すべきかを正しく認識し、聖霊こそが正しい道への最もよい、そして最も確かな導き手であることを疑うべきではない。教会は、虚しいものに信頼を寄せたりしない。主は、その民が不安になるようには養わないし、一度与えた信仰を覆《くつがえ》すようなこともしない。教会は、自らの無知や無学さを知り、自覚する訓練を正しく受けるなら、貞淑な花嫁、熱心な生徒となり、花婿や教師の言葉に注意を払い、熱心に聞くようになる。教会自体が賢いなどということはない。教会自体が自分で勝手に何かを考えて、生み出すのではない。キリストが定めた制約のうちに語り、そこに自分たちの知識の限界を見極めるべきだ。それによって、自分たちの勝手な道理に従って生み出したものを信頼するような愚行を回避できる。教会は、ただ神の言葉により頼むことによって、不信仰や迷信によって揺り動かされたりせず、大いなる確信を持ち続け、固い堅忍に建ち続けることができる。

キリストがキリスト自身の教会の権威をたった一つの言葉で神から私たちに託されたとしても、決して不思議なことではない。キリストは言った。教会の言葉を聞こうとしない者は、異邦人、あるいは徴税人のように扱うべきだ（『マタイによる福音書』第一八章）。さらに、キリストは驚くべき約束についても述べている。すなわち、二人、三人が私の名において集まるところには、私もその中にいる（『マタイによる福音書』第一八章）。私が驚いているのは、あの不逞の輩どもが、恥知らずもいいところだが、この言葉をねじ曲げようとしていることである。あの者たちが目論んでいるのは、教会の合意を軽視するな、ということだ。なぜなら教会の合意こそが神の言葉の真理と一致するものなのだから、とあの者たちは主張する。教会にこそすべてを聞くべきだ、と言う。そして、誰も教会の合意を否定できない、と言う。なぜなら、主の言葉によらずに私たちは何らの宣言もしないのだから、と言う。しかし、あの者たちは、自分たちが何かを望んでも、キリストが自分たちを支えることなどないことを、はっきり知るべきだ。キリストの名によって集まる者たちに約束が与えられ、それが教会と呼ばれる。だから、私たちはキリストの名によって集められた者だけを教会と認める。神の言葉に何ものも付け加えてはならないし、取り去ってもならない、何らかの人間の恣意的なものによって決定されるべきではない（『申命記』第一二章、『箴言』第三〇章）、という神の命令が捨て去られているのに、キリストの名によって集められた、などとどうしてあの者たちは言えるのか。

あの者たちが、最後に、教会は救いに必要なことについて間違うことはありえない、と言っていることをとりあえず受けとめることにしよう。それでも、私たちはこの言葉の意味を、あの者たちとは別の意味で理解している。間違うことはありえないというのは、教会は自らの知恵など捨て去り、聖霊によって主の言葉を受けるかぎりにおいて正しいという意味である。

それに対して、あの者たちが反論する。教会は主の霊によって統治されているのだから、教会が何を目指すのだとしても、神の言葉〔という論拠〕がなくても、その運営に支障はないし、教会が語ること、考えることはいずれも真理である、と。とりあえず教会に関する事柄について、あの者たちに譲歩し、このような主張を受けとめたとしよう。それでも、そうしたところで、あの者たちの伝承が役に立つわけはない。なぜなら、あの者たちは、牧者のあいだで一致がないかぎり教会に真理は見出されないと言うし、教会自体も、公会議においてはっきりこの目で見ることができないなら存在しているとは言えない、などと主張しているからだ。しかし、本当にそうなのか。預言者たちがその時代に語った言葉は真実だったが、それはその時以上に今日の状況に適合している。イザヤは言った。すなわち、主の見張り人たちは、みな目が見えなくされているし、何も知らない。みな声を失った番犬で、吠えることができない。みな寝そべり、眠りこけている。また、何も知らない牧者で、何も理解していないし、ただ自分勝手な道を指し示すだけだ（『イザヤ書』第五六章）。エレミヤは言った。預言者から祭司に至るまで、あらゆる者が偽りを行っている（『エレミヤ書』第六章）。さらに続けてエレミヤは言う。すなわち、預言者が私の名で偽りを語る。私はこの者たちを遣わしてはいないし、何も命じていない（『エレミヤ書』第一四章）。エゼキエルが言う。すなわち、あの者たちの中に預言者の陰謀があり、それは獲物を得て吠えるライオンのようである。あの者たちは、魂を貪《むさぼ》り食い、高価なものを奪い、やもめの数を増やす。祭司たちは、主の律法を破り棄て、私の聖なるものを汚した。祭司たちは、聖なるものと俗なるものを区別しない。預言者たちは、水漆喰を塗り、虚しいものを見せ、偽りを、主が語っていないのに、主が語ったという（『エゼキエル書』第二二章）。ゼファニヤは言う。すなわち、あの預言者たちは、勝手気ままで嘘つきだ。祭司は、聖なるものを汚し、律法を破壊する(『ゼファニヤ書』第三章)。キリストも、使徒も、繰り返し、何度も、牧者たちが教会にひどい危機をもたらす、と警告している(『マタイによる福音書』第二四章、『使徒言行録』第二〇章、『テサロニケの信徒への手紙二』第二章、『テモテへの手紙一』第四章、『テモテへの手紙二』第三、四章、『ペトロの手紙二』第二章)。聖書の言葉をこれ以上並べ立てなくても、私たちは、聖書の時代だけでなく、あらゆる時代に真理は牧者の手にあったわけではないこと、教会を守ることが牧者という立場とはまったく無関係であった事例をいくつも見出すことができる。牧者たちは、教会を守るために任命されたのだから、教会の平和と安全を守り、そのために努め、見張りの役目を果たすべきだった。ところが、あの者たちのなすべき職務が明らかであるのに、あの者たちがそれを遂行していないことは火を見るより明らかであり、あの者たちは、その責任を負わなければならない。ところで、私たちがあたかも牧者の権威を無秩序に、無分別に、また何の識別もなしに破壊しようとしているかのように受け取ってほしくない。私が望んでいるのは、むしろあの者たちのなしていることを正しく識別して、それが牧者の職務だなどと判断されないようにすることである。ただそれだけだ。私たちが真実に考え続けなければならないのは、牧者と呼ばれる者の職務のすべては神の言葉に仕えるということに制約され、牧者の知恵のすべては神の言葉を知るために限って用いられるべきだ、ということである。同じように、牧者たちの雄弁な舌は神の言葉を宣《の》べ伝えることに限って用いられるべきだ、ということである。この職務の制約から逸脱するなら、預言者であっても、司教であっても、教師であっても、それより偉い者だと言い張ってみても、それはなすべきことをなさず、常道を逸した愚か者、舌のまわらない者、不誠実な者、そして職務を放棄する者とみなすべきだ。私は個々の牧者の誰かを取り上げて、そのように言っているのではない。牧者たちの集団全体に向けて言っているのだ。神の言葉を棄て、自分たちで勝手な判断をし、勝手な行動をとるというのは、狂人のなすことである。ところが、あの者たちは、神の言葉への服従は棄ててしまい、もうどこにも神の言葉などもっていないのに牧者だと名乗り、怠惰で放縦な生活を続けている。これでは、右にも左にも逸れることなく、ただ律法を守るように、と命じられたヨシュアは牧者ではなかったことにされてしまう（『ヨシュア記』第一章）。もちろん、あの者たちは、それにもかかわらず、自分たちが真理の光を棄てたという事実はないこと、神の霊が自分たちには常にとどまっていること、教会はこの者たちの中にあり、この者たちによって立ちもし、倒れもする、としつこいほど同じ説明を繰り返す。その姿は、あたかも預言者たちがその時代の人々に語ったような事態は今日ではもう起こることなどなく、主の審判はもう下されることはない、と言っているかのようである。しかし、預言者は言ったはずだ。すなわち、祭司は動転し、預言者たちは怖れ、おののく（『エレミヤ書』第四章）。律法は祭司のうちに絶え、計り事も長老たちの中から失われてしまう（『エゼキエル書』第七章）。これは、偽りのキリスト、偽りの使徒の預言があったということだろう。聖書に、その証言がある。多くの偽りの預言者が私たちの名によって来る（『マタイによる福音書』第二四章）。（パウロはこれをエフェソの教会の監督たちに語っているが、次のように述べた。すなわち）私が去ったあと、凶暴なオオカミがあなたがたの中にやって来て、弟子たちを自分のほうに引き込もうとするのを私は知っている（『使徒言行録』第二〇章）。また、このような言葉がある。すなわち、人民のあいだに偽預言者がいたように、あなたがたのあいだにも偽教師がいて、分派や裏切り、さまざまなことを持ち込んだ（『ペトロの手紙二』第二章）。救いようのない愚か者たちは、かつて神の言葉に戦いを挑んだ自分たちと同じような大馬鹿者たちが、自分たちとほぼ同じ確信をもって、さあ、来たれ、エレミヤに対して策略を立てよう、律法は祭司によって滅びず、知者によっても滅びず、言葉は預言者によって滅びないのだから（『エレミヤ書』第一八章）、と同じように歌っていたことに、まだ気がついていないのだろうか。

だから、あの者たちが司教たちの会議のことを何度持ち出してみたところで、何の利益にもならない。あの者たちが司教たちの会議は聖霊によって導かれると主張しても、その会議がキリストの名によって招集されていることを説明できないなら、私たちは信頼しない。なぜなら、不信仰で邪悪な司教も、正しく忠実な人々がキリストの名によって集まるのと同じように参集して、キリストに背く暴虐の数々について相談するからだ。その証拠は、これらの会議が出すさまざまな教書の中に見出される。そのような唾棄すべき不信仰の数々については、いくらでも証拠を挙げることができるが、（この小さな紙面では簡略に述べることが大切なので）ここでは困難である。しかし、一つの問題だけを取り上げて、その例を示しておこう。パウロは、独身を命じ、ある食物を断つように命じるのは悪魔の偽善、あるいは嘘だと断言している（『テモテへの手紙一』第四章）。あの者たちは、この言葉をマニ教、あるいはタティアノス派[16]にあてはめて、この人たちは結婚や肉食を完全に禁じているが、自分たちは結婚を特定の人にだけ禁じ、肉を特定の日にだけ食べることを禁じている、と主張している。しかし、それで罪状を取り消し、身の潔白を証明することにはならない。同じように、あの者たちは、結婚を禁じ、食物を禁じる自分たちの教書についても言い逃れはできないはずである。なぜなら、結婚も、食物も、神が創造したもので、感謝と祈りをもって受けるべきものだからだ。神の創造は、信仰者にとっては、あるいは真理を知る者にとっては、いつでもすべて善いもの、聖なるものである。しかし、司教たちの会議の執行者が宣告したのは、サタンの考えだ。サタンの道具から何が期待されるべきかは、それぞれの考えに任せておくことにしよう。教会の会議の見解がそれぞれに矛盾し、食い違い、ある会議の結論が他の会議では破棄される、というようなことがあってよいのだろうか。あの者たちは、道徳についての問題ではこのような多様性が生じるし、この問題については時代によってさまざまな異なる規定が生じても当然だ、と主張する。しかし、教理についても、何度もしつこい変更が繰り返されたことが知られている。皇帝レオが招集したコンスタンティノポリスの会議、そしてその後ビザンティン皇妃イレネが闘争心に火をつけ、招集された〔第二回〕ニカイア公会議[17]などがそれである。一つの会議では像を打ち倒し、粉砕するように決議したが、別の会議でその再建が決議された。東方の教会と西方の教会のあいだでは、一致はきわめて稀なことである。しばらくは、あの者たちが聖霊は自分たちの会議と一つだと誇るのを見逃してやろう。もちろん、私はここで、すべての教会会議を断罪せよと言っているのではないし、すべての勅令を抹消せよと言っているのでもなく、もちろんすべてまとめて消去してしまえと言っているわけでもない。なぜなら、会議のいくつかには、とりわけ古代の会議には、信仰の真の情熱、叡智と教えについての深い思慮、あるいは明白な信仰の告白が見られるからである。その他の時代のどの教会会議にも、今よりはましな監督がいたはずだ。しかし、最近の教会諸会議では、かつてローマの元老院議員たちが元老院で決議が正しく行われていないと嘆いたような現実が再現されている。さまざまな意見が出されるが、それについて十分に検討されることはなく、よりよいはずの一つの意見が他の多くの意見に埋没してしまう。[*18] もちろん、古代の、あのより純粋な教会会議にも欠けているものがあったと判断されても仕方がない。他の場面では、あれほど博学であり、思慮深い行いをする人たちが、そこでは眼前で展開されるさまざまな出来事に気をとられ、重要な問題を見通せなかったし、重大な問題にあまりにも深入りしすぎて、他の問題については配慮が欠けていたり、単純に無知ゆえに騙されてしまったり、あまりに激情し、気が動転していたこともあった。最後の事例は（これがいちばんひどいことだと思うが）、ニカイア会議で起こった事件である。この会議は、尊厳に満ち、多くの尊敬が与えられ、すべてのものが満場一致で受け入れられているにもかかわらず、そういう側面をもっている（エウセビオスの『教会史』を参照のこと）。[*19] この会議で私たちの信仰箇条が危機に直面したそのとき、敵対するアリウス派は臨戦態勢をすでに整えており、まさにつかみ合いが始まろうとしていた。だから、アリウスの誤りと戦うためには何よりも一致が必要であり、それがいちばん重要なことだった。ところが、出席者は危機の大きさを自覚せず、それどころか尊厳や慎しみを棄て、人間らしさを忘れて、その手に委ねられた戦いを放棄してしまった。それどころか、アリウス派の戦術にまんまと乗せられたかのように内紛を始め、分裂し、アリウスに筆を向けるのではなく、それまでの仲間同士のあいだで互いに批判を書き始めた。忌まわしい噂が流れ、告発や弾劾の文章の配布が横行した。皇帝コンスタンティヌスが乗り出さなかったら、暴力をふるい、傷つけ合うまで論争は終わらなかったに違いない。コンスタンティヌスは、ここでなされた議論の内容については自分の調査の及ばない問題だと宣言し、この狂乱を非難するのではなく賞讃することで何とか収めた。それ以後の教会会議も、多くの点で似たようなものであり、同じような誤りの繰り返しだった。おそらく、私がこのような会議の過ちを苦心して再現し、説明しているのを読んで、反対者たちが救いに必要なことについて会議が誤った決定を下すこともありうると言っているのだから、これは何とも愚かな努力だと感じた人がいるに違いない。しかし、私はこれを無益な苦心とは思っていない。なぜなら、あの者たちは、口ではそう言っているが、会議の決定を聖霊の神託として私たちに無条件に押しつける時には、今言ったこととは違って、すでに繰り返し語ってきた結論を強引に押しつけようとするからだ。つまり、その時には、あの者たちは、会議は過ちを犯すことは決してない、と執拗に繰り返す。あるいは、たとえ会議が過ちを犯したとしても、自分たちでその真理を鑑別することや会議の誤謬には同意できないと自ら判断することは不信仰だ、とさえ言ってのける。ということは、どのような会議、どのような牧者、監督、あるいは教会の名によってなされることであっても、それが誤った主張であっても、正しいものでも、私たちがそれを一度教えられたら、すべての人のすべての霊を神の言葉という基準によって測り、それが神から来たかどうかを見極めることなどもはやできない、ということになってしまう。

これまでの教会がそれによってあらゆることを抑えつけてきたこれらの伝承の由来を使徒に求めることは、詐欺まがいの行為である。なぜなら、使徒たちが教えたのは、新たな奇抜な律法の遵守によって良心に重荷を負わせるな、ということであり、また、神への礼拝を私たちが勝手につくったもので汚すな、ということに尽きるからだ。歴史や古い資料には信頼せよと言うが、使徒たちは教皇主義者たちが使徒にまで遡ると主張していることについて聞いたこともないし、知りもしないはずである。また、教皇主義者たちは、使徒たちの教えは文書としては伝承されていないが、具体的な執行において、また慣習として伝えられ、受け入れられてきた、という驚くべき主張を展開する。しかも、この教えとはキリストが生きているあいだは使徒たちには理解できなかったため、昇天後に聖霊の啓示によって教えられたものだと主張している。何という驚くべき身勝手な意見だ。確かに、弟子たちが主からその言葉を聞いた時には、まだ無知であり、無学であったのかもしれない。しかし、使徒たちが自分たちが教えられたことを文書化したとき、使徒たちはなおも蒙昧で、その文書には無知ゆえの多くの欠落がある、などと言ってよいのか。あるいは、だからその後になって生の声でそれを補わなければならなかった、などと説明してよいのか。ところで、この者たちが真理の御霊によってすべての真理に導かれ、そこから自分たちの文書を生み出しているのだとしたら、なぜこの者たちは福音についての完全な知識をその文書に書き込み、証印しなかったのか。また、この者たちは、ユダヤ人的な、あるいは異邦人的な方法による律法遵守を、ユダヤ人や異邦人のあいだではずっと行われていたのに、使徒たちには長いあいだ知られていなかった秘儀だと妄想したり、またある時は不可思議な身ぶりをしたり、老人たちの戯れのような儀式を秘儀だと主張してみたりと自らの愚かさを繰り返し暴露している。しかも、この儀式を司るのは、船の舵をとることも、文字を書いたり読んだりもできない愚かな司祭たちである。しかし、この者たちは、すべてのものの見事にそれらをやってみせる。なぜなら、それは子どもでも狂人でも真似できる程度のものだが、神聖なものや権威あるものと見間違えてしまうような、よくできたまがい物なのだ。

あの者たちが自分たちのほしいままに支配を行っていることの弁明としていつも持ち出される使徒たちの姿も、適切な説明とは言いがたい。あの者たちは、使徒と長老たちはキリストの命令以外にも規定を定め、異邦人たちに偶像に供えたもの、絞め殺した犠牲、さらにはその血を避けるように命じた（『使徒言行録』第一五章）、と言うのだ。これに基づいて、さらにあの者たちは言う。使徒と初代教会の長老たちがこのようなことをしているのだから、その後も事態に応じて同じようにすることは何か問題なのか、と。それなら尋ねるが、あの者たちは、このこと以外の他の点で、いつも使徒たちに倣って同じようにしているのか。私は十分な根拠を挙げて指摘できるが、使徒たちはこのとき新たに何らかのものを制定したのではない。この会議でペトロは弟子たちに何らかの軛《くびき》を負わせるのは神を試みることだと発言しているのに〔『使徒言行録』第一五章〕、その後になって何らかの軛を弟子たちに負わせることに同意したのだとしたら、彼は自分の意見を覆したことになってしまう。もちろん、使徒たちが異邦人に対して、自分たちの権威によって、偶像に供えたもの、絞め殺した動物の肉、そして血を禁じる決議をしたというのなら、軛を負わせたことになる。確かに、使徒たちが従来の規定にもかかわらず禁止した、という可能性も残されている。しかし、このような可能性の有無については、会議の決議それ自体をていねいに分析すれば、すぐに判明するはずだ。この決議にとって、第一に、そして最も重要なのは、異邦人に自らの自由が残されているべきこと、また律法の遵守の煩わしさに巻き込まれるべきではないということである。この点では、私たちの主張を支持している。ところが、その後すぐに保留条項〔として、偶像に供えたもの、絞め殺した動物の肉、そして血を禁じること〕が示されるのだ。ということは、これは新たな制定が使徒によって要求されたわけではなく、愛を保ち続けるために与えられた神の永遠の命令である。これは与えられた自由から何らかのことを取り除こうとしたわけではない。むしろ、異邦人たちに、どのようにして他者と和合し、適応しうるかを教え、その上で、自らの自由を勝手気ままに行使することで他者を躓《つまず》かせるべきではない、と警告したまでのことだ。だからこそ、決議の第二の点として、異邦人は悪意をもつことなく自由を行使し、しかも他者を躓かせないということが重要だった。そのため、使徒は特別な注意も与えた。具体的には、他者を躓かせる可能性があることとはどのようなものかを教え、それを避けるように命令した。しかし、そのとき使徒は、他者を躓かせるな、という神の永遠の律法に何らかの自分たちが生み出した律法を付け加えたわけではない。具体的な事例を想定して説明してみたい。これは、まだよく整っていない教会を預かる忠実な牧者が、ある日、教会のすべての者たちに、ここで暮らす弱い者たちが成長し、成熟するまでは、金曜日に公然と肉を食べたり、聖なる日に平気で仕事をしたり、あるいはそれと同じようなことはしないように、と命じるようなものだ。この問題は、迷信など気にしないのであれば、それ自体は善でも悪でもない。しかし、他の者を躓《つまず》かせるなら、それは罪となる〔『ローマの信徒への手紙』第一四章〕、そういう問題である。だから、信仰者は、弱い他者の良心を傷つけることがないように、このような場面を見せてはならない。主があれほど厳しく戒めたのだから、躓きが起こらないように予防することが何らかの新しい律法の制定であるはずがない。そのように批判するのだとしたら、それは中傷を生き甲斐にしている者たちの戯言にすぎない。使徒たちのなしたことを批判すべきではない。使徒たちの意図は、躓きの原因を取り除くことであり、躓きを避けるべきだという神の律法を実行すること以外の何ものでもない。使徒たちが言いたかったのは、主の命令は、弱い他者を傷つけるべきではないこと、あなたがたが偶像に供えたもの、血、絞め殺した動物の肉を食するなら必ず弱い他者を躓かせることになること、躓きが起こるような食べ方をしてはならないという主の言葉によってあなたがたに命じるということである。パウロの言葉の中に、他の使徒たちもみな同じことを考えていたことを証明する証拠がある。パウロも会議の決定に倣って書いている。すなわち、偶像に供えた食物についてだが、偶像自体はこの世に存在しないことを私たちは知っている。しかし、ある者たちは偶像を想起して、あたかも偶像に供えられたものを食べているように見せることで、弱い良心を汚す。だから、あなたがたは、このことで少しでも弱い者を躓かせないように気をつけるべきだ（『コリントの信徒への手紙一』第八章）。これらのことを正しく理解するなら、使徒たちを自分たちのほしいままの支配の言い訳に利用する者たちの汚いやり口に、もう騙されることはないだろう。あの者たちの言い分がそのまま受け入れられるなら、使徒たちは自らの決議で教会の自由を破壊してしまったことになる。

私たちは、述べるべきことのすべてを言い終えたわけではなく、この問題の一部に触れたにすぎない。しかし、すでに十分な勝利を収めたと確信している。教皇が自らもつ権力だと主張する霊的な権能が、神の言葉への不信仰、神の民への不正な支配であることを、もはや誰も疑わないはずだ。ここで私があえて霊的な権能と呼んだのは、あの者たちがなしていることである。すなわち、憐れな人民を真実で明瞭な神の言葉の純粋さから逸脱させるための新しい教理を生産する時の教皇の大胆不敵さである。また、新しい法を量産しては憐れな良心を残酷にも痛めつける勝手気ままな行動のことである。具体的には、すべての司教を補佐する者たちや裁判官たちが行使する教会の司法権のことだ。これらのものは、キリストが私たちを支配されるのであれば、すぐにでも転覆し、破棄されるようなものである。

もう一つの支配があるが、これは独占や驚くほどの私有財産のことで、良心と関わるものではないと思われるので、ここでは取り扱わない。しかし、もちろんこの点でも、あの者たちは、教会の牧者と自称しているのに、それとはまったく違う生活をしていることは明らかであり、自らなしていることの責めを負うべきである。私は個々人の具体的な罪過をここで取り上げて、それを咎《とが》めようというのではない。司教とか役人と呼ばれる階層全体の犯罪的な行為、あるいは病的な状況を指摘したいのだ。あの者たちは、この高貴な身分は富や光り輝く称号をともなって注目を浴びないなら無意味だと考えている。しかし、聞いてみたい。仲裁や裁定のための取り調べを行うこと、都市や地方の行政に口をはさむこと、自分の職務からかけ離れた仕事に情熱を傾けることが、司教のすべきことなのか。司教たちには、その職務のために実に多く時間を割かなければならない本来の仕事や用務があるはずである。それに全身全霊を傾け、休みもとらず、気分転換の時間さえなしに取り組んでも、まだ時間が足りないはずだ。それに、自分の使用人の数、建物の豪華さ、衣服や宴会の華美な様子を王侯や貴族の贅沢と競うのが、司教にふさわしいことなのか。優れた司教とは、質素な生活をし、慎ましく、禁欲的で、謙遜さの模範となる者のことではなかったのか。だから、今の司教たちがなしていることは、いずれも与えられた職務から逸脱している。神の不変の命令は、司教に、恥ずべき貪欲に陥らないように、お金の奴隷にならないように、質素な生活で満足するように、と教えている（『テモテへの手紙一』第三章）はずだ。この命令は、都市や城砦を奪いとったりすることを禁じているだけでなく、ある地方全体を奪取したり、最後には国家を独占支配したりすることがないようにと教えているのではないか。ところが、今日の司教たちは、心が麻痺してしまい、自らの威厳を保つために、また教会の尊厳を示すためにも、これらのことを不要とは言えず、これらのものは自分たちの職務や使命の妨げでもないし、逸脱するようなものでもない、と言い訳をする。この者が言う一つ目の点だが、もし本当にそうであるなら、司教たちが最も権力をもつこの世の君主からも怖れられるほど〔この世の権力の階段を〕駆け上がるのが、あの者たちの階級にふさわしい当然の装いということになり、それが傷つけられるようなことがあれば、キリストに不平を訴え出て当然だということになってしまう。キリストが、異邦人の王や君主は民を支配しているが、あなたがたはそうであってはならない。むしろ、あなたがたの中でいちばん偉い者はいちばん小さい者のようになり、上に立つ者は仕える者のようになりなさい（『マタイによる福音書』第二〇章、『マルコによる福音書』第一〇章、『ルカによる福音書』第二二章）、と言ったことは、何と驚くべきことに司教たちをひどく卑しめた、とこの者たちは主張する。〔二つ目の点だが〕司教たちの使命とは、あらゆるこの世の栄誉や高みから最もかけ離れたものではなかったか。このことを口で言うだけではなく、行動によって証明してほしい。難しいことではないはずだ。使徒は、自分たちが神の言の宣教を疎かにして食卓のことに携わるべきではない、と考えた（『使徒言行録』第六章）。教皇主義者たちは、自分から学ぶことは望まないかもしれないが、ここから、よい司教であることとよい君主であることは両立しないことを学ばなければならない。使徒たちは、主から賜物を与えられ、後世の人々よりも明らかに適切に、親身に人々の世話をすることができたのに、神の言葉と食卓の奉仕を同時に行えば、その重荷に耐えられなくなる、と告白している。それなのに、使徒と比較することさえためらわれるような、どこの馬の骨かも分からぬ者たちが、使徒の情熱以上のことを、その何百倍もの奉仕をすることができるとでも言うのか。たとえ試しにやってみたということだったとしても、これは愚かで、恥ずべき、救いようのない自信過剰である。しかし、それが公然となされている。その結果、何が起こったかも明らかだ。そこで起こったのは、自分に与えられた陣地や任務を放棄して、敵陣に逃亡することだった。君主の側には、これほどまでの大きな資産を司教たちを富ませるために使ったのだから、何らかの敬虔さが垣間見られた。しかし、君主たちがしたのんきで愚かな行為は教会の利益のために最善であった、などとは決して言えない。司教たちは、このことによって、教会の古くからある真実の規則を壊し、最後には根こそぎ転倒させ、破壊した。君主たちの好意や良心を自分たちに都合のよいように悪用した司教たちは、この一つの事例だけでも、その職務にまったくふさわしくないことをはっきりと証明している。この際、司教が主張するこの二つの権力について、この件と結びつけて言いたいことがある。日々、飽きもせず、あれほど熱心に財産を維持するための努力をすることで、いったい何を求めているのか。それははっきりしている。司教たちがキリストにすべてを委ねることを条件に霊的な支配を放棄しても、教会が危機に直面するとか、それが神の栄光、健全な教え、教会の教えを破壊するようなことにはならない。また、司教たちがこの世の権力を放棄したところで、それが教会の公的な利益を害することになることもない。司教たちが求めているのは、そんなものではないのだ。司教たちは、無知であるこけでなく、怖いもの知らずで、ただ破門の宣言というたった一つのものに取り憑かれている。司教たちは、預言者が言ったように（『エゼキエル書』第三四章）、厳しさと権力によって統治しないなら、決して成功しないし、何も保持することはできない、と考えている。教会の牧者の職務について短い付け足しをしたが、もちろんこれはついでに述べたまでのことである。

そこで、主題である霊的な支配に戻りたい。反対者どもは、この点について自らを弁護してきたが、最後の砦となる論拠さえ崩れ落ちる様子を見て、ついにはみすぼらしい場所に避難した。司教たちが、どれほど心が鈍感で愚かでも、稀に見る邪悪な魂や意志の持ち主でも、平気で不正を行って過酷な律法を押しつけるようなことをしても、上に立つ権威に従えと命じた神の言葉は永続する、と言い出した。律法学者やファリサイ派は、自分たちでも負いきれないほどの重荷を人々に負わせていたにもかかわらず、自分ではそれに指一本触れずにいたが（『マタイによる福音書』第二三章）、主はそれをあなたがたが行えと教えた、とあの者たちは言い出した。はたしてそうなのか。私たちがいつでも躊躇することなく牧者たちの教えを受け入れなければならないというのなら、なぜ主は、偽預言者や偽牧者の話には耳を傾けるな、と何度も警告したのか。主は言われた。すなわち、あなたがたに預言する預言者たちの言葉を聞いてはならない。この預言者は、あなたがたに虚しいことを教え、主の口から出たものではない、自分の心にある幻を語る（『エレミヤ書』第二三章）。あるいは、こう言われている。偽預言者に注意すべきだ。このような預言者は、羊の衣を着てあなたがたのところに来るが、内側は強欲なオオカミである（『マタイによる福音書』第七章）。ヨハネも教えている。すなわち、諸々の霊を、神から来たものかどうか、よく確認すべきだ（『ヨハネの手紙一』第四章）。〔パウロが述べている。すなわち〕これらは虚しい行為なのか。天使でさえ神の審《さば》きを免れることはできない。虚しい偽りを語るサタンがこれを免れうるはずがない（『ガラテヤの信徒への手紙』第一章）。このような言葉もある。すなわち、盲人が盲人の手引きをしたら、二人とも溝に落ちてしまうではないか（『マタイによる福音書』第一五章）。これらの聖書の言葉は、どのような牧者から聞くかが重要だということであり、どのような牧者からでも軽々しく同じように聞くべきではないということを教えている。あのような司教たちが自らの称号で威嚇したり、脅したり、あの者たちの盲目が引き起こす危険に巻き込んだりするようなことが許されるはずはない。逆に、主は、私たちに注意を与え、私たちがどのようなものであっても、偽りの仮面をかぶった者に騙されないように、その犯罪に巻き込まれないように警告した。主の言葉が真実なら、盲人を導く盲人は、たとえそれが高位聖職者だとされていても、司教と呼ばれていても、司祭であっても、自分の同労者を危険に巻き込むことにしかならない。

法には、もう一つの側面がある。法がどれほど私たちに対して不当で不正なものであっても、例外なくこれに従わねばならない、とあの者たちは主張する。そうすることで、私たちが誤りに同意してしまうことについては何も問題にせず、ただ指導者の厳格な命令に家臣のように従うかどうかだけが求められ、問題とされ、それに逆らうことはできない、と断言する。しかし、この点でも、主は神の言葉の真理によって私たちを助け、私たちをこのような奴隷状態から解放し、主が聖なる血によって勝ち取った自由へと私たちを導く。この従属は、あの者たちの狡猾な空想の産物であり、私たちの肉体に重量級の圧力をかけるだけでなく、人々から良心の自由、すなわちキリストの血の恩寵である自由を奪いとり、奴隷のような苦しみを味わわせるということである。だが、こんな苦しみは重要なものではないので、無視することにしよう。しかし、主があれほど厳格に自らのものだと主張した支配権を主から取り去ることがどれほど重大なことか、私たちは正しく理解しているのだろうか。人間が考案し、勝手に量産した規定に基づいて礼拝されるたびごとに、主の支配が剝ぎとられているのだ。なぜなら、主は、ただ主ひとりだけが神礼拝のための立法者だと人々からみなされることを望んだ。だから、人々がこのことを軽視することがないように、また、主がどれほどこの点を重視しているかを、ここでもう一度、確認してほしい。主はこう語っている。すなわち、この民が私を恐れ、従うのは、人間の戒《いまし》めと教理によるので、見よ、私は大いなる奇跡と驚くような出来事によって、この民を慌てさせよう。知者から知恵が失われ、長老から悟りが離れていく（『イザヤ書』第二九章）。また、主は別の個所でもこう語っている。すなわち、あの者たちは人間の戒めを教理として教え、私を拝んでいるが、それは虚しい（『マタイによる福音書』第一五章）。人々は、主がなぜここまで強く脅すように語るのか、また人間の戒めによってなされる神礼拝になぜ戸惑いを感じているのか、人間の戒めによって捧げられる礼拝が虚しいとなぜ考えるのか、奇異に感じているかもしれない。しかし、人々が信仰の問題、すなわち天的な知恵の問題については、ただ神の言葉に従うべきだということの意味について正しく考え、思いめぐらすなら、その人はすぐにでも、神がこのような邪《よこしま》な儀式を退けた理由を知るはずである。その理由は、これらの儀式があまりにも人間的なものに基づいて、人間の本性によって好き勝手になされているからだ。また、神礼拝でこれらの規定に従っている者たちは、このような服従によってへりくだった心をそなえているかのように見えるが、しかし実際には神の前に何の謙遜さも見られないからだ。それどころか、この者たちは、何と自分たちが守っているのと同じ規定を神に課そうとさえしているのだ。これこそが、パウロが言う人間の伝承（『コロサイの信徒への手紙』第二章）であり、あるいはἐθελοθρησκεία〔ひとりよがりの礼拝〕、神の教えに反して人間が考案したものである。だから、これに騙されないようにと熱心に呼びかけているのだ。まさにそのとおりである。ただ神の知恵にのみすべてが委ねられるためにも、私たちの知恵、あらゆる人間の知恵は愚かにされるべきだ。しかし、人間が恣意的にひねり出した遵守事項を神に認めさせようと夢見る愚か者は、最後までこの心境に至ることはない。こんなことが、ここ数世紀にわたって起こっていた。それどころか、私が知っているかぎりでも、被造物の権威が創造者の権威にまさると考えられているところでは今も起こっている。そこでは、信仰が（もちろん、それが信仰と呼ばれるのにふさわしいものであれば、ということだが）どの異教の信仰にも見られないほど愚かな迷信に侵されている。人間の感性がつくり出したものは、肉的で、愚かなものにすぎない。つくられたものは、つくったものに似ている。さらに驚くべきことがある。信仰が一度でもこのようなつくり話や模造品に憑かれてしまうと、その邪悪さに支配され、他のさらに邪悪な呪いがまとわりつき始める。だから、キリストはファリサイ派を戒《いまし》めた。人間の伝承が神の戒めをなきものにしてしまう（『マタイによる福音書』第一五章）からである。私は、もちろん自分の言葉や考えで今日の律法の製造業者たちと戦うわけではない。あの者たちがキリストの弾劾から逃れ、自らを除外することができるなら、あの者たちは勝利を手にすることになるだろう。しかし、どうしてそんなことができるだろうか。あの者たちの律法によれば、年に一度の秘密告解をしないことが、一年中愚かで、放蕩の限りを尽くすより重い罪だというのだ。これについては、どう弁解するのか。金曜日にほんの一口だけ肉を口にすることは、全身をさまざまな放蕩に浸すことより罪が深いらしい。これについては、どう弁解するのか。諸聖人たちの祝日にやむをえず誠実にこの世の仕事をすることは、体の全身であらゆる罪を犯し続けていることより罪が重いという。これについては、どう弁解するのか。司祭について言えば、合法的に一度結婚することが、違法に何千回も姦淫することより罪が重いとされる。これについては、どう弁解するのか。誓願した巡礼をいつまで経っても行わないことが、あらゆる約束において誠実で、それを守らないことより罪が深いという。これについては、どう弁解するのか。贅沢な暮らしや食事、何の益にもならない教会の豪華な装飾や調度品のために浪費しないことは、貧しさの中で困窮する者を助けないことより重罪とされる。これについては、どう弁解するのか。偶像の前で敬意を表さずに素通りすることが、人類全体を軽視することより罪が重いという。これについては、どう弁解するのか。定められた時間にまったく意味のない言葉をつぶやくのを忘れてしまうことが、真の祈りを心の中で唱えなかったことより深い罪だという。これについては、どう弁解するのか。これらはすべて、自分たちの伝承を優先して重んじ、神の戒《いまし》めを無にすること〔『マタイによる福音書』第一五章〕にほかならない。あの者たちは、神の戒めを守ることについては冷淡に、いかにも嫌そうに命じておきながら、自分たちの戒めを教える時には、そこには神への信仰のすべてが詰まっているかのように、熱心に、厳格に教える。神の律法を犯した際の償いは軽微な罰でよいと言っておきながら、自らが定めた規定に関わることとなると、少しでも違反があれば、監禁、投獄、火刑、斬刑より軽い罰で済ませたことはない。つまり、あの者たちは、神を卑しめる者がいても、それほど気にならず、厳しくもなく、残忍でもない処罰しか与えない。しかし、自分が侮られたと感じると、その人には極限の罰を与え、憎しみに燃え、迫害する。また、あの者たちは、人々に単純に考えるように勧め、神の律法全体が覆されるようなことが起こっても平然としているのに、教会の規定についてては、ほんの一部でも破らないように教える。しかし、小さなこと、神の前ではどちらであってもよいこと、自由なことについて人を厳しく戒めたり、審《さば》いたり、見捨てることこそが重大な違反である。ところが、あの者たちは、それをごく小さな過ちであるかのようにみなす。そして、パウロが〔『ガラテヤの信徒への手紙』第四章で〕書いたように、あの者たちはこの世の虚しいことを神の天からの託宣より高く見積もっている。そのため、姦通についてては野放しなのに、食物のことで裁かれる。娼婦のもとに通うことが許されているのに、妻帯は禁じられる。これらのことは、神から遠ざけ、人間のほうに引き込もうとする邪悪な服従の要求から生み出されたのではないか。だから、聞いてみたい。キリストは、なぜ律法学者やファリサイ派から負わされた負いがたい重荷を忍ばなければならないと命じたのか（『マタイによる福音書』第二三章）。逆に、なぜその同じキリストが、別の個所では、ファリサイ派たちのパン種に気をつけろ、と命じているのか（『マタイによる福音書』第一六章）。ここで『マタイによる福音書』の記者がパン種と呼んだのは、ファリサイ派が自分たちの教えとして神の純粋な言葉の中に混ぜようとしたもののすべてである。だから、キリストが私たちにファリサイ派の人々の教えから遠ざかり、警戒するように命じたのは、当然のことだった。ここでも、主が、主の民の良心がファリサイ派固有の伝承によって苦しめられないようにと望んだことは確かだ。神の言葉それ自体は、歪曲されることがなければ、ファリサイ派が言うような解釈はできないからである。主は、ここで、聴衆を前にして、まずファリサイ派の人たちの姿勢を厳しく批判した。その上で、ファリサイ派の人々の生き方には何も見習うものはないし、それに服従すべきものは何もないが、ファリサイ派が神の言葉について教えようとしていること自体をやめさせるべきではない、と忠告した。なぜなら、ファリサイ派はモーセの座、つまり律法の解説者の座にあるからである（『マタイによる福音書』第二三章）。

しかし、信仰者の良心が人間の伝承によって不敬虔な方向へと拘束され、神への礼拝が空虚なものになっていると聞くと、無知な大衆が教会の秩序を成り立たせているすべての法を一律に無視してもよいと考えるようになるかもしれない。そこで、このような過ちが起こないように、さらにこの問題について触れておきたい。これは確かに間違えやすい問題である。人間の伝承や人間の必要性に基づいて制定された人間の法と、教会の秩序のための法の違いは、それほど明確ではないし、分かりにくい。そこで、私たちはここで問題の全体を簡潔に、しかも類似性ゆえに惑わされることがないように説明したい。まず押さえておくべきことがある。それは、あらゆる人間社会には、公共の平和を維持し、人々の一致を保持するために、何らかの政治秩序が必要だ、ということである。また、あらゆる商業取引においても、共通の論理性や人間性に根差した何らかの仕組みが必要だ、ということである。教会においても、同じことに注意を払うべきだ。教会は、すべてが整えられた制度のもとにある時はよく支えられるが、一致がなくなれば、すぐに教会は教会ではなくなる。だから、私たちが教会の維持のために努力するなら、パウロが命じたように、すべてのことを適切に、そして順序正しく行うように注意すべきである（『コリントの信徒への手紙一』第一四章）。人々の慣習の多様性には驚くばかりだ。人々の気質も、みな違っている。人々の知性にも、性格にも、実に多くの対立が見られる。そのため、定まった法がないならどのような政治秩序も堅固とは言えないし、何らかの共通の制度がなければ商業取引も保持しえない。だから、私たちは統治のための法を断罪したりはしない。それどころか、教会は、法を失い、その力が停止してしまうと、すぐに異なる団体に変容してしまい、木っ端微塵に破壊されてしまう、と言いたい。パウロが、すべてのことを適切に、そして秩序正しく行うようにと命じたのは

〔『コリントの信徒への手紙一』第一四章〕、すべてのことが遵守と結びつく時にだけ可能になり、秩序も慣習も存続しうる、という意味である。しかし、これらを遵守する場合にも、さらに注意深くあるべきだ。これらが救いのためにどうしても必要なのだと主張し、良心を恐れで拘束し、神礼拝と強制的に結びつけることこそが正しい敬虔である、などとみなされるべきではない。このような真の信仰を曇らせ、良心を不安にさせる不信仰な制度と、正当な教会的秩序がどれほど異なっているかについては、すでに指摘したとおりだ。そして、その違いを見分ける具体的なしるしが、次の二点である。すなわち、信仰者の聖なる集まりで道徳にかない、それに基づいてすべてが秩序正しく行われること、そして人間社会においても人間らしさと節度によって秩序が維持されていることだ。このいずれか、あるいは両方が満たされていることだ。なぜなら、法が人間の尊厳のために制定されていることが理解されているところでは、神への礼拝を人間のつくり事によって判断する人々が陥りやすいさまざまな迷信から自由になっているからである。また、法が人間の公共の利益を目指すものであることが理解されているところでは、伝承で救いのために必要だと教え込まれてきたために、それを義務だと感じ、良心を恐怖に陥れていた見解や拘束は覆されているからである。そこで求められているのは、ただ互いに仕え合う愛の義務だけだ。

この問題についての一つ目の事例を、パウロに見ることができる。女性が教会の中で教えてはならないとか、公の場ではかぶりものをして歩くように、という教えである〔『コリントの信徒への手紙一』第一一、一四章〕。日常生活の習慣では、脱帽し、跪《ひざまず》いて祈ることになっている。人間の死体を裸のまま墓穴に投げ入れたりしない。主のサクラメントは、不潔な取り扱いによって威厳を失わないように執行される。このようなさまざまな慣習がある。これについては何と言えばよいのか。かぶりものは女性の信仰を左右させるものなのか。かぶりものなしに外出するのは法を犯すことになるのか。パウロは女性は教会の中で沈黙せよと命じたが〔『コリントの信徒への手紙一』第一四章〕、この命令は聖なるものなので、それを破ることはひどい冒瀆なのか。膝を屈《かが》める行為や、死体を覆うという習慣は何らかの秘儀で、それをしないのは不信仰なことなのか。断じてそんなことはない。女性が隣人を助けようと急いでいるとき、頭にかぶりものをするのを忘れ、着帽せずにその場に駆けつけても、何らの罪も犯したことにはならない。沈黙が正しいことであっても、語るほうが適切だという場合もある。何らかの病気や怪我で膝を屈めて祈ることができない者は、立って祈ればよい。いずれも何の問題もない。亜麻布がないなら、死体が腐食し始めるのを指をくわえて見ているのではなく、死者にふさわしい適切な時に葬ればよいのだ。そして、これらの問題について何をすべきか、何を避けるべきか、それは地域ごとの習慣や制度、人道や分別、すなわち節度ある規範が命じるとおりでよい。無思慮なこと、あるいは忘却による過ちでないかぎり、これらにおいて人間が何らかの罪を犯すことはない。ただ、軽蔑すべき何らかの意志によってなされたり、逆に無視されたりする場合には、わがままな行為として、それに反対すればよい。ところで、今述べたようなことについて、常に相手より賢明にふるまいたいと考える過度な潔癖症については、その立場を神の前で弁明できるのか、よく考えてもらいたい。パウロの言葉を聞けば、納得できるのではないだろうか。すなわち、相争うのは、私たちの習慣ではなく、神の教会の習慣でもない（『コリントの信徒への手紙一』第一一章）。もう一つの事例を見よう。それは、公の祈り、説教、バプテスマの時刻である。説教については、静かに、沈黙して聞くことが求められるし、定められた場所が必要だし、詩編が歌われる。主の晩餐に与《あずか》るには、定められた日がある。陪餐停止についての規定がある。それに準ずるさまざまな規定がある。しかし、日や時刻がいつであっても、場所がどこであり、どのような建物であっても、どのような詩編が歌われようとも、その違いに意味があるわけではないし、何であっても問題はない。しかし、決まった日や時刻、すべての人が受け入れられるためにふさわしい場所であることは、平和を維持するための配慮としては適切である。これらのことについての無秩序、つまり公共の制度を各人が勝手に好みに任せて変更するようなことがあると、たちまちひどい争いになる。中立を考えて定められたことでも、誰かの恣意的な判断に委ねられてしまうと、全員が同じように一致することなどないので、純粋なものがすぐに破壊されてしまう。だから、純粋さの力を失わせ、曖昧にしてしまうような誤謬は避けなければならない。この目標は、遵守すべきことが何であれ、その有用性がはっきりと示され、人々が遵守すべきことをできるだけ限定し、信仰深い牧者による教理の教育がそれを励まし、邪悪な意見が主流になってしまうのを断ち切ることで達成しうる。このことをよく理解しているなら、私たちはみな、これらのすべてについて自由である。しかし、個々人は、何らかの拘束を自分の自由の上に課すべきだ。すなわち、すでに述べたとおり、τὸ πρέπον〔適切なこと〕や愛の配慮が求められている。さらに、このことをよく理解しているなら、何かを遵守する場合でも、迷信に惑わされたり、他の人々の遵守が気になったり、難しい注文を相手に要求したりすることもなくなる。さらに、このことをよく理解しているなら、神礼拝の数さえ多ければありがたいなどとは考えなくなり、別の教会の外形的な訓練が自分たちの教会と違っているからといって相手を軽視するようなこともなくなる。つまり、これらのいずれのことも、私たちに恒久的な規定を課すものではない。遵守すべきことの目的、そして利益とは、教会を建てることである。そのために必要なことであれば、規定に変更を加えることも、以前から用いられていた慣習を覆すことも決して躓《つまず》きにはならない。この時代、つまり現在経験していることは、過去の時代の論証の結果でもある。ある時代には不信仰ではなく、慣習に背くようなことではなかった儀式が、別の時代には廃止されなければならないことがある。教会は、かつての無知、蒙昧、邪悪な思いや誤った判断に基づく儀式に固着し続けてきた。だから、これまでの教会のおぞましい迷信と手を切るためには、これらの儀式の大半は破棄すべきである。かつて制定されたとき、これらの儀式は不信仰のために制定されたわけではないし、あるいは欠陥のある儀式として制定されたのでもない。しかし、これを何としてでも擁護し、保持し続けなければならないと主張するなら、それは有害である。これらの儀式は、それ自体としては、すでに述べたとおり、何ら悪ではない。しかし、この状況を踏まえて、これらの儀式について考えるなら、人間の魂の中に誤謬が住み着いてしまう原因は、いつでも儀式の乱用である。そのため、新たな誤謬の原因を次々と絶えることなく提供し続けるこの見世物が取り除かれないかぎり、誤謬を人々から取り除くことはできない。これは容易なことではない。だから、ヒゼキヤは、青銅のヘビを聖霊の証言に導かれて破壊したことで賞讃された（『列王記 下』第一八章）。これは主の命令によってモーセが建てたものだから、人民の偶像礼拝にきっかけを与えることさえなければ、神の恩寵の μνημόσυνον〔記念〕として保持され続けるのに何の不都合もなかった。しかし、これほどの名君であっても、不信仰を正すための他の方法がなかったので、彼はヘビを破壊した。モーセが像を建てたことに理由があったように、同じように破壊することにも理由がある。それは、胃に病気がある時、あるいは胃がキリキリする時には、ふだん健康な時には何でもない食べ物でも消化しにくいので避けたほうがよいように、人間の邪悪な判断にもそれと同じように気をつけなければならない。

〔国政について〕[*20]

さて、これまで人間の中にある二つの統治について取り上げ、魂の支配、あるいは内的人間の中にあって永遠の生命を目指す統治については十分に論じたので、もう一つの統治、すなわち市民的正義と外形的習慣のみと関わる統治についても述べるべきだろう。問題について論じる前に、すでに提示した区別をここでもう一度想い起こしていただきたい。なぜなら、しばしば見られるように、これらのまったく異なる二つの統治を、注意を怠って混同してしまわないためである。私たちに福音によって自由が約束されていて、人間の世には王や為政者は必要なく、ただキリストのみを仰ぐべきだと書かれているのを読むと、自分たちの上に何らかの権力が立つかぎり、約束された自由の恩寵に与《あずか》れない、と考える者がいるかもしれない。さらに、この世のあらゆる場所が法廷、法、公的権力など、自由を制約するものが何もない新しい制度につくり替えられなければ安心して暮らすことはできない、と主張する者もいる。[*21]しかし、肉体と魂、今与えられている死ぬべき生と与えられる永遠の生の区別を知る者は、キリストの霊的な支配とこの世の市民的秩序が完全に異なるものであることを知るはずだ。キリストの支配をこの世の事柄の下に位置づけ、そこに押し込めようとするのは、ユダヤ人の虚妄である。聖書が教えているのは、この世の事柄はキリストの恩寵から生まれた霊的果実だということ、そしてキリストにおいて約束され、私たちに与えられた自由はこの制約を受けているということであり、それを忘れるべきではない。私たちに奴隷の軛《くびき》に繋がれるな（『ガラテヤの信徒への手紙』第五章）と命じたのと同じ使徒が、他の個所で、奴隷たちに自分たちの身分のことで思い煩うべきではない（『コリントの信徒への手紙一』第七章）と命じているのはなぜか。その理由は、霊的自由は、たとえ政治的な意味での隷属があったとしても成立するからである。パウロは別の言葉でも説明している。すなわち、神の国では、ユダヤ人もギリシア人も、男も女も、奴隷も自由人もなく、あるいはユダヤ人もギリシア人も、割礼を受けた者も受けていない者も、蛮族もスクテヤ人も、奴隷も自由人もない（『ガラテヤの信徒への手紙』第五、三章、『コリントの信徒への手紙一』第七章）。つまり、キリストがすべてであり、すべてのもののうちにキリストがある（『コロサイの信徒への手紙』第三章）。これらの言葉によってパウロが語っているのは、あなたがたがこの世でどのような境遇に置かれていても、どのような法の下に生きていようと何の違いもない、ということだ。なぜなら、キリストの支配は、これらのこととはまったく異なるものだからである。

　このような区別を明らかにしたところで、私たちはあらゆる政治的な原理それ自体が本質的に汚れているとは思わないし、キリスト者にとって政治的なものは無関係だと考えるわけでもない。そう言った途端に、何人かの狂人が叫び出す。私たちはキリストによってこの世の事柄に関しては死んだのであり（『コロサイの信徒への手紙』第二章）、神の支配に移され、天上の事柄に囲まれているのだから、この世の不純な思い煩いに心を用いるのは意味のないことだし、これは私たちの価値を自ら貶《おとし》めることだ[*22]。そして、この世の事柄はキリスト者とは無縁の徒労だと主張する。そして、その者たちは、さらにこう言うのだ。裁判とか、あるいは法廷での審議を必要としないような明確な〔神の〕律法は、何のためにあるのか。キリスト者にとって、この世の法廷は何の意味があるのか。殺してはならないのであれば、法や法廷は不要である[*23]。しかし、私たちは先ほど、このような統治の問題と、霊的な統治、すなわち内なるキリストの支配とは異なっていると述べたばかりだが、両者は対立しているのではないことも知るべきだ。霊的な統治は、天上での神の支配の前味とでも言うべきものを、この世ですでに始めており、死すべき、儚《はかな》い肉の生の中で、死ぬことのない、朽ちることのない祝福への道を先取りしている。しかし、私たちが人々の中で暮らすために、私たちの生を社会と共存し、慣習を市民的正義に基づいて形成し、人々のあいだで相互の和解が成立し、公共の平和を維持し、平静さを培《つちか》うためにこの世の統治について定めなければならない。神の支配が今私たちの目の前にあるこの世での生を消滅させると言うのであれば、この世の統治など虚しいものにすぎない。しかし、私たちは、真の故郷〔である神の国〕を目指し、しかしこの世を〔寄留者として〕巡礼する者なので、巡礼者には〔この世の統治という〕助けが必要だ。これを奪おうとする者は、人間らしさを奪う者である。

ところが、これに反対する者たちがいて、神の教会には、教会の規定があれば、それが法であり、完全なので十分だと主張する。確かに、教会の法が教える完全さは、人間の社会の中では見出されえないようなものである。しかし、この者たちは愚かな妄想をしているにすぎない。邪悪な人間の図々しい策略は目を見張るばかりで、その悪意はどす黒く、どれほど法を厳しくしても消し去ることができないほどである。だから、そのような輩が、何をしても赦され、どんな罰も受けないと思い込んだら、何をし始めるか分からない。そのような輩の悪行は力を行使しても封じ込められないほどであるのはご存じだろう。もちろん、政治の有効性については、別の適切な場で論じたい。しかし、今ここでは、この世の政治的支配をなくしてしまえ、という主張は野蛮な考えだということを理解してもらいたい。この世での政治の有用性は、パン、水、太陽、空気に劣らず、その価値はそれ以上である。政治は、（パンなどがそのために役立っているように）人間が呼吸し、食べ、飲み、暖かい場所で暮らすことを目指しているだけでなく（人々の共存が可能になるように努力することは、みな政治の機能なのだが）、偶像礼拝や神の名への冒瀆、神の真理を汚すことなど、信仰への明確な侮《あなど》りが人民から生じ、そのようなことがさらに拡大するのを防ぐ。政治は、公共の平和と平静を保持し、すべての人が自らの財産を他者に奪われることなく安全に保持できるように守り、公平な商業取引ができることをも目指す。政治には、キリスト者のあいだで公の宗教の形が維持され、人々のあいだで人間らしい生き方が確立することも含まれる。私がここで、政治が信仰の正しい維持についても心がけるべきだと主張したからといって、怒って興奮しないように願いたい。これまでの議論から、私が信仰を正しく維持することは人間の恣意を越えたものだと主張していると理解したかもしれない。もちろん、私は政治的な制度が、神の律法が示す真の信仰が大衆の冒瀆によって公然と汚され、罰せられることもなく破棄されることがないように注意を払うべきだと考えている。しかし、ここで言いたいのも実はすでに述べたことと同じで、信仰と神礼拝についての法を人間の恣意的な判断によってつくることを認めているわけではない。

本書の読者のためには、この問題を順序正しく、正確に論じることが必要だと思われるので、国政のそれぞれの部分について個別に論じるほうが国政全体を考えるための助けになるだろう。三つの要素がある。一つ目は、この世の為政者である。法を擁護し、守る。二つ目は、法である。この世の為政者はこれに従って政治を行う。三つ目は、人民である。法によって統治され、この世の為政者に従う。まずはじめに、この世の為政者の機能について考えたい。この世の為政者は神によって認められたものなのか、神によって正当な召命が与えられているのか。この世の為政者の職務とは何か。この世の為政者のもつ権能は、どの領域にまで適用されるのか。その次に、キリスト教的な政治はどのような法に基づいて制定されるかを見ることにしたい。最後は、法が人民にどのような利益を与えるのか、また人民はこの世の為政者にどのように従うべきなのかを考える。

主が、この世の為政者の機能について、これを承認し、受け入れるべきものだと証明し、最も栄誉ある讃辞を送り、その価値を高め、私たちに推薦しているのは驚くべきことではないか。この点について簡単に見ておこう。例えば、この世の為政者たちは神々と呼ばれている(『出エジプト記』第二二章、『詩編』第八二編)。この名で呼ばれていることを軽々しく考えるべきではない。その意味は、この世の為政者が神からの命令を受けた者、神の権威によって任じられた者で、神の役割をなし、神の代理人としての職務をなすということである。これは詭弁ではない。キリストは、神の言葉を託された人々が神々と呼ばれている(『ヨハネによる福音書』第一〇章)と述べ、これを解説している。つまり、神はこの世の為政者に、その務めによって神に仕えるという職務を与えた。モーセとヨシャファトがユダの町々で任命した裁判人たちが(『申命記』第一章、『歴代誌下』第一九章)、人のためではなく神のために裁きを行ったのも、そのことである。ソロモンの口を通して語られた神の知恵が教えているのも、そのことである。すなわち、王が統治し、顧問官が政治を行い、王侯たちが支配権を行使し、寛大な者が地上のすべての裁判を司る(『箴言』第八章)。つまり、この世におけるさまざまな事柄についての決定が王やその他の為政者たちに委ねられているとしても、それは人間の邪《よこしま》な計画によってではなく、神の摂理によって、すなわち聖なる任職に基づいてなされている、ということだ。このように人類の問題を整えることが、神の意志にかなったことだった。パウロが神の賜物を教えたとき、統治をその一つとして数え上げている（『ローマの信徒への手紙』第一二章）。この賜物がキリストの僕《しもべ》たちに恵みとして与えられて用いられ、教会を建ち上げた。パウロは、この点について、はっきりと、的を射た議論を展開している。この権力は神が定めたものだが、神によって定められていない権力などない（『ローマの信徒への手紙』第一三章）。さらにパウロは、君主は神の僕であり、神は善を行う者には利益を与え、悪を行う者には怒りとともに復讐する、と教えている〔同〕。このことは、聖なる者たちの事例からも明らかである。ダビデ、ヨシヤ、ヒゼキヤのような王が置かれ、ヨセフやダニエルのような地方監督がおり、モーセやヨシュア、そして士師たちのような自由民のあいだで裁判を司る者が置かれた。主は、これらの人々をその職務に任じ、認めた。このように、この世の公的な権力は、神の前に聖なる合法的な召命であるだけでなく、死すべき人間の生の中で最も聖なるものとされ、最も高貴なものとみなされたことを疑うべきではない。

だからこそ、この世の為政者は、いつでもこの自覚をもたなければならない。この自覚が、この世の為政者が職務を執行する際に大きな励みとなり、義務の執行にともなうさまざまな重い困難を和らげ、他にはない慰めとなる。自らが神の司法権に仕える者であることを知り、その自覚をもつ者は、情熱を傾け、公正であること、思慮深くあること、やさしくあることに努め、節制し、潔白であろうと努力する。この者たちは、自分たちの法廷が生ける神の審《さば》きの座であると知ったら、自分たちの法廷で不正をなすことなどできないはずだ。自らの口が神の真理の道具として定められたことを知ったら、不正な宣告を勝手に言い渡すことなどできないはずだ。自らの手が神のわざを記録するために与えられていることを知っているなら、不信仰な布告に署名することなどできないはずだ。自らが神の代理人であることを自覚するなら、この世の為政者は、あらゆる注意を払い、情熱を傾け、すべての努力を怠らず、神の意志を行い、弱者を庇護し、善意、慈愛、正義をもって統治する姿を人々が想い浮かべることができるように自らの職務を志さなければならないはずだ。また、この世の為政者は、神のわざを偽ってなす者はみな呪われる（『エレミヤ書』第四八章）と言われていることを、いつでも心にとめておかなければならないはずだ。モーセやヨシャファトは、自らの配下にある裁判人たちに自らの義務を果たすべきであると教えたとき（『申命記』第一章、『歴代誌 下』第一九章）、すでに述べたとおり、この点に注意を払うように強調し、こう述べている。すなわち、あなたがたは自分のなすことに気をつけなさい。あなたがたは人のために裁くのではなく、神のためにそれをなすのだ。裁判をする時には、神があなたがたの傍らに絶えず立つ。だから、あなたがたは主を恐れるべきだ。行動に気をつけなさい。主なる神には不義はない。さらに、神は神々の会議の中に立ち、神々のあいだで裁きを行われる（『詩編』第八二編）、とも述べている。この勧めは、自らに神の使者としての使命が与えられた場合に、誠実にその職務に励むためのもので、この職務の執行を神の手に委ねるためのものである。この勧めは大きな意味をもったはずだ。もしこの世の為政者が過ちを犯したのであれば、それは神の聖なる審《さば》きを汚しているのであるから、この者たちの邪《よこしま》な審きは、苦痛を与えた者たちへの不正となるだけでなく、神への侮辱となる。だから、この世の為政者は、自らが執行する任務がこの世のことでも神の僕《しもべ》としての立場に無縁ではなく、聖なる職務であることを自覚する時にこそ、大いなる慰めを得るだけでなく、確かな手腕を身につけることになる。この世の為政者は、神の使者としての務めを果たす。

聖書にこれほど多くの証言があるのに、それを読んでも心を動かされず、自らの聖なる職務をキリスト教の信仰や敬虔とは無関係だと主張する者たちは、神自身を汚す。神を侮辱することは、必ず神から与えられた職務の軽視に繫がる。このような者たちは、この世の為政者を拒否するだけでなく、神が自分たちのためにこのようなこの世の公的な権力を制定したことをも否定する。イスラエルの民がサムエルの命令を退けた時に主が言ったことが真実なら（『サムエル記上』第八章）、今日神によって立てられたすべてのこの世の為政者に対する反乱にも同じことがあてはまるはずである。ところが、あの者たちは言うのだ。主は弟子たちに言ったではないか。すなわち、異邦人の王たちはその民の上に権力をふるうが、あなたがたのあいだではそうあってはならない。いちばん偉い者は、いちばん小さな者にならなければならない（『ルカによる福音書』第二二章）。そして、あの者たちは、この言葉がキリスト者は誰でも支配権や統治権に携わるべきではないと教えている[*24]、と主張する。何という歪曲された解釈だ。弟子たちのあいだで誰がいちばん偉いかという争いがあったのだ。このような虚しい争いや野心を治めるために、ここでは主のための任務は国政とは違うと教えているのだ。この世の統治では、ある者の主権が他の者にまさっていることがある。しかし、私は尋ねたいのだが、このことが王の職務に何らかの侮辱をもたらすことになるのか。ここで言いたいのは、ただ使徒の職務は王の職務とは違う、ということだけである。

　この為政者たちのあいだに制度上の形態の違いはあっても、神によって任職されたということに違いはない。パウロが神によらない権力はない（『ローマの信徒への手紙』第一三章）と言ったのは、そのことだ。すべての権力のうち、最も人々に喜ばれないのは、他の者にまさった抜きん出た権力で、一人の者による独裁的な権力である。その意志にすべての人が従わなければならない本人以外は、すべてこの独裁的な権力の軛《くびき》に繋がれる。そのため、かつての英雄や卓越した人物は、このような権力を認めなかった。聖書は、このような独裁的な権力をもつ者の不正な政治を防ぐために、王たちの支配は神の知恵と意志に基づくべきだと明言し、その上で、王を尊敬するように命じている（『箴言』第八、二四章、『ペトロの手紙一』第二章）。また、国政を担う者ではない私人がどのような政治体制が最も適当かと議論するのは時間の無駄だし、愚かなことだ、とあの者たちは言う。公的問題について扱う立場にない者たちが国政について決定することは許されていない、と言う。確かに、この問題との取り組みは簡単なことではない。さまざまな状況を無視して、ただ政治制度だけを比較するなら、どれが最も有用性をもつかを見極めるのは困難である。条件自体は似たり寄ったりだ。君主制は専制政治に陥りやすい。優れた最良の人々による支配も、少数者による党派的支配になる可能性がある。人民が主権をもつことは、最も簡単に混乱を招く。世界全体に目を向け、すべてを同時に観察できるなら、あるいは少なくとも別の町に視野を広げて比べてみるなら、神の意志に基づいて、さまざまな国がさまざまに異なった政治体制によって支配されるように準備されたことを知るはずである。諸元素が不均衡な割合でしか結合しないように、国々も同一ではない体制によってこそ共存しうる。これらのことは、主の御心ということで満足できる者たちにとっては、改めて論じることさえ不要だろう。主が王国には王を、自由都市には元老院議員あるいは市参事会議員を立てることを認めているのだから、私たちが住む地でどのような制度が立ち上げられたとしても、私たちがそれに従順であり、服従するのは当然の義務である。

次に、神の言葉はこの世の為政者の職務についてどのように述べているか、それが何によって成り立っているのかを説明すべきだろう。エレミヤは、王たちに警告した。すなわち、公正と正義を行い、抑圧された者を中傷する者たちの手から救い出し、寄留者、やもめ、孤児を悩ませることなく、虐《しいた》げることもなく、罪なき者の血を流すな（『エレミヤ書』第二二章）。モーセは、自らの補助者として指名した指導者たちに命じている。すなわち、あなたがたは、兄弟の訴えを聞き、その人とその同胞、あるいは寄留者の間を裁け。そして、裁きにおいては人を偏って見ず、身分の低い者にも高い者にも聞くべきだ。誰をも恐れてはならない。審《さば》きは神がなす（『申命記』第一章）。さらにいくつかの個所を引用しよう。このような言葉がある。すなわち、王たちは自分のために馬を増やすべきではない。貪欲な心をもつべきではない。兄弟に対して高ぶるな。命あるかぎり、主の律法を心にとどめて歩め（『申命記』第一七章）。裁き人は、誰でも一方の側に偏ってはならず、賄賂を受けてはならない（『申命記』第一六章）。聖書には他にも似た言葉がいくつも見出される。引用をこれにとどめるのは、私がここでこの世の為政者の職務を示したのは為政者を何らかの仕方で教育しようとしたからではなく、私の目的が、為政者がどのようなものであるか、どのような目的で神がこれを立てたのかを為政者以外の人々に示すためだからである。これらの神の言葉から、私たちは、この世の為政者が任命されるのは公的なものの潔白、節度、品位、平静の擁護者、あるいは保証人であるためだと知る。だから、この世の為政者がなすべき努力は、ただ一つだ。万人の共通の幸福と平和を追求することである。しかし、これは善人を悪人から守り、抑圧された者たちに援助と保護を与えないかぎり達成しえないので、この世の為政者は力で武装することで悪人や犯罪者を公的に、厳格に罰する。悪人たちの不正によって、公共の平和は常に混乱させられてきた（『ローマの信徒への手紙』第一三章）。私たちはソロンの言葉をより深く追体験する。すなわち、公共の万事は賞罰によって保たれる。賞罰を取り去る国では、あらゆる規律が崩壊し、すべてが霧散する。[*25] 徳ある行為に対して適切な栄誉が与えられないと、人々の心の中で公正や正義への意志が冷めてしまう。刑罰の警告なしには、悪しき者たちの欲望はいっそう激しくなり、抑えることができなくなる。預言者が王やその他の支配者たちに裁きと正義を行えと命じたのは（『エレミヤ書』第二二章）、まさにこの二つの職務を指している。正義とは、無実の者を保護のもとに迎え入れ、抱擁して受けとめ、見守り、解放し、自由にすることである。裁きとは、不信仰な者たちの傲慢を砕き、暴力を撲滅し、その罪過を罰することである（『マタイによる福音書』第五章、『出エジプト記』第二〇章）。

ここで、一見大変難しく、困難な問題が提起される。すべてのキリスト者は神の律法によって殺すことを禁じられており（『申命記』第五章）、預言者も聖なる山、すなわち教会について述べ、そこで人々は苦しめられたり損なわれたりすべきではないと預言している（『イザヤ書』第一一、六五章）のに、どうしてこの世の為政者は、信仰をもっていながら、血を流す者でありうるのか。しかし、私たちは、この世の為政者は職務を執行する時に自分からそれをなすのではなく、神の審《さば》きそれ自体をなすのだと知れば、このことを心配し、このことに心を煩わされることはないはずである。主の律法は、殺人を禁じている。しかし、殺人を犯した者が罰せられずにいることがないように、主はこの世の為政者に仕える者たちの手に剣を与え、殺人を犯した者に対して用いることを許した。相手を苦しめ、害を加えるようなことを、信仰深い者たちがすべきではない。しかし、主の命令で信仰深い者たちの苦しみに報復することは、苦しめることや害を加えることとは違う。私たちは、そのことをいつでも記憶すべきである。この点については、人間の無分別なわざとしてなされるべきではなく、それを命じる神の権威によってのみ、すべてのことがなされるべきだ。神の権威が私たちを導く時にのみ、私たちは正しい道から逸脱することはない。ただし、極悪非道の犯罪であっても刑罰を科さないように、私たちが神の正義に手綱をかけるというのなら話は別で、そんなことは許されない。そうであるから、神に仕える者たちに対して、このことでひどい中傷を浴びせるようなことをすべきではない。パウロが言う。すなわち、この世の為政者が剣を身に帯びているのは無意味なことではない。この世の為政者は、神に仕える者であって、悪事をなす者たちには怒りをもって報復する（『ローマの信徒への手紙』第一三章）。君主や、その他の為政者は、主に服従すること以上に主が喜ばれることはないと知っているのだから、誠実な信仰と正義と公正を神の前に示し、任務に専心すべきだ。モーセは、主の力によって自分が同胞の解放者として立てられていることを知ったとき、そしてエジプト人に暴行を加えたとき、また戦ったとき、彼は明らかにこのための情熱に動かされた（『出エジプト記』第二章）。あるいは、モーセが一日に三〇〇〇人を倒して、民の冒瀆に報復した時も同じだった（『出エジプト記』第三二章）。ダビデは、臨終の際、その子ソロモンに命じ、ヨアブとシムイを殺すように命じた（『列王記 上』第二章）。モーセは、穏やかだったし、寛容な性格だったのに、同胞たちの血をまき散らし、それを身に浴びながら、次々と残虐なまでに虐殺を続けたのはなぜか。生涯寛容だったダビデが、ヨアブとシムイの白髪を安らかに墓に行かせるべきではないという残酷な遺言を、なぜ息子に残したのか。モーセとダビデは、両者ともに神の命を受け、このような報復を行った。王が悪を行うことは許されないし、それは自らの手を汚すことになるが、〔神の命令を受けたので〕この残虐な行為によって自らの手を清く保った。ソロモンは言った。すなわち、王が不正を行うのは忌むべきことだ。王座は正義によって堅く立つ（『箴言』第一六章）。また、裁きの座に立つ者は、すべての悪に目を注ぐ（『箴言』第二〇章）、とも言った。そして、知恵ある王は不信仰の者を散らし、その上に車輪を引きまわす（同）、と言った。さらに、こう言っている。すなわち、銀から不純物を取り除け。そうすれば、銀細工人が器をつくるはずだ。王の前から不信仰な者たちを取り除け。そうすれば、その位は正義によって堅く立つ（『箴言』第二五章）。この世の為政者による真の正義が罪ある者、不信仰な者を剣で追い払わないなら、それは不信仰の責めを負うことになる。邪悪な者たちが暴れまわり、殺人や虐殺を繰り返しているのに、剣を抜かず、手を血で汚そうとしないなら、それは不信仰の責めを負うことになる。そうすることで自らは善意や正義の賞讃を得るだろうなどと考えるとしたら大間違いだ。もちろん、残忍で薄情なことはごめんこうむりたいし、罪ある者にとって法廷が絞首台と呼ばれるのは正当だ[*26]、などということであってはならない。私は不当な残忍さを容認しない。公正な審判が寛容なしになしうるとは考えていない。公正な審判は、ソロモンが言うとおり、王の最良の助言者であり、王の玉座の最も堅実な護りであり（『箴言』第二〇章）、古代の人が言うとおり、君主に必要な資質である[*27]。だから、この世の為政者は、過度に厳格になって、癒すよりも傷つけるようなことをすべきではなく、同じように、寛容に対する妄想や愛着によって、あまりにも優柔不断で、親切心の上塗りのような甘やかしをすることで、人々の破滅を放置し、多くの人を残虐な結末に導くことがないように、どちらにも注意を払うべきである。皇帝ネルウァの時代に、何も許さない君主のもとに生きるのは不幸だ、しかし何でも許す君主のもとで生きるのはその何倍も不幸だ、と言われたとおりだ[*28]。

王も人民も、公的な報復を行うために武器をとることが必要となる時がある。同じ理由で、戦争を企てることが正当とされる時がある。王には、あるいは人民にも、自分たちの領土を平穏に保持し、不穏な企てをする者たちの反乱や攻撃から守り、暴力によって抑圧されている者たちを助け、悪を罰する権力が与えられている。そうであるなら、一人一人の生活や憩いや万人にとっての公共の平和を攪乱する者たち、反乱を起こし、暴力的な手段に訴え、人々を抑圧し、恥ずべき悪行を繰り返す者たちを抑え込むために与えられた権力を用いるのは、権力の適切な行使である。王や人民が法による統治者、法の擁護者であるなら、犯罪によって法が示す規範を破壊しようとする行為は、どのようなものであれ、取り除くべきだ。この世の為政者が、数人に傷害を負わせた者たち、盗みを働く者を悪人として罰するのは正当なことである。そうであるのに、王国全体に略奪の手が伸び、人々が苦しめられ、国土が荒れ果てているのに、罰しないで放置してよいはずがない。他の国に権利もないのに押し入り、敵意をもって苦しめる者がいれば、それが王であろうと、民の最下位層の者であろうと、いずれも盗賊とみなされ、罰せられるべきだ。しかし、そのとき、自らの欲望に従うことがないように常に自分に注意を払うことがこの世の為政者の務めである。この世の為政者は、自分が何らかの処罰を行う場合には、根拠のない、そして際限のない怒りに身を任せるべきではない。憎しみに心を支配させるのではなく、また容赦のない厳格さを貫くべきではない。（アウグスティヌスが言うように[*29]）彼らは人をその人自身の罪過ゆえに罰するが、その人の中にある人間共通の本性に対しては憐れみをもって接すべきである。あるいは、こう考えなければならない。敵が、あるいは武装した盗人がいて、それに対して武器をとらなければならない場合には、簡単に決断すべきではなく、最終的にどうしてもそれを使わなければならない時だけ許される。私たちは、戦争では平和を求めること以外を目的とすべきではない、というあの異教徒の教え以上のことを行うべきであり、武力を行使する前に、他のあらゆることをまず試みなければならない。[*30]いずれの場合でも、この世の為政者は、個人的な感情にとらわれるべきではなく、ただ公的な意識によって導かれるべきだ。そうでなければ、この世の為政者はその力を勝手気ままに乱用したことになる。この権力は、この世の為政者自身の利益のために与えられたわけではない。他者の利益になるように、他者に仕えるために与えられた。また、戦争をすることの正当性と同じ根拠によって、防衛、同盟、あるいはその他の防衛施設についても説明することができる。防衛とは国境を守るための町々の備えのことであり、同盟とは隣接する君主が自らの領土に何らかの混乱が生じた時に相互に助け合うこと、あるいは人類共通の敵を打倒するために契約を締結することであり、その他の防衛施設とは戦術的な理由から置かれるもののことである。

最後に付け加えたいことがある。年貢も税収も、君主たちの正当な収入である。これらは主として職務のために用いられるが、当然、同じように自らの宮廷の尊厳を保つために用いてもよい。この尊厳は、君主の権威に付随するものである。ダビデ、ヒゼキヤ、ヨシヤ、ヨシャファトといった聖なる王たち、またヨセフやダニエルも、その職責の重さに従って、敬虔さを失わないように気をつけて、公費で豪勢な生活をした。『エゼキエル書』には、広大な領邦を王たちが所有していた、と書かれている（『エゼキエル書』第四八章）。しかし、君主は、その金庫を個人の賽銭箱のように考えてはならず、それは全人民のための公的な金庫であり、（パウロが『ローマの信徒への手紙』第一三章で証言しているとおり）不法な浪費、散財は明白な犯罪であることを記憶すべきだ。あるいは、これは人民の血であって、これを大事にしないことは非人間的なことである。さらに、課税や徴税、その他の税収は公共の必要性に基づくもので、根拠もなく困窮する庶民を疲弊させるようなことであれば、それは暴君による強欲と言われても仕方がない。もちろん、このような説明をすることで、君主たちに浪費や贅沢、不要な支出を勧めているわけではない（君主たちの欲望はすでに燃え上がりすぎているくらいなのだから、さらに油を注ぐ必要などない）。むしろ逆で、君主たちがさまざまなことをなす時には、神の前での純粋な良心をもってなされることが重要であり、必要である。不信仰な自信過剰によって神を侮《あなど》ることがないように、自分たちには何が許されているかを正しく学ぶべきだ。さらに言えば、この教えは個々の私人にとっても重要である。君主が通例の市民生活の程度をはるかに超えることをなすことがあっても、それに対して軽率で厚かましい侮辱を浴びせてもよいなどということにはならない。

この世の為政者の次は、政治における法である。これは公共の事柄における最も強い腱である。あるいはキケロが呼んだとおり、魂である。[*31] これなしには、この世の為政者は何もなしえない。逆に、この世の為政者なしに、法は成り立たない。法とは沈黙する為政者であり、この世の為政者は生きた法〔キケロ『法律について』三・二〕、という言葉は真実だ。

私はここで、キリスト教的政治がどのような法によって治められるべきかを述べようとしているだけであって、どのような法が最良であるかを延々と議論しようというわけではない。それは、きりがない議論だし、ここでの論点ではない。しかし、ここではごく簡単に、どのような法が神の前で信仰的なものとして用いられるのか、また人々のあいだで正しく用いられうるものなのかをついでに示したい。多くの人がこの点で危険な思い違いをしているのを知らなかったら、私はその前を素通りしてしまうところだった。

公的政治制度を否定し、モーセの政治秩序も無視したとしても、諸民族は共通の法によって統治されうる、と主張する人がいる。この見解がどれほど危険で、どれほど混乱したものであるかについては、他の人に論じてもらうことにしよう。私は、この意見が間違ったもので、どれほど愚かな主張であるかを証明できれば、それで十分である。モーセが公布した神の法全体の一般的な区分に注目するなら、それは道徳的律法、儀式的律法、裁判的律法に三区分される[*32]。これをそれぞれに分析し、どれが私たちと関わりがあり、どれが関わりがないかを調べよう。しかし、裁判的律法と儀式的律法は道徳的律法にも関わっているのか、というようなこまごまとした問題は、ここでは扱わない。この区分を説いた昔の人々は、他の二つの部分と道徳的律法が置き換えられることを知らなかったわけではない。しかし、道徳的律法は動かすことはできないが、他の二つは変更も廃止も可能なので、他の二つの部分については道徳的と言わなかっただけである。その人たちが道徳的な部分だけをこの名で呼んだのは、これなしには道徳的わざの真の聖さが成り立たないと考えたからだ。さて、道徳的律法（まずはこれから論じ始める）だが、二つの主要な部分から成っている。一つは純粋な信仰と敬虔さをもって神を崇《あが》めること、もう一つは誠実な愛情をもって人を愛することだ。これは、その点で、神の意志に自らの生を従わせようとするすべての民族、すべての時代の人々に命じられた、真実で永遠の義の規定である。私たちが神を誉め讃えるべきこと、互いに愛し合うことは、神の永遠で普遍の意志だ。儀式的律法はユダヤ人たちのいわば養育係で、主はユダヤ人が成人するまでの子ども時代を、時が満ちるまで、これによって鍛えた（『ガラテヤの信徒への手紙』第三、四章）。それは、時が満ちて、主がその知恵を地上のすべてに広めた時には、以前はしるしによって、しかもおぼろげに示したことの実体を明確に示すためだった。裁判的律法は、政治的な綱領としてユダヤ人に与えられたものだ。ユダヤ人に公正と正義の確かな規範を教えた。これによって、ユダヤ人たちが誠実に、また平静に生きるためである。儀式的な修練は、敬虔の教えに属し、ユダヤ人の教会で神礼拝と敬虔を保持するためのものだったが、敬虔それ自体とは区別された。また、裁判的律法の形式は、汝《いまし》神の永遠の律法が命じている愛をどのように保持するかという問題に関わるが、愛の戒めそれ自体とは区別される。

儀式的律法が廃止されても敬虔を保持することができたように、裁判上の規定が取り去られても、愛の恒久的な義務も戒めも残される。これが事実なら、確かに、どの国民も自分たちに好都合な律法をつくり上げる自由をもつことになる。しかし、その場合でも、あの愛の恒久的な律法を全うし、形式は異なっていても目的は同じでなければならない。私は盗賊に栄誉を与えるもの、重婚を認めるもの、その他にも恥知らずで、不条理で、暴力的で、野蛮な規定を法と認めることはできない。それは正義ではないばかりか、あらゆる人間らしさ、また寛容さと無縁だからだ。このことは、法の制定と、法の制定の土台となる公平という二点から法を検証する時に明らかになる。公平は、自然法に基づき、万人に共通のものでなければならない。公平という目標は、どのような問題を扱う場合でも、すべての法が目指さなければならない。制定は、その時の状況に基づく。状況とは特定の事情なので、すべてにおいて公平が目指されているのであれば、多様性が生じても問題はない。道徳的律法と私たちが呼んでいる神の律法は、自然法を証言し、また神が人間の魂に刻んだ良心の証言のことなので、公平の根拠はすべてこの律法の中にある。この公平こそ、すべての法の目標であり、すべての法の規範であり、他との境界線である。いかなる法も、この規範に基づいて制定され、この目標に向かい、この境界線によって枠づけられる。そうであれば、その法は、たとえユダヤの律法と異なっていようと、相互に食い違うところがあったとしても、それを排除する理由はない。神の律法は、盗むことを禁じている。ユダヤ人の国政で盗むという犯罪の罰がどのようなものだったかは、『出エジプト記』に記されている（『出エジプト記』第二二章）。別の民族の古い法を見ると、盗みは二倍の刑罰を受ける、とある。後代の法では、盗みを明らかな盗みと明らかではない盗みに分けている。そして、ある者は追放とされ、ある者は鞭打ちとされ、ある者は死刑とされた。ユダヤ人の社会で、偽証の扱いは偽証した内容と同じだけの刑が与えられた（『申命記』第一九章）。別の民族では、ただ重い不名誉にさらされるだけだが、さらに別の民族では絞首刑、あるいは別の民族では十字架刑だった。殺人についてては、あらゆる法が同じように血をもって報いているが、死刑の方法はさまざまである。姦淫については、ある民族では厳格な、ある民族では軽い刑が適用されている。しかし、私たちは、このような差異にもかかわらず、すべての法は同じ目標を目指していることを知る。これらの法は、声を合わせて、神の永遠の律法が断罪する犯罪、つまり殺人、盗み、姦淫、偽証への刑罰を宣告している。もちろん刑罰の方法は同じではないが、この点での一致は必要なことでも重要なことでもない。殺人を極刑にし、厳しく執行しなかったことで混乱が生じ、暴虐や略奪でたちまち破滅に向かった国もある。また、時代の状況によって刑罰をより厳格にし、重くしなければならない場合もある。民族によっては、厳格に法を適用しないと特定の悪徳に支配されてしまう、ということもある。このような差異は、神の律法をより厳密に守ろうとすることから生じたのだから、神の律法にふさわしいことだ。それにもかかわらず、これに躓《つまず》くと主張するのは、有害な行為であり、公共の幸福の敵である。それある者たちが、モーセによって公布された神の律法は廃止され、新しい律法が優先されるなら、それは神の律法を侮《あなど》ることになる、と主張しているが、これは虚しい見解である。新しい律法が単純な比較ではなく、それぞれの時代、地域、民族などの条件によって評価されるなら、新しい律法が神の律法より優れているなどとは言えないはずだ。それに、〔もともとモーセの律法は〕私たち〔異邦人に〕向けては公布されていなかったのだから、それは廃止ともも異なる。主がこの律法をモーセの手を通して与えたのは、すべての民族に効力をもつものとして、そのまま広めるためではなかった。主は、ただユダヤ民族を自ら庇護し、擁護し、保護しようとして、この民族の立法者になった。そして、主は、賢明な立法者として、この法の制定において、ユダヤ民族に特別な配慮を払った。

さて、最後の課題が残っている。法、裁判の手続き、そしてこの世の為政者は、キリスト教の共同体に、どのような効用をもつのか。個々の私人は、この世の為政者にどのような敬意を払うべきなのか。また、どのように服従すべきなのか。多くの人々がこの世の為政者の職務はキリスト者には必要ないと考えている。なぜなら、キリスト者には報復すること、法廷に訴えること、争うことは許されないと考えられているからだ。訴え、争うことが信仰深い行為だとは、もちろん考えられていない。しかし、パウロは明らかに反対の意見を述べている。この世の為政者は私たちに神の利益を与える神の僕《しもべ》である（『ローマの信徒への手紙』第一三章）。そうであるなら、私たちは、この世の為政者の手に守られ、邪悪な者たちの悪や不正からさまざまな防御によって保護され、平静で安全な生活を送ることが神の御旨だということになる。

この世の為政者が私たちを守るために主によって与えられたとしても、その恩恵を私たちが受けることができないのであれば、それは主の意志を虚しくすることだから、この世の為政者に援助を求めること、この世の為政者に請願することは決して不信仰な行為ではない。しかし、私はここで二種類の人間の対応があることを指摘したい。一つは、人と争い、すぐに激怒する人、他者と争い、平静に暮らすことができない人であり、このような人は実に多い。このような人々は、深い憎しみを胸に抱いて、相手を訴える。健全とは思えない復讐心や過度な暴力を使い、病的な執念を抱き、どこまでも追い続け、ついには相手を破滅に至らせる。そして、当人は、自分の側では不正なことをしているとは思ってもみないので、このような邪悪な欲望を正義の名のもとに行い、自らを弁護する。しかし、他者とのあいだに訴訟を起こす場合でも、その人を憎み、ただ傷つけたいという熱情にとらわれてそれを行ったり、必要以上に追いまわしたりすべきではない。このような人たちは、裁判は正しく行わなければ合法的とは言えないということを、改めて認識すべきである。原告にとっても被告にとっても正しい裁判とは何か。被告は、定められた日に出頭し、激しい口調で語るのではなく、ただ自分の権利に関わることについて正しく訴え、可能なかぎり正確に抗弁することだ。原告は、その身に、あるいは財産について不当な損害を受けたら、この世の為政者のもとに出頭し、訴えを述べ、公平で善であることを求めるべきだ。その際、原告は、相手を傷つけること、敵意を募らせるようなことは控え、残酷な行為や憎しみを捨て、争いや熱狂を意志せず、相手への敵意を増し加えるのではなく、譲歩し、耐え忍ぶことも心がけるべきである。魂が悪に支配されたり、劣等感に苛《さいな》まれたり、怒りを炎のように燃え立たせたり、復讐の念を胸に抱いて、戦いへの熱情が抑えきれなくなり、愛を棄ててしまったりした場合には、どんなに正当な訴えであっても、その訴訟を不信仰なものにしてしまう。キリスト者にとってふさわしい訴訟とは何か。訴訟は、それがいかに正当なものであっても、相手に対して愛と善意をもって行われ、争われる出来事がすでに和解に至ったかのように友好的に取り扱われるのでなければ、正しく行われることはない。しかし、このように言えば、そのような節度が裁判でなされたことがあっただろうか、と問う人がいるかもしれない。確かに、この時代、誠実な訴訟を起こす人の例は、きわめて少ないかもしれない。しかし、訴訟は、それ自体に何らかの悪が加えられないかぎり、善きものとして、純正なものであり続けなければならない。この世の為政者は、自らの職務は神の聖なる賜物だと知らされているのだから、自らの職務にいっそう誠実であり、訴訟が悪徳によって汚されないように注意を払わなければならない。さて、もう一種類の人たちとは、すべての法的措置自体を激しく批判する人たちである。この人たちは、それによって神の聖なる制度を破棄しようとし、さらには清い人には清くなりうる（『テトスへの手紙』第一章）という賜物さえ否定する。この人たちは、自分がなしているのがそのようなことであるのを、よく認識すべきだ。そうでないなら、この人たちは、パウロを恥ずべきことをした者として非難しかねない。なぜなら、パウロは法廷で自らを告訴した者たちの中傷を退け、さらにその者たちの陰謀、悪意について明白に述べ、ローマ市民としての権利を行使し、必要があれば、不正な法廷ではなく、皇帝への上訴を試みた（『使徒言行録』第二二、二四、二五章）。しかし、このこととキリスト者が復讐を禁じられていることは矛盾しない。もちろん、私たちは復讐の感情をキリスト者の法廷から追放している（『申命記』第三二章、『マタイによる福音書』第五章、『ローマの信徒への手紙』第一二章）。私たちは、民事上の問題を争う場合でも、その出来事を公的な保護者である法廷に純粋な率直さをもって委ねる以外に、正しい選択肢はない。悪には悪をもって復讐する、という考えをもつべきではない。その出来事が重大で、多くの人と関わる場合でも、告訴する者が復讐心に駆られることなく、私的損害への恨みからでもなく、ただ不正な人間の企みによって社会に被害が及ばないことだけを願って、出廷すべきである。復讐の念がないのであれば、パウロの命令に背いていることにはならない。しかし、それでも、ある人は指摘するだろう。すなわち、パウロは、ただ復讐を禁じただけではなく、自ら出廷し、抑圧されている者にも苦しめられている者のためにも報復するために来臨する（『ローマの信徒への手紙』第一二章）と約束した主にすべてを委ねることを命じているのだから、自分のためにしろ、他者のためにしろ、この世の為政者からの援助を求める者は天上の保護や報いを勝手に先取りしてしまっていることにならないか。しかし、そんなことはない。この世の為政者は、いつでも報復は人間のものではなく神のものだと考えるべきだ。パウロが証言するように、神がそれを人間の職務を道具としてなす（『ローマの信徒への手紙』第一三章）。また、私たちは、悪人に手向かうことを禁じ、左の頰を打つ者には右の頰も向けよ、下着を奪う者には上着も与えよ、と命じたキリストの言葉（『マタイによる福音書』第五章）にも抵触することもない。それどころか、キリスト者は、人々の心が報復への邪《よこしま》な欲から解放され、受けた不正をさらに二倍受けるほうが、報復心を抱くよりましだとまで考えようとする。だから、キリスト者とは、この忍耐が不要だと言う者のことではない。キリスト者とは、生まれた時から、このような侵害、不正をこうむり、悪を行う者たちの企み、悪口、侮辱にさらされ続けてきた者たちのことである。それでも、キリスト者は、みなこの悪にすべて耐える。キリスト者は、心を整え、一つの禍を耐え忍び、そして次の艱難に備え、生涯にわたって絶えず自分の十字架を負うと誓う。自らに害を与えた者にも善を施し、呪う者にも祝福を祈り、善をもって悪に打ち勝つように努力しなければならない（『ローマの信徒への手紙』第一二章）。これこそが、キリスト者の勝利である。ファリサイ派は、弟子たちに、報復について、目には目を、歯には歯をと教えたが、キリスト者は、キリストに教えられたように、肉体が傷つけられ、財産を不当に奪われても、それを忍び、このような侵害を受けてもそれを受け入れ、赦す（『マタイによる福音書』第五章）。しかし、これらのことを十分心にとめた上で、公正を心がけ、節度をもって敵対者との友好関係を保持し、自分の財産を守るためにこの世の為政者の助けを用いることは、何の問題もない。また、公共の福祉への熱情に基づいて犯罪者や無法者たちの処罰を求めることも、何の問題もない。このような者たちが死によってしか矯正しえないことを、この世の為政者たちは知っている。パウロが訴訟についてはすべて非難し、反対したと言う者がいるが、[*33]これは間違いだ（『コリントの信徒への手紙一』第六章）。パウロの言葉から理解できるのは、コリントの教会では訴訟を起こしたいという熱狂が支配しており、それによってキリストの福音、そしてキリスト教の全体が不信仰者たちの嘲弄を買っていた、という事態である。パウロは、コリントの教会の人々が無思慮な争いで福音を不信仰者たちの見世物にしてしまったことを批判した。そして、コリントの教会の人々が同じ教会の者たち同士で争っていることを非難する。これらの人々は、お互いに他者による侵害に耐え忍ぶどころか、互いに相手の財産を貪欲に求め、互いに引き裂き合い、損害を与え合う。そのため、パウロは執拗に争いたがる偏向性を攻撃した。だから、パウロは単純に訴訟自体を非難したわけではない。パウロが明確に罪過と言っているのは、自分の財産の損失を受け入れるよりは、その保持のために紛争になる場合のことである。キリスト者は、もちろん法廷に持ち出すより前に自分の権利を譲ることを心がけるべきだ。なぜなら、心を乱されることなく、同じ信仰の者たちに憎しみをかき立てることなく法廷に出向くのは実に難しいことだからである。もちろん、それを失うことで甚大な害をこうむることになるような自分の財産を愛を失うことなく保持することができるなら、訴訟を起こしても、パウロがなしたような裁定に抵触することはない。すでに述べたとおり、愛は誰にでも最良の助言を与える。愛なくしてなされること、愛を置き去りにして進められるあらゆる論争を、私たちは不正、不敬虔と呼ぶ。この点について議論の余地はない。

　この世の為政者への臣民としての義務は、第一にこの世の為政者の職務に最大限の敬意を払うことである。神によって選ばれた司法権者と認めること、そして神の僕《しもべ》、神の代理人として尊敬し、敬意を払うことである。ところが、この世の為政者に対しては、従順で、敬意をもっており、服従を嫌がっているわけではないという態度を外形的に示すことが重要であり、それが公共の利益に繋がる、と主張する者たちがいる。そのような者たちは、この世の為政者を評価しているのではなく、単なる必要悪としか見ていない。[*34] しかし、ペトロは、王を尊べと命じ、私たちにそれ以上のことを求めている（『ペトロの手紙一』第二章）。ソロモンもまた、主と王を恐れよ（『箴言』第二四章）、と命じている。ペトロが尊ぶと言う時に意味しているのは、誠実な思いと純粋な尊敬のことである。ソロモンは、王を神と結びつけ、王が純真な崇敬と高貴な尊厳に満ちていることを示している。パウロの有名な言葉には、ただ怒りを逃れるためだけではなく、良心のために従うべきだ（『ローマの信徒への手紙』第一三章）、とある。パウロが言いたかったのは、臣民は、ただ恐れから君主や主だった者たちに服従するということではなく、すなわち、あたかも抵抗すればすぐにでも報復されそうな武装をしている敵に恐れおののいている時のようではなく、君主や主だった者の権力は神から与えられたものなので、この者たちへの服従は神に対して捧げられる、ということである。そこから他のことも引き出される。臣民は、君主や主だった者に従う心をもつだけでなく、その心を具体的な服従によって証明しなければならない。具体的には、君主や主だった者の告知に従い、税を納め、公的な負担を受け入れ、共同体を守るための義務を負い、その他の命令にも忠実であるべきだ。パウロが言うように、すべての人は上に立つ権威に従うべきであり、権威に逆らう者は神の定めに背く。パウロはテトスに書き送っている。すなわち、あなたは人々に勧めて、上に立つ者たち、上に立つ権威に従うように、この世の為政者に服従するように教え、すべての善きわざに備えさせよ（『テトスへの手紙』第三章）。ペトロも述べている。すなわち、あなたがたは何であれ人のつくった制度に従いなさい。主権者としての王であれ、悪を行う者を罰し、善を行う者に栄誉を与えるために王によって遣わされた長官であれ、従いなさい（『ペトロの手紙一』第二章）。さらに、パウロは、人々が服従を装うのではなく、誠実に心から従うことを証明するためにも、自分たちがその者の〔権威の〕下で暮らしているこの世の為政者の安全と繁栄を神に祈るように勧めている。パウロは、こう述べている。すなわち、私は強く勧める。すべての人のために、王たちとあらゆる上に立つ権威のために、懇願の祈り、公同の祈り、とりなしの祈り、感謝の祈りを捧げよ。私たちが完全な敬虔と誠実さをもって安らかに生涯を送るためである（『テモテへの手紙一』第二章）。だからこそ、誤解すべきではない。この世の為政者に抵抗することは、同時に神に抵抗することだ。武装していないこの世の為政者は罰することができないという理由で軽視するというような人がいるかもしれないが、神は武装しているのだから、自らを軽んじるような者には報復を与える。

服従に、私は節度も含める。つまり、それは個々の私人が公の場で守るべきふるまいのことで、むやみに政治に首を突っ込んだり、この世の為政者の職務に割り込んだりせず、何についても政治的な駆け引きをしない、ということである。社会秩序について改善すべきことがあったら、自分勝手に騒ぎを起こすのではなく、また勝手に着手してしまうのではなく、あるいはすべての人がこのために動き出すというよりも、まずはこの世の為政者の判断に委ねるべきだ。なぜなら、この世の為政者の手こそが、これを解決するからである。私の理解では、国政を担う者としての命令を受けた者であるなら、それは公的な権力を与えられた人なので、この秩序[*35]を無視して行動するな、ということだ。君主の顧問官は君主の耳であり目であると呼ばれるように、君主の命令によってその問題を扱うように任命された者を君主の手と呼ぶのは決して愚かなことではない。

私たちは、ここまで、この世の為政者と呼ばれるのにふさわしい者について、すなわち祖国の父[*36]について、また詩人[*37]がそう呼んだように民の牧者、平和の保護者、正義の擁護者、無実の人のために報復する者について述べた。このようなこの世の為政者を認めない者は狂人と判断されるべきである。しかし、どの時代にもいるのだが、ある君主は自らに与えられた職務について怠惰で、あらゆることにおいて配慮に欠け、不真面目で、快楽に走っている。また、別の君主は、自分の利益のことばかり考え、法や恩典、裁判や通行許可証を賄賂をとって売買している。さらに別の君主は、貧民から金品を搾りとり、それを自分たちの狂気に満ちた贅沢のために使い果たす。ある君主は、他人の家を襲い、略奪し、処女や妻を凌辱し、無実の者を縛り上げ、血祭りにするような盗賊まがいのことを平気でしている。そのため、このような者たちを君主と認めること、またこのような者たちの国政にも従うべきだという考えに納得できない多くの人々がいる。このような下劣な行為、この世の為政者としてだけでなく人間としての務めからも大きく逸脱しているような犯罪行為をしているこの者たちに、為政者の中でこそ輝いているべき神の像のしるしを見ることができるだろうか。とうていそのようなことはできない。このような者たちには、本来もっているべき、善を賞讃し、悪に報復するために任命された神からの職務の片鱗も、欠片《かけら》も見出せない。このような人間を、聖書が私たちに勧めている尊厳や権威をもつ国政の担い手と認めることはできない。法を重んじる王には愛と敬意を捧げるが、暴君に対しては憎しみや呪いをもって攻撃することは、私たちが生まれながらにもつ感覚である。しかし、私たちが神の言葉を心にとめるなら、私たちはさらに進んだ段階へと導かれる。それは、自らの職務を正しく誠実に遂行する君主の統治に服従するだけでなく、権威あるように自らを粉飾し、しかも君主としての職務はほとんど何もしないような君主にも服従するということである。主は、この世の為政者の職務は人民の安全を守るために主から賜った最高位の職務だと証言していて、すべてのこの世の為政者にそれぞれが担うべき国政の領域を指定して示しているが、同時に、公的な権力を担う者は、どのような者であっても、主からの統治権を受け取った者だとも宣言している。主は、公の利益のために統治する者が主の恩寵を映し出す者、あるいはそのお手本であると宣言する。しかし、それだけではなく、不正に、あるいは暴力をもって支配する者も主によって民の不正を罰するために立てられた者だと宣言する。つまり、いずれも同じように、主がこの者たちに合法的な権力を打ち立てるために与えた聖なる権威をもつと宣言する。このことについては、さらにより確かに証言を提示しなければ先には進めないだろう。

もちろん、悪しき王がこの世に対する主の怒りであることを証明するのは、ごく簡単なことである（『ヨブ記』第三四章、『ホセア書』第一三章、『イザヤ書』第一〇章）。この点では何の異議もないはずだ。このような王については、あなたの財産を奪おうとする盗賊、あなたの結婚を破壊する姦通者、あなたを殺そうとする殺人者と同じように語ればよい。聖書は、これらすべての災厄を神の呪いに数えている（『申命記』第二八章）。しかし、ここで私たちが証言したいのは、人間の精神では、なかなか受け入れがたいことである。名誉などなく、それにまったく値しないような、邪悪としか言いようのない人間でも、その人に公的な権力が与えられているなら、主が主の言葉によって自らの義と審《さば》きの代理人に与えた、あの高貴な、天からの権力は与えられ、そなわっている、ということだ。そして、このような王であっても、最上の王に対して払われるべき敬意と同じ尊敬を（公的な務めに服するかぎり）臣民から払われる、ということだ。私はまず読者が神の摂理に気づき、注意深くこの点について考え、神の摂理の不可思議な働きがどのようにこれを識別し、神の意志にかなった王を選んだかを知ってほしいと願う。『ダニエル書』には、主は時と季節を変え、王を廃し、王を立てる（『ダニエル書』第二章）、とある。また、生ける者たちが、いと高き権力が人間の国を治めて、その国を好き勝手に明け渡す（『ダニエル書』第四章）、とも書かれている。聖書には、他にもこのような言葉がいくつもある。特に預言書に多く見出される。エルサレムを陥落させたネブカドネツァルがどのような王だったか、知らない者はない。この王は、凶暴な侵略者、破壊者だった。しかし、主は、エゼキエルを通して、ネブカドネツァルがエジプトを荒廃させる役割を神の前で演じたがゆえに彼にエジプトを与える、と伝えた（『エゼキエル書』第二九章）。ダニエルは、こう伝えた。すなわち、王よ、あなたは王の中の王であって、天の神はあなたに力と勢力と栄えに満ちた国を与えた。そうです、人の子、野の獣、空の鳥が住むすべての地をあなたに与え、あなたの手に委ね、これを治めさせた（『ダニエル書』第二章）。ダニエルは、ネブカドネツァルの子ベルシャツァルにも次のように伝えた。すなわち、いと高き神は、あなたの父ネブカドネツァルに国と権力と栄誉を与えた。その権勢ゆえに、すべての国民、すべての部族、諸国の者は、王の前に恐れおののいた（『ダニエル書』第五章）。王が神によって任命されると聞くと、私はそれと同時に、王を敬い、王を恐れよ、と語る神の命令の数々を想い起こす。だからこそ、どんな邪悪な暴君であっても、神によって定められた地位に立ち続けることにためらいを感じることはない。サムエルは、イスラエルの民が王によってどれほど苦しめられてきたかを証言している。すなわち、あなたがたを治める王の権利は次のとおりだ。王は、あなたがたの息子をとって、軍車隊に入隊させ、自らの騎兵にし、地を耕させ、作物を収穫させ、武器をとらせる。また、あなたがたの娘をとって、化粧人、料理人、下女とし、あなたがたの畑、あなたがたのぶどう畑、最上のオリーブの樹も取り上げ、自分の僕《しもべ》に与える。あなたがたの穀物とぶどう種の一〇分の一を納めさせ、自分の宦官や僕に与える。あなたがたの奴隷、女奴隷、ロバを取り上げて自分の仕事に使い、あなたがたの羊の一〇分の一を取り上げ、あなたがたもこの王の奴隷になる（『サムエル記 上』第八章）。もちろん、律法によってあらゆる点で節度を守るように教えられた王なら、このようなことはしなかったはずだ。律法には、こう書かれている。すなわち、律法は王たちに自らを最大限それに服させるようにと教えている（『申命記』第一七章）。しかし、ここでは、これが王たちの人民に対する権利だと言われている。それは、人民はこれに服従しなければならず、これに抵抗することは許されない、ということである。サムエルは、ここで、王の欲望は極限にまで至るかもしれないが、これを抑えるのはあなたがたのなすべきことではなく、あなたがたがなすべきただ一つのことは命令を受け取り、その言葉に聞き従うことである、と言いたかったのだ。『エレミヤ書』には、有名な、そして心に刻むべき言葉がある。これは長いが、ここで引用したい。この問題についてのはっきりした定義である。すなわち、主は言われる。私は大いなる力と差し伸べた腕をもって、地と人間、地上に住むすべての生き物をつくった。そして、私の意志にかなった者に地を与える。今、私はすべての地を、私の僕ネブカドネツァルの手に与える。すべての国民も、大いなる王も、彼の地に時が来るまで、彼に仕える。彼に仕えず、バビロンの王の軛《くびき》を首に負わない国民や国は、私が剣と飢え、疫病をもって襲う。だから、バビロンの王に仕え、生きよ（『エレミヤ書』第二七章）。私たちは、この恐るべき暴君に主が徹底的に服従するように命じたのを知っている。そして、その理由ははっきりしている。それは、この暴君が王権をもつからである。ネブカドネツァルが玉座につき、王の権勢を得たのは、主の命令だった。だから、これを破るのは不法である。だから、私たちは、いつも心においても、その目においても、どれほど邪悪な王でも、王の権威はそれを制定された同じ神の命令によるものであることを知るべきだ。そうであるなら、王は自らの徳に従って扱われるべきだとか、王が王としてのふるまいをなしていないのに私たちがその権威に従うのは不公平だ、などと愚かな誘惑に陥って発言することはなくなるはずである。*38 同じ預言者に、もう一つの主の命令がある（『エレミヤ書』第二九章）。それによれば、主は、民が捕囚され、連行されたバビロンの平和を求め、そのことを主に祈れ、と命じている。なぜなら、バビロンの平和の中にこそ捕囚の民の平安もあるからだ。ここでは、すべての財産を奪われ、その家から引き離され、追放され、憐れな奴隷にされたイスラエル人は征服者の繁栄を祈るようにと命じられている。これは、他の個所で迫害する者のために祈れと命じられていることとは違って、征服者の統治が安全で、平静であり、その下で自らも繁栄するために命じられている。また、ダビデは、神の任命によって、王に定められ、聖なる油を注がれていたが、サウルに執拗に追われたとき、サウルは自らを追いまわす者なのに、その頭を神聖なものとみなした。それは、主がサウルの頭を祝福したからである。ダビデは言った。すなわち、私はできない。王の前で、私の君に対して、主が遣わされた者に対して、私の手を下すことはできない。サウルは主によって油を注がれた者なのだから（『サムエル記 上』第二四章）。また、ダビデは次のようにも言った。すなわち、私の魂はあなたを生かしました。私は申しました。私は手を出すことはない。サウルは主が油を注がれた者なのだから（同）。さらに次のようにも言った。すなわち、誰が主に油を注がれた者に手を下して無実のままでいられようか。主は生きる。主が彼を撃たないのなら、彼の死の日が来るまで、あるいは彼が戦いで死ぬまで、私は主に油を注がれた者に手を下すことはない（『サムエル記 上』第二六章）。

このような尊敬、それに基づく敬虔な想いを、私たちのこの世の為政者に対して、その人がどのような人物であれ、最大限に向けるべきである。この点では、私は何度でも同じことを言わなければならない。私たちは人間自身をあれこれ詮索すべきではなく、この世の為政者が主の意志による者であり、主自身が類いなき威厳をこの者に刻印したということで十分なのだ。しかし、あなたがたは、この世の為政者はそれに従う者に対して義務を負う、と言いたいのだろう。私はすでにそのことについては認めている。しかし、あなたがたが、このことによって、この世の為政者が正しいものでないなら、それに仕える必要はない、という結論を引き出すなら、それは愚かな推論である。夫は妻と、親は子と相互の義務で結ばれているが、親が子を怒らせることは禁じられているのに（『エフェソの信徒への手紙』第六章）、親や夫が自分の義務を果たさないと想定してみるがよい。あるいは、親が異常なまでに厳しく、頑固な態度で子に向かい、子どもを疲弊させてしまうこと、また夫は妻を愛し、自分より弱い器として扱うように命じられているのに（『エフェソの信徒への手紙』第五章、『ペトロの手紙一』第三章）、愛情のない扱いをする、というような状況を想定してみるがよい。しかし、そのとき、だからといって子は親に、妻は夫に反抗してよいのか。それでも、子も妻も、この邪悪で義務を果たさない親や夫に従うはずだ。誰でも、他人の背中にぶら下がっている袋を気にしてはならない。*39 つまり、他人の義務に心配する必要はない。ただ自分の義務に忠実であるべきだ。これは他の人の権力の下に置かれた人が特に注意すべきことである。だから、私たちは、暴力的な君主によって、ひどく苦しめられ、貪欲な君主に搾取され、放埒な君主にふりまわされても、さらには怠惰な君主によって野放しにされ、最後には、不信仰で、神への冒瀆の責任をその身に感じないような君主によって信仰を迫害されることがあっても、まずは主がこのような軛《くびき》によって私たちを懲らしめようとしている（『ダニエル書』第九章）ことを、すなわち自分たちの罪過を想い起こすべきだ。次に、このような悪については、私たちがそれを治療すべきことではないので、主の助けを祈る道だけが残されていることを知るべきである。なぜなら、王の心と王国の交代は、ただ主の御手の中にこそあるからだ（『箴言』第二一章）。主なる神には不義はない。さらに、神は神々の会議の中に立ち、神々のあいだで裁きを行われる（『詩編』第八二編）。主のみ顔の前では、神に油を注がれた者であるキリストに口づけをしなかった地上の王とすべての裁き人は、打倒され、滅ぼされる（『詩編』第二編）。不法な法を制定し、貧しい者を裁判で抑圧し、虐《しいた》げられた者の訴訟を退けた者、寡婦を食いものにした者、孤児を騙した者も同じである（『イザヤ書』第一〇章）。ここに、主の驚くような善き意志、そして摂理が明らかに示されている。すなわち、あるとき、主は、その僕《しもべ》の中から復讐する者を公然と起こし、主の命によって武装させ、不正な支配に罰を下し、不義に抑圧されている民をその悲劇的な災難から解放する。また、あるとき、主は、処罰のために、他の目的や考えをもつ者にこの任務を執行させる。このようにして、主はイスラエルの民をモーセによってファラオの圧政から救い出し（『出エジプト記』第三章）、シリア〔＝アラム・ナハライム〕の王クシャン〔・リシュアタイム〕の圧政から〔カレブの弟ケナズの子〕オトニエルによって救い出し（『士師記』第三章以下）、さらには他の王や裁判官たちの奴隷状態から解放した。さらに、エジプト人の傲慢をアッシリア人によって、ティルス人の驕り高ぶりをエジプト人によって、バビロニア人の思い上がりをメディア人とペルシア人によって、ユダとイスラエルの王たちの忘却をバビロニア人によって撃ち、悩ませた。もちろん、これらすべては同じ方法でなされたわけではない。先に挙げた最初の人たち〔＝モーセたち〕は、神の正規の召命を受け、このような行動をとるように命じられ、王に立ち向かう時も、神の任命によって王たちに与えられている威厳については何も侵害せず、天からの大きな武具という権能で、それとは対照的な、ごく小さなこの世の権力を制圧した。それは、ちょうど王が地方総督を処罰するのと同じようなことである。しかし、先に挙げたその次の人たち〔＝アッシリア人やエジプト人〕は、神に用いられるがままに神の意志を行うように定められ、そうとは知らずに、その行為をなした。もちろん、その心には悪を行っているという意識はなかった。人間の行為自体がどのように評価されるのだとしても、主はこれらの行為によって自らのわざを遂行し、高慢な王たちの血なまぐさい笏を折り、耐えがたいような覇権を破壊し、転覆させる。だから、すべての君主よ、これを聞き、恐れるがよい。しかし、私たち自身は、たとえそれが最低で、ふさわしくない人間であったとしても、その人間自身が邪悪に満ちていても、救いようがないほど汚れていても、神が最も重大な命令を託し、聖別した、尊敬すべき、威厳に満ちたこの世の為政者の尊厳を軽んじるべきではないし、侵害しないようにいつでも注意を払うべきである。暴力的な政治を矯正することが主の意志であり、それが主の報いだとしても、直ちにこの矯正が私たちの手に委ねられているわけではない。私たちには、服従すること、そして忍ぶべきだという命令しか与えられていない。もちろん、私が語っているのは、引き続き私人についてのことである。王たちの恣意的な行為を抑制するために立てられた人民の側に立つ権力の執行者が制度化されていれば、私はこれらの人々が自らの職務に従って王たちの横暴な圧政に抵抗することに反対しない。具体的には、ラケダイモン*[40]でエポロイ*[41]が王に対して立てられたように、ローマのコンスル〔執政官〕に対してトリブヌス[*42]〔護民官〕が立てられたように、さらにはアテナイの元老院に対してデマルコイ[*43]が立てられたように、また今日で言えば、〔聖職者、貴族、平民の代表者による〕三部会が各国で開催されて[*44]、このような機能を果たし、要となる議会を開催し、それぞれの分野での職分を果たすなら、私はこれらの人々が自らの職務に従って王たちの横暴な圧政に抵抗することに反対しない。また、この職務が与えられているのにこの世の為政者が虐《しいた》げられた庶民に対して暴力的になり、貪《むさぼ》り尽くそうとしているのを黙認するなら、それは偽って不正に目をつむることであり、不信仰な行為であると断言したい。なぜなら、この者たちは、人民の自由の保護者として神に任命されているのに、それを知りながら、偽って、自らの職務を放棄しているからだ。

これまで上に立つ権威に対して義務づけられた服従について語ってきたが、この点で注意しなければならない例外がある。このように服従するにしても、王のどんな願いもその意志に服従するかた、王の命令もその言葉に服すべきかた、王の笏もその前では跪《ひざまず》くべきかたへの服従から私たちが離れてしまうべきではない。人間を満足させたとしても、そのかたのためにこそ服従しているかた自身の怒りを受けるのでは、元も子もない。主が王の王であり、主が聖なる口を開く時には、すべての者の前で、すべての者の上で、それは聞かれるべきである。私たちが〔この世で〕上に立つ権威に服従するのはその次のことで、服従するのは常に主だけだ。もし上に立つ権威が何か主に反することを命じるなら、それについては何一つ認める必要はない。そこには公的な権力としての機能が欠如している。この世の為政者の権能が、秩序にかない、神の特別な、真に偉大な権力の前で常に省察が試みられている場合にだけ、不正は回避される。もちろん、私たちは、そのような畏敬が目の前の大きな危機の前で失われているのを知っている。王は自分が軽視されることを最も嫌う。ソロモンが言うとおり、王の怒りは死の使者だ（『箴言』第一六章）。しかし、人に従うより、むしろ神に従うべきだ、という命令が（『使徒言行録』第四章）、神からの使者ペトロによって命じられている。だからこそ、私たちは、敬虔さから遠ざかるのではなく、耐えなければならない時には主が求めたあの服従を私たちは行っていることを想起して、心を慰めたい。そして、勇気を失わないようにしたい。パウロが私たちに励ましを与えてくれる。すなわち、あなたがたは、キリストによって、まさにキリストが身代金となって買い戻された。それは、私たちが人々の邪悪な肉欲の奴隷として身を売り渡すためではなく、もちろん不信仰な人々の奴隷になるためでもなかった（『コリントの信徒への手紙一』第七章）。

完。

訳注

＊1　カルヴァンは第六章で「キリスト者の自由」、「教会の権能」、「国政」を論じているが、本文中に見出しはない。ペーター・バルトは改行して一行空けることで区分しているが、本訳書では本章の表題を参考にして便宜的に小見出しを入れる。

＊2　アルフォンソ・デ・カストロ『全異端反駁』。

＊3　ジョン・フィッシャー『ルター派論駁』。
＊4　このギリシア語は、ストア派が使い始めた哲学的概念で、それ自体としては、命じられても禁じられてもいないことを指す。フィリップ・メランヒトン『ロキ・コンムネス』（一五二一年版）、同『アウクスブルク信仰告白の弁明』一五を参照。
＊5　ジェラール・ルーセルのグループによる主張。カルヴァン『二つの書簡』（一五三七年）を参照。
＊6　ペーター・バルト版はこの段落に区切りがあることを示しているが、カルヴァン自身の指示があるわけではない。次の段落も「キリスト者の自由」について論じている部分と見ることもできるし、「キリスト者の自由」の議論を「教会の権能」の議論に繋げるための部分とも読める。
＊7　ソロンは、アテナイの政治家の一人。「ソロンの徒」は「法を司る者」の意味。
＊8　「使徒（apostolos）」のもともとの意味は「遣わされた者」、「使者」。
＊9　ユダヤ教のラビは「師（ラブ）」から来る言葉で、「私の先生」という意味。
＊10　サタンのこと。「キリストとベリアルのあいだに何の調和があるか」（『コリントの信徒への手紙二』第六章第一五節）とあり、まったく関係がないことの意味。
＊11　ヨハン・コクレウス『教会の権威と聖書について』（一五二四年）一・六。
＊12　ヨハン・マイヤー・フォン・エック『提要』第一三章。
＊13　同所。
＊14　同書、第一章。
＊15　ジョゼフ・クリクトヴェウス『ルター論駁』（一五二四年）一・一〇、コクレウス『教会の権威と聖書について』一・三、エック『提要』第三章。
＊16　タティアノス（一二〇頃―没年不明）は、シリア出身の殉教者ユスティノスの弟子で、極端な禁欲主義を主張した。

＊17　第二回ニカイア公会議は、イコンの問題を改めて議論するために、三二五年にローマ皇帝コンスタンティヌス一世によって招集された公会議のあと、改めてビザンティン帝国の皇妃イレネによって招集されたことを指している。

＊18　小プリニウス『書簡』二・一二。

＊19　カッシオドルス『三部史』二。

＊20　ここに「国政について」という見出しがあるわけではなく、テクストは改行され、一行空いている。第六章のタイトルに“politica administratione”とあり、これは「政治的統治」、「政治的処置」と訳せる。渡辺信夫訳では「国家の行政について」と訳されており、それも参考にして、単に「国政について」とした。

＊21　いわゆる宗教改革の急進派のこと。

＊22　同じように、宗教改革の急進派の立場。

＊23　アナ・バプテストの立場。『シュライトハイム信仰告白』（一五二七年）六を参照。

＊24　同所。

＊25　キケロ『ブルートゥス宛書簡集』一・一五・三にあるソロンの言葉。

＊26　ウァレリウス・マクシムス『著名言行録』三・七・九。ディオン・カッシオスという裁判官の言葉と言われている。

＊27　セネカ『寛容について』一・三・三。

＊28　マルクス・コッケイウス・ネルウァ（三五―九八年）は、第一二代ローマ皇帝。この言葉は、ディオン・カッシオス『ローマ史』「ネルウァ」五八・三。

＊29　アウグスティヌス『書簡』一五三・三・八（マケドニウス宛）。

＊30　キケロ『義務について』一・二三・七九。

＊31　キケロ『法律について』二・四以下。
＊32　メランヒトン『ロキ・コンムネス』での議論に基づく。
＊33　これは、一五三二年のベルンの教会とアナ・バプテストとの論争のこと。
＊34　『シュライトハイム信仰告白』六。
＊35　クセノポン『キュロスの教育』八・二・一〇。
＊36　ホメロス『オデュッセイア』二・二三四。
＊37　キケロ『セスティウス弁護』六五。
＊38　フルドリヒ・ツヴィングリ『六七箇条』（一五二三年）の第四二条を指す。
＊39　ラテン語の諺。
＊40　スパルタのこと。
＊41　古代ギリシアのスパルタで王とともに権力を分け合った職務で、通常五人のエポロイがスパルタ市民の公選で選ばれた。
＊42　コンスルに対して二名のトリブヌスが選ばれた。
＊43　人民の代表のこと。
＊44　一三〇二年に始まったが、一六一五年以後は開催されていなかった。

訳者解題

「のぼせ頭のピカルディー人」

「のぼせ頭のピカルディー人」という言葉があるそうだ。渡辺一夫の著作から教えられた。「ピカルディー」とは、フランスの東北、ベルギーに近い地方を指す哀愁を帯びた古い呼び方である。だが、この言葉は決してよい意味ではない。論争好きで、誰かと戦っていないと気が済まない。誰かの一言をどうしても聞き流すことができず、かっとなって文句を言い出す——そういう人物のことらしい。「ピカルディー人は、常に、誰かとあるいは何かと争っている。イギリス人相手に戦っていない場合には、貴族を相手にして戦っていたし、イスパニア人を向こうにまわしていない場合には、聖職者を向こうにまわしていたし、既成制度に歯向かわぬ場合には、与えられた観念や思想に歯向かっていた[1]」。

典型的な「のぼせ頭のピカルディー人」がいた。その男が書いた小さな書物が、一五三六年三月、ライン河畔の町バーゼルにあるトーマス・プラッターとバルタザール・ラシウスの印刷所から刊行される。当時の教会の教えや制度に疑念を抱き、黙っていられなかった。同じような不満を感じる人々がヨーロッパに大勢いることを知ったが、その人たちと協力するのは難しかった。「常に〔…〕争って」いないといられなかったからである。相手がどれほどの権力をもった政治的指導者であっても、どれほどの権威をもった学者や聖職者であっても黙っていられない。「向こうにまわして〔…〕歯向かって」いないではいられないからである。その結果、亡命者として生きる人生を選択せざるをえなくなった。

この「のぼせ頭のピカルディー人」こそ、ジャン・カルヴァン（一五〇九―六四年）である。彼が『キリスト教綱要』（以下『綱要』と略記）を書いた。著者が記載した日付が正しければ一五三五年の夏には書き上げられていたはずだが、出版社の都合で翌年三月に刊行された。この小さな書物は、その後何度も改訂されたので、一五五九年の「最終版」からは区別され、「初版」あるいは「一五三六年版」と呼ばれるようになる。

その頃のカルヴァンは、彼の名を世界中に広めることになったジュネーヴやストラスブールの教会の改革、あるいは国政には、まだ関わっていなかった。前年、従兄弟のピエール＝ロベール・オリヴェタンのフランス語訳聖書の序文を書いていたが、明日の命さえ分からぬ一介の亡命者にすぎなかった。自分でそう言うのだから間違いないだろう。「生来臆病で、優柔不断であり、気の弱い[2]」、「非社交的で恥ずかしがりや[3]」の若者にすぎなかった。もちろん、マルティン・ルターが始めた改革や新しいキリスト教の聖書解釈に魅力を感じ、心惹かれていた。だから、この小さな書物は、ルターの著作に構成や内容が似ている。それから、パリで学んだ人文主義的な教会改革運動の影響もたっぷりと受けていた。相手を威嚇するための言葉や手法もすでに磨き上げていた。だから、この問題でも違う立場の人たちが自分の目の前を、頭の中を素通りしていくのが許せなかった。一言言わないと気が済まない。論争を望んでさえいた。しかし、まだ二六歳で、しかも「素人」と言うと誤解が生じるかもしれないが、「独学」の神学者にすぎなかった。[4]

彼はこの書物の成功によって、対立や混乱が続くルター以後のキリスト教的ヨーロッパに鮮烈なデビューを果たした。『綱要』は増刷を繰り返し、改訂が始まり、彼自身の手でフランス語版も刊行された。宗教書のマーケットを正確に把握し、読者の心をしっかりとつかむ術を身につけていた。そして、彼はサヴォイア公国から独立して共和国を宣言したジュネーヴの国政に深く関わるようになる。象徴的な出来事だが、この年の七月、ロッテルダムのエラスムス、すなわちデジデリウス・エラスムス（一四六六―一五三六年）が同じバーゼルの町で亡くなった。この書物はヨーロッパの教会に新しい宗教的指導者の登場を感じさせたに違いない。

評価と批判のあいだのカルヴァンと『キリスト教綱要』

カルヴァンの名は『綱要』とともに知られ、高等学校の教科書にも登場する。特に「予定論」という教理とともに記憶されている。政治史の概説書には、ジュネーヴでの神政政治の指導者として登場する。カルヴァンの影響を受けた教会や文化を「カルヴィニズム」と呼ぶ。カルヴァンとカルヴィニズムはマックス・ヴェーバーの『プロテスタンティズムの倫理と資本主義の精神』（一九〇四―〇五年）に「禁欲的プロテスタンティズム」の諸類型の一つとして取り上げられている。しかし、ヴェーバーの書物は有名だが、読まれることが少ないので、書名から連想してカルヴァンが近代資本主義を生み出した神学者などと説明されたりもする。さらにこんな指摘もある。ユヴァル・ノア・ハラリによれば、一七四四年に、亡くなった同僚牧師の家族のための年金制度として、当時新たに登場した統計学を駆使して、世界最初の生命保険基金を創設したのは、スコットランドの長老派教会の二人の牧師アレクサンダー・ウェブスターとロバート・ウォーレスだった(5)。スコットランドの長老派教会はカルヴィニズムの前線基地の一つである。

カルヴァンの影響力、あるいはカルヴィニズムの勢力は、大陸だけではなく、海峡を越えてイングランドやスコットランドへ、さらには大海を越えて新大陸へと拡大した。一八世紀のニューイングランドはカルヴィニズムの聖地の一つになる。カルヴァンの『綱要』には常に熱狂的なサポーターがいたので、欧米の宗教マーケットでは売上の上位にランキングされ続けてきた。アメリカの有名なカルヴィニストであるベンジャミン・ブレッキンレッジ・ウォーフィールドの言葉が、その雰囲気を紹介している。

この書物(=『綱要』)を読むとき、この書物の卓越性を正しく評価したいのであれば、これは世界史的な傑作に数えられる書物の一つだと言わざるをえないだろう。これは類い稀な書物だ。そして、最も偉大だ。ギリシア人にとってのトゥキュディデス、一八世紀のイングランドの歴史家にとってのギボン、劇作家にとってのシェイクスピア、叙事詩における『イリアス』、それと同じ意味で教義学の最も優れた記述こそがカルヴアンの『綱要』である。[6]

しかし、プロテスタンティズムという特殊なマーケットでの高い評価とは裏腹に、カルヴァンと『綱要』の評判は一般的には決してよいとは言えない。むしろ逆である。より広い思想や社会のマーケットを想定するなら、苦情や返品が多い商品の上位を常に占めてきたのも、カルヴァンと『綱要』だった。

アングロ＝サクソン世界で「カルヴィニズム」とか「カルヴィニスト」という名称は、褒め言葉であるよりは、批判的な意味で使われることが多い。「あいつはカルヴィニストだ」と誰かが言う場合は、たいていは悪口で、細かいことがいちいち気になり、几帳面で、融通がきかず、権威主義的で、いつも暗い顔をして、ユーモアが足りない厳格主義者、というほどの意味ではないだろうか。ミシェル・セルヴェを火刑にした熱狂的な信仰の持ち主として、彼の名は非寛容な信仰の代名詞となっている。ジュネーヴ市の高貴で敬虔な神政政治について語られるカルヴァンだが、もう一方で、カルヴァンの下での恐怖政治がいくつもの印象深い標語や事例とともに語られてきた。

カルヴァンの時代、放浪者に占卜をしてもらった、ダンスをした、七〇歳の女性が二五歳の男と結婚しようとした、説教中に笑った、カルヴァンを諷した歌を口ずさんだといったことが、いずれも立件され、裁判にかけられた。[7] また、彼の予定論は人間を絶望に追い込み、生きる喜びを奪う冷徹な教理とみなされ、その陰鬱な雰囲気は小説の絶好の主題となり、いくつもの名作が生み出されている。さらには、カルヴァンと『綱要』、あるいはオランダで展開されたネオ・カルヴィニズムが、あの悪名高きアパルトヘイトを支持する神学や神学者として名指しで批判にさらされることにもなった。その意味は、アパルトヘイトを肯定する根拠を与える抑圧的な思想の持ち主、ということだろう。アパルトヘイトは「国家と手を組んで残虐な行為を容認し、正当化し、いくつもの罪を犯した。その際、便利に引き合いに出されたのが、いつでも『綱要』だった(8)」。

このように、カルヴァンと『綱要』は、まったく違った二つの評価をなされてきた。どちらが正しいのか、という議論はあまり意味がない。しかし、カルヴァンを評価するにしても、あるいは批判するにしても、もう少していねいで冷静な議論が必要だと思う。これらの評価も批判も、もしカルヴァン自身が聞けば驚くような解釈ではないだろうか。

カルヴァンの思想について、ウォルター・リップマンが言う、いわゆるステレオタイプ的解釈が生み出された原因の一つは、カルヴァンの著作自体が読まれていないことにある。『綱要』の初版はコンパクトな書物だったが、その後、何度も改訂され、最終版は原型をとどめないほどの大著となり(内容が変更されたという意味ではない)、体系化され、全四巻八〇章にまで拡大された。日本語の翻訳で一六〇〇頁もある。しかし、ここに翻訳した初版は、最終版と違い、読み通し、カルヴァンの思想を理解するには最適である。最適というのは、分量の問題だけでなく、ここにはのちにさまざまな展開を見る彼の思想の原型を見出すことができ、さらには彼のいちばんの魅力的な仕事である聖書解釈の技巧を知ることができる、という意味である。

『綱要』を刊行するまでのカルヴァン、そしてその後

ジャン・カルヴァンは、一五〇九年七月一〇日、ピカルディーのノワイヨンに生まれた。父ジェラールは、ノワイヨンの聖堂参事会の公証人だった。その仕事は堅実なものだったのだろう、息子が将来のために高等教育を受けることができるほどの聖職禄を得ることができた。ジャンは、おそらく一五二三年にはパリに出て、ラ・マルシェ学寮、のちにモンテーギュ学寮で学び、ヨーロッパ各地で始まっていた教会の改革の影響を受け、当時最先端の人文学者たちの理性的な宗教批判を身につけた。父はジャンが神学を正式に学ぶことを願っていたようだが、その後、聖堂参事会と関係が悪化し、息子の将来も変更を余儀なくされる。一五二八年頃には法学を学ぶために当時のフランスにおける人文主義的法学研究の中心であったオルレアン、さらにはブールジュに移り、学位を得た。しかし、法学を学び、身を立てることは、父の希望ではあっても、ジャンの意志ではなかったようで、彼は父が亡くなると再びパリに戻り、コレージュ・ロワイヤルで聖書の言語の研鑽を続ける。その中で、彼は人文主義の伝統に立った教会改革の運動に確信をもつに至った。

ジャン・カルヴァンは、自らの宗教的立場の変化や当時の教会改革との関係について、こう述べている。「わたしは教皇主義の迷信にはなはだかたくなに溺れ切っていたので、かくも深い泥沼からわたしを引き上げようとすることは、きわめて困難であったに違いないが、

神は突然の回心によって、年齢に比しはなはだ硬くなっていたわたしの心を制圧し、これを従順なものと変えられた」(9)。これが彼の予期せぬ「突然の回心」である。「教皇主義」というのは、この時代のローマ・カトリック教会の立場であるから、あるとき、はっきりそれと訣別した、ということだろう。その回心がいつ起こったのかは不明だが、この出来事によって何が起こったのかは明らかだ。「真の信仰をいくらかでも味わい知ったとき、わたしは直ちにさらに進歩したいという強い願いに燃え立ち、〔…〕ゆるやかにこれに従事するようになった」(10)。そして、「純正な教理への渇仰」(11)をもち、宗教改革の運動に深く関わるようになった。具体的には、これまで身につけた学問の方法、特に聖書の解釈に基づいて、この運動への学問的貢献をなしたいと考えたのだろう。彼が一五三四年にノワイヨンの聖堂参事会に聖職禄の辞退を申し出たとき、人々はその決意が揺るぎないものであることを知る。

一五三三年に彼の友人であったニコラ・コップがパリ大学の総長に就任することになり、就任講演を行った。それはマルティン・ルターやエラスムスの影響が顕著で、しかもこの講演の原稿の作成にカルヴァンが関与しているという噂が流れて、騒動となった。身の危険を感じたカルヴァンは、パリを離れ、アングレームに住む友人ルイ・デュ・ティエの家に匿われて、その家の膨大な蔵書を読みながら息を潜ませて数ヵ月を過ごした。この蔵書が『綱要』の揺籃となったと言われている。

フランスでは、一五三四年一〇月、いわゆる「檄文事件」が起きた。ある朝、パリをはじめフランスの各地にミサに対する攻撃的で、大衆を煽動する「教皇のミサの恐るべき、重大な、耐えがたい弊害についての真正な諸箇条」という文書が貼り出された。そのうちの一枚はルーヴルの入口にも貼られていた。激怒したフランソワ一世は、市内の四個所で宗教改革者八人を焚刑にする。[12]カルヴァンは、この騒動後、ついにストラスブールを経由して、バーゼルに亡命した。

バーゼルでの亡命者としての日々は、自らの手でキリスト教信仰の要約となる書物を準備していたカルヴァンに有利に働いた。その一つが、その時代の有力な印刷業者や書籍販売人と知り合ったことである。もう一つは、この時代のラテン語を通しての人文主義者の国際的なネットワークに接続したことである。バーゼルという当時の国際都市が、それらを提供した。そして、その時が来た。

カルヴァンは、こう書いている。

> わたしが隠れるようにして人知れずバーゼルに住んでいたころ、フランスにおいて多数の信仰深く聖なる人々が火刑に処せられ、その噂が諸外国にまで伝わったとき、多くのドイツ人の間に強い憎悪の念が惹き起こされ、このような専横の張本人らに対する遺恨が深まった。それを宥めるために、いくつかの軽蔑すべき、また虚言に満ちた小冊子が流布された〔…〕。もしわたしが強力な反対の声を挙げないならば、わたしに関するかぎりは、怠慢と不実の責めを負うことなしには何の弁解の余地もないように思われた。わたしが『キリスト教綱要』を公にするに至ったのも、このような理由からであった。

すなわち、他の人々が撒きちらしている邪曲な非難に応え、わが兄弟ら（その死は主のみ前に尊かった）の罪責を拭おうとしてであった。さらには、多くの哀れな人々に対してこのような残酷な行為が加えられたかぎりにおいて、諸外国の人々が少なくとも彼らに対する憐憫の情に動かされるようにと願ってであった。〔…〕わたしの意図したことも、邪悪で不実な追従者たちが悪意をこめて誹謗を加えていた人々の信仰を、何とか弁護しようとする以外の何物でもなかったのである。(13)

『綱要』を書き上げたカルヴァンは、その後、ジュネーヴの聖職者ギヨーム・ファレルの情熱的な誘いを受けて、ジュネーヴの教会の改革に生涯を捧げることになる。一時、ジュネーヴ市の議会と対立して追放され、ストラスブールでの教会改革の指導にあたった。しかし、枢機卿ヤコポ・サドレートがジュネーヴをカトリックに復帰させようと試みたことで生じた市の混乱を、「のぼせ頭のピカルディー人」としての本領を発揮して見事に収拾したことで、再びジュネーヴに呼び戻される。その直後の一五四一年に議会に提出された『教会規則』に基づく改革が始まった。『綱要』の改訂も晩年に至るまで続けられた。教会での説教に情熱を注ぎ、聖書の解釈に没頭した。また、後進を育て、彼の教育の現場がのちのジュネーヴ大学となった。一五六四年五月に静かに息を引きとり、その翌日、本人の希望で墓碑のない墓に葬られた。

『キリスト教綱要』とは何であるのか

この書物は『キリスト教綱要』という表題で何度か訳されてきたが、この日本語の表題から本書の内容を想像し、理解することは難しいかもしれない。確かに、キリスト教信仰の内容を満遍なく網羅して述べた概説書としての役割を本書は果たしている。新しく登場した「福音主義」と呼ばれた聖書主義のキリスト教の立場を概説してもいる。

定説となっているが、カルヴァンはルターの大小の『教理問答書』（いずれも一五二九年版）の影響を受けて、同じように「十戒」、「使徒信条」、「主の祈り」を解説し、さらに「サクラメント」について説明しながらキリスト教信仰を概説している。本書の第五章と第六章では、ルターが『キリスト者の自由』と『教会のバビロン捕囚について』で取り上げた当時のカトリック教会批判に基づいて、あるいはそれを踏襲し、自説を展開している。フランス王への献辞は最後に書いたのだろう。最初に置かれる文章というよりも、むしろ第五章、第六章での他派への批判や反論の続きのようにも読める。

誰に向けて、何のために書かれたのかについては、「献辞」に説明がある。

第一に、いわゆるプロテスタントの教会で礼拝を守り、その信仰を生きようとしている者たちが自分たちの信仰に確信をもつことができるために、そしてそのためにその教会の聖職者たちが正しい聖書の読み方と教理の理解ができ、それを教会で正しく教えることができるために本書は書かれている。いわばカルヴァンに同調する教会の聖職者と信徒に向けて書かれているわけである。この点については、一五五九年に書かれたラテン語版の最終版に付された読者への手紙の中で、次のように述べられている。「私の企図したところは、聖なる神学の学びを志す人たちに、神の言葉を読む備えをさせ、彼らを導いて容易にこれに近づかせ、躓くことなく歩みを進めることができるようにするにありました」(14)。

第二に、いわゆるプロテスタント陣営が批判し、またその批判ゆえに、さまざまな政治的・宗教的迫害が起こり、カルヴァン自身さえ故郷にとどまれないような状況の中で、論争相手のローマ・カトリック教会に向けて書かれている。しかし、実際には論争を担当した神学者以外は、ほとんど読むことはなかっただろう。

第三に、カルヴァンがいちばん期待していたことでもあるが、当時の為政者であるフランス王が本書を読むことで、カルヴァンたちの主張を正しく理解して、必要な保護を与え、誤った政治的迫害を回避することを願って、本書は書かれている。この願いは執筆中に次々と生じたプロテスタント陣営への無差別的な迫害によって徐々に付け加わったもので、本書の第一章から第四章と、第五章以下の論調がかなり違っていることからも明らかである。しかし、フランソワ一世がこの書物を読んだ形跡はない。

第四に、同じ宗教改革運動の聖職者への批判がしばしば登場するが、特に急進的な改革を主張するグループ、「カタ（アナ）・バプテスト」と呼ばれた洗礼主義、またルターとその影響を受けた者たちとの違いを明らかにしようとして本書は書かれている。つまり、『綱要』には、聖書から逸脱した教皇主義者の教会への批判だけでなく、アナ・バプテストやルター主義の教会への批判も含まれている。

ところで、このような読者を想定してはいるものの、カルヴァン自身が『キリスト教綱要（*Christianae religionis Institutio*）』の内容と目的として、はっきりイメージしていたことがある。それは信仰の教育のための書物である。カルヴァンは、本書の第五章で、当時の教会が行う堅信礼の誤りを指摘したあとで、その代わりに「キリスト教の教理教育〔catechesis〕」（三一二頁）が必要だと述べた。そして、それを「子どもたちの信仰教育〔institutio〕」（三一三頁）と呼んだ。この書物は、教会の信仰教育（institutio）のために書かれた。それが『綱要』初版である。つまり、読者として想定されているのは、この教育の担い手である教会の牧師である。そして、これを一緒に読むのは、キリスト教の教理について学ぼうとする子ども、そして場合によってはその親であり、その意味では信仰を理解しようとしているすべての人々である。

破壊のあとの形成、あるいはカルヴァンがその生涯をかけたこと

カルヴァンが『綱要』で開始し、死の直前まで続けた思想的努力と宗教的実践は何を目指したのか。また、それは宗教改革の歴史の中で、あるいは当時の社会に対して、どのような意味をもったのか。もちろん、そのすべてをここに記すことはできないし、それを解説する準備もない。ここで一つだけ、本書との関係で指摘したいことがある。それは、カルヴァンは、ルターの改革を宗教改革の第一段階と呼ぶなら、第二段階の改革者だったということだ。こう言ったらどうだろう。「破壊」のあとに必要とされた「形成」という課題と取り組

んだ神学者だった。ルターには見られない、若き日に身につけた学問である人文主義的な方法と知識とセンスが、彼の形成のための努力を助け、彼を形成のための神学者にした。ルターの改革は、確かに衝撃的だった。ヴィッテンベルクの町にハンマーの音が響きわたったかどうかは不明だが、彼のいわゆる「九五箇条の提題」は事件になった。公開討論の呼びかけだったはずだが、その影響力は日増しに拡大し、討論の呼びかけや意見の調整の提案は次第に影を潜めて、問題の多くが政治的アジェンダとなる。破門や暴力的弾圧、軍事的衝突が起こった。改革を目指した陣営の分裂が始まった。志は同じだった仲間たちさえ対立し、分裂し、批判の応酬となった。

ルターの改革は、革命ではなく、新しい教会をつくり出すことでもなかった。当初は、教会を本来のあるべき姿に戻そうという提案であり、討論の呼びかけだった。あえて言えば、再形成、修復だった。それは日本語で「家のリフォーム」という時の独自の言葉の使い方に似ている。柱も壁も残して、古くなって使えなくなった部分を修理し、元に戻し、そこに住み続ける。すべてを壊して新しく建て直すのではない。ルターの改革も、そのようにして始まったはずである。しかし、ルターが始めた日本語で言う「リフォーム」は過激化し、教会の制度にも、そして社会システムにさえ大きな影響を与え始めた。一方で、中世の成熟したヨーロッパの文化がそこに流れ込み、それをきっかけに新たな文化が生み出された。他方で、背中を押され、自己実現と理想の社会を取り違え、決断を正義と勘違いした人々が、既存の制度の破壊に突き進んだ。破壊が日常化した。ルターにとって、それはいきすぎに思えた。ルター自身の意図を超えていた。改修の提案は、受け入れられない場合、妥協ではなく、拒絶という道が選ばれた。その結果、破壊もラディカルになった。

確かに、破壊は、美しく、勇ましく見える。だから、多くの人々の賞讃さえ得る。しかし、そのとき、破壊の担い手も、それを傍観し、あるいは評論する大衆も、その後に形成が必要になることを忘れている。破壊が徹底していればいるほど、形成や再建は困難な課題になる。しかし、形成なしには、人々は市民生活を続けることはできない。破壊は華々しいが、形成のための苦労は地味である。人々からは賞讃されず、喜ばれない。そして、破壊後の形成に多くの人が失望する。破壊の際に宣言されるマニフェストが実現されたことは少ないからである。だから、破壊を自らの手で成し遂げた者の多くは保守化する。形成は、いつか来た道の再建になってしまう。それどころか、破壊したシステムよりもひどいカオスを社会にもたらすことさえある。その中で、アヴァンギャルドはしばしばコンサヴァティヴになる。ルターとルター主義が、そのよい例である。

カルヴァンは、ルターとルター主義の姿を少し離れたところから見ていた。教会制度の華々しい破壊のあとになさなければならない形成のための苦労には同情していた。だから、ルターの同僚で形成のための仕事を引き受けたフィリップ・メランヒトンに、カルヴァンは批判を向けるだけでなく、共感し、絶えず注目していた。それは敵対する教皇主義の教会と戦うために必要なことだったが、何よりも、壊したままでは教会も教会の礼拝も形をもつことができない以上、急務だった。誤った形成がなされてしまえば、それをさらに修正し、再形成するのは、より困難になる。

カルヴァン自身は、破壊をさらに徹底させようとする宗教改革急進派に同情することはなかったが、他方で破壊のあとの形成についてルターのやり方に賛同することもなかった。カルヴァンは、破壊のあとにやって来た世代である。破壊のあとに何が形成されるべきなのかを考えた宗教的・政治的指導者だった。その課題と神学的に取り組んだのが『綱要』であり、教育的な課題として提示したのが『信仰問答書』であり、政治的取り組みが『教会規則』とその実践だった。カルヴァンは、ルターの華々しい破壊のあとの形成という課題と取り組んだ。それが彼の思索の中心的課題であり、彼の生涯をかけた仕事だった。

ところで、形成には強い意志が必要である。形成への堅い意志は、完全性や美しさを求めると、排他的で過激になる。一貫性や整合性を追求すると、枠にはまらないもの、法則性を乱すものに非寛容になる。カルヴァンの仕事にそのような姿がなかったとは言えない。しかし、これは誰かが着手し、試み、憎まれ、批判されても成し遂げなければならないことである。形成への強い意志は、前と上を見ることには優れているが、右や左を見るのは苦手である。自らが神の道具だという自覚をもってなされる仕事は、聖書を読み、祈りを捧げる心に少しの偽りもないが、しばしば独善的になる。しかし、もし自らの任務を遂行しながら、地上では常にそれは未完成であることを自覚し、一貫性や徹底の中にではなく不完全や多様性の中で、人間と社会の暫定的だが選択可能な到達点を評価できるなら、完璧ではないが最善の道を、完全ではないがよりよい道を見出せるはずだ。カルヴァンの仕事にそのような姿がなかったと言うことはできないだろうが、そこにカルヴァンの優れた点を見ることはできない。

だから、カルヴァンとカルヴィニズムの思想や影響力の中に見ることができることと見ることができないことを正しく見極めることが必要である。そのために、一方で、カルヴァンとカルヴィニズムの影響やその歴史的評価については、対象との適切な距離感をもつ研究が必要になる。例えば世界最初の生命保険基金をつくったのがスコットランドの長老派の牧師だったと指摘したハラリは、そこにカルヴィニズムの先見の明を見たわけではない。彼は、この牧師たちが寡婦のための年金の制度設計にあたったとき、「この二人の牧師がしなかったことに注目してほしい[15]」と言う。「彼らは答えを啓示してくれるように神に祈らなかった。聖書や古代の神学者の作品の中に答えを探すこともなかった。抽象的な哲学の議論も始めなかった[16]」と言う。その代わりに、統計学に詳しい数学者コリン・マクローリンの助けを借りて、データを収集し、保険数理表や人口統計学を駆使して、必要な拠出額を計算した。これがスコティッシュ・ウィドウズの始まりで、今日「世界でも最大規模の年金・保険会社だ[17]」。これは一つの歴史の見方だが、カルヴァンとカルヴィニズムの影響への適切な接近方法の一つではないだろうか。

他方で、カルヴァンと『綱要』がその後の歴史に与えた影響を不当に過小評価して、はじめから否定的な態度で向かうのも誤りだろう。カルヴァンがこの時代の宗教者の中で突出して不寛容な人物だったという指摘は、非歴史的な操作である。思想の両義性を絶えず見落とさない姿勢は重要だが、そこに見出される固有の力や独自の性格を見失うことはもっと危険である。例えば、人類に残されたカルヴァンの形成のための教育的努力は、私たちに形成の困難さを教えるだけでなく、そのための努力がシーシュポスの岩ではないことも教えているのではないか。あらゆる完成は終末論的な出来事で、この世には存在しないのだとしても、だからこそ、この世では失敗のあとに悔い改めて、もう一度始める可能性が残されているのだから。例えば、南アフリカの反アパルトヘイトの神学者たちは、カルヴァンの中にアパルトヘイトの思想的根拠を見出しただけでなく、アパルトヘイトと戦うための力をも見出したのだ。

書誌情報、その他

『綱要』は、初版以外には、カルヴァン自身によるフランス語版がある。各版の相違は改訂というよりは拡大である。しかし、各版はそれぞれが書かれた時の教会や国政の状況が背後にあり、それが改訂の動機になっているのだから、それぞれ独立した書物と見ることもできる。初版の議論は最終版のさまざまな個所に移されて使われている。フォード・ルイス・バトルズのカルヴァン研究に付された各版の主題の異同を一頁にまとめた表(18)は便利だし、バルト＝ニーゼル版の最終版でも各版の異同が分かるように欄外に注がある。しかし、それを使って比較しながら読むよりも、まず初版を読み、その上で最終版を読むことを勧めたい。初版での議論や印象的な言葉が最終版に登場する個所を読むと、子どもの頃に見ていた懐かしい風景と再会したような喜びがある。

今回の翻訳は、読みやすさを第一に考え、言葉を補い、時には原文の順序を変えた。カルヴァンのラテン語の独特なリズム、特に韻を踏んだ美しい文章は日本語でもそれが分かるように工夫したつもりだが、すべてが成功したわけではない。文章の区切りは底本としたバルト＝ニーゼル版に従ったが、明らかに不適切だと思われる場合には変更している。

わが国では、最終版が一九三四年から三九年にかけて中山昌樹によって訳され、『カルヴィン基督教綱要』という表題で新生堂から刊行されている。戦後になって、一九六二年から六五年に渡辺信夫による新訳がカルヴァン著作集刊行会（販売：新教出版社）から刊行された。その時は六巻本で、別巻として索引が付された。二〇〇七年から改訳が始まり、二〇〇九年に完成したが（新教出版社）、その際は全三巻となる。初版については、最初、教文館から刊行された『宗教改革著作集』第九巻として、一九八六年に久米あつみによって翻訳されたが、その後、改訳され、単行本として二〇〇〇年にやはり教文館から刊行されている。その他に、ヒュー・カー編、竹森満佐一訳による『キリスト教綱要抄』が新教出版社から一九五八年に刊行されており、一九九四年に「新教セミナーブック」の一冊として復刊されている。これは英語抄訳版の翻訳である。

ドイツ語訳としてはJohannes Calvin, *Christliche Glaubenslehre: Erstausgabe der ‚Institutio‘ von 1536*, nach der ersten Ausgabe von 1536 übersetzt von Bernhard Spiess, bearbeitet und neu herausgegeben von Thomas Paul Schirrmacher, Bonn: Verlag für

Kultur und Wissenschaft, 2008 (2. Aufl., 2016) が、英訳としては John Calvin, *Institutes of the Christian Religion, 1536 Edition*, translated and annotated by Ford Lewis Battles, Grand Rapids, Michigan: William Bernardus Erdmans Publishing Company, 1975 (Paperback edition, 1995) がある。以上、今回の翻訳にあたって、それぞれ参照させていただいた。特に渡辺訳からは、訳語を決定する際に、いくつもの示唆を得た。記して謝意を表したい。

注

（1）Abel Lefranc, *La jeunesse de Calvin*, Paris: Fischbacher, 1888, p. 24. この書物は、一八八九年にアカデミー・フランセーズのアドルフ・ティエール賞を受賞し、今日まで読み継がれているカルヴァンについての古典的名著である。渡辺一夫からの引用は、『フランス・ルネサンスの人々』（新装版）、白水社、一九八六年、九三頁。

（2）『カルヴァン旧約聖書註解　詩篇I』出村彰訳、新教出版社、一九七〇年、一一頁。

（3）同書、一〇頁。

（4）Alexandre Ganoczy, *Le jeune Calvin: genèse et évolution de sa vocation réformatrice*, mit einer Einleitung von Joseph Lortz, Wiesbaden: Franz Steiner, 1966, S. 261ff.

（5）ユヴァル・ノア・ハラリ『サピエンス全史——文明の構造と人類の幸福』下、柴田裕之訳、河出書房新社（河出文庫）、二〇二三年、八六頁以下。

（6）Benjamin Breckinridge Warfield, “The Literary History of Calvin's ‘Institutes’”, *Presbyterian and Reformed Review*, Vol. 10, No. 38, April 1899, p. 193.

(7) 渡辺、前掲書、一二八頁以下を参照。
(8) Lebakeng Ramotshabi Lekula Ntoane, *A Cry for Life: An Interpretation of "Calvinism" and Calvin*, Kampen: Uitgeversmaatschappij J. H. Kok, 1983, p. 2.
(9) 前掲『カルヴァン旧約聖書註解　詩篇I』九頁。
(10) 同頁。
(11) 同頁。
(12) H・デンキンゲ『カルヴァン小伝』ジュネーヴ牧師会編纂、遠藤正子訳、一麦出版社、二〇二一年、三頁。
(13) 前掲『カルヴァン旧約聖書註解　詩篇I』一〇頁。
(14) ジャン・カルヴァン『キリスト教綱要　改訳版　第1篇・第2篇』渡辺信夫訳、新教出版社、二〇〇七年、一〇頁。
(15) ハラリ、前掲書、八六頁。
(16) 同頁。
(17) 同書、八八頁。
(18) Ford Lewis Battles, *Analysis of the Institutes of the Christian Religion of John Calvin*, assisted by John Walchenbach, Grand Rapids, Michigan: Baker Book House, 1980.

訳者あとがき

佐藤賢一の『カルチェ・ラタン』（集英社、二〇〇〇年）は不思議な仕掛けが施された歴史小説だ。一九世紀に発見されたパリの夜警隊長ドニ・クルパンの回想録の翻訳という設定になっている。回想されているのは、一五三六年に起こった靴職人の失踪事件で、捜査にあたった新米夜警隊長に協力して事件を解決するのは、彼の家庭教師であったとされる神学者ミシェルだ。ミシェルは、ジャン・カルヴァンの親友で、イエズス会の創設者イグナチオ・デ・ロヨラとも交流があったとされている。ミシェルは、親友カルヴァンが一五三六年に刊行した書物を読み、ラテン語の文法上の誤りを修正し、フランス語に翻訳する際のアドヴァイスまでしている。それが本書『キリスト教綱要』だ。

ミシェルは、カルヴァンに感想を求められると、「よくまとまっている」と答えた。それを聞いて安心した様子のカルヴァンだったが、ミシェルはさらに「まとまっている。が、まとまりすぎている」と伝えた。自分の著作を批評されるカルヴァンの姿は痛々しい。ミシェルはこう言うのだ。知識人には物足りないが、一般人には難しすぎる。「だが、教養人には適度だろう」。これが本書についての架空の神学者ミシェルの見立てだ（集英社文庫版、二〇〇三年、三三七頁以下）。

さて、今日の読者は本訳書についてどのような感想を抱くのだろう。「難しすぎる」と感じた読者には、ドナルド・K・マッキム『魂の養いと思索のために――『キリスト教綱要』を読む』（出村彰訳、教文館、二〇一三年）を勧めたい。邦題は長く厳めしいが、英語のもともとのタイトルは「カルヴァンと一緒にコーヒーでもいかが」というほどの意味で、『キリスト教綱要』の世界への親切な手引きになっている。「適度だ」と感じた読者には、続いて『キリスト教綱要』の「最終版」を読むことを勧めたい。カルヴァンの教養の広さと深さを知るはずだ。「物足りない」と感じた読者には、カルヴァンの聖書注解や説教が何冊も翻訳され、刊行されているので、それらを読むことを勧めたい。カルヴァンの真の実力に触れることができるはずだ。

ところで、読者の中には、本訳書の感想だけではなく、二〇一九年からこの五年間、訳者自身は何を考え、何をしていたのか、と思っておられるかたがたがいるに違いない。五年前の五月、私は指摘されたことや批判を真摯に受けとめ、これまでの仕事についての必要な修正や訂正を始めたい、と最後に述べたが、その作業は今も続いている。猛省し、今後何をどのようにすればよいかをいつも考えて過ごしてきた。その最中、はからずもカルヴァンの『キリスト教綱要』初版の翻訳の仕事を与えられた。堅いが美しいラテン語のレトリックに魅了された。特に第五章の「悔悛について」と題された記述には、訳しながら何度も打ちのめされ、教えられ、しかし深く慰められた。そういう日々だった。その仕事を終え、改めてカルヴァンの翻訳者として適任だったとはとても言えないが、この書物を必要とする一人の読者であったと強く感じている。

最後になったが、今回の翻訳でも、ルターの『宗教改革三大文書』を訳した時と同じように、講談社の互盛央氏に大変お世話になった。ていねいな編集によって助けていただいたことに、また変わらぬ友情に心から感謝している。

二〇二四年一〇月三一日

深井智朗

＊本書は、講談社学術文庫のための新訳です。

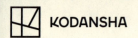

ジャン・カルヴァン

1509-64年。フランス生まれの神学者。ジュネーヴで神政政治を実現するための教会規則を定め，宗教改革を推進した。本書は，主著の初版（1536年）にあたる。

深井智朗（ふかい　ともあき）

1964年生まれ。愛泉教会牧師。主な訳書に，マルティン・ルター『宗教改革三大文書』（講談社学術文庫），アントニー・シュナイダー『クリスマスまであとなんにち？』ほか。

講談社学術文庫

定価はカバーに表示してあります。

キリスト教綱要《きょうこうよう》 初版《しょはん》

ジャン・カルヴァン

深《ふか》井《い》智朗《ともあき》 訳

2025年 2 月12日　第 1 刷発行

発行者　篠木和久

発行所　株式会社講談社

東京都文京区音羽 2-12-21 〒112-8001

電話　編集（03）5395-3512

販売（03）5395-5817

業務（03）5395-3615

装　幀　蟹江征治

印　刷　株式会社新藤慶昌堂

製　本　株式会社国宝社

ISBN978-4-06-538782-5

「講談社学術文庫」の刊行に当たって

これは、学術をポケットに入れることをモットーとして生まれた文庫である。学術は少年の心を養い、成年の心を満たす。その学術がポケットにはいる形で、万人のものになることは、生涯教育をうたう現代の理想である。

こうした考え方は、学術を巨大な城のように見る世間の常識に反するかもしれない。また、一部の人たちからは、学術の権威をおとすものと非難されるかもしれない。しかし、それはいずれも学術の新しい在り方を解しないものといわざるをえない。

学術は、まず魔術への挑戦から始まった。やがて、いわゆる常識をつぎつぎに改めていった。学術の権威は、幾百年、幾千年にわたる、苦しい戦いの成果である。こうしてきずきあげられた城が、一見して近づきがたいものにうつるのは、そのためである。しかし、学術の権威を、その形の上だけで判断してはならない。その生成のあとをかえりみれば、その根は常に人々の生活の中にあった。学術が大きな力たりうるのはそのためであって、生活をはなれた学術は、どこにもない。

開かれた社会といわれる現代にとって、これはまったく自明である。生活と学術との間に、もし距離があるとすれば、何をおいてもこれを埋めねばならない。もしこの距離が形の上の迷信からきているとすれば、その迷信をうち破らねばならぬ。

学術文庫は、内外の迷信を打破し、学術のために新しい天地をひらく意図をもって生まれた。文庫という小さい形と、学術という壮大な城とが、完全に両立するためには、なおいくらかの時を必要とするであろう。しかし、学術をポケットにした社会が、人間の生活にとってより豊かな社会であることは、たしかである。そうした社会の実現のために、文庫の世界に新しいジャンルを加えることができれば幸いである。

一九七六年六月

野間省一

西洋の古典

2700
方法叙説
ルネ・デカルト著／小泉義之訳

われわれは、この新訳を待っていた――デカルトから出発した孤高の研究者が満を持してみずからの原点に再び挑む。『方法序説』という従来の邦題を再検討に付すなど、細部に至るまで行き届いた最良の訳が誕生！

電P

2701
永遠の平和のために
イマヌエル・カント著／丘沢静也訳

哲学者は、現実離れした理想を語るのではなく、目の前の事実から出発していかに「永遠の平和」を実現できるのかを考え、そのための設計図を描いた――従来の邦訳が与えるイメージを一新した問答無用の決定版新訳。

電P

2702
国民とは何か
エルネスト・ルナン著／長谷川一年訳

「国民の存在は日々の人民投票である」という言葉で知られる古典を、初めての文庫版で新訳する。逆説的にもグローバリズムの中で存在感を増している国民国家の本質とは？　世界の行く末を考える上で必携の書！

電P

2703
個性という幻想
ハリー・スタック・サリヴァン著／阿部大樹編訳

対人関係が精神疾患を生み出すメカニズムを解明し、いま注目の精神医学の古典。人種差別、徴兵と戦争、プロパガンダ、国際政治などを論じ、社会科学の中に精神医学を位置づける。本邦初訳の論考を中心に新編集。

電P

2704
人間の条件
ハンナ・アレント著／牧野雅彦訳

「労働」「仕事」「行為」の三分類で知られ、その絡み合いの中で「世界からの疎外」がもたらされるさまを描き出した古典。はてしない科学と技術の進歩の中、人間はいかにして「人間」でありうるのか――待望の新訳！

P

2749
宗教哲学講義
G・W・F・ヘーゲル著／山﨑　純訳

ドイツ観念論の代表的哲学者ヘーゲル。彼の講義は人気を博し、後世まで語り継がれた。西洋から東洋までの宗教を体系的に講じた一八二七年の講義に、一八三一年の講義の要約を付す。ヘーゲル最晩年の到達点！

P

西洋の古典

2750
ゴルギアス
プラトン著／三嶋輝夫訳
練達の訳者が初期対話篇の代表作をついに新訳。代表的なソフィストであるゴルギアスとの弁論術をめぐる対話が展開される中で、「正義」とは何か、「徳」とは何かが問われる。その果てに姿を現す理想の政治家像とは？
電P

2751
ツァラトゥストラはこう言った
フリードリヒ・ニーチェ著／森　一郎訳
ニーチェ畢生の書にして、ドイツ屈指の文学作品である本書は、永遠回帰、力への意志、そして超人思想に至る過程を克明に描き出す唯一無二の物語。「声に出して読める日本語」で第一人者が完成させた渾身の新訳！
電P

2752・2753
変身物語（上）（下）
オウィディウス著／大西英文訳
ウェルギリウス『アエネイス』と並ぶ古代ローマ黄金時代の頂点をなす不滅の金字塔。あらゆる領域で後世に決定的な影響を与え、今も素材として参照され続けている大著、最良の訳者による待望久しい文庫版新訳！
電P

2754
音楽教程
ボエティウス著／伊藤友計訳
音楽はいかに多大な影響を人間に与えるのか。音程と旋律、オクターヴ、協和と不協和など、音を数比の問題として捉えて分析・体系化した西洋音楽の理論的基盤。六世紀ローマで誕生した必須古典、ついに本邦初訳！
電P

2755
知性改善論
バールーフ・デ・スピノザ著／秋保　亘訳
本書をもって、青年は「哲学者」になった。デカルトやベーコンなど先人の思想と格闘し、独自の思想を提示した本書は、主著『エチカ』を予告している。気鋭の研究者が最新の研究成果を盛り込みつつ新訳を完成した。
電P

2777
天球回転論　付　レティクス『第一解説』
ニコラウス・コペルニクス著／高橋憲一訳
一四〇〇年続いた知を覆した地動説。ガリレオ、ニュートンに至る科学革命はここに始まる——。地動説を初めて世に知らしめた弟子レティクスの『第一解説』の本邦初訳を収録。文字通り世界を動かした書物の核心。
電P